新 수학의 바이블 유형서

BOB 밥

수학의 밥과 같은 존재,
유형!

이창희·민경도·김덕환 지음

수학 II

BOB 수학 Ⅱ 검토에 도움을 주신 분들

서울

고주형 압구정 파인만학원
구난영 셀프스터디 수학학원
권정현 다산 LMPS학원
김경희 명인학원
김국환 매쓰플러스 수학학원
김명석 강서고등학교
김명후 김명후 수학학원
김민수 개념폴리아학원
김바른 대치수신 위례캠퍼스
김병호 국선 수학학원
김성재 맑음 수학학원
김승현 Math4U / Hi-Math(대치)
김영진 이지수능
김윤호 TK 수학전문학원
김은선 목동su학원
김정문 반포 해냄학원
김진영 수와식학원
김창련 압구정 파인만학원
김태후 수학의힘
김현아 김현아 수학
김형진 두잉매쓰학원
김효건 대치 파인만학원
남솔잎 솔잎샘수학학원
문재웅 성북 메가스터디
박보석 매쓰멘토스학원
박상보 박상보 수학전문학원
박지현 하노이 서울학원(베트남)
박진희 박선생 수학학원
박효은 시대인재학원
배재형 배재형수학교습소
백운경 일신학원
서근환 선덕고등학교
서민국 대치 파인만학원
서중은 블루플렉스학원
서충현 명인학원
선 철 일신학원
성성아 베이스캠프
성재훈 혜화여자고등학교
신기호 성북 메가스터디
신승규 한국삼육고등학교
신주환 한휘학원
안대호 말글국어 더함수학학원
양병호 상문고등학교
양철웅 목동 거산학원
엄지희 엄지희 수학연구소
오주영 하이스트
왕한비 왕쌤 수학학원
원준희 대치 CMS
유승우 중계 탑클래스학원
유재현 일신학원
윤정욱 대치 에스학원
윤홍원 윤홍원 수학
이민호 강동 메가스터디
이성용 다움수학교실
이성일 온스터디/캠프제이
이슬비 뉴이스트 수학전문학원
이용우 올림피아드
이은주 이해와지혜수학
이응민 중동고등학교
이정빈 성북 메가스터디
이준엽 메티스학원
이 진 개념&등급수학
이현표 수력학원
정소라 탑플러스 영어수학전문학원
정요한 깊은생각
정지아 정선생수학
정현광 서울 광성고등학교
조병근 목동 하이씨앤씨
조현탁 전문가집단
차용우 서울 외국어고등학교
최고미 에듀탑
최귀종 대치수신 위례캠퍼스
최선옥 최선옥 수학
최영준 문일고등학교
한동용 수학에 미친 사람들 학원
한현주 PMG학원
홍슬기 슬기 수학

부산

김유상 이투스247 해운대점
김효상 사직동 코스터디학원
나기열 프로매스 수학학원
모 란 명문학원
송상근 연세 수학학원
이연희 휘펠수학
조준혁 동천고등학교
한재철 부산 장안고등학교
황성필 미래탐구

인천

기미나 기쌤수학
김응수 케이엠 수학교습소
김재웅 송도 감성수학
김 준 쭌에듀학원
김태윤 고수학 송도캠퍼스
박순만 절대학원
박종필 정석 수학학원
박효성 미래듀학원
송대익 청라 수학사랑학원
이수동 부천 E&T 수학학원
이혜경 이혜경 고등수학학원
장효근 유레카 수학학원
정민욱 수베이직 수학교습소
조민관 대신학원
지청호 F(x) 수학전문학원
차성민 두드림학원
최수빈 성균관수학
최유락 유빅학원
최 훈 Hoon15#math

울산

김경문 지캠프영수학원
박국진 강한수학전문학원
최규종 뉴토모 수학전문학원
현주희 뉴토모 수학전문학원

대구

구현태 나인쌤 수학전문학원
김동영 통쾌한수학
김영배 빅뱅수학
김영진 김진수학
문윤정 능인고등학교
박원철 토르수학
변태준 능인고등학교
이승훈 훈수학
장세완 장선생수학
장현정 남산고등학교
정민호 도도수학학원
최상호 능인고등학교
하태호 월성 이투스수학학원
황영호 능인고등학교
황지현 위드제스트 수학학원

광주

강승완 첨단시매쓰학원
고예지 매쓰멘토 수학학원
김경진 경진 수학학원
김국진 김국진짜학원
김은경 혜인여자고등학교
박우혁 밥보다 수학학원
배진문 수학의달인 광주양산학원
양귀제 양선생 수학학원
임태관 매쓰멘토수학
최지웅 매쓰피아

대전

강유식 수학의자유
고지훈 임창우논술
배지후 와이즈만 CNI
윤석주 윤석주 수학전문학원
전호동 이담학원

경기

고수환 상승곡선학원
고정욱 고수학플러스
김금화 템수학
김기덕 수원 메가스터디
김덕락 락수학
김수민 더클레버 수학학원
김재빈 더클레버 수학학원
김정철 김정철수학교실
김정환 필립스 아카데미
김종남 제너스 학원
김지윤 김지윤 수학
김태중 우성고등학교
김현욱 와이투엠 수학학원
김현정 더클레버 수학학원
남재일 세마고등학교
노형근 ss학원
문기수 하늘아이 수학전문학원
민동건 민동건 수학교실
박영주 쉬운수학
박원용 동탄 트리즈나루수학
박종현 하이탑수학
박주이 켄즈
박진규 수학의아침
박해석 비원오길수학 학원
서지은 JMI 수학학원
손석운 TN학원
손승태 와부고등학교
송치호 대치 명인학원(미금캠퍼스)
안명근 의정부 맨투맨학원
안연수 포스텍 수학학원
유현진 HR수학
윤상완 죽전 강의하는아이들
윤여태 소담수학학원
윤주원 비상아이비츠
이동석 정성하이클래스 수학학원
이명환 다산 더원 수학학원
이 산 수학대가
이장훈 북부세일학원
이충안 수이학원
이현욱 덕소쎈수학
이현주 미금 솔루션수학학원
임규철 인재와고수
임은정 마테마티카 수학학원
정장선 생각하는 황소수학
정진욱 수원 메가스터디
정해도 목동 혜윰수학
정황우 정석 수학학원
조성민 삼송 유클리드 수학학원
조성화 SH수학학원
조재욱 지니학원
차새화 운암고등학교
최연진 한민고등학교
최영성 에이블 수학학원
최유미 분당 파인만학원
최인규 열혈수학
한규욱 수리학당
허유미 특작수학
홍의찬 마테마타수학학원
황삼철 멘토수학
황석진 낙생고등학교

경상

김민채 김해 자유자재학원
김옥경 반디 수학과학학원
김재인 무학고등학교
남준기 거제고등학교
박수재 성민여자고등학교
박진성 세명고등학교
성은미 형곡고등학교
엄성문 에이블 수학전문학원
염성군 무학고등학교
이상현 인투학원
이승원 의뜸원 수학학원

전라

김성혁 에스 수학전문학원
나호진 한일고등학교
박지은 오성식 영어클럽유일학원
박진성 해남 한가람학원
성준우 익산 수학당학원
송시영 블루오션 수학학원
안형진 혁신 청람수학전문학원
양형준 대들보 수학학원
유현수 수학당학원
이혜상 에스 수학전문학원
최대호 매쓰어필
한지선 한지선 수학

강원

김성영 빨리강해지는 수학학원
노명훈 노명훈쌤의 알수학학원
윤성현 수소통 수학학원
전대윤 Kwon Class

충청

권영택 충북과학고등학교
권용운 권용운 수학학원
김은배 올림피아드유투엠
김종현 고등관 3%수학학원
박대권 dkp종합학원
윤성길 몬스터메스
이현아 현수학
장정수 페르마 수학학원
전성호 탑씨크리트학원
한호선 두드림 영어수학학원

제주

이승환 서귀포 예일분석수학

수학 II

집필진	이창희	서울대학교 수학교육과
	민경도	서울대학교 수학교육과
	김덕환	서울대학교 수학교육과
검수자	하태윤	홍익대학교 수학교육과
	임희수	서울대학교 수학교육과
	윤지용	서울대학교 수학교육과
STAFF	발행인	정선욱
	퍼블리싱 총괄	남형주
	기획 · 개발	조비호 김태원 김한길 김윤희 조지훈 권오은
	디자인 · 마케팅	김정인 김라니
	제작 · 유통	신성철 서준성

新수학의 바이블 BOB 수학 Ⅱ
201905 제2판 1쇄 202307 제2판 6쇄
펴낸곳 이투스에듀(주) 서울시 서초구 남부순환로 2547
고객센터 1599-3225
등록번호 제2007-000035호
ISBN 979-11-6442-044-5[53410]

新수학의 바이블 BOB!!

첫술에 배부를 수 없듯이 쉬운 유형부터 어려운 유형을 동시에 모두 학습하기란 쉽지 않다!!

기본적으로 알고 있어야 하는 내신 & 수능 시험에서 자주 출제되는 유형만 확실히 알아도 목표의 반은 성공한 것이다!!

따라서 자주 출제되는 알짜 유형만을 선정, 집중적으로 공략하여 학습할 수 있는 교재가 필요하다!!

新수학의 바이블 BOB을 이용한 학습법!!

개념 및 개념 Plus | 개념 이해

- 꼭 알고 있어야 하는 개념 확인
- 친절하고도 상세한 첨삭으로 이해도 향상
- 좀 더 알아볼 수 있는 개념에 대한 부연 설명

- 좀 더 자세한 설명이 필요할 때에는 新수학의 바이블 수학Ⅱ의 개념 설명을 통해 보충 학습
- 이전 학년에서 배웠지만 확실하게 정립하지 못한 개념은 다시 한 번 짚어보고 확실하게 다져야 할 것입니다.

실력 콕콕 | 해결력 강화

- 대표 유형에 대한 문제 해결력 향상
- 다양한 변형 유형의 문제에 대한 도전
- 학교 내신 & 수능의 기초 해결력 완성

- 학습 도중 틀린 문제에 대한 오답 노트 작성 후 반복 학습
- 실력 콕콕의 정답률이 80% 이하일 경우에는 앞부분의 유형별 문제 해결을 좀 더 강화한 후 오답 노트로 정리하여 확실하게 알 수 있을 때까지 반복 학습이 이루어져야 할 것입니다.

개념 콕콕 | 개념 확인

- 개념 이해가 정확하게 이루어졌는지 확인
- 표현이 달라졌을 때에도 개념을 적용시키는 연습
- 확실하게 익힐 때까지 기초 문제로 반복 이해

- 개념 콕콕의 정답률이 80% 이하일 경우에는 앞부분의 개념 학습이 완전하지 않은 것입니다. 다시 한 번 개념 부분에 대한 면밀하고 심도 있는 학습이 이루어져야 할 것입니다.

유형 콕콕 | 유형별 문제 해결

- 학습한 개념에 대한 유형 파악
- 대표 유형별 문제 해결력 집중 공략
- 유형별 점진적 수준 강화

- 대표 유형에 대하여 좀 더 학습하고자 할 때에는 新수학의 바이블 수학Ⅱ의 대표 예제별 1+3 문제 보충 학습
- 학습 도중 틀린 문제에 대한 오답 노트 작성 후 반복 학습
- 유형 콕콕의 정답률이 80% 이하일 경우에는 앞부분의 개념과 개념 콕콕을 확인한 후 다시 풀어 봄으로써 부족한 부분을 보충해야 할 것입니다.

STRUCTURE

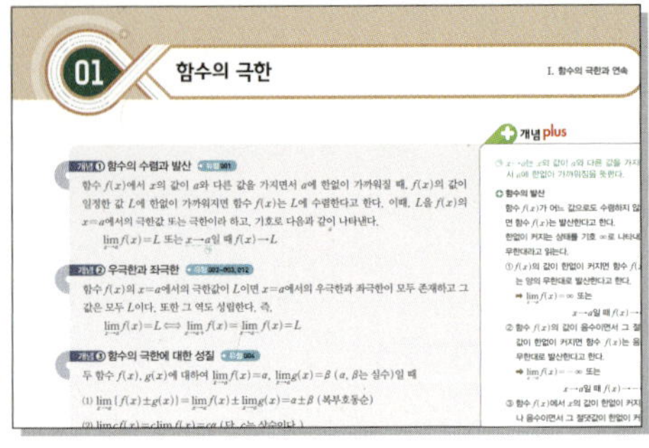

➕ 개념 설명 & 개념 plus

- 해당 단원에서 핵심 개념만을 모아 한눈에 알아볼 수 있도록 정리하였습니다.
- 보다 세부적인 부연 설명은 밑줄을 활용하여 첨삭으로 실었습니다.

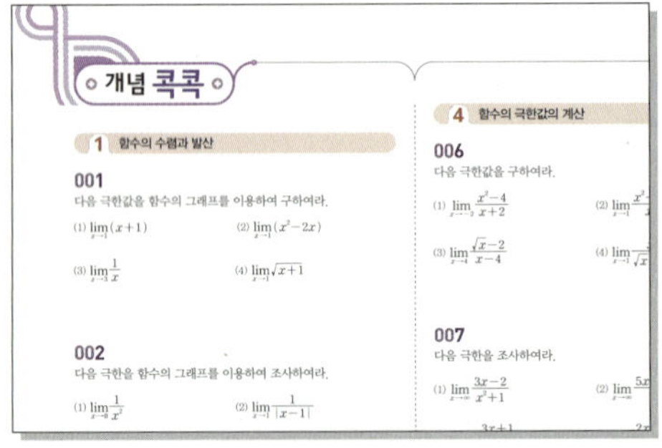

➕ 개념 콕콕

- 개념을 직접적으로 적용할 수 있도록 간단하고 쉬운 문제를 중심으로 수록하였습니다.
- 개념 콕콕의 문제를 해결함으로써 개념을 확실히 익히고 소화할 수 있도록 하였습니다.

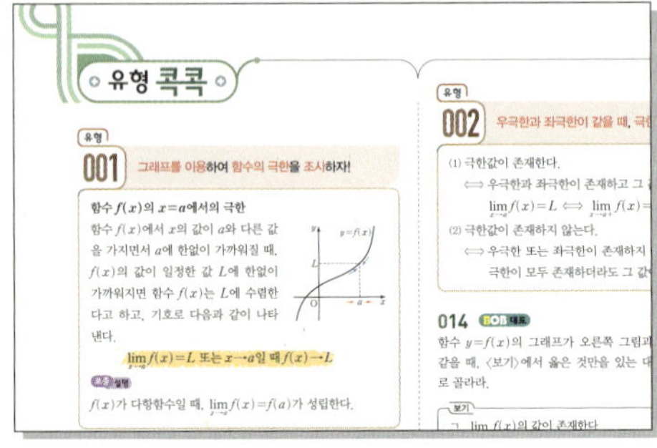

➕ 유형 콕콕

- 출제될 수 있는 대표적인 문제들을 유형별로 구분하고, 해당 유형에 맞는 핵심 포인트 및 해결 전략을 제시하였습니다.
- 교과서 핵심 개념을 토대로 필수 문항들로만 구성하였으며, 수학의 기초를 다질 수 있는 비교적 쉬운 문항들로 수학의 자신감을 쌓을 수 있게 하였습니다.
- 서술형 문제를 제공하여 풀이 단계에서 채점 요소, 풀이 단계별 비율 등을 고려하여 학습할 수 있도록 구성하였습니다.
- **QR코드** 해당 유형을 보다 구체적으로 알고 싶을 때에는 QR코드를 통해 '新수학의 바이블'의 대표 예제와 연동하여 학습할 수 있도록 링크를 걸어 두었습니다.

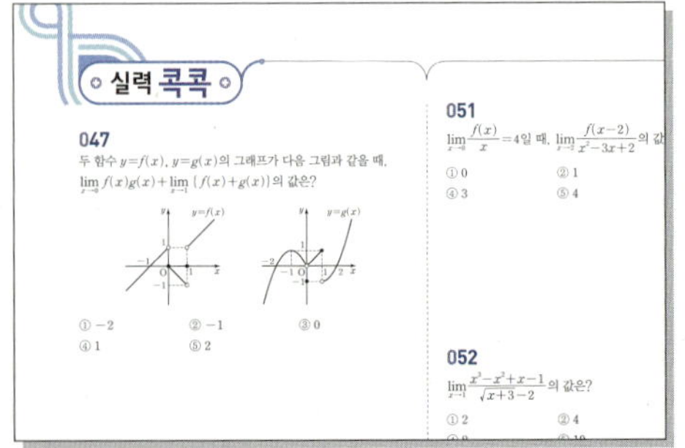

➕ 실력 콕콕

- 지금까지 학습한 개념과 유형을 토대로 좀 더 실력을 향상시킬 수 있도록 유형 콕콕보다는 난이도가 있는 문제를 수록하였습니다.
- 유형을 확실히 익혔는지 점검하고 실전력을 익히게 하여 수능 대비의 초석이 될 수 있도록 하였습니다.
- 서술형 문제를 제공하여 풀이 단계에서 채점 요소, 풀이 단계별 비율 등을 고려하여 학습할 수 있도록 구성하였습니다.

CONTENTS

수학 Ⅱ

Ⅰ 함수의 극한과 연속

Ⅱ 미분

Ⅲ 적분

I

함수의 극한과 연속

01 함수의 극한

개념 ① 함수의 수렴과 발산 유형 001

함수 $f(x)$에서 x의 값이 a와 다른 값을 가지면서 a에 한없이 가까워질 때, $f(x)$의 값이 일정한 값 L에 한없이 가까워지면 함수 $f(x)$는 L에 수렴한다고 한다. 이때, L을 $f(x)$의 $x=a$에서의 극한값 또는 극한이라 하고, 기호로 다음과 같이 나타낸다.

$$\lim_{x \to a} f(x) = L \text{ 또는 } x \to a \text{일 때 } f(x) \to L$$

_㉠

개념 ② 우극한과 좌극한 유형 002~003, 012

함수 $f(x)$의 $x=a$에서의 극한값이 L이면 $x=a$에서의 우극한과 좌극한이 모두 존재하고 그 값은 모두 L이다. 또한 그 역도 성립한다. 즉,

$$\lim_{x \to a} f(x) = L \Longleftrightarrow \lim_{x \to a+} f(x) = \lim_{x \to a-} f(x) = L$$

개념 ③ 함수의 극한에 대한 성질 유형 004

두 함수 $f(x)$, $g(x)$에 대하여 $\lim_{x \to a} f(x) = \alpha$, $\lim_{x \to a} g(x) = \beta$ (α, β는 실수)일 때

(1) $\lim_{x \to a} \{f(x) \pm g(x)\} = \lim_{x \to a} f(x) \pm \lim_{x \to a} g(x) = \alpha \pm \beta$ (복부호동순)

(2) $\lim_{x \to a} cf(x) = c \lim_{x \to a} f(x) = c\alpha$ (단, c는 상수이다.)

(3) $\lim_{x \to a} f(x)g(x) = \lim_{x \to a} f(x) \times \lim_{x \to a} g(x) = \alpha\beta$

(4) $\lim_{x \to a} \dfrac{f(x)}{g(x)} = \dfrac{\lim\limits_{x \to a} f(x)}{\lim\limits_{x \to a} g(x)} = \dfrac{\alpha}{\beta}$ (단, $\beta \neq 0$)

개념 ④ 함수의 극한값의 계산 유형 005~008

(1) $\dfrac{0}{0}$ 꼴의 극한

① 분자, 분모가 모두 다항식인 경우
➡ 분자, 분모를 각각 인수분해한 후 공통인수를 약분한다.

② 분자, 분모 중 무리식이 있는 경우
➡ 근호 ($\sqrt{}$)가 들어 있는 쪽을 유리화한 후 공통인수를 약분한다.

(2) $\dfrac{\infty}{\infty}$ 꼴의 극한 : 분모의 최고차항으로 분자, 분모를 각각 나누어 구한다.

개념 ⑤ 미정계수의 결정 유형 009~010

두 함수 $f(x)$, $g(x)$에 대하여

(1) $\lim_{x \to a} \dfrac{f(x)}{g(x)} = \alpha$ (α는 실수)일 때, $\lim_{x \to a} g(x) = 0$이면 $\lim_{x \to a} f(x) = 0$이다.

(2) $\lim_{x \to a} \dfrac{f(x)}{g(x)} = \alpha$ ($\alpha \neq 0$인 실수)일 때, $\lim_{x \to a} f(x) = 0$이면 $\lim_{x \to a} g(x) = 0$이다.

개념 ⑥ 함수의 극한의 대소 관계 유형 011

세 함수 $f(x)$, $g(x)$, $h(x)$와 a에 가까운 모든 x에 대하여 $\lim_{x \to a} f(x) = \alpha$, $\lim_{x \to a} g(x) = \beta$ (α, β는 실수)일 때

(1) $f(x) \leq g(x)$이면 $\lim_{x \to a} f(x) \leq \lim_{x \to a} g(x)$, 즉 $\alpha \leq \beta$ _㉡

(2) $f(x) \leq h(x) \leq g(x)$이고 $\alpha = \beta$이면 $\lim_{x \to a} h(x) = \alpha$ _㉢

➕ 개념 plus

㉠ $x \to a$는 x의 값이 a와 다른 값을 가지면서 a에 한없이 가까워짐을 뜻한다.

🔵 함수의 발산

함수 $f(x)$가 어느 값으로도 수렴하지 않으면 함수 $f(x)$는 발산한다고 한다.

한없이 커지는 상태를 기호 ∞로 나타내고 무한대라고 읽는다.

① $f(x)$의 값이 한없이 커지면 함수 $f(x)$는 양의 무한대로 발산한다고 한다.

➡ $\lim_{x \to a} f(x) = \infty$ 또는

$\qquad x \to a$일 때 $f(x) \to \infty$

② 함수 $f(x)$의 값이 음수이면서 그 절댓값이 한없이 커지면 함수 $f(x)$는 음의 무한대로 발산한다고 한다.

➡ $\lim_{x \to a} f(x) = -\infty$ 또는

$\qquad x \to a$일 때 $f(x) \to -\infty$

③ 함수 $f(x)$에서 x의 값이 한없이 커지거나 음수이면서 그 절댓값이 한없이 커질 때, $f(x)$의 값이 양의 무한대 또는 음의 무한대로 발산하는 것도 같은 방법으로 정한다.

➡ $\lim_{x \to \infty} f(x) = \infty$, $\lim_{x \to -\infty} f(x) = \infty$

$\quad \lim_{x \to \infty} f(x) = -\infty$,

$\quad \lim_{x \to -\infty} f(x) = -\infty$

🔵 어떤 점에서 우극한 또는 좌극한이 존재하지 않거나 우극한과 좌극한이 모두 존재하더라도 그 값이 서로 다르면 그 점에서 함수 $f(x)$의 극한값은 존재하지 않는다.

🔵 $\infty - \infty$ 꼴의 극한

① 다항식은 최고차항으로 묶는다.
② 무리식은 근호가 들어 있는 쪽을 유리화한다.

🔵 $\infty \times 0$ 꼴의 극한

$\dfrac{0}{0}$, $\dfrac{\infty}{\infty}$, $\infty \times c$, $\dfrac{c}{\infty}$ (c는 상수) 꼴로 변형하여 구한다.

🔵 두 다항함수 $f(x)$, $g(x)$에 대하여

$\lim_{x \to \infty} \dfrac{f(x)}{g(x)} = \alpha$ ($\alpha \neq 0$인 실수)이면 $f(x)$, $g(x)$의 차수는 같고, 극한값 α는

$\alpha = \dfrac{\{f(x)\text{의 최고차항의 계수}\}}{\{g(x)\text{의 최고차항의 계수}\}}$

🔵 함수의 극한의 대소 관계는 $x \to a+$, $x \to a-$, $x \to \infty$, $x \to -\infty$일 때에도 성립한다.

㉡ $f(x) < g(x)$일 때에도 성립한다!

㉢ $f(x) < h(x) < g(x)$일 때에도 성립한다!

⊕ 개념 콕콕 ⊕

1 함수의 수렴과 발산

001
다음 극한값을 함수의 그래프를 이용하여 구하여라.

(1) $\lim\limits_{x \to 1}(x+1)$ (2) $\lim\limits_{x \to 1}(x^2-2x)$

(3) $\lim\limits_{x \to 3}\dfrac{1}{x}$ (4) $\lim\limits_{x \to 1}\sqrt{x+1}$

002
다음 극한을 함수의 그래프를 이용하여 조사하여라.

(1) $\lim\limits_{x \to 0}\dfrac{1}{x^2}$ (2) $\lim\limits_{x \to 1}\dfrac{1}{|x-1|}$

(3) $\lim\limits_{x \to \infty}\dfrac{1}{x-1}$ (4) $\lim\limits_{x \to -\infty}\left(\dfrac{1}{x^2}-1\right)$

2 우극한과 좌극한

003
다음 극한값을 구하여라.

(1) $\lim\limits_{x \to 0+}\dfrac{x}{|x|}$ (2) $\lim\limits_{x \to 0-}\dfrac{x}{|x|}$

004
함수 $y=f(x)$의 그래프가 오른쪽 그림과 같을 때, 다음 극한을 조사하여라.

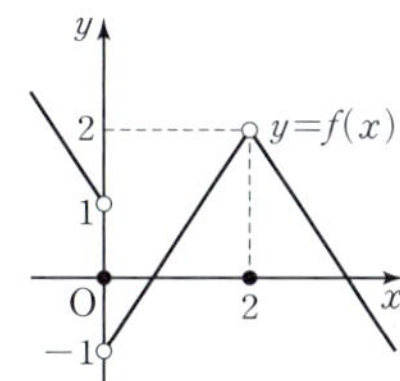

(1) $\lim\limits_{x \to 0+}f(x)$ (2) $\lim\limits_{x \to 0-}f(x)$

(3) $\lim\limits_{x \to 2+}f(x)$ (4) $\lim\limits_{x \to 2-}f(x)$

(5) $\lim\limits_{x \to 0}f(x)$ (6) $\lim\limits_{x \to 2}f(x)$

3 함수의 극한에 대한 성질

005
다음 극한값을 구하여라.

(1) $\lim\limits_{x \to 2}(x^2-3)(x+1)$ (2) $\lim\limits_{x \to 3}\dfrac{x^2-5}{x-1}$

4 함수의 극한값의 계산

006
다음 극한값을 구하여라.

(1) $\lim\limits_{x \to -2}\dfrac{x^2-4}{x+2}$ (2) $\lim\limits_{x \to 1}\dfrac{x^2+x-2}{x-1}$

(3) $\lim\limits_{x \to 4}\dfrac{\sqrt{x}-2}{x-4}$ (4) $\lim\limits_{x \to 1}\dfrac{x-1}{\sqrt{x+3}-2}$

007
다음 극한을 조사하여라.

(1) $\lim\limits_{x \to \infty}\dfrac{3x-2}{x^2+1}$ (2) $\lim\limits_{x \to \infty}\dfrac{5x^2+3x-2}{2x^2+1}$

(3) $\lim\limits_{x \to -\infty}\dfrac{3x+1}{4x-1}$ (4) $\lim\limits_{x \to \infty}\dfrac{2x^2-x}{x+2}$

008
다음 극한을 조사하여라.

(1) $\lim\limits_{x \to \infty}(x^2-3x+4)$ (2) $\lim\limits_{x \to \infty}(\sqrt{x^2+2}-x)$

(3) $\lim\limits_{x \to \infty}(\sqrt{x^2+4x}-x)$ (4) $\lim\limits_{x \to 1}\dfrac{1}{x-1}\left(1-\dfrac{1}{x}\right)$

5 미정계수의 결정

009
다음 등식이 성립하도록 하는 상수 a, b의 값을 각각 구하여라.

(1) $\lim\limits_{x \to 1}\dfrac{ax+b}{x-1}=3$

(2) $\lim\limits_{x \to 2}\dfrac{x-2}{x^2+ax-b}=-1$

6 함수의 극한의 대소 관계

010
임의의 실수 x에 대하여 함수 $f(x)$가

$$2-\dfrac{3}{x^2+1} \leq f(x) \leq 2-\dfrac{1}{x^2+1}$$

을 만족시킬 때, $\lim\limits_{x \to \infty}f(x)$의 값을 구하여라.

함수 $f(x)$의 $x=a$에서의 극한

함수 $f(x)$에서 x의 값이 a와 다른 값을 가지면서 a에 한없이 가까워질 때, $f(x)$의 값이 일정한 값 L에 한없이 가까워지면 함수 $f(x)$는 L에 수렴한다고 하고, 기호로 다음과 같이 나타낸다.

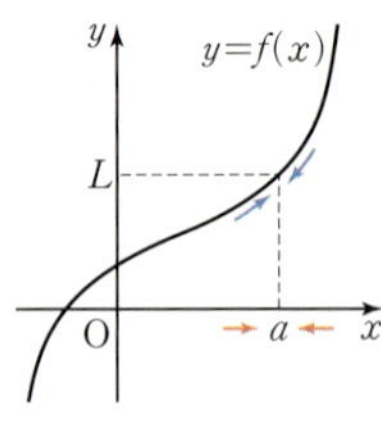

$$\lim_{x \to a} f(x) = L \ \text{또는} \ x \to a \text{일 때} \ f(x) \to L$$

보충 설명

$f(x)$가 다항함수일 때, $\lim_{x \to a} f(x) = f(a)$가 성립한다.

011 BOB 대표

함수 $f(x) = \dfrac{x^2-1}{x-1}$의 그래프가 오른쪽 그림과 같을 때, $\lim_{x \to 0} f(x) + \lim_{x \to 1} f(x)$의 값은?

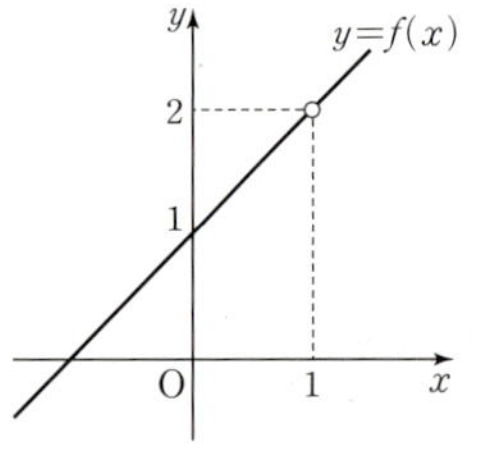

① -2 　　　② -1
③ 1 　　　④ 2
⑤ 3

012 하

함수 $f(x) = \sqrt{2x+4}$의 그래프가 오른쪽 그림과 같을 때, $\lim_{x \to -\frac{3}{2}} f(x) + \lim_{x \to 0} f(x)$의 값은?

① 0 　　　② 1
③ 2 　　　④ 3
⑤ 4

013 중 　　　서술형

두 함수 $f(x) = x^2+2x-1$, $g(x) = \dfrac{x^2+x-2}{x-1}$에 대하여 $\lim_{x \to 2} f(x) - \lim_{x \to 1} g(x)$의 값을 구하여라.

(단, 함수의 그래프를 이용한다.)

(1) 극한값이 존재한다.

⟺ 우극한과 좌극한이 존재하고 그 값이 같다. 즉
$$\lim_{x \to a} f(x) = L \iff \lim_{x \to a+} f(x) = \lim_{x \to a-} f(x) = L$$

(2) 극한값이 존재하지 않는다.

⟺ 우극한 또는 좌극한이 존재하지 않거나 우극한과 좌극한이 모두 존재하더라도 그 값이 서로 다르다.

014 BOB 대표

함수 $y=f(x)$의 그래프가 오른쪽 그림과 같을 때, 〈보기〉에서 옳은 것만을 있는 대로 골라라.

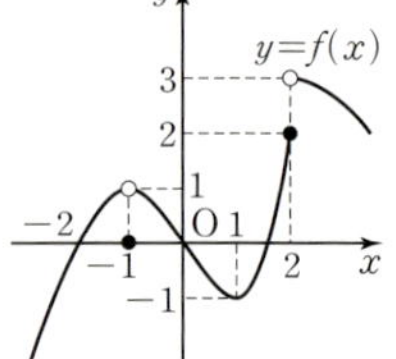

보기

ㄱ. $\lim_{x \to -1} f(x)$의 값이 존재한다.

ㄴ. $\lim_{x \to 1} f(x)$의 값이 존재하지 않는다.

ㄷ. $\lim_{x \to 2} f(x)$의 값이 존재한다.

015 중

정의역이 $\{x \,|\, -1 \le x \le 3\}$인 함수 $y=f(x)$의 그래프가 오른쪽 그림과 같을 때, $\lim_{x \to 0} f(x) + \lim_{x \to 1-} f(x) + \lim_{x \to 2+} f(x)$의 값을 구하여라.

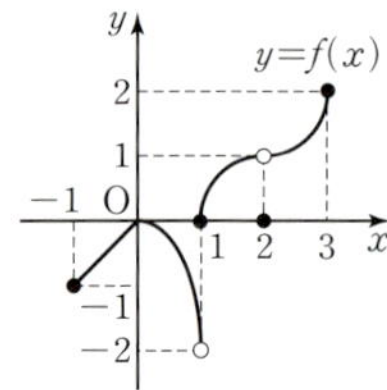

016 중

함수 $f(x) = \begin{cases} x^2-2x+6 & (x \ge 2) \\ -x+k & (x < 2) \end{cases}$에 대하여 $\lim_{x \to 2} f(x)$의 값이 존재하도록 하는 상수 k의 값을 구하여라.

절댓값 또는 $[x]$ 꼴을 포함하는 함수는 우극한과 **좌극한을 각각 구하자!**

(1) 절댓값 기호를 포함한 함수의 극한

절댓값 기호 안의 식의 값이 0이 되는 x의 값을 경계로 구간을 나누어 함수의 극한을 구한다.

(2) $[x]$ 꼴을 포함한 함수의 극한

정수 n에 대하여

① $n \leq x < n+1$이면 $[x]=n$ ➡ $\lim\limits_{x \to n+} [x]=n$

② $n-1 \leq x < n$이면 $[x]=n-1$ ➡ $\lim\limits_{x \to n-} [x]=n-1$

(단, $[x]$는 x보다 크지 않은 최대의 정수이다.)

017 **BOB 대표**

함수 $f(x)=\dfrac{|x^2-4|}{x^2-4}$에 대하여

$$\lim_{x \to 2+} f(x)=a, \quad \lim_{x \to 2-} f(x)=b$$

라 할 때, 실수 a, b에 대하여 $a-b$의 값은?

① 0   ② 1   ③ 2

④ 3   ⑤ 4

018 **하**

$\lim\limits_{x \to 2+} \dfrac{[x]^2+x}{[x]} + \lim\limits_{x \to 2-} \dfrac{[x]^2+x}{[x]}$의 값은?

(단, $[x]$는 x보다 크지 않은 최대의 정수이다.)

① 5   ② 6   ③ 7

④ 8   ⑤ 9

019 **중**   서술형

$\lim\limits_{x \to 3} ([x]^2+a[x]+1)$의 값이 존재하도록 하는 상수 a의 값을 구하여라. (단, $[x]$는 x보다 크지 않은 최대의 정수이다.)

함수의 극한에 대한 성질을 이해하자!

두 함수 $f(x)$, $g(x)$에 대하여

$\lim\limits_{x \to a} f(x)=\alpha$, $\lim\limits_{x \to a} g(x)=\beta$ (α, β는 실수)일 때

(1) $\lim\limits_{x \to a} \{ f(x) \pm g(x) \} = \lim\limits_{x \to a} f(x) \pm \lim\limits_{x \to a} g(x)$
$$= \alpha \pm \beta \text{ (복부호동순)}$$

(2) $\lim\limits_{x \to a} cf(x) = c \lim\limits_{x \to a} f(x) = c\alpha$ (단, c는 상수이다.)

(3) $\lim\limits_{x \to a} f(x)g(x) = \lim\limits_{x \to a} f(x) \times \lim\limits_{x \to a} g(x) = \alpha\beta$

(4) $\lim\limits_{x \to a} \dfrac{f(x)}{g(x)} = \dfrac{\lim\limits_{x \to a} f(x)}{\lim\limits_{x \to a} g(x)} = \dfrac{\alpha}{\beta}$ (단, $\beta \neq 0$)

020 **BOB 대표**   다른 풀이

두 함수 $f(x)$, $g(x)$가

$$\lim_{x \to \infty} f(x)=1, \quad \lim_{x \to \infty} \{ f(x)-g(x) \}=2$$

를 만족시킬 때, $\lim\limits_{x \to \infty} \dfrac{f(x)-3g(x)}{3f(x)-g(x)}$의 값은?

① -5 ② -3 ③ -1

④ 1   ⑤ 3

021 **하**

함수 $f(x)$가 $\lim\limits_{x \to 0} \dfrac{f(x)}{x^2}=a$, $\lim\limits_{x \to 0} \dfrac{x^2+3f(x)}{2x^2-f(x)}=-2$를 만족시킬 때, 실수 a의 값은?

① -5 ② -4 ③ 3

④ 4   ⑤ 5

022 **중**

함수 $f(x)$에 대하여 $\lim\limits_{x \to 0} \dfrac{f(x)}{x}=7$일 때, $\lim\limits_{x \to 3} \dfrac{f(x-3)}{x^2+x-12}$의 값을 구하여라.

005
$\dfrac{0}{0}$ 꼴의 극한은 공통인수를 약분하고, 근호가 있으면 유리화하자!

(1) 분자, 분모가 모두 다항식인 경우
  ➡ 분자, 분모를 각각 인수분해한 후 공통인수를 약분한다.
(2) 분자, 분모 중 무리식이 있는 경우
  ➡ 근호가 들어 있는 쪽을 유리화한 후 공통인수를 약분한다.

023 BOB 대표

$\lim\limits_{x \to a} \dfrac{x^3 - a^3}{x - a} = 12$일 때, $\lim\limits_{x \to a} \dfrac{x^3 - ax^2 + a^2 x - a^3}{x - a}$의 값은?

(단, $a > 0$)

① 2 ② 4 ③ 6
④ 8 ⑤ 10

024 하

$\lim\limits_{x \to 1} \dfrac{\sqrt{x+3}-2}{x^2-1}$의 값은?

① $\dfrac{1}{8}$ ② $\dfrac{1}{4}$ ③ $\dfrac{3}{8}$
④ $\dfrac{1}{2}$ ⑤ 1

025 중

$\lim\limits_{x \to 1^-} \dfrac{x^2 - x}{|x^2 - 1|} = a$, $\lim\limits_{x \to 1^+} \dfrac{x-1+|x-1|}{x-1} = b$라 할 때, 실수 a, b에 대하여 $a+b$의 값을 구하여라.

006
$\dfrac{\infty}{\infty}$ 꼴의 극한은 분모의 최고차항으로 나누자!

분모의 최고차항으로 분자, 분모를 각각 나누어 구한다.
(1) (분자의 차수) < (분모의 차수) ➡ 극한값은 0이다.
(2) (분자의 차수) = (분모의 차수) ➡ 극한값은 최고차항의 계수의 비이다.
(3) (분자의 차수) > (분모의 차수) ➡ 극한값은 존재하지 않는다.

보충 설명

$x \to -\infty$일 때의 함수의 극한을 구할 때에는
$-x = t$로 치환하여 $x \to -\infty$일 때 $t \to \infty$임을 이용한다.
➡ $\lim\limits_{x \to -\infty} f(x) = \lim\limits_{t \to \infty} f(-t)$

026 BOB 대표 

$\lim\limits_{x \to -\infty} \dfrac{x+1}{\sqrt{x^2+x}-2x}$의 값은?

① $-\dfrac{1}{2}$ ② $-\dfrac{1}{3}$ ③ $\dfrac{1}{3}$
④ $\dfrac{1}{2}$ ⑤ 1

027 하

$\lim\limits_{x \to \infty} \dfrac{10x}{\sqrt{9x^2-x}+\sqrt{4x^2-1}}$의 값은?

① -2 ② -1 ③ 0
④ 1 ⑤ 2

028 중

서로 다른 두 실수 a, b에 대하여

$$\lim\limits_{x \to \infty} \dfrac{\sqrt{x+a}-\sqrt{x+b}}{\sqrt{4x+a}-\sqrt{4x+b}}$$

의 값을 구하여라.

007

근호가 들어 있는 $\infty - \infty$ 꼴의 극한은 분모를 1로 보고, 분자를 유리화하자!

(1) 다항식인 경우

➡ 최고차항으로 묶는다.

예 $\lim\limits_{x\to\infty}(x^2-3x+1)=\lim\limits_{x\to\infty}x^2\left(1-\dfrac{3}{x}+\dfrac{1}{x^2}\right)=\infty$

$\lim\limits_{x\to\infty}(-2x^2+x-1)=\lim\limits_{x\to\infty}x^2\left(-2+\dfrac{1}{x}-\dfrac{1}{x^2}\right)=-\infty$

(2) 무리식인 경우

➡ 근호가 들어 있는 쪽을 유리화하여 $\dfrac{\infty}{\infty}$ 꼴로 변형한다.

029 BOB 대표

$\lim\limits_{x\to\infty}(\sqrt{x^2-3x}-\sqrt{x^2+3x})$ 의 값은?

① -3 　　　② -1 　　　③ 1

④ 3 　　　⑤ 5

030 중

$\lim\limits_{x\to\infty}\dfrac{1}{x-\sqrt{x^2-2x+3}}$ 의 값은?

① -1 　　　② $-\dfrac{1}{2}$ 　　　③ 0

④ $\dfrac{1}{2}$ 　　　⑤ 1

031 중

$\lim\limits_{x\to\infty}(\sqrt{x^2+ax}-\sqrt{x^2-ax})=5$ 일 때, 상수 a의 값을 구하여라.

008

$\infty \times 0$ 꼴의 극한은 $\dfrac{0}{0}$ 꼴 또는 $\dfrac{\infty}{\infty}$ 꼴로 변형하자!

$\infty \times 0$ 꼴의 극한은 $\dfrac{0}{0}$, $\dfrac{\infty}{\infty}$, $\infty \times c$, $\dfrac{c}{\infty}$ (c는 상수) 꼴로 변형하여 구한다.

(1) 분자, 분모가 모두 다항식인 경우

➡ 통분하여 인수분해한다.

(2) 분자, 분모 중 무리식이 있는 경우

➡ 근호가 들어 있는 쪽을 유리화한다.

032 BOB 대표

$\lim\limits_{x\to0}\dfrac{2}{x}\left(\dfrac{1}{\sqrt{x+4}}-\dfrac{1}{2}\right)$ 의 값은?

① $-\dfrac{1}{4}$ 　　　② $-\dfrac{1}{8}$ 　　　③ 0

④ $\dfrac{1}{8}$ 　　　⑤ $\dfrac{1}{4}$

033 하

$\lim\limits_{x\to0}\dfrac{1}{x}\left\{\dfrac{1}{4}-\dfrac{1}{(x+2)^2}\right\}$ 의 값은?

① $\dfrac{1}{4}$ 　　　② $\dfrac{1}{2}$ 　　　③ $\dfrac{3}{4}$

④ 1 　　　⑤ $\dfrac{3}{2}$

034 중

$\lim\limits_{x\to\infty}x^2\left(1-\dfrac{x}{\sqrt{x^2+1}}\right)$ 의 값을 구하여라.

009
극한값이 존재할 때, (분모) $\to 0$이면 (분자) $\to 0$이다!

미정계수의 결정

두 함수 $f(x)$, $g(x)$에 대하여

(1) $\lim\limits_{x \to a} \dfrac{f(x)}{g(x)} = \alpha$ (α는 실수)일 때, $\lim\limits_{x \to a} g(x) = 0$이면

$\lim\limits_{x \to a} f(x) = 0$이다.

(2) $\lim\limits_{x \to a} \dfrac{f(x)}{g(x)} = \alpha$ ($\alpha \neq 0$인 실수)일 때, $\lim\limits_{x \to a} f(x) = 0$이면

$\lim\limits_{x \to a} g(x) = 0$이다.

035 BOB 대표

$\lim\limits_{x \to 1} \dfrac{x^2 + ax + b}{x - 1} = 4$일 때, 상수 a, b에 대하여 ab의 값은?

① -6 ② -5 ③ -4

④ -3 ⑤ -2

036 중

$\lim\limits_{x \to 3} \dfrac{x^2 + x - 12}{x^2 - a}$가 0이 아닌 극한값을 가질 때, $\lim\limits_{x \to 2} \dfrac{x^2 - 16}{x^2 - ax + 20}$의 값은? (단, a는 상수이다.)

① -2 ② -1 ③ 1

④ 2 ⑤ 3

037 중

삼차함수 $f(x)$가

$$\lim\limits_{x \to 0} \dfrac{f(x)}{x} = 2, \quad \lim\limits_{x \to 1} \dfrac{f(x)}{x - 1} = -1$$

을 만족시킬 때, $\lim\limits_{x \to 2} \dfrac{f(x)}{x - 2}$의 값을 구하여라.

010
$\lim\limits_{x \to \infty} \dfrac{f(x)}{g(x)} = \alpha$ ($\alpha \neq 0$인 실수)이면 $f(x)$, $g(x)$의 차수가 같다!

다항식의 결정

두 다항함수 $f(x)$, $g(x)$에 대하여

(1) $\lim\limits_{x \to \infty} \dfrac{f(x)}{g(x)} = \alpha$ ($\alpha \neq 0$인 실수)이면 $f(x)$, $g(x)$의 차수는

같고, 극한값 α는 $\alpha = \dfrac{\{f(x)\text{의 최고차항의 계수}\}}{\{g(x)\text{의 최고차항의 계수}\}}$이다.

(2) $\lim\limits_{x \to a} \dfrac{f(x)}{g(x)} = \alpha$ (α는 실수)이고 $\lim\limits_{x \to a} g(x) = 0$이면

$\lim\limits_{x \to a} f(x) = 0$이다.

038 BOB 대표

다항함수 $f(x)$가 $\lim\limits_{x \to \infty} \dfrac{f(x)}{x^2 + 1} = 1$, $\lim\limits_{x \to 2} \dfrac{f(x)}{x^2 - 4} = -1$을 만족시킬 때, $f(-2)$의 값은?

① 30 ② 31 ③ 32

④ 33 ⑤ 34

039 하

다항함수 $f(x)$에 대하여 $\lim\limits_{x \to \infty} \dfrac{f(x)}{2x + 1} = \dfrac{3}{2}$이고 $f(1) = 4$일 때, $f(-1)$의 값은?

① -2 ② -1 ③ 0

④ 1 ⑤ 2

040 중

다항함수 $f(x)$가 다음 조건을 만족시킬 때, $f(1)$의 값을 구하여라.

(가) $\lim\limits_{x \to \infty} \dfrac{f(x) - x^3}{x^2} = 2$ (나) $\lim\limits_{x \to 0} \dfrac{f(x)}{x} = 3$

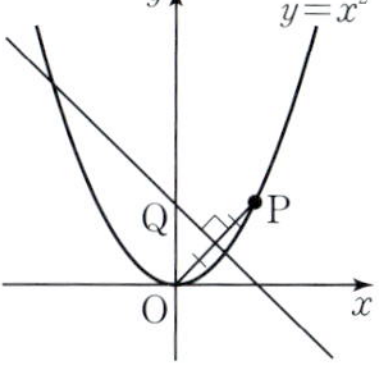

유형 011 대소 관계를 이용하여 극한값을 구해 보자!

$\lim\limits_{x \to a} f(x) = \alpha$, $\lim\limits_{x \to a} g(x) = \beta$ (α, β는 실수)일 때, a에 가까운 모든 x에 대하여

(1) $f(x) \leq g(x)$이면 $\lim\limits_{x \to a} f(x) \leq \lim\limits_{x \to a} g(x)$, 즉 $\alpha \leq \beta$

(2) $f(x) \leq h(x) \leq g(x)$이고 $\alpha = \beta$이면 $\lim\limits_{x \to a} h(x) = \alpha$

041 BOB 대표

임의의 양의 실수 x에 대하여 함수 $f(x)$가

$$\frac{x}{x^2+2x+3} < f(x) < \frac{x}{x^2+2x+2}$$

를 만족시킬 때, $\lim\limits_{x \to \infty} x f(x)$의 값은?

① -2　　② -1　　③ 0
④ 1　　⑤ 2

042 하

임의의 실수 x에 대하여 함수 $f(x)$가

$$3x^2 - 1 \leq (x^2+1) f(x) \leq 3x^2 + 2$$

를 만족시킬 때, $\lim\limits_{x \to \infty} f(x)$의 값은?

① 2　　② 3　　③ 4
④ 5　　⑤ 6

043 중

$x > 1$인 모든 실수 x에 대하여 함수 $f(x)$가

$$\frac{x^2-1}{2x+3} < f(x) < \frac{x^3-x^2+x-1}{2x^2+1}$$

을 만족시킬 때, $\lim\limits_{x \to \infty} \dfrac{f(x)}{x-1}$의 값을 구하여라.

유형 012 도형에서의 극한은 선분의 길이 또는 점의 좌표를 식으로 나타내어 극한값을 구하자!

좌표평면 위의 도형 또는 그래프에서의 극한값은 다음과 같은 순서로 구한다.

step 1 구하는 선분의 길이, 점의 좌표를 식으로 나타낸다.

step 2 극한의 성질을 이용하여 극한값을 구한다.

044 BOB 대표

오른쪽 그림과 같이 곡선 $y = x^2$ 위의 한 점 $P(a, a^2)$과 원점 O에 대하여 선분 OP의 수직이등분선이 y축과 만나는 점을 Q라 할 때, $\lim\limits_{a \to 0+} \overline{OQ}$의 값은? (단, $a > 0$)

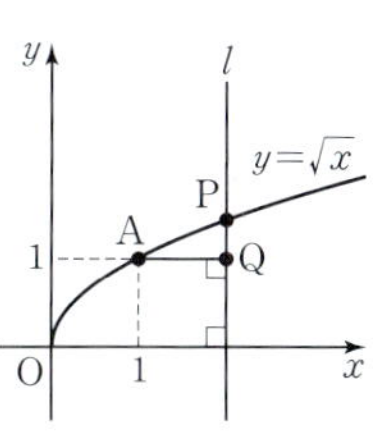

① $\dfrac{1}{16}$　　② $\dfrac{1}{8}$

③ $\dfrac{1}{4}$　　④ $\dfrac{1}{2}$

⑤ 1

045 중

오른쪽 그림과 같이 함수 $y = \sqrt{x}$ 의 그래프 위에 두 점 $A(1, 1)$, $P(x, y)$ $(x > 1)$가 있다. 점 P를 지나고 x축에 수직인 직선을 l이라 하고 점 A에서 직선 l에 내린 수선의 발을 Q라 할 때, $\lim\limits_{x \to 1+} \dfrac{\overline{AQ}}{\overline{PQ}}$의 값을 구하여라.

046 중

오른쪽 그림과 같이 길이가 1인 선분 AB를 지름으로 하는 반원의 호 위에 점 C가 있다. 삼각형 ABC의 내접원의 둘레의 길이를 l, $\overline{BC} = x$라 할 때, $\lim\limits_{x \to 0+} \dfrac{l}{x}$의 값을 구하여라. (단, $0 < x < 1$)

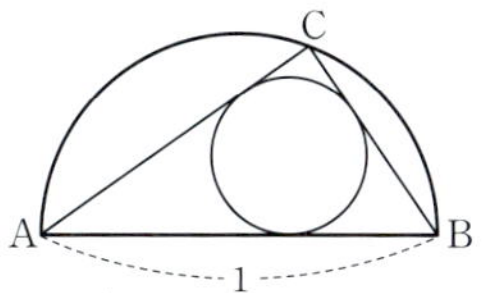

047

두 함수 $y=f(x)$, $y=g(x)$의 그래프가 다음 그림과 같을 때, $\lim\limits_{x\to 0} f(x)g(x)+\lim\limits_{x\to 1}\{f(x)+g(x)\}$의 값은?

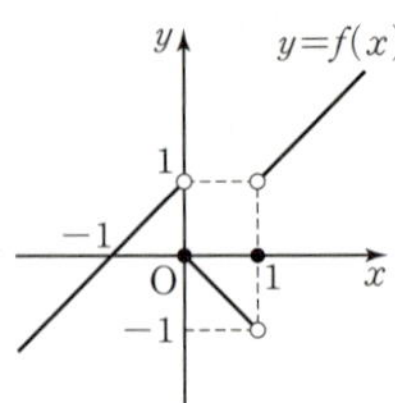 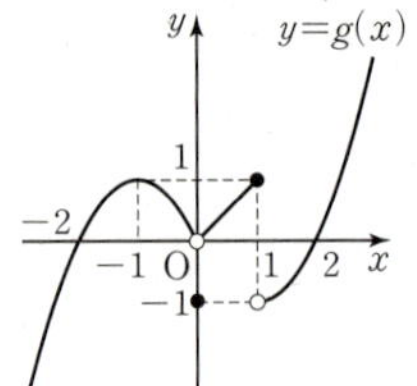

① -2 ② -1 ③ 0

④ 1 ⑤ 2

048

함수

$$f(x)=\begin{cases} x^2+ax+1 & (x>1) \\ 2 & (x=1) \\ -x^2+5x-a & (x<1) \end{cases}$$

에 대하여 $\lim\limits_{x\to 1} f(x)$의 값이 존재할 때, 상수 a의 값은?

① 0 ② 1 ③ 2

④ 3 ⑤ 4

049

함수 $f(x)=\dfrac{[x]^2+2x}{[x]}$에 대하여 $\lim\limits_{x\to k} f(x)$의 값이 존재하도록 하는 정수 k의 값은? (단, $[x]$는 x보다 크지 않은 최대의 정수이다.)

① -2 ② -1 ③ 1

④ 2 ⑤ 3

050

함수 $f(x)=[x]^2+a[x]-2$에 대하여 $\lim\limits_{x\to 3+} f(x)=\lim\limits_{x\to 3-} f(x)$가 성립할 때, 상수 a의 값은?

(단, $[x]$는 x보다 크지 않은 최대의 정수이다.)

① -5 ② -4 ③ -3

④ -2 ⑤ -1

051

$\lim\limits_{x\to 0}\dfrac{f(x)}{x}=4$일 때, $\lim\limits_{x\to 2}\dfrac{f(x-2)}{x^2-3x+2}$의 값은?

① 0 ② 1 ③ 2

④ 3 ⑤ 4

052

$\lim\limits_{x\to 1}\dfrac{x^3-x^2+x-1}{\sqrt{x+3}-2}$의 값은?

① 2 ② 4 ③ 6

④ 8 ⑤ 10

053

$\lim\limits_{x\to -\infty}\dfrac{1}{\sqrt{x^2+3x+2}+x}$의 값은?

① $-\dfrac{2}{3}$ ② $-\dfrac{1}{3}$ ③ $-\dfrac{1}{6}$

④ $\dfrac{1}{3}$ ⑤ $\dfrac{2}{3}$

054

$\lim\limits_{x\to \infty}(\sqrt{4x^2+ax}-2x)=5$를 만족시키는 상수 a의 값은?

① 10 ② 15 ③ 20

④ 25 ⑤ 30

055

$\displaystyle\lim_{x\to 3}\dfrac{\sqrt{x^2+x+4}+ax}{x-3}=b$가 성립하도록 하는 상수 a, b에 대하여 $3a-24b$의 값은?

① 7   ② 9   ③ 11

④ 13   ⑤ 15

056

$\displaystyle\lim_{x\to 1}\dfrac{\sqrt{2(x+1)}-\sqrt{x+a}}{x^2-1}=b$가 성립하도록 하는 상수 a, b에 대하여 ab의 값은?

① $\dfrac{3}{10}$ ② $\dfrac{1}{3}$ ③ $\dfrac{3}{8}$

④ $\dfrac{3}{7}$ ⑤ $\dfrac{1}{2}$

057

$\displaystyle\lim_{x\to -1}\dfrac{f(x)+2}{x+1}=4$일 때, $\displaystyle\lim_{x\to -1}\dfrac{\{f(x)\}^2+2f(x)}{x^2-1}$의 값은?

① -4 ② -2 ③ 2

④ 4   ⑤ 6

058

두 다항함수 $f(x)$, $g(x)$에 대하여

$$\lim_{x\to 0}\dfrac{f(x)}{x}=2,\quad \lim_{x\to 1}\dfrac{g(x)}{x-1}=4$$

일 때, $\displaystyle\lim_{x\to 1}\dfrac{f(x-1)+g(2-x)}{x^2-1}$의 값은?

① -2 ② -1 ③ 0

④ 1   ⑤ 2

059

두 함수 $f(x)$, $g(x)$가 다음 조건을 만족시킬 때, $\displaystyle\lim_{x\to\infty}\dfrac{3f(x)+4g(x)}{f(x)-2g(x)}$의 값을 구하여라.

(가) $\displaystyle\lim_{x\to\infty}f(x)=\infty$

(나) $\displaystyle\lim_{x\to\infty}\{2f(x)-g(x)\}=3$

060

오른쪽 그림과 같이 곡선 $y=x^2$ 위의 한 점 $\mathrm{P}(x,\,y)$에 대하여 세 점 $\mathrm{O}(0,\,0)$, $\mathrm{P}(x,\,y)$, $\mathrm{Q}(1,\,0)$을 꼭짓점으로 하는 삼각형 OPQ의 넓이를 $A(x)$라 하고, 세 점 $\mathrm{O}(0,\,0)$, $\mathrm{P}(x,\,y)$, $\mathrm{R}(0,\,5)$를 꼭짓점으로 하는 삼각형 OPR의 넓이를 $B(x)$라 할 때, $\displaystyle\lim_{x\to\infty}\dfrac{2xB(x)}{A(x)}$의 값은? (단, $x>0$)

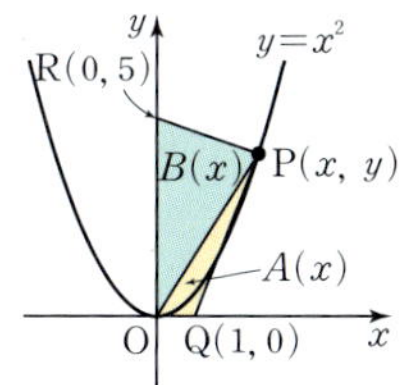

① 8   ② 10   ③ 12

④ 14   ⑤ 16

061 서술형

삼차함수 $f(x)$가 $\displaystyle\lim_{x\to 0}\dfrac{f(x)}{x}=6$, $\displaystyle\lim_{x\to 2}\dfrac{f(x)}{x-2}=2$를 만족시킬 때, 함수 $f(x)$를 구하여라.

062 서술형

오른쪽 그림과 같이 곡선 $y=2x^2$ 위를 움직이는 점 $\mathrm{P}(t,\,2t^2)$ $(t>0)$을 지나고 선분 OP에 수직인 직선 l이 y축과 만나는 점을 Q라 할 때, $\displaystyle\lim_{t\to\infty}(\overline{\mathrm{OP}}-\overline{\mathrm{OQ}})$의 값을 구하여라. (단, O는 원점이다.)

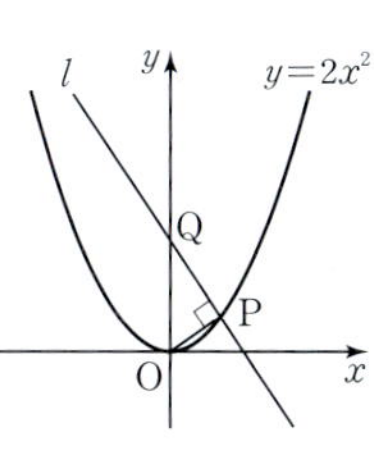

02 함수의 연속

개념 ❶ 함수의 연속과 불연속 ◆ 유형 013~021

(1) 함수의 연속

함수 $f(x)$가 실수 a에 대하여 다음 세 조건을 만족시킬 때, $f(x)$는 $x=a$에서 연속이라 한다.

(ⅰ) 함수 $f(x)$가 $x=a$에서 정의되어 있다.

(ⅱ) 극한값 $\lim_{x \to a} f(x)$가 존재한다. 즉, $\lim_{x \to a+} f(x) = \lim_{x \to a-} f(x)$

(ⅲ) $\lim_{x \to a} f(x) = f(a)$

(2) 함수의 불연속

함수 $f(x)$가 $x=a$에서 연속이 아닐 때, $f(x)$는 $x=a$에서 불연속이라 한다. 즉, 위의 (1)의 (ⅰ)~(ⅲ) 중에서 어느 한 가지라도 만족시키지 않으면 함수 $f(x)$는 $x=a$에서 불연속이다.

개념 ❷ 연속함수

(1) 구간

두 실수 a, b $(a<b)$에 대하여 다음 집합을 각각 구간이라 하고, 이것을 기호로

① $\{x \mid a<x<b\}$ ➡ (a, b)　　　② $\{x \mid a \leq x \leq b\}$ ➡ $[a, b]$

③ $\{x \mid a<x \leq b\}$ ➡ $(a, b]$　　　④ $\{x \mid a \leq x<b\}$ ➡ $[a, b)$

와 같이 나타낸다. 이때, (a, b)를 열린구간, $[a, b]$를 닫힌구간, $(a, b]$, $[a, b)$를 반열린 구간 또는 반닫힌 구간이라 한다.

(2) 연속함수

함수 $f(x)$가 어떤 구간에 속하는 모든 실수에서 연속일 때, $f(x)$는 그 구간에서 연속 또는 그 구간에서 연속함수라 한다.

개념 ❸ 연속함수의 성질 ◆ 유형 022

두 함수 $f(x)$, $g(x)$가 $x=a$에서 연속이면 다음 함수도 $x=a$에서 연속이다.

① $f(x) \pm g(x)$　　　② $cf(x)$ (단, c는 상수이다.)

③ $f(x)g(x)$　　　④ $\dfrac{f(x)}{g(x)}$ (단, $g(a) \neq 0$)

개념 ❹ 최대·최소 정리 ◆ 유형 023

함수 $f(x)$가 닫힌구간 $[a, b]$에서 연속이면 $f(x)$는 이 구간에서 반드시 최댓값과 최솟값을 갖는다.

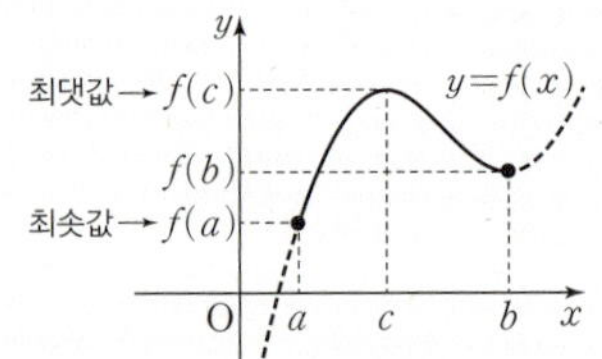

개념 ❺ 사잇값 정리 ◆ 유형 024

함수 $f(x)$가 닫힌구간 $[a, b]$에서 연속이고 $f(a) \neq f(b)$이면, $f(a)$와 $f(b)$ 사이의 임의의 값 k에 대하여

$$f(c) = k$$

인 c가 열린구간 (a, b)에 적어도 하나 존재한다.

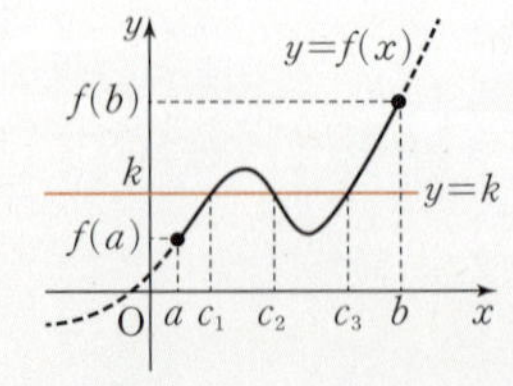

개념 plus

● 함수 $f(x)$가 열린구간 (a, b)에서 연속이고 $\lim_{x \to a+} f(x) = f(a)$, $\lim_{x \to b-} f(x) = f(b)$일 때, 함수 $f(x)$는 닫힌구간 $[a, b]$에서 연속이다.

● 함수 $y=f(x)$의 그래프가 $x=a$에서 끊어져 있으면 함수 $f(x)$는 $x=a$에서 불연속이다.

● ① $\{x \mid x>a\}$ ➡ (a, ∞)
　② $\{x \mid x \geq a\}$ ➡ $[a, \infty)$
　③ $\{x \mid x<a\}$ ➡ $(-\infty, a)$
　④ $\{x \mid x \leq a\}$ ➡ $(-\infty, a]$

● 개념 ❸의 ④에서 두 함수 $f(x)$, $g(x)$가 각각 연속함수일 때, 두 함수의 몫의 꼴의 함수인 경우
➡ (분모)$=0$인 x의 값을 제외한 모든 실수에 대하여 연속이다.

● 최대·최소 정리에서
① 닫힌구간이 아닌 구간에서 정의된 연속함수는 최댓값과 최솟값을 갖지 않을 수 있다.
② 함수 $f(x)$가 연속이 아니면 닫힌구간에서도 최댓값과 최솟값을 갖지 않을 수 있다.

● 최대·최소 정리로는 닫힌구간에서 연속인 함수가 최댓값과 최솟값을 갖는다는 사실만 알 수 있고, 최댓값과 최솟값을 구체적으로 찾을 수는 없다.

● 사잇값 정리의 활용
함수 $f(x)$가 닫힌구간 $[a, b]$에서 연속이고 $f(a)f(b)<0$이면 방정식 $f(x)=0$의 실근이 열린구간 (a, b)에 적어도 하나 존재한다.
즉, $f(a)$의 부호와 $f(b)$의 부호가 서로 다르다는 것을 보이면 방정식 $f(x)=0$의 실근의 존재 여부를 판단할 수 있다.

⊕ 개념 콕콕 ⊕

1 함수의 연속과 불연속

063

〈보기〉에서 다음 함수가 $x=0$에서 연속이 아닌 이유인 것만을 있는 대로 골라라.

> **보기**
> ㄱ. 함수 $f(x)$가 $x=0$에서 정의되어 있지 않다.
> ㄴ. $\lim\limits_{x \to 0} f(x)$의 값이 존재하지 않는다.
> ㄷ. $\lim\limits_{x \to 0} f(x) \neq f(0)$

(1) 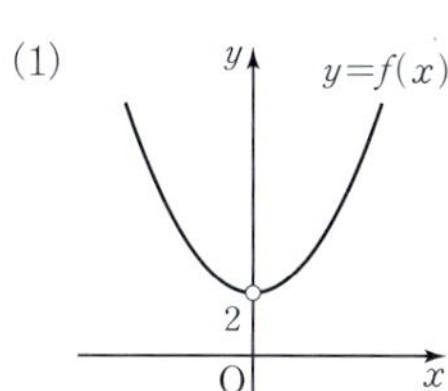

(2) 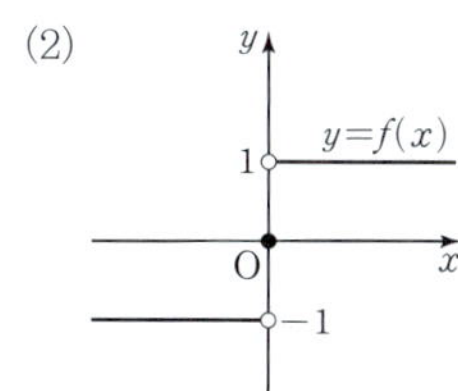

(3) 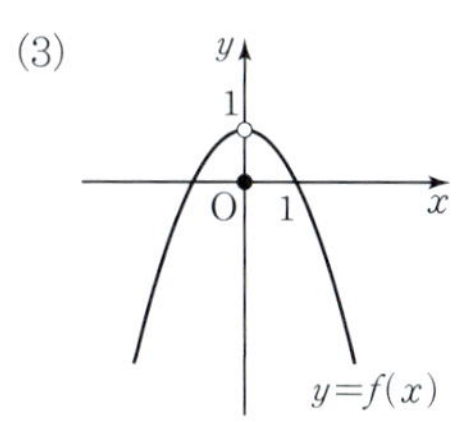

(4) 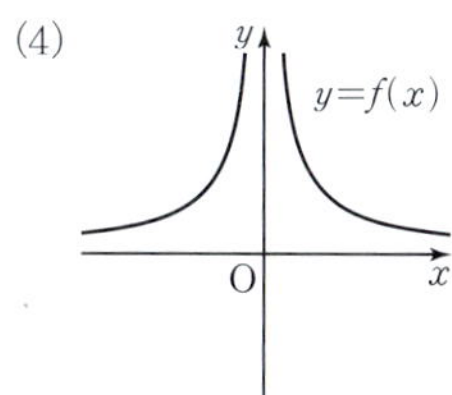

064

다음 함수가 $x=1$에서 연속인지 불연속인지 조사하여라.

(1) $f(x) = x^2 + 2$

(2) $f(x) = |x-1|$

(3) $f(x) = \dfrac{1}{|x-1|}$

(4) $f(x) = \begin{cases} \dfrac{x^2-1}{x-1} & (x \neq 1) \\ 1 & (x=1) \end{cases}$

2 연속함수

065

다음 함수의 정의역을 구간의 기호로 나타내어라.

(1) $y = \sqrt{1-x}$

(2) $y = \dfrac{1}{x-1}$

066

다음 함수가 연속인 x의 값의 범위를 구간의 기호로 나타내어라.

(1) $y = x+2$

(2) $y = \sqrt{x-2}$

(3) $y = 3$

(4) $y = \dfrac{2}{x+1}$

067

함수 $f(x) = \begin{cases} (x-1)^2 & (x \neq 1) \\ 1 & (x=1) \end{cases}$ 의 연속성을 조사하여라.

3 연속함수의 성질

068

두 함수 $f(x)$, $g(x)$가 실수 전체의 집합에서 연속일 때, 〈보기〉에서 실수 전체의 집합에서 연속인 함수인 것만을 있는 대로 골라라.

> **보기**
> ㄱ. $f(x) + g(x)$　　　　ㄴ. $2f(x)$
> ㄷ. $f(x)g(x)$　　　　ㄹ. $\dfrac{g(x)}{f(x)}$

4 최대·최소 정리

069

다음 함수가 주어진 구간에서 최댓값과 최솟값을 가지면 그 값을 구하여라.

(1) $f(x) = x^2 - 4x + 1$　　$[0, 3]$

(2) $f(x) = \dfrac{1}{x-1}$　　$[2, 4]$

(3) $f(x) = \begin{cases} \dfrac{2}{x-1} & (x \neq 1) \\ 0 & (x=1) \end{cases}$　　$[-2, 2]$

5 사잇값 정리

070

다음 방정식의 실근이 주어진 구간에 적어도 하나 존재함을 보여라.

(1) $x^2 - 4x + 1 = 0$　　$(0, 1)$

(2) $2x^3 - x^2 + x - 3 = 0$　　$(1, 2)$

(3) $x^4 - 3x^2 - x + 1 = 0$　　$(1, 2)$

 극한값과 함숫값이 같을 때, 함수는 연속이다!

함수 $f(x)$가 실수 a에 대하여 다음 세 조건을 만족시키면
함수 $f(x)$는 $x=a$에서 연속이라 한다.
(i) 함수 $f(x)$는 $x=a$에서 정의되어 있다.
(ii) $\lim_{x \to a} f(x)$의 값이 존재한다. 즉, $\lim_{x \to a+} f(x) = \lim_{x \to a-} f(x)$
(iii) $\lim_{x \to a} f(x) = f(a)$

071 **BOB** 대표

모든 실수 x에서 연속인 함수인 것만을 〈보기〉에서 있는 대로 고른 것은?

보기
ㄱ. $f(x) = \begin{cases} \dfrac{x^2-4}{x-2} & (x \neq 2) \\ 4 & (x=2) \end{cases}$

ㄴ. $g(x) = \begin{cases} \dfrac{|x|}{x} & (x \neq 0) \\ 0 & (x=0) \end{cases}$

ㄷ. $h(x) = \begin{cases} \sqrt{x-1} & (x \geq 1) \\ -x+1 & (x < 1) \end{cases}$

① ㄱ   ② ㄱ, ㄴ   ③ ㄱ, ㄷ
④ ㄴ, ㄷ   ⑤ ㄱ, ㄴ, ㄷ

072 중

다음 중 모든 실수 x에서 연속인 함수는?

① $f(x) = \dfrac{1}{x-3}$ ② $f(x) = \dfrac{x^2-1}{x-1}$

③ $f(x) = \sqrt{x+2}$ ④ $f(x) = \begin{cases} \dfrac{x^2}{|x|} & (x \neq 0) \\ 0 & (x=0) \end{cases}$

⑤ $f(x) = [x]$ (단, $[x]$는 x보다 크지 않은 최대의 정수이다.)

073 중

모든 실수 x에서 연속인 함수 $f(x)$가 $x \neq a$일 때,
$f(x) = \dfrac{x^3-a^3}{x-a}$ 이다. $f(a)$의 값은?

① a^2 ② $2a^2$ ③ $3a^2$
④ $4a^2$ ⑤ $5a^2$

 함수의 그래프가 끊어져 있는 곳에서 함수는 불연속이다!

함수 $y=f(x)$의 그래프가 $x=a$에서 끊어져 있으면
➡ 함수 $f(x)$는 $x=a$에서 불연속이다.

074 **BOB** 대표

함수 $y=f(x)$의 그래프가 오른쪽 그림과 같을 때, 〈보기〉에서 옳은 것만을 있는 대로 고른 것은?

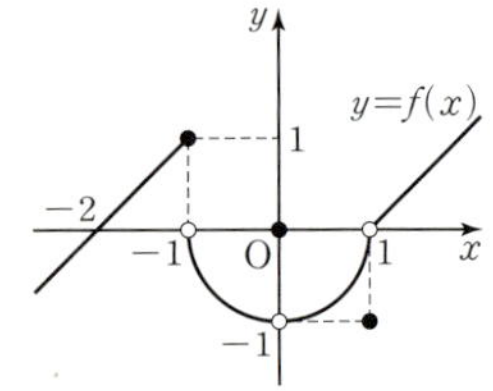

보기
ㄱ. $\lim_{x \to 0} f(x)$의 값이 존재한다.
ㄴ. 함수 $f(x)$는 $x=-1$에서 연속이다.
ㄷ. 함수 $f(x)$는 $x=1$에서 불연속이다.

① ㄱ   ② ㄴ   ③ ㄱ, ㄴ
④ ㄱ, ㄷ   ⑤ ㄴ, ㄷ

075 하

함수 $y=f(x)$의 그래프가 닫힌구간 $[-1, 3]$에서 오른쪽 그림과 같을 때, 〈보기〉에서 옳은 것만을 있는 대로 고른 것은?

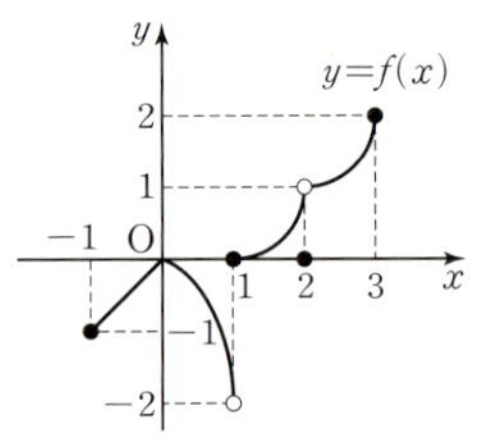

보기
ㄱ. $\lim_{x \to 0} f(x) = f(0)$
ㄴ. $x=1$에서 함수 $f(x)$의 극한값이 존재한다.
ㄷ. 함수 $f(x)$가 불연속이 되는 점의 개수는 2이다.

① ㄱ   ② ㄱ, ㄴ   ③ ㄱ, ㄷ
④ ㄴ, ㄷ   ⑤ ㄱ, ㄴ, ㄷ

076 중   서술형

함수 $y=f(x)$의 그래프가 오른쪽 그림과 같다. 열린구간 $(-2, 2)$에서 불연속인 점의 개수를 a, 함수의 극한값이 존재하지 않는 점의 개수를 b라 할 때, ab의 값을 구하여라.

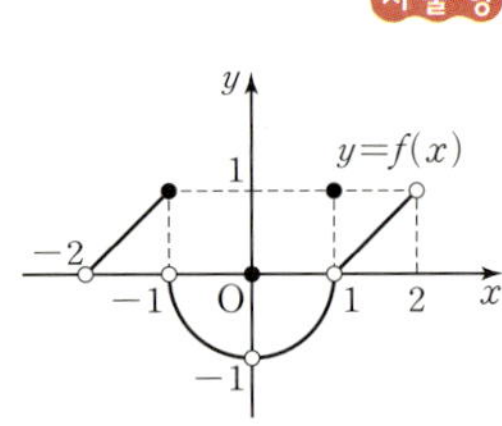

유형 015 구간에 따라 나누어진 함수의 연속은 경계점에서 함숫값과 극한값을 조사하자!

$x \neq a$에서 연속인 함수 $g(x)$에 대하여 함수
$$f(x) = \begin{cases} g(x) & (x \neq a) \\ k & (x = a) \ (k\text{는 상수}) \end{cases}$$
가 모든 실수 x에 대하여 연속이려면 $\lim\limits_{x \to a} g(x) = k$이어야 한다.

077 BOB 대표

함수 $f(x) = \begin{cases} ax+1 & (x \leq -1 \ \text{또는} \ x \geq 2) \\ x^2 - 3x + b & (-1 < x < 2) \end{cases}$ 가 실수 전체의 집합에서 연속이 되도록 하는 상수 a, b에 대하여 ab의 값은?

① -2　　　② 0　　　③ 2
④ 4　　　⑤ 8

078 중

함수 $f(x) = \begin{cases} x+1 & (x > 1) \\ x^2 + a & (x \leq 1) \end{cases}$ 가 $x = 1$에서 연속일 때, $f(-1)$의 값은? (단, a는 상수이다.)

① 0　　　② 1　　　③ 2
④ 3　　　⑤ 4

079 중

함수 $f(x) = \begin{cases} x+a & (x < -1) \\ x^2 - 2 & (-1 \leq x < 1) \\ 2x - b & (x \geq 1) \end{cases}$ 가 실수 전체의 집합에서 연속일 때, 상수 a, b에 대하여 $a+b$의 값을 구하여라.

유형 016 함수가 연속일 조건에서 미정계수를 구해 보자!

(1) 함수 $f(x)$가 $x = a$에서 연속이면
→ $\lim\limits_{x \to a} f(x) = f(a)$

(2) 분수 꼴의 함수에서 $x \to a$일 때
① (분모) → 0이고 극한값이 존재하면 (분자) → 0이다.
② (분자) → 0이고 0이 아닌 극한값이 존재하면 (분모) → 0이다.

080 BOB 대표

함수 $f(x) = \begin{cases} \dfrac{x^2 + ax - 4}{x-1} & (x \neq 1) \\ b & (x = 1) \end{cases}$ 가 $x = 1$에서 연속일 때, 상수 a, b에 대하여 $a+b$의 값은?

① -2　　　② 0　　　③ 2
④ 4　　　⑤ 8

081 중 서술형

함수 $f(x) = \begin{cases} \dfrac{\sqrt{x^2+9}+a}{x^2} & (x \neq 0) \\ b & (x = 0) \end{cases}$ 가 모든 실수 x에서 연속이 되도록 하는 상수 a, b에 대하여 ab의 값을 구하여라.

082 중

함수 $f(x) = \begin{cases} \dfrac{a\sqrt{x+2}-b}{x-1} & (x > 1) \\ x-2 & (x \leq 1) \end{cases}$ 가 $x = 1$에서 연속일 때, 상수 a, b에 대하여 ab의 값을 구하여라.

유형 017
$[x]$ 꼴을 포함하는 함수는 정수에서 불연속이다!

$[x]$가 x보다 크지 않은 최대의 정수일 때

(1) 정수 n에 대하여

① $n \leq x < n+1$이면 $[x]=n$ ➡ $\lim\limits_{x \to n+} [x]=n$

② $n-1 \leq x < n$이면 $[x]=n-1$ ➡ $\lim\limits_{x \to n-} [x]=n-1$

➡ $[x]$는 정수를 기준으로 그 값이 변하므로 함수 $y=[x]$는 모든 정수에서 불연속이다.

(2) 함수 $g(x)=[f(x)]$가 불연속이 되는 x의 값을 구하려면

➡ $f(x)=n$ (n은 정수)을 만족시키는 x의 값에서 연속성을 조사한다.

083 BOB 대표

함수 $f(x)=[x]^2-a[x]$가 $x=2$에서 연속일 때, $f(2)$의 값은?
(단, $[x]$는 x보다 크지 않은 최대의 정수이다.)

① -2 ② -1 ③ 0
④ 1 ⑤ 2

084 중 보충 설명

함수 $f(x)=a[x-2]+[x]$가 $x=2$에서 연속일 때, 상수 a의 값은? (단, $[x]$는 x보다 크지 않은 최대의 정수이다.)

① -2 ② -1 ③ 0
④ 1 ⑤ 2

085 중 서술형

함수 $f(x)=[x]^2+a[2x]$가 $x=1$에서 연속일 때, 상수 a의 값을 구하여라. (단, $[x]$는 x보다 크지 않은 최대의 정수이다.)

유형 018
$(x-a)f(x)$ 꼴로 정의된 함수는 $x=a$에서 연속인지 확인하자!

연속함수 $g(x)$에 대하여 함수 $f(x)$가 $(x-a)f(x)=g(x)$를 만족시킬 때, 함수 $f(x)$가 모든 실수 x에 대하여 연속이면

$$f(a)=\lim_{x \to a} f(x)=\lim_{x \to a} \frac{g(x)}{x-a}$$

➡ $(x-a)f(x)=g(x)$에서 $x \neq a$일 때, $f(x)=\dfrac{g(x)}{x-a}$이다.

086 BOB 대표

모든 실수 x에서 연속인 함수 $f(x)$가
$$(x-5)f(x)=x^2-3x+a$$
를 만족시킬 때, $f(5)$의 값은?

① 6 ② 7 ③ 8
④ 9 ⑤ 10

087 중

모든 실수 x에서 연속인 함수 $f(x)$가
$$(x-2)f(x)=ax^2+bx, \ f(2)=4$$
를 만족시킬 때, 상수 a, b에 대하여 ab의 값을 구하여라.

088 중

$x \geq 2$인 모든 실수 x에서 연속인 함수 $f(x)$가
$$(x-3)f(x)=a\sqrt{x-2}+b, \ f(3)=1$$
을 만족시킬 때, 상수 a, b에 대하여 ab의 값은?

① -4 ② -2 ③ 0
④ 2 ⑤ 4

유형 019 함수를 **구한 후, 그래프를 그려서 불연속인 점을 찾** 는다!

함수 $y=f(x)$의 그래프와 직선 $y=t$가 만나는 점의 개수를 $g(t)$라 할 때, 함수 $g(t)$가 불연속이 되는 점은 다음과 같은 순서로 구한다.

step 1 함수 $y=f(x)$의 그래프와 직선 $y=t$가 만나는 교점의 개수의 변화를 살펴 $g(t)$를 구한다.

step 2 함수 $y=g(t)$의 그래프를 그려 불연속이 되는 점을 찾는다.

089 BOB 대표

함수 $y=f(x)$의 그래프가 오른쪽 그림과 같다. 실수 t에 대하여 직선 $y=t$가 함수 $y=f(x)$의 그래프와 만나는 점의 개수를 $g(t)$라 할 때, 함수 $g(t)$가 불연속이 되는 t의 개수는?

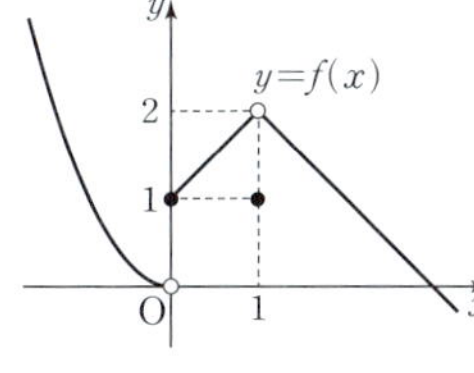

① 0   ② 1   ③ 2

④ 3   ⑤ 4

090 중

함수 $y=f(x)$의 그래프가 오른쪽 그림과 같다. 실수 t에 대하여 직선 $y=t$가 함수 $y=f(x)$의 그래프와 만나는 점의 개수를 $g(t)$라 할 때, 함수 $g(t)$가 불연속이 되는 t의 개수를 구하여라.

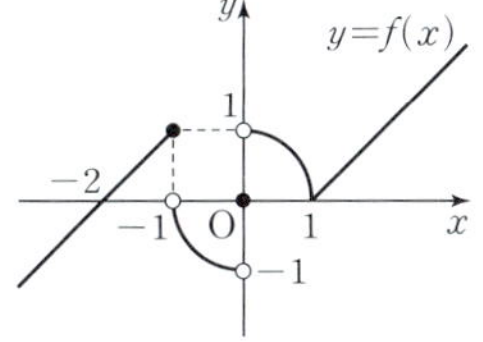

091 중

실수 t에 대하여 직선 $y=t$가 함수 $y=|x^2-1|$의 그래프와 만나는 점의 개수를 $f(t)$라 할 때, 함수 $f(t)$가 불연속이 되는 모든 t의 값의 합을 구하여라.

유형 020 **극한값과 함숫값을 확인하여 불연속인 점을 찾는다!**

극한값과 함숫값을 확인하여 불연속인 점을 찾아 평행이동 또는 주기함수 $f(x)=f(x+a)$를 활용해서 해결한다.

092 BOB 대표

함수 $f(x)$가

$$f(x)=\begin{cases} \dfrac{x^2-1}{|x-1|} & (x\neq 1) \\ -2 & (x=1) \end{cases}$$

일 때, 함수 $g(x)=\begin{cases} f(x)+a & (x>1) \\ f(1) & (x\leq 1) \end{cases}$ 이 모든 실수 x에서 연속이 되도록 하는 실수 a의 값은?

① -4 ② -2 ③ 0

④ 1   ⑤ 2

093 중

함수 $f(x)=|x+1|$에 대하여 함수

$$g(x)=\begin{cases} f(x)+a & (x>-1) \\ f(-3) & (x\leq -1) \end{cases}$$

이 모든 실수 x에서 연속이 되도록 하는 실수 a의 값은?

① -2 ② -1 ③ 0

④ 1   ⑤ 2

094 상   보충 설명

구간 $[-1,1)$에서 함수 $f(x)$가

$$f(x)=\begin{cases} x^2+a & (-1\leq x<0) \\ 1 & (0\leq x<1) \end{cases}$$

이고, 모든 실수 x에 대하여 $f(x)=f(x+2)$를 만족시킬 때, 함수 $f(x)$가 $x=3$에서 연속이 되도록 하는 상수 a의 값을 구하여라.

유형 021 그래프가 주어진 합성함수의 연속성은 끊어진 점을 조사하자!

(1) 두 함수 $f(x)$, $g(x)$에 대하여 합성함수 $f(g(x))$가 $x=a$에서 연속이려면
$$\lim_{x \to a+} f(g(x)) = \lim_{x \to a-} f(g(x)) = f(g(a))$$

(2) 합성함수 $f(g(x))$의 극한값 $\lim_{x \to a} f(g(x))$를 구하려면

step1 $x \to a+$일 때와 $x \to a-$일 때로 나누어 $g(x)$의 수렴 상태를 조사한다.
　　　　예 $x \to a+$일 때, $g(x) \to b+$

step2 $g(x)$를 t로 치환한다.

step3 $\lim_{x \to a+} f(g(x)) = \lim_{t \to b+} f(t)$

095 BOB 대표

함수 $y=f(x)$의 그래프가 오른쪽 그림과 같을 때, 〈보기〉에서 옳은 것만을 있는 대로 골라라.

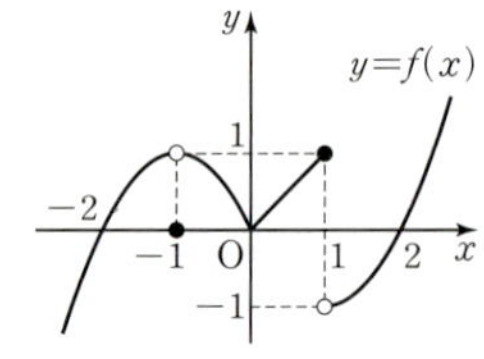

보기

ㄱ. $\lim_{x \to 1} f(x)$의 값이 존재하지 않는다.

ㄴ. $\lim_{x \to -1} f(f(x)) = 1$

ㄷ. 합성함수 $f(f(x))$는 $x=-1$에서 불연속이다.

096 중

함수 $y=f(x)$의 그래프가 오른쪽 그림과 같을 때, 〈보기〉에서 합성함수 $f(g(x))$가 $x=0$에서 연속이 되도록 하는 함수 $y=g(x)$의 그래프인 것만을 있는 대로 골라라.

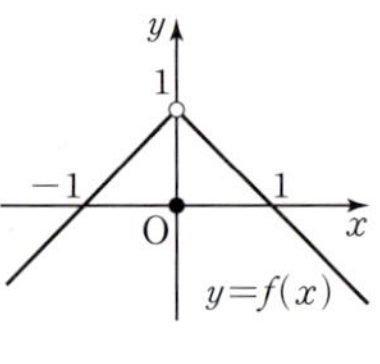

보기

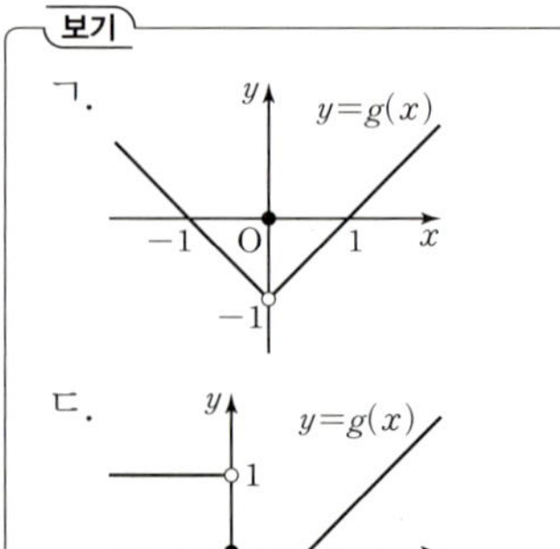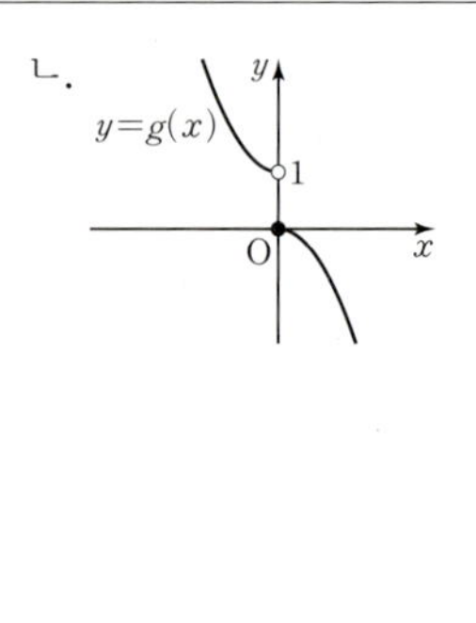

유형 022 연속인 함수끼리 더하거나 빼거나 곱하면 항상 연속이다!

(1) 두 함수 $f(x)$, $g(x)$가 $x=a$에서 연속이면
$$f(x) \pm g(x),\ cf(x)\,(c\text{는 상수}),\ f(x)g(x),\ \frac{f(x)}{g(x)}$$
$$(g(a) \neq 0)$$
도 $x=a$에서 연속이다.

(2) 함수 $f(x)$가 $x=a$에서 연속이고 함수 $g(x)$가 $x=f(a)$에서 연속이면 합성함수 $g(f(x))$는 $x=a$에서 연속이다.

(3) 다항함수는 모든 실수 x에 대하여 연속이다.

097 BOB 대표

두 함수 $f(x)$, $g(x)$에 대하여 〈보기〉에서 옳은 것만을 있는 대로 골라라. (단, $f(x)$의 치역이 $g(x)$의 정의역에 포함된다.)

보기

ㄱ. $f(x) - g(x)$와 $f(x)$가 연속함수이면 $g(x)$도 연속함수이다.

ㄴ. $f(x)g(x)$와 $g(x)$가 연속함수이면 $f(x)$도 연속함수이다.

ㄷ. $f(x)$와 $g(x)$가 연속함수이면 $g(f(x))$도 연속함수이다.

098 하

두 함수 $f(x)=x^2-5x+6$, $g(x)=x^2+x+1$에 대하여 함수 $\dfrac{g(x)}{f(x)}$가 $x=a$에서 불연속일 때, 모든 상수 a의 값의 합을 구하여라.

099 중

두 함수 $f(x)$, $g(x)$가 $x=a$에서 연속일 때, 〈보기〉의 함수 중 $x=a$에서 연속인 함수의 개수를 구하여라.
(단, $f(x)$의 치역이 $g(x)$의 정의역에 포함된다.)

보기

ㄱ. $3f(x)-g(x)$　　ㄴ. $\{g(x)\}^2$　　ㄷ. $\dfrac{f(x)}{g(x)}$

ㄹ. $2f(x)g(x)$　　ㅁ. $g(f(x))$

023 연속함수 $f(x)$는 닫힌구간에서 반드시 최댓값과 최솟값을 갖는다!

최대 · 최소 정리

함수 $f(x)$가 닫힌구간 $[a, b]$에서 연속이면 $f(x)$는 이 구간에서 반드시 최댓값과 최솟값을 갖는다.

100 BOB 대표

닫힌구간 $[-2, 3]$에서 정의된 함수 $y=f(x)$의 그래프가 오른쪽 그림과 같을 때, 함수 $f(x)$에 대한 다음 설명 중 옳지 않은 것은?

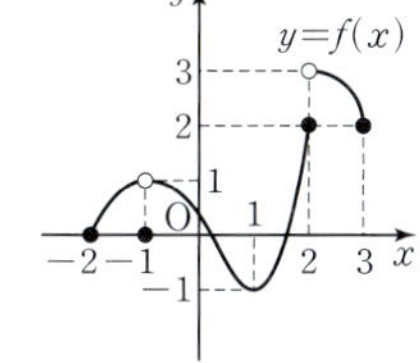

① 불연속이 되는 x의 값은 2개이다.
② 닫힌구간 $[-2, 1]$에서 최댓값을 갖는다.
③ $\lim\limits_{x \to -1} f(x) = 1$
④ $\lim\limits_{x \to 2} f(x)$의 값이 존재하지 않는다.
⑤ 닫힌구간 $[-2, 2]$에서 최솟값을 갖는다.

101 중

닫힌구간 $[3, 5]$에서 정의된 함수 $f(x) = \dfrac{3x+1}{x-2}$의 최댓값과 최솟값을 각각 M, m이라 할 때, $M-m$의 값은?

① 4
② $\dfrac{13}{3}$
③ $\dfrac{14}{3}$
④ 5
⑤ $\dfrac{16}{3}$

102 중

닫힌구간 $[-2, 1]$에서 정의된 함수 $y=f(x)$의 그래프가 오른쪽 그림과 같을 때, 〈보기〉에서 옳은 것만을 있는 대로 고른 것은?

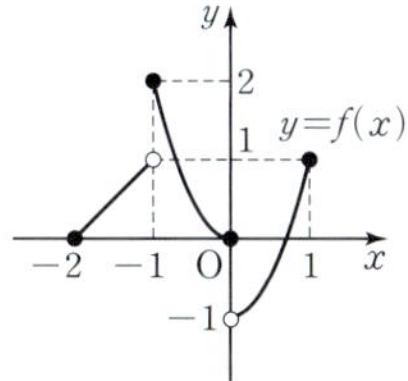

보기

ㄱ. 함수 $f(x)$가 불연속이 되는 x의 값은 2개이다.
ㄴ. 닫힌구간 $[0, 1]$에서 함수 $f(x)$의 최댓값과 최솟값이 모두 존재한다.
ㄷ. 닫힌구간 $[-1, 0]$에서 함수 $f(x)$의 최댓값과 최솟값이 모두 존재한다.

① ㄱ
② ㄴ
③ ㄱ, ㄴ
④ ㄱ, ㄷ
⑤ ㄴ, ㄷ

024 어떤 구간에 방정식의 실근이 존재하는지 알아보려면 사잇값 정리를 이용하자!

함수 $f(x)$가 닫힌구간 $[a, b]$에서 연속이고 $f(a)f(b) < 0$이면

➡ 방정식 $f(x)=0$의 실근이 열린구간 (a, b)에 적어도 하나 존재한다.

103 BOB 대표

방정식 $x^3+x-5=0$이 오직 하나의 실근을 가질 때, 다음 중 이 방정식의 실근이 존재하는 구간은?

① $(0, 1)$
② $(1, 2)$
③ $(2, 3)$
④ $(3, 4)$
⑤ $(4, 5)$

104 하

연속함수 $f(x)$에 대하여
$$f(-2)=-3,\ f(-1)=3,\ f(0)=2,$$
$$f(1)=0,\ f(2)=5,\ f(3)=-2$$
일 때, 방정식 $f(x)=0$은 열린구간 $(-2, 3)$에서 적어도 몇 개의 실근을 갖는가?

① 1
② 2
③ 3
④ 4
⑤ 5

105 중 서술형

연속함수 $f(x)$에 대하여 $f(2)=a$, $f(4)=a-3$이다. 방정식 $f(x)=3$이 중근이 아닌 오직 하나의 실근을 가질 때, 이 실근이 열린구간 $(2, 4)$에 존재하도록 하는 모든 정수 a의 값의 합을 구하여라.

106

실수 전체의 집합에서 연속인 함수 $f(x)$가 $\lim\limits_{x \to 1}\dfrac{(x^2-1)f(x)}{x-1}=12$ 를 만족시킬 때, $f(1)$의 값은?

① 4 ② 6 ③ 8
④ 10 ⑤ 12

107

닫힌구간 $[-1, 5]$에서 정의된 함수 $f(x)$가 $x\neq 2$일 때, $f(x)=\dfrac{\sqrt{1+x}-\sqrt{5-x}}{x-2}$ 이다. 함수 $f(x)$가 $x=2$에서 연속일 때, $f(2)$의 값은?

① $\dfrac{1}{3}$ ② $\dfrac{\sqrt{3}}{3}$ ③ $\dfrac{2}{3}$
④ $\dfrac{\sqrt{3}}{2}$ ⑤ $\dfrac{3}{2}$

108

함수 $f(x)=\begin{cases} x^2+ax-2 & (|x|\geq 1) \\ b-x & (|x|<1) \end{cases}$ 가 모든 실수 x에서 연속이 되도록 하는 상수 $a,\ b$에 대하여 ab의 값은?

① -2 ② -1 ③ 0
④ 1 ⑤ 2

109

함수

$$f(x)=\begin{cases} \dfrac{\sqrt{x+7}-a}{x-2} & (x\neq 2) \\ b & (x=2) \end{cases}$$

가 $x=2$에서 연속일 때, 두 상수 $a,\ b$에 대하여 ab의 값은?

① $\dfrac{1}{8}$ ② $\dfrac{1}{6}$ ③ $\dfrac{1}{4}$
④ $\dfrac{1}{2}$ ⑤ 1

110

함수 $f(x)=[x]^3+(ax+2)[x]$가 $x=-1$에서 연속일 때, 상수 a의 값은? (단, $[x]$는 x보다 크지 않은 최대의 정수이다.)

① 5 ② 7 ③ 9
④ 11 ⑤ 13

111

함수 $f(x)=(x-2)^2+3$에 대하여 함수 $g(x)$를

$$g(x)=\begin{cases} [\,f(x)\,] & (x\neq 2) \\ k & (x=2) \end{cases}$$

로 정의하자. 함수 $g(x)$가 $x=2$에서 연속일 때, 상수 k의 값을 구하여라. (단, $[x]$는 x보다 크지 않은 최대의 정수이다.)

112

$x>0$인 모든 실수 x에서 연속인 함수 $f(x)$가

$$(x^2+2x-3)f(x)=x+\sqrt{x}-2$$

를 만족시킬 때, $f(1)$의 값은?

① $\dfrac{1}{8}$ ② $\dfrac{1}{4}$ ③ $\dfrac{3}{8}$
④ $\dfrac{1}{2}$ ⑤ $\dfrac{5}{8}$

113

오른쪽 그림과 같이 좌표평면에서 중심의 좌표가 $(0, 6)$이고 반지름의 길이가 2인 원 C가 있다. 양수 r에 대하여 반지름의 길이가 r이고 원 C와 한 점에서 만나면서 동시에 x축에 접하는 원의 개수를 $f(r)$라 하자.

$\lim\limits_{r \to 2-} f(r) + \lim\limits_{r \to 4+} f(r)$의 값을 구하여라.

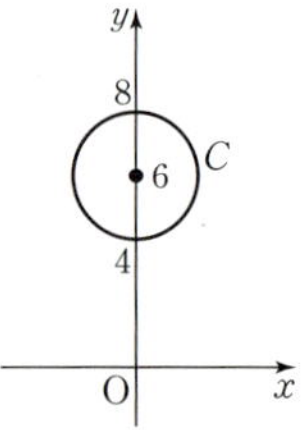

114

함수 $f(x)=\begin{cases} x^2-2x-3 & (x\geq 1) \\ x+1 & (x<1) \end{cases}$ 에 대하여 함수 $y=|f(x)-a|$

가 $x=1$에서 연속이 되도록 하는 상수 a의 값을 구하여라.

115

함수 $y=f(x)$의 그래프가 열린구간
$(-2, 2)$에서 오른쪽 그림과 같을 때,
〈보기〉에서 옳은 것만을 있는 대로 골라
라.

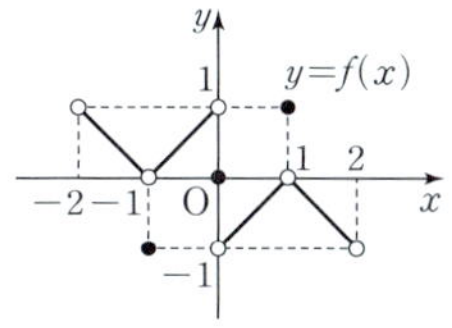

보기

ㄱ. 함수 $f(x)$의 극한값이 존재하지 않는 점의 개수는 1이다.
ㄴ. 함수 $f(x)$가 불연속이 되는 점의 개수는 3이다.
ㄷ. 합성함수 $(f\circ f)(x)$는 $x=1$에서 연속이다.

116

두 함수 $f(x)=\begin{cases} x^2-2x+3 & (x\geq 1) \\ x+5 & (x<1) \end{cases}$, $g(x)=|x-a|$에 대하여

합성함수 $(g\circ f)(x)$가 실수 전체의 집합에서 연속이 되도록 하는
상수 a의 값은?

① -4 ② -2 ③ 0
④ 2 ⑤ 4

117

두 함수 $y=f(x)$, $y=g(x)$의 그래프가 다음 그림과 같을 때,
〈보기〉에서 옳은 것만을 있는 대로 고른 것은?

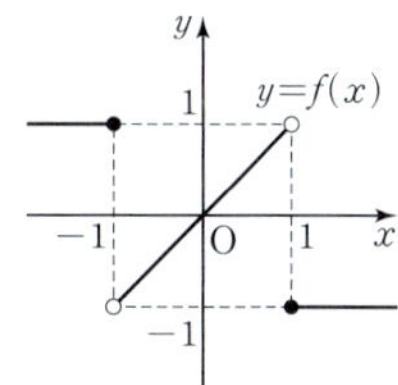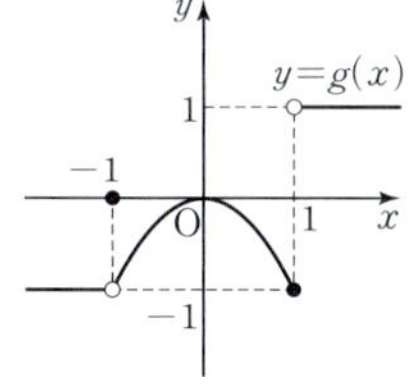

보기

ㄱ. $\lim\limits_{x\to 1}f(g(x))=-1$
ㄴ. 함수 $f(x)g(x)$는 $x=1$에서 연속이다.
ㄷ. 합성함수 $(g\circ f)(x)$는 $x=-1$에서 연속이다.

① ㄱ   ② ㄴ   ③ ㄱ, ㄷ
④ ㄴ, ㄷ   ⑤ ㄱ, ㄴ, ㄷ

118

두 다항함수 $f(x)=x^2-4x+1$, $g(x)=x^2+ax+2a$에 대하여

함수 $h(x)=\dfrac{f(x)}{g(x)}$가 실수 전체의 집합에서 연속이 되도록 하는

정수 a의 개수를 구하여라.

119

연속함수 $f(x)$에 대하여
$$f(-1)=1,\ f(0)=2,\ f(1)=3,\ f(2)=2$$
일 때, 방정식 $x^2f(x)-1=2x$는 열린구간 $(-1, 2)$에서 적어도
n개의 실근을 갖는다. n의 값을 구하여라.

120

서술형

두 함수 $f(x)=\begin{cases} 2x^2 & (x\geq 1) \\ -x+1 & (x<1) \end{cases}$, $g(x)=x^2+a$에 대하여 함

수 $f(x)g(x)$가 $x=1$에서 연속이 되도록 하는 상수 a의 값을 구
하여라.

121

서술형

함수 $f(x)=\begin{cases} 4-2x & (|x|\geq 1) \\ ax+a^2 & (|x|<1) \end{cases}$ 이 모든 실수 x에서 연속이 되

도록 하는 상수 a의 값을 구하여라.

II

미분

03 미분계수와 도함수

개념 ❶ 평균변화율과 미분계수 ｜유형 025~027, 030｜

(1) 평균변화율

　① 함수 $y=f(x)$에서 x의 값이 a에서 b까지 변할 때의 평균변화율은

$$\frac{\Delta y}{\Delta x}=\frac{f(b)-f(a)}{b-a}=\frac{f(a+\Delta x)-f(a)}{\Delta x}$$

　② 평균변화율의 기하적 의미

　　x의 값이 a에서 b까지 변할 때의 함수 $y=f(x)$의 평균변화율은
　　$y=f(x)$의 그래프 위의 두 점 $(a, f(a))$, $(b, f(b))$를 지나는
　　직선의 기울기와 같다.

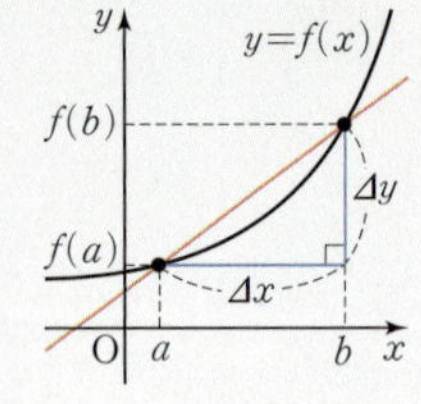

(2) 미분계수

　① 함수 $y=f(x)$의 $x=a$에서의 순간변화율 또는 미분계수는

$$f'(a)=\lim_{\Delta x \to 0}\frac{\Delta y}{\Delta x}=\lim_{\Delta x \to 0}\frac{f(a+\Delta x)-f(a)}{\Delta x}$$
$$=\lim_{h \to 0}\frac{f(a+h)-f(a)}{h}=\lim_{x \to a}\frac{f(x)-f(a)}{x-a}$$

　② 미분계수의 기하적 의미

　　함수 $f(x)$의 $x=a$에서의 미분계수 $f'(a)$는 곡선 $y=f(x)$ 위의 점 $(a, f(a))$에서의
　　접선의 기울기와 같다.

개념 ❷ 미분가능성과 연속성 ｜유형 028, 032｜

(1) 미분가능성

　함수 $f(x)$의 $x=a$에서의 미분계수 $f'(a)$가 존재하면 $f(x)$는 $x=a$
　에서 미분가능하다고 한다.

(2) 함수 $f(x)$가 $x=a$에서 미분가능하면 $f(x)$는 $x=a$에서 연속이다.
　그러나 그 역은 일반적으로 성립하지 않는다.

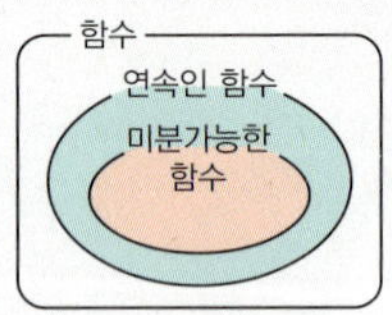

개념 ❸ 도함수 ｜유형 029, 031, 033~034｜

(1) 미분가능한 함수 $y=f(x)$의 도함수는

$$f'(x)=\lim_{\Delta x \to 0}\frac{f(x+\Delta x)-f(x)}{\Delta x}=\lim_{h \to 0}\frac{f(x+h)-f(x)}{h}$$

(2) 미분법의 공식

　두 함수 $f(x)$, $g(x)$가 미분가능할 때

　① $y=x^n$ (n은 자연수)이면 $y'=nx^{n-1}$

　② $y=c$ (c는 상수)이면 $y'=0$

　③ $y=cf(x)$ (c는 상수)이면 $y'=cf'(x)$

　④ $y=f(x) \pm g(x)$이면 $y'=f'(x) \pm g'(x)$ (복부호동순)

　⑤ $y=\{f(x)\}^n$ (n은 자연수)이면 $y'=n\{f(x)\}^{n-1} \times f'(x)$

(3) 곱의 미분법

　세 함수 $f(x)$, $g(x)$, $h(x)$가 미분가능할 때

　① $y=f(x)g(x)$이면 $y'=f'(x)g(x)+f(x)g'(x)$

　② $y=f(x)g(x)h(x)$이면 $y'=f'(x)g(x)h(x)+f(x)g'(x)h(x)+f(x)g(x)h'(x)$

➕ 개념 plus

◈ **평균변화율**

　함수 $y=f(x)$에서 x의 값이 a에서 b까지 변할 때, y의 값은 $f(a)$에서 $f(b)$까지 변한다. 이때, x의 값의 변화량 $b-a$를 x의 증분 Δx, y의 값의 변화량 $f(b)-f(a)$를 y의 증분 Δy라 한다.

　즉, x의 증분에 대한 y의 증분의 비를 x의 값이 a에서 b까지 변할 때의 함수 $y=f(x)$의 평균변화율이라 한다.

◆ 미분계수＝순간변화율＝접선의 기울기

◆ $x=a$에서의 미분계수 $f'(a)$가 존재

$$\Longleftrightarrow \lim_{h \to 0+}\frac{f(a+h)-f(a)}{h}$$
$$=\lim_{h \to 0-}\frac{f(a+h)-f(a)}{h}$$

㉠ Δx 대신 h를 사용하여

$$f'(a)=\lim_{h \to 0}\frac{f(a+h)-f(a)}{h}$$

와 같이 나타낼 수 있다.

◆ **연속 $\nRightarrow$ 미분가능**

　어떤 한 점에서 연속이지만 미분가능하지 않은 함수는 다음과 같다.

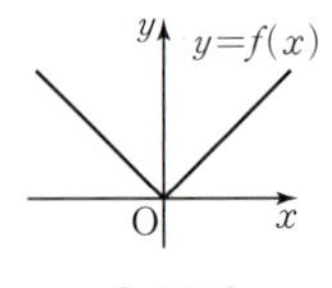
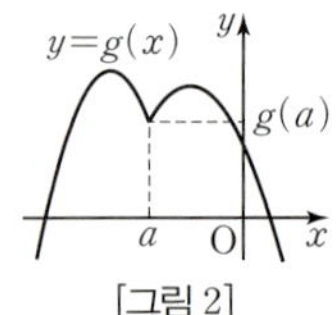

　[그림 1]의 함수 $y=f(x)$는 $x=0$에서 연속이지만 미분가능하지 않고, [그림 2]의 함수 $y=g(x)$도 $x=a$에서 연속이지만 미분가능하지 않다.

◆ 함수 $f(x)$가 $x=a$에서 미분가능하지 않은 경우는 $x=a$에서 불연속이거나 $x=a$에서 그래프가 뾰족한 경우이다.

◆ **도함수를 나타내는 기호**

　함수 $y=f(x)$의 도함수를 기호로 $f'(x)$, y', $\dfrac{dy}{dx}$, $\dfrac{d}{dx}f(x)$와 같이 나타낸다.

　$\dfrac{dy}{dx}$는 y를 x에 대하여 미분한다는 뜻으로 x의 아주 작은 변화량에 대한 y의 아주 작은 변화량의 비, 즉 x에 대한 y의 순간변화율을 의미한다.

⊙ 개념 콕콕 ⊙

1 평균변화율

122

x의 값이 -2에서 1까지 변할 때, 다음 함수의 평균변화율을 구하여라.

(1) $f(x)=x^2-5$

(2) $f(x)=2x^3-1$

123

x의 값이 3에서 $3+\varDelta x$까지 변할 때, 함수 $f(x)=-2x+3$의 평균변화율을 구하여라.

124

x의 값이 다음과 같이 변할 때, 함수 $f(x)=3x^2-2x$의 평균변화율을 구하여라.

(1) -1에서 3까지 변할 때

(2) 1에서 4까지 변할 때

2 미분계수

125

다음 함수의 $x=2$에서의 미분계수를 $\lim\limits_{\varDelta x \to 0}\dfrac{f(2+\varDelta x)-f(2)}{\varDelta x}$를 이용하여 구하여라.

(1) $f(x)=3$

(2) $f(x)=-x+3$

(3) $f(x)=2x^2+x$

126

다음 함수의 $x=2$에서의 미분계수를 $\lim\limits_{h \to 0}\dfrac{f(2+h)-f(2)}{h}$를 이용하여 구하여라.

(1) $f(x)=3x+5$

(2) $f(x)=x^2+2x+3$

127

다음 함수의 $x=2$에서의 미분계수를 $\lim\limits_{x \to 2}\dfrac{f(x)-f(2)}{x-2}$를 이용하여 구하여라.

(1) $f(x)=4x-3$

(2) $f(x)=-2x^3+x-1$

3 미분계수의 기하적 의미

128

다음 함수 $f(x)$에 대하여 곡선 $y=f(x)$ 위의 주어진 점에서의 접선의 기울기를 구하여라.

(1) $f(x)=2x^2-5 \qquad (-2,\ 3)$

(2) $f(x)=-x^3+2 \qquad (2,\ -6)$

4 미분가능성과 연속성

129

함수 $f(x)=|x+2|$에 대하여 다음을 조사하여라.

(1) 함수 $f(x)$의 $x=-2$에서의 연속성

(2) 함수 $f(x)$의 $x=-2$에서의 미분가능성

130

함수 $f(x)=\begin{cases} 2x^2-x+4 & (x\geq 2) \\ x^2+6 & (x<2) \end{cases}$ 에 대하여 다음을 조사하여라.

(1) 함수 $f(x)$의 $x=2$에서의 연속성

(2) 함수 $f(x)$의 $x=2$에서의 미분가능성

개념 콕콕

5 도함수

131

도함수의 정의를 이용하여 다음 함수의 도함수를 구하여라.

(1) $f(x)=-6$

(2) $f(x)=-2x+1$

(3) $f(x)=2x^2+3$

6 미분법의 공식

132

다음 함수를 미분하여라.

(1) $y=-x^5$

(2) $y=2x^7$

(3) $y=-3$

(4) $y=5x+7$

(5) $y=-3x^2+x-5$

(6) $y=\dfrac{4}{3}x^3-\dfrac{3}{2}x^2+5x-7$

133

미분가능한 두 함수 $f(x)$, $g(x)$에 대하여
$$f'(1)=5,\ g'(1)=-2$$
일 때, 다음 함수의 $x=1$에서의 미분계수를 구하여라.

(1) $f(x)+g(x)$

(2) $2f(x)-3g(x)$

7 곱의 미분법

134

다음 함수를 미분하여라.

(1) $y=-6x(2x^2+3)$

(2) $y=(2x+3)(-x-7)$

(3) $y=(x^2+2x-3)(3x+8)$

135

다음 함수를 미분하여라.

(1) $y=x(x+4)(x+5)$

(2) $y=(x+1)(x+2)(x+3)$

(3) $y=(2x-5)(3x+1)(-x+1)$

136

다음 함수를 미분하여라.

(1) $y=(x+2)^3$

(2) $y=(4x-1)^5$

(3) $y=(-2x^2+3x+5)^4$

137

다음 함수를 미분하여라.

(1) $y=(6x-1)(3x-2)^2$

(2) $y=(x+2)^3(2x^2-1)$

(3) $y=(x+2)^3(x^2-1)^4$

✿ 유형 콕콕 ✿

025 미분계수는 평균변화율의 극한이다!

(1) 함수 $y=f(x)$에서 x의 값이 a에서 b까지 변할 때의 평균변화율은

$$\frac{\Delta y}{\Delta x}=\frac{f(b)-f(a)}{b-a}=\frac{f(a+\Delta x)-f(a)}{\Delta x}$$

➡ x의 값이 a에서 b까지 변할 때의 함수 $y=f(x)$의 평균변화율은 $y=f(x)$의 그래프 위의 두 점 $(a, f(a))$, $(b, f(b))$를 지나는 직선의 기울기와 같다.

(2) 함수 $y=f(x)$의 $x=a$에서의 미분계수는

$$f'(a)=\lim_{\Delta x \to 0}\frac{\Delta y}{\Delta x}=\lim_{\Delta x \to 0}\frac{f(a+\Delta x)-f(a)}{\Delta x}$$
$$=\lim_{x \to a}\frac{f(x)-f(a)}{x-a}$$

➡ 함수 $y=f(x)$의 $x=a$에서의 미분계수 $f'(a)$는 곡선 $y=f(x)$ 위의 점 $(a, f(a))$에서의 접선의 기울기와 같다.

138 BOB 대표

함수 $f(x)=x^2+3x$에서 x의 값이 1에서 4까지 변할 때의 평균변화율과 $x=c$에서의 미분계수가 같을 때, 상수 c의 값을 구하여라.

139 중

함수 $f(x)=x^2+2x$에서 x의 값이 a에서 $a+2$까지 변할 때의 평균변화율이 6일 때, 상수 a의 값을 구하여라.

140 중

이차함수 $y=f(x)$의 그래프가 오른쪽 그림과 같다. 직선 AB의 기울기가 2일 때, x의 값이 1에서 3까지 변할 때의 함수 $f(x)$의 평균변화율을 구하여라.
(단, 점 A는 이차함수 $y=f(x)$의 그래프의 꼭짓점이다.)

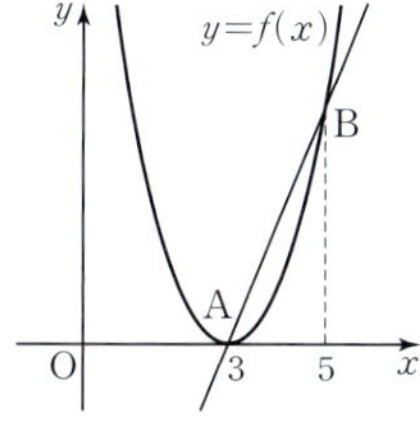

026 미분계수는 $f'(a)=\lim\limits_{x \to a}\dfrac{f(x)-f(a)}{x-a}$ 를 이용하여 구할 수 있다!

함수 $f(x)$가 $x=a$에서 미분가능할 때

(1) $f'(a)=\lim\limits_{x \to a}\dfrac{f(x)-f(a)}{x-a}$

(2) $f'(a)=\lim\limits_{\blacksquare \to a}\dfrac{f(\blacksquare)-f(a)}{\blacksquare-a}$

141 BOB 대표

다항함수 $f(x)$에 대하여 $\lim\limits_{x \to 1}\dfrac{f(x)-2}{x^2-1}=3$일 때, $\dfrac{f'(1)}{f(1)}$의 값은?

① 3
② $\dfrac{7}{2}$
③ 4
④ $\dfrac{9}{2}$
⑤ 5

142 중

다항함수 $f(x)$에 대하여 다음 중 $\lim\limits_{x \to a}\dfrac{f(x^3)-f(a^3)}{x-a}$과 값이 같은 것은?

① $f'(a)$
② $af'(a)$
③ $a^2f'(a^3)$
④ $2a^2f'(a^3)$
⑤ $3a^2f'(a^3)$

143 중

미분가능한 함수 $f(x)$에 대하여 $f(1)=4$, $f'(1)=7$일 때, 다음 극한값을 구하여라.

(1) $\lim\limits_{x \to 1}\dfrac{xf(1)-f(x)}{x-1}$

(2) $\lim\limits_{x \to 1}\dfrac{x^2f(1)-f(x)}{x-1}$

유형 027

미분계수는 $f'(a)=\lim\limits_{h\to 0}\dfrac{f(a+h)-f(a)}{h}$ 를 이용하여 구할 수 있다!

함수 $f(x)$가 $x=a$에서 미분가능할 때

(1) $f'(a)=\lim\limits_{h\to 0}\dfrac{f(a+h)-f(a)}{h}=\lim\limits_{x\to a}\dfrac{f(x)-f(a)}{x-a}$

(2) $f'(a)=\lim\limits_{\blacksquare\to 0}\dfrac{f(a+\blacksquare)-f(a)}{\blacksquare}$

144 BOB 대표

다항함수 $f(x)$에 대하여 $\lim\limits_{x\to 1}\dfrac{f(x)-f(1)}{x-1}=6$일 때, $\lim\limits_{h\to 0}\dfrac{f(1+3h)-f(1)}{2h}$의 값은?

① 3   ② 5   ③ 7
④ 9   ⑤ 11

145 하

다항함수 $f(x)$에 대하여 $\lim\limits_{h\to 0}\dfrac{f(h)}{h}=3$일 때, $f'(0)$의 값은?

① 2   ② 3   ③ 4
④ 5   ⑤ 6

146 중

미분가능한 함수 $f(x)$에 대하여 $f'(a)=9$일 때, 다음 극한값을 구하여라.

(1) $\lim\limits_{h\to 0}\dfrac{f(a+2h)-f(a)}{3h}$

(2) $\lim\limits_{h\to 0}\dfrac{f(a+3h)-f(a-4h)}{h}$

유형 028

함수의 미분가능성을 조사할 때에는 그래프에서 뾰족점이 있는지 확인하자!

(1) 함수 $f(x)$가 $x=a$에서 미분가능하다.
  $\Leftrightarrow$ 함수 $f(x)$의 $x=a$에서의 미분계수 $f'(a)$가 존재한다.

(2) 함수 $f(x)$가 $x=a$에서 미분가능하면 $f(x)$는 $x=a$에서 연속이다. 그러나 그 역은 일반적으로 성립하지 않는다.

147 BOB 대표

다음은 함수 $f(x)=|x^2-1|$에 대하여 $x=1$에서의 연속성과 미분가능성을 조사하는 과정이다.

(i) $\lim\limits_{x\to 1}f(x)=\lim\limits_{x\to 1}|x^2-1|=0$, $f(1)=0$이므로
  $\lim\limits_{x\to 1}f(x)=\boxed{(가)}$
  즉, 함수 $f(x)$는 $x=1$에서 연속이다.

(ii) $\lim\limits_{h\to 0+}\dfrac{f(1+h)-f(1)}{h}=\lim\limits_{h\to 0+}\dfrac{|(1+h)^2-1|}{h}=\boxed{(나)}$

  $\lim\limits_{h\to 0-}\dfrac{f(1+h)-f(1)}{h}=\lim\limits_{h\to 0-}\dfrac{|(1+h)^2-1|}{h}=\boxed{(다)}$

  즉, 우극한과 좌극한이 다르므로
  $f'(1)=\lim\limits_{h\to 0}\dfrac{f(1+h)-f(1)}{h}$ 은 존재하지 않는다.

(i), (ii)에서 함수 $f(x)=|x^2-1|$은 $x=1$에서 연속이지만 미분가능하지 않다.

위의 과정에서 (가)~(다)에 알맞은 것을 써넣어라.

148 중

함수 $y=f(x)$의 그래프가 오른쪽 그림과 같을 때, 구간 $(-1,\ 4)$에서 함수 $f(x)$에 대한 설명 중 옳지 <u>않은</u> 것은?

① $\lim\limits_{x\to 1}f(x)$의 값이 존재한다.
② $f'(0)>0$이다.
③ $f'(x)=0$인 점이 존재하지 않는다.
④ 함수 $f(x)$가 불연속인 점은 2개이다.
⑤ 함수 $f(x)$가 미분가능하지 않은 점은 2개이다.

149 중

$x=0$에서 연속이지만 미분가능하지 않은 함수만을 〈보기〉에서 있는 대로 골라라.

보기
ㄱ. $f(x)=\dfrac{1}{x}$ ㄴ. $f(x)=x|x|$ ㄷ. $f(x)=2x+|x|$

유형 029 미분법의 공식과 곱의 미분법을 정확하게 기억하자!

두 함수 $f(x)$, $g(x)$가 미분가능할 때
(1) $y=x^n$ (n은 자연수)이면 $y'=nx^{n-1}$
(2) $y=c$ (c는 상수)이면 $y'=0$
(3) $y=cf(x)$ (c는 상수)이면 $y'=cf'(x)$
(4) $y=f(x)\pm g(x)$이면 $y'=f'(x)\pm g'(x)$ (복부호동순)
(5) $y=\{f(x)\}^n$ (n은 자연수)이면 $y'=n\{f(x)\}^{n-1}\times f'(x)$
(6) $y=f(x)g(x)$이면 $y'=f'(x)g(x)+f(x)g'(x)$

150 BOB 대표

함수 $f(x)=(2x^2-3x)(x^3-x^2+x-1)$에 대하여 $f'(2)$의 값은?

① 41 ② 42 ③ 43
④ 44 ⑤ 45

151 중 〔서술형〕

이차함수 $f(x)=ax^2+bx+3$에서 $f'(-1)=5$, $f'(1)=-3$일 때, $f(2)$의 값을 구하여라. (단, a, b는 상수이다.)

152 중

미분가능한 두 함수 $f(x)$, $g(x)$에 대하여 $f(x)=(x+1)^2 g(x)$이고 $g(2)=-2$, $g'(2)=3$일 때, $f'(2)$의 값을 구하여라.

유형 030 미분계수의 기하적 의미는 그 점에서의 접선의 기울기이다!

(1) 곡선 $y=f(x)$ 위의 점 $(a, f(a))$에서의 접선의 기울기
→ 함수 $y=f(x)$의 $x=a$에서의 미분계수 $f'(a)$
(2) 함수 $y=f(x)$의 그래프 위의 점 (a, b)에서의 접선의 기울기가 m이다.
→ $f(a)=b$, $f'(a)=m$

153 BOB 대표

함수 $y=x^3-kx^2+4x-6$의 그래프 위의 점 $(1, -3)$에서의 접선의 기울기가 m일 때, 상수 k, m에 대하여 $k+m$의 값은?

① 1 ② 2 ③ 3
④ 4 ⑤ 5

154 중

함수 $y=x^2-5x+6$의 그래프 위의 점 (a, b)에서의 접선의 기울기가 3일 때, 상수 a, b에 대하여 ab의 값은?

① 2 ② 4 ③ 6
④ 8 ⑤ 10

155 중 〔서술형〕

곡선 $y=x^3+px^2+qx+3$이 점 $(-1, 6)$을 지나고 이 점에서의 접선의 기울기가 4일 때, 상수 p, q에 대하여 p^2+q^2의 값을 구하여라.

유형 031

극한값 $\lim\limits_{x \to a} \dfrac{f(x)-b}{x-a}=c$ 에서 $f(a)$와 $f'(a)$의 값을 바로 구할 수 있다!

다항함수 $f(x)$가 $\lim\limits_{x \to a} \dfrac{f(x)-b}{x-a}=c$ (c는 상수)를 만족시키면 $f(a)=b$, $f'(a)=c$이다.

156 BOB 대표

함수 $f(x)=2x^3+ax^2+b$에 대하여 $f(2)=12$,
$\lim\limits_{x \to 1} \dfrac{f(x)-f(1)}{x^2-1}=2$일 때, 상수 a, b에 대하여 $a+b$의 값은?

① -3 ② -1 ③ 1

④ 3 ⑤ 5

157 중

함수 $f(x)=x^3+ax+b$에 대하여 $\lim\limits_{x \to 2} \dfrac{f(x)}{x-2}=9$일 때, $f(1)$의 값은? (단, a, b는 상수이다.)

① -4 ② -2 ③ 0

④ 2 ⑤ 4

158 중

함수 $f(x)=x^4+ax^2+bx-6$에 대하여
$$\lim\limits_{x \to 2} \dfrac{f(x)-f(2)}{x-2}=-2, \quad \lim\limits_{h \to 0} \dfrac{f(1-h)-f(1+2h)}{h}=6$$
일 때, $f(1)$의 값은? (단, a, b는 상수이다.)

① -3 ② -1 ③ 1

④ 3 ⑤ 5

유형 032 구간별로 정의된 함수의 미분가능성은 경계에서의 연속성과 미분계수를 확인하자!

$f_1(x)$, $f_2(x)$가 다항함수이고,

함수 $f(x)=\begin{cases} f_1(x) & (x \geq a) \\ f_2(x) & (x < a) \end{cases}$ 가 $x=a$에서 미분가능하면

(i) $x=a$에서 연속이므로 $\lim\limits_{x \to a-} f_2(x)=f_1(a)$

(ii) 미분계수 $f'(a)$가 존재하므로
$$\lim\limits_{x \to a+} \dfrac{f_1(x)-f(a)}{x-a} = \lim\limits_{x \to a-} \dfrac{f_2(x)-f(a)}{x-a}$$

보충 설명

함수 $f(x)=\begin{cases} f_1(x) & (x \geq a) \\ f_2(x) & (x < a) \end{cases}$ 가 $x=a$에서 미분가능하면
$$f_1(a)=f_2(a), \quad f_1{}'(a)=f_2{}'(a)$$

159 BOB 대표 

함수 $f(x)=\begin{cases} -x^2+ax+2 & (x \geq 2) \\ 2x+b & (x < 2) \end{cases}$ 가 $x=2$에서 미분가능하도록 하는 상수 a, b에 대하여 ab의 값은?

① 12 ② 24 ③ 36

④ 48 ⑤ 60

160 중 

함수 $f(x)=[x-1](x^2+ax+b)$가 $x=2$에서 미분가능하도록 하는 상수 a, b에 대하여 $a+b$의 값을 구하여라.

(단, $[x]$는 x보다 크지 않은 최대의 정수이다.)

161 중 

함수 $f(x)=\begin{cases} 2x^3 & (x \geq a) \\ 3x^2+12x+b & (x < a) \end{cases}$ 가 $x=a$에서 미분가능하도록 하는 상수 a, b에 대하여 a^2+b^2의 값을 구하여라.

(단, $a > 0$)

유형 033

$f'(x)$를 포함한 항등식을 풀 때, 조건에 맞는 차수의 함수를 $f(x)$로 놓는다!

(1) 함수 $f(x)$가 이차함수인 경우
→ $f(x)=ax^2+bx+c\ (a\neq0)$로 놓고 미분하여 $f'(x)$를 구한 후, $f(x)$와 $f'(x)$를 주어진 항등식에 대입하여 좌변과 우변의 계수를 비교한다.

(2) 함수 $f(x)$가 일반적인 다항함수인 경우
→ $f(x)=ax^n+\cdots\ (a\neq0)$으로 놓고 항등식에 대입하여 좌변과 우변의 최고차항의 계수와 차수를 비교하여 n의 값을 구한다.

162 BOB 대표

이차함수 $f(x)$가 모든 실수 x에 대하여
$$(3x-1)f'(x)-6f(x)-2=0$$
을 만족시키고 $f(0)=0$일 때, $f'(3)$의 값은?

① 8   ② 10   ③ 12
④ 14   ⑤ 16

163 중

다항식 x^3+ax^2+bx가 $(x+1)^2$으로 나누어떨어질 때, 상수 a, b에 대하여 $a+b$의 값은?

① -2 ② -1 ③ 1
④ 2 ⑤ 3

164 중

다항함수 $f(x)$가 모든 실수 x에 대하여
$$(x-1)f'(x)=2f(x)$$
를 만족시키고 $f(0)=2$일 때, 함수 $f(x)$를 구하여라.

유형 034

함수에 대한 관계식이 주어질 때에는 $f(0) \to f'(0) \to f'(x)$ 순서로 구하자!

step 1 $x=0$, $y=0$을 대입하여 $f(0)$의 값을 구한다.

step 2 $f'(0)=\lim\limits_{h\to0}\dfrac{f(0+h)-f(0)}{h}$의 식을 정리한다.

step 3 위의 식을 이용하여 $f'(x)=\lim\limits_{h\to0}\dfrac{f(x+h)-f(x)}{h}$를 구한다.

165 BOB 대표

미분가능한 함수 $f(x)$가 다음 조건을 만족시킬 때, $f'(2)$의 값을 구하는 과정이다.

> Ⅰ. 모든 실수 x, y에 대하여
> $$f(x+y)=f(x)+f(y)+3xy$$
> Ⅱ. $f'(0)=5$

조건 Ⅰ에서 주어진 식에 $x=0$, $y=0$을 대입하면
$$f(0)=f(0)+f(0)+0 \qquad \therefore f(0)=0$$
조건 Ⅱ에서 $f'(0)=5$이므로
$$f'(0)=\lim_{h\to0}\frac{f(0+h)-f(0)}{h}$$
$$=\lim_{h\to0}\frac{f(h)}{h}=5 \qquad\qquad \cdots\cdots\ \text{㉠}$$
한편, $f'(x)$를 구하면
$$f'(x)=\lim_{h\to0}\frac{f(x+h)-f(x)}{h}$$
$$=\lim_{h\to0}\frac{\{\boxed{\text{(가)}}\}-f(x)}{h}$$
$$=\lim_{h\to0}\frac{f(h)+3xh}{h}$$
$$=\lim_{h\to0}\left\{\frac{f(h)}{h}+3x\right\}$$
$$=\boxed{\text{(나)}}\ (\because\text{㉠})$$
$$\therefore f'(2)=\boxed{\text{(다)}}$$

위의 과정에서 ㈎~㈐에 알맞은 것을 써넣어라.

166 중   서술형

미분가능한 함수 $f(x)$가 모든 실수 x, y에 대하여
$$f(x+y)=f(x)+f(y)+2$$
를 만족시키고 $f'(0)=4$일 때, $f(0)+f'(2)$의 값을 구하여라.

167

함수 $f(x)=x^2(x-a)$에서 x의 값이 -1에서 1까지 변할 때의 평균변화율과 $x=c$에서의 미분계수가 같도록 하는 모든 실수 c의 값의 합이 8이다. 실수 a의 값은?

① 6 　　　② 8 　　　③ 10
④ 12 　　　⑤ 14

168

다항함수 $f(x)$에 대하여 $f(2)=4$, $f'(2)=3$일 때, $\displaystyle\lim_{x\to2}\dfrac{x^2 f(2)-4f(x)}{x-2}$의 값은?

① 2 　　　② 4 　　　③ 6
④ 8 　　　⑤ 10

169

함수 $f(x)$가 $x=a$에서 미분가능하고 $f'(a)=3$일 때, $\displaystyle\lim_{x\to a}\dfrac{f(x)-f(2a-x)}{x-a}$의 값을 구하여라.

170

다항함수 $f(x)$에 대하여 $\displaystyle\lim_{x\to1}\dfrac{f(x+2)-9}{x^2-1}=7$일 때, $f(3)+f'(3)$의 값은?

① 21 　　　② 22 　　　③ 23
④ 24 　　　⑤ 25

171

다항함수 $f(x)$에 대하여
$$\lim_{n\to\infty} n\left\{f\left(x+\dfrac{1}{n}\right)-f\left(x-\dfrac{1}{n}\right)\right\}=2x^2-6x+4$$
일 때, $f'(3)$의 값은?

① -2 　　　② -1 　　　③ 1
④ 2 　　　⑤ 3

172

〈보기〉에서 함수 $f(x)$의 $x=0$에서의 미분계수 $f'(0)$이 존재하는 함수만을 있는 대로 고른 것은?

(단, $[x]$는 x보다 크지 않은 최대의 정수이다.)

> **보기**
> ㄱ. $f(x)=x-|x|$
> ㄴ. $f(x)=x^2|x|$
> ㄷ. $f(x)=x^2[x]$

① ㄱ 　　　② ㄴ 　　　③ ㄷ
④ ㄱ, ㄴ 　　　⑤ ㄴ, ㄷ

173　수학Ⅰ 통합 유형

함수 $f(x)=1+x+\dfrac{1}{2}x^2+\dfrac{1}{3}x^3+\cdots+\dfrac{1}{n}x^n$에 대하여 $f'(2)=511$일 때, 자연수 n의 값을 구하여라.

174

두 다항함수 $f(x)$, $g(x)$에 대하여
$$\lim_{x\to1}\dfrac{f(x)-3}{x-1}=2,\quad \lim_{x\to1}\dfrac{g(x)+2}{x-1}=3$$
일 때, 함수 $h(x)=f(x)g(x)$의 $x=1$에서의 미분계수 $h'(1)$의 값은?

① 5 　　　② 6 　　　③ 7
④ 8 　　　⑤ 9

175

두 다항함수 $f(x)$, $g(x)$가 다음 조건을 만족시킬 때, $g(1)+g'(1)$의 값은?

> (가) $\displaystyle\lim_{x\to 1}\dfrac{f(x)g(x)-6}{x-1}=5$
>
> (나) $f(1)=2$, $f'(1)=3$

① -2 ② -1 ③ 0
④ 1 ⑤ 2

176

함수 $f(x)=\begin{cases} x^2+ax-2 & (x\geq 1) \\ -bx^2+3x+1 & (x<1) \end{cases}$ 이 모든 실수 x에서 미분

가능하도록 하는 상수 a, b에 대하여 ab의 값을 구하여라.

177

함수 $f(x)=|x-1|(x-2a)$가 $x=1$에서 미분가능하도록 하는 상수 a의 값은?

① $\dfrac{1}{4}$ ② $\dfrac{1}{2}$ ③ 1
④ 2 ⑤ 4

178

삼차함수 $f(x)$가 모든 실수 x에 대하여 다음 조건을 만족시킬 때, $\displaystyle\lim_{h\to 0}\dfrac{f(1+2h)-f(1-h)}{h}$의 값을 구하여라.

> (가) $f(x)+2x$가 x^2+2로 나누어떨어진다.
>
> (나) $f(x)$를 x^2+1로 나누었을 때의 나머지는 $-x+1$이다.

179

삼차항의 계수가 2인 삼차함수 $f(x)$가 $f(1)=f(2)=f(3)$을 만족시킬 때, $f'(1)-f'(2)+f'(3)$의 값을 구하여라.

180

삼차함수 $f(x)=x^3-3x+a$에 대하여 삼차방정식 $f(x)=0$이 중근 $x=k$를 갖도록 실수 a의 값을 정할 때, 실수 a, k에 대하여 $a+k$의 값을 구하여라. (단, $k>0$)

181

다항함수 $f(x)$에 대하여 $f(x)=3x^2+2xf'(1)$일 때, $f'(3)$의 값을 구하여라.

182

다항식 $x^{10}-2x^3+1$을 $(x+1)^2$으로 나누었을 때의 나머지를 $R(x)$라 할 때, $R(-2)$의 값을 구하여라.

04 접선의 방정식과 평균값 정리

개념 ① 접선의 방정식 · 유형 035

(1) 접선의 기울기

곡선 $y=f(x)$ 위의 점 $P(a, f(a))$에서의 접선의 기울기는 $x=a$ 에서의 미분계수 $f'(a)$와 같다.

(2) 접선의 방정식

함수 $f(x)$가 $x=a$에서 미분가능할 때, 곡선 $y=f(x)$ 위의 점 $P(a, f(a))$에서의 접선의 방정식은

$$y-f(a)=f'(a)(x-a)$$

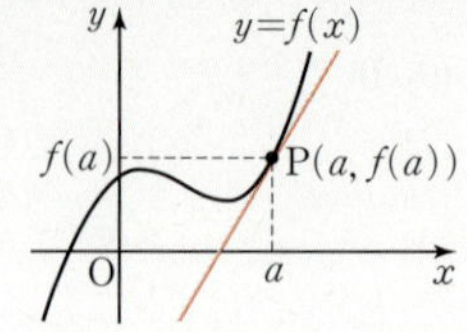

개념 ② 접선의 방정식을 구하는 방법 · 유형 036~039

(1) 곡선 $y=f(x)$ 위의 점 $(a, f(a))$가 주어졌을 때

step1 접선의 기울기 $f'(a)$를 구한다.

step2 $y-f(a)=f'(a)(x-a)$를 이용하여 접선의 방정식을 구한다.

(2) 곡선 $y=f(x)$의 접선의 기울기 m이 주어졌을 때

step1 접점의 좌표를 $(a, f(a))$로 놓는다.

step2 $f'(a)=m$임을 이용하여 접점의 좌표를 구한다.

step3 $y-f(a)=m(x-a)$를 이용하여 접선의 방정식을 구한다.

(3) 곡선 $y=f(x)$ 밖의 한 점 (x_1, y_1)이 주어졌을 때

step1 접점의 좌표를 $(a, f(a))$로 놓는다.

step2 $y-f(a)=f'(a)(x-a)$에 $x=x_1$, $y=y_1$을 대입하여 a의 값을 구한다.

step3 $y-f(a)=f'(a)(x-a)$에 a의 값을 대입하여 접선의 방정식을 구한다.

개념 ③ 두 곡선의 공통인 접선 · 유형 040

두 곡선 $y=f(x)$, $y=g(x)$가 $x=a$인 점에서 공통인 접선을 가지 면 $x=a$인 점에서

(1) 두 곡선이 만난다. $\iff f(a)=g(a)$

(2) 두 곡선의 접선의 기울기가 같다. $\iff f'(a)=g'(a)$

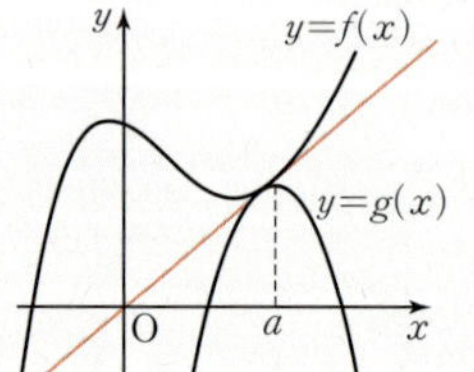

개념 ④ 롤의 정리 · 유형 041

함수 $f(x)$가 닫힌구간 $[a, b]$에서 연속이고 열린구간 (a, b)에서 미분가능할 때, $f(a)=f(b)$이면

$$f'(c)=0$$

인 c가 열린구간 (a, b)에 적어도 하나 존재한다.

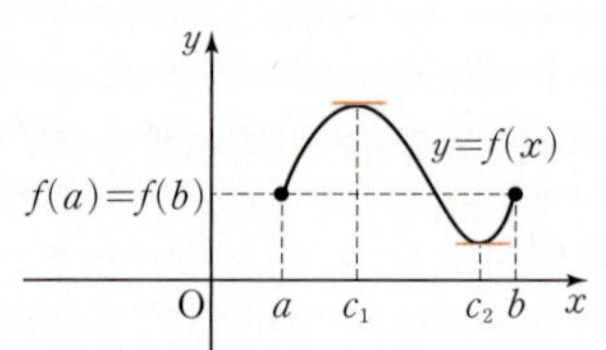

개념 ⑤ 평균값 정리 · 유형 042

함수 $f(x)$가 닫힌구간 $[a, b]$에서 연속이고 열린구간 (a, b)에서 미분가능하면

$$\frac{f(b)-f(a)}{b-a}=f'(c)$$

인 c가 열린구간 (a, b)에 적어도 하나 존재한다.

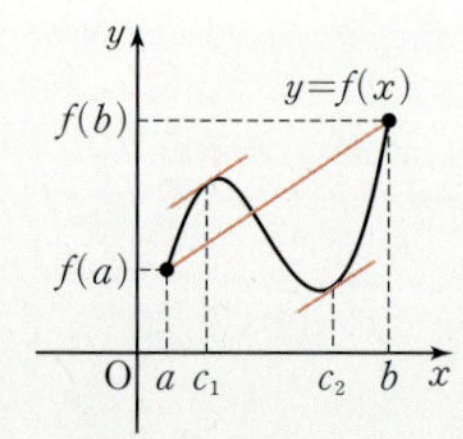

➕ 개념 plus

◐ 직선의 방정식

점 (x_1, y_1)을 지나고 기울기가 m인 직선 의 방정식은

$$y-y_1=m(x-x_1)$$

◐ 곡선에서의 접선

곡선 위의 점(접점)에서 순간변화율(미분계 수)을 기울기로 하는 직선을 뜻한다. 이때, 접선은 곡선과 접점 외의 다른 점에서 만날 수도 있고, 만나지 않을 수도 있다.

◐ 접선에 수직인 직선의 방정식

곡선 $y=f(x)$ 위의 한 점 $(a, f(a))$를 지나 고, 이 점에서의 접선에 수직인 직선의 방정 식은 기울기가 $-\dfrac{1}{f'(a)}$이므로

$$y-f(a)=-\frac{1}{f'(a)}(x-a)$$

$$(단, f'(a)\neq0)$$

◐ 롤의 정리는 곡선 $y=f(x)$에서 $f(a)=f(b)$이면 x축과 평행한 접선을 갖 는 점이 열린구간 (a, b)에 적어도 하나 존 재함을 의미한다.

◐ 평균값 정리는 곡선 $y=f(x)$ 위의 두 점 $(a, f(a))$, $(b, f(b))$를 잇는 직선과 평행 한 접선을 갖는 점이 열린구간 (a, b)에 적 어도 하나 존재함을 의미한다.

◐ 롤의 정리와 평균값 정리는 함수 $f(x)$가 열린구간 (a, b)에서 미분가능하지 않으면 성립하지 않는다.

⊕ 개념 콕콕 ⊕

1 접선의 방정식

183
다음 곡선 위의 주어진 점에서의 접선의 방정식을 구하여라.

(1) $y=-x^2+2x$ (2, 0)

(2) $y=3x^2-2x+2$ (1, 3)

(3) $y=2x^3-x^2-2$ (1, -1)

(4) $y=-5x^3-2x^2+3x-8$ (-1, -8)

184
곡선 $y=x^3-3x^2+x-2$ 위의 점 (1, -3)을 지나고, 이 점에서의 접선에 수직인 직선의 방정식을 구하여라.

185
곡선 $y=-2x^2+3$에 접하고 기울기가 4인 접선의 방정식을 구하여라.

186
곡선 $y=x^2-5x+4$에 접하고 직선 $y=-3x+2$와 평행한 접선의 방정식을 구하여라.

187
곡선 $y=3x^3+1$의 접선 중에서 두 점 (-1, -8), (1, 10)을 지나는 직선과 평행한 접선의 방정식을 구하여라.

188
점 (1, -1)에서 곡선 $y=x^2-x$에 그은 접선의 방정식을 구하여라.

189
점 (0, 0)에서 곡선 $y=x^3+2$에 그은 접선의 방정식을 구하여라.

2 두 곡선의 공통인 접선

190
두 함수 $f(x)=2x^3-2x$, $g(x)=-2x^2+2$의 그래프가 한 점에서 공통인 접선을 가질 때, 다음을 구하여라.

(1) 두 곡선 $y=f(x)$, $y=g(x)$의 접점의 x좌표

(2) 두 곡선 $y=f(x)$, $y=g(x)$의 공통인 접선의 방정식

3 롤의 정리

191
다음 함수에 대하여 주어진 구간에서 롤의 정리를 만족시키는 실수 c의 값을 구하여라.

(1) $f(x)=x^2-2x$ $[-2, 4]$

(2) $f(x)=x^3+x^2-5x+3$ $[-3, 1]$

4 평균값 정리

192
다음 함수에 대하여 주어진 구간에서 평균값 정리를 만족시키는 실수 c의 값을 구하여라.

(1) $f(x)=-2x^2$ $[-1, 2]$

(2) $f(x)=-x^2+2x+3$ $[1, 4]$

유형 035
곡선 $y=f(x)$ 위의 $x=a$인 점에서의 접선의 기울기는 $f'(a)$이다!

곡선 $y=f(x)$ 위의 점 $(a, f(a))$에서의 접선의 방정식은 다음과 같은 순서로 구한다.
step 1 접선의 기울기 $f'(a)$를 구한다.
step 2 $y-f(a)=f'(a)(x-a)$를 이용하여 접선의 방정식을 구한다.

193 **BOB 대표**
곡선 $y=x^2-4x+a$ 위의 점 $(1, 1)$에서의 접선의 방정식이 $y=mx+n$일 때, 상수 a, m, n에 대하여 $a+m-n$의 값은?

① -7 　　② -5 　　③ -3
④ -1 　　⑤ 1

194 **하**
곡선 $y=x^3+6x^2-11x+7$ 위의 점 $(1, 3)$에서의 접선의 방정식을 $y=mx+n$이라 할 때, 상수 m, n에 대하여 $m-n$의 값은?

① 5 　　② 7 　　③ 9
④ 11 　　⑤ 13

195 **중** 　　　서 술 형
곡선 $y=x^3-4x^2+2$ 위의 점 $(1, -1)$에서의 접선이 이 곡선과 다시 만나는 점의 좌표가 (a, b)일 때, $a+b$의 값을 구하여라.

유형 036
접선의 기울기가 주어지면 접점의 좌표를 구하자!

곡선 $y=f(x)$에 접하고 기울기가 m인 접선의 방정식은 다음과 같은 순서로 구한다.
step 1 접점의 좌표를 $(a, f(a))$로 놓는다.
step 2 $f'(a)=m$임을 이용하여 접점의 좌표를 구한다.
step 3 $y-f(a)=m(x-a)$를 이용하여 접선의 방정식을 구한다.

196 **BOB 대표**
직선 $y=-3x+k$가 곡선 $y=x^3-3x^2-5$에 접할 때, 상수 k의 값은?

① -5 　　② -4 　　③ -3
④ -2 　　⑤ -1

197 **중**
곡선 $y=2x^3+3x^2-10x+9$ 위의 점 (a, b)에서의 접선의 기울기가 2일 때, $a+b$의 값은? (단, $a>0$)

① 1 　　② 3 　　③ 5
④ 7 　　⑤ 9

198 **중** 　　　보충 설명
곡선 $y=x^3+3x^2+3$에 접하고, 기울기가 9인 두 접선 사이의 거리가 $\dfrac{n}{\sqrt{82}}$일 때, 자연수 n의 값을 구하여라.

037

곡선 밖의 한 점이 주어지면 접점의 좌표를 $(a, f(a))$로 놓자!

곡선 $y=f(x)$ 밖의 한 점 (x_1, y_1)에서 곡선에 그은 접선의 방정식은 다음과 같은 순서로 구한다.

step 1 접점의 좌표를 $(a, f(a))$로 놓는다.

step 2 $y-f(a)=f'(a)(x-a)$에 $x=x_1$, $y=y_1$을 대입하여 a의 값을 구한다.

step 3 $y-f(a)=f'(a)(x-a)$에 a의 값을 대입하여 접선의 방정식을 구한다.

199 BOB 대표

점 $(0, 3)$에서 곡선 $y=x^3-3x^2+2$에 그은 접선 중에서 기울기가 음수인 직선이 x축과 만나는 점의 좌표를 $(k, 0)$이라 할 때, k의 값은?

① 1 ② $\dfrac{3}{2}$ ③ 2

④ $\dfrac{5}{2}$ ⑤ 3

200 중

점 $(-1, 2)$에서 곡선 $y=x^3+3x^2+4x+2$에 그은 접선의 방정식은?

① $y=2x+3$ ② $y=2x+4$ ③ $y=2x+5$

④ $y=4x+5$ ⑤ $y=4x+6$

201 중

오른쪽 그림과 같이 점 $(0, 2)$에서 곡선 $y=x^3-2x$에 그은 접선이 곡선과 접하는 점을 A, 곡선과 만나는 접점이 아닌 점을 B라 하자. 선분 AB의 길이를 구하여라.

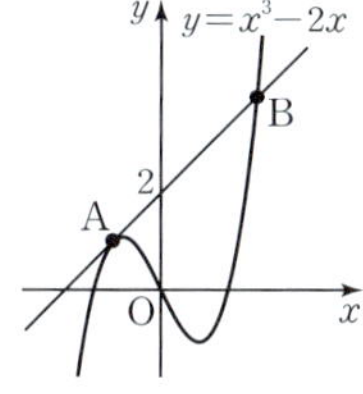

038

곡선의 방정식에서 미정계수를 구할 때에는 접선의 방정식을 구해서 비교하자!

접선이 주어지고, 접점의 좌표가 주어지지 않은 경우 곡선의 방정식에서 미정계수는 다음과 같은 순서로 구한다.

step 1 접점을 $(a, f(a))$로 놓는다.

step 2 접선의 방정식 $y-f(a)=f'(a)(x-a)$를 구한다.

step 3 $y=f'(a)x-af'(a)+f(a)$와 주어진 접선이 서로 일치해야 하므로 두 직선이 일치할 조건을 이용한다.

202 BOB 대표

곡선 $y=x^2-1$ 위의 점 $(2, 3)$에서의 접선이 곡선 $y=x^3+x^2+kx-2$에 접할 때, 상수 k의 값은?

① -3 ② -1 ③ 1

④ 3 ⑤ 5

203 중 서술형

곡선 $y=x^2-4x+k$와 접하는 직선 $y=-2x+3$의 접점의 x좌표를 a라 할 때, $a+k$의 값을 구하여라. (단, k는 상수이다.)

204 중

곡선 $y=x^3+ax^2+ax+1$과 직선 $y=x+1$이 접하도록 하는 모든 실수 a의 값의 곱을 구하여라.

곡선 위의 점과 직선 사이의 거리의 최솟값은 직선과 평행한 접선을 이용하자!

곡선 $y=f(x)$와 직선 l 사이의 거리의 최솟값은 다음과 같은 순서로 구한다.

step 1 주어진 직선 l과 평행한 곡선 $y=f(x)$의 접선의 접점의 좌표를 구한다.

step 2 **step 1**에서 구한 접점과 직선 l 사이의 거리가 구하는 거리의 최솟값이다.

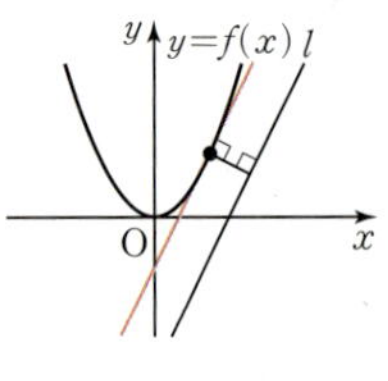

205 BOB 대표

곡선 $y=x^2$ 위의 점과 직선 $y=2x-3$ 사이의 거리의 최솟값은?

① $\dfrac{2\sqrt{2}}{5}$ ② $\dfrac{3\sqrt{2}}{5}$ ③ $\dfrac{2\sqrt{5}}{5}$

④ $\sqrt{5}$ ⑤ $2\sqrt{5}$

206 중

오른쪽 그림과 같이 곡선 $y=x^2+5x+10$ 위의 임의의 점 P와 직선 $y=x$ 위의 두 점 $O(0,\,0)$, $A(2,\,2)$에 대하여 삼각형 OAP의 넓이의 최솟값은?

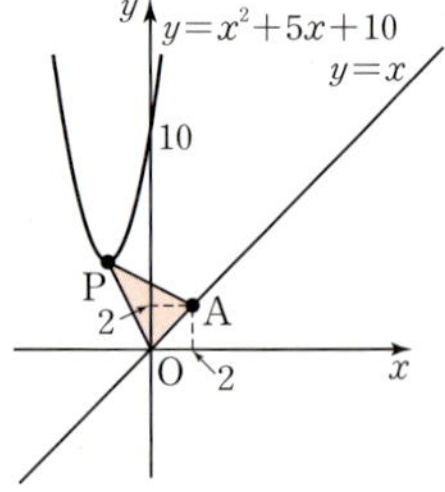

① 3 ② 4
③ 5 ④ 6
⑤ 7

207 중

오른쪽 그림과 같이 곡선 $y=x^2+3x$ 위의 점을 $A(1,\,4)$, 이 곡선이 x축의 음의 부분과 만나는 점을 $B(-3,\,0)$이라 하자. 곡선 위의 임의의 점 $P(a,\,b)$에 대하여 삼각형 ABP의 넓이의 최댓값을 구하여라. (단, $a<0$, $b<0$)

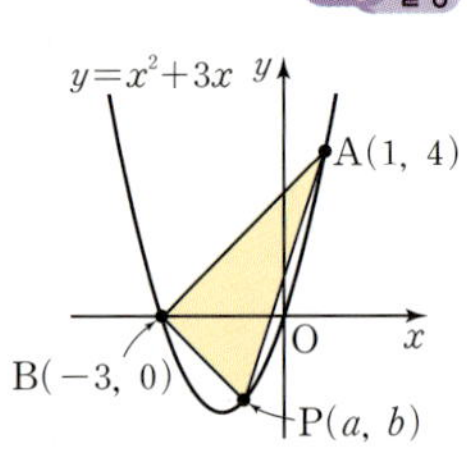

두 곡선이 같은 점에서 공통인 접선을 가지려면 함숫값과 접선의 기울기가 같아야 한다!

두 곡선 $y=f(x)$, $y=g(x)$가 $x=a$인 점에서 공통인 접선을 가지려면 $x=a$인 점에서 두 곡선이 만나고, $x=a$인 점에서의 두 곡선의 접선의 기울기가 서로 같아야 하므로

$$f(a)=g(a),\ f'(a)=g'(a)$$

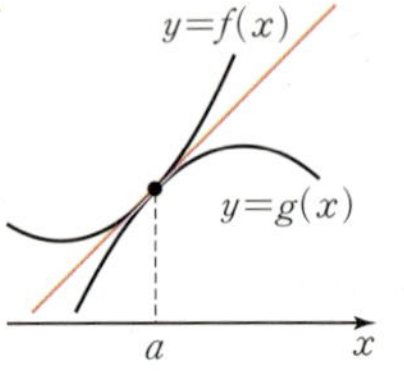

208 BOB 대표

두 곡선 $y=x^3-5x$, $y=ax^2+bx$가 $x=2$인 점에서 공통인 접선을 가질 때, 상수 a, b에 대하여 $a+b$의 값은?

① -5 ② -3 ③ -1
④ 1 ⑤ 3

209 중

두 곡선 $y=x^3+kx+4$, $y=x^2+3$이 한 점에서 접할 때, 상수 k의 값은?

① -2 ② -1 ③ 0
④ 1 ⑤ 2

210 중

두 함수 $f(x)=x^3-x^2+ax$, $g(x)=-x^3+bx^2-2$의 그래프가 $x=1$인 점에서 공통인 접선을 가질 때, 상수 a, b에 대하여 $a+b$의 값을 구하여라.

041

롤의 정리는 x축과 평행한 접선이 존재한다는 의미이다!

함수 $f(x)$가 닫힌구간 $[a, b]$에서 연속이고 열린구간 (a, b)에서 미분가능할 때, $f(a)=f(b)$이면 $f'(c)=0$인 c가 열린구간 (a, b)에 적어도 하나 존재한다.

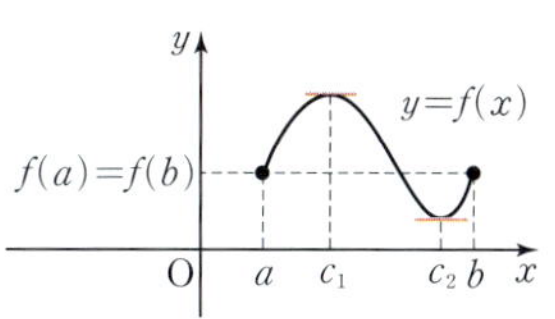

➡ 롤의 정리는 곡선 $y=f(x)$에서 $f(a)=f(b)$이면 x축과 평행한 접선이 열린구간 (a, b)에 적어도 하나 존재함을 의미한다.

211 BOB 대표

함수 $f(x)=x^3-12x+18$에 대하여 닫힌구간 $[-4, 2]$에서 롤의 정리를 만족시키는 실수 c의 개수를 구하여라.

212 하

함수 $f(x)=kx-x^2$에 대하여 닫힌구간 $[1, 3]$에서 롤의 정리를 만족시키는 실수 c의 값이 2일 때, 상수 k의 값은?

① 0   ② 1   ③ 2
④ 4   ⑤ 6

213 중

닫힌구간 $[1, 3]$에서 롤의 정리를 만족시키는 함수만을 〈보기〉에서 있는 대로 고른 것은?

보기
ㄱ. $f(x)=|x-2|$
ㄴ. $f(x)=x^3-3x+2$
ㄷ. $f(x)=2x^2-8x+6$

① ㄱ   ② ㄴ   ③ ㄷ
④ ㄱ, ㄴ   ⑤ ㄴ, ㄷ

042

평균값 정리는 두 점을 잇는 직선과 평행한 접선이 존재한다는 의미이다!

함수 $f(x)$가 닫힌구간 $[a, b]$에서 연속이고 열린구간 (a, b)에서 미분가능하면 $\dfrac{f(b)-f(a)}{b-a}=f'(c)$인 c가 열린구간 (a, b)에 적어도 하나 존재한다.

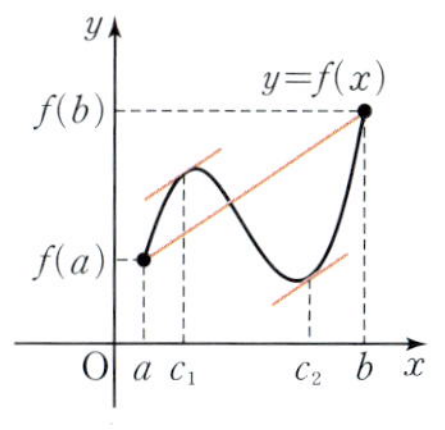

➡ 평균값 정리는 곡선 $y=f(x)$ 위의 두 점 $(a, f(a))$, $(b, f(b))$를 잇는 직선과 평행한 접선을 갖는 점이 열린구간 (a, b)에 적어도 하나 존재함을 의미한다.

214 BOB 대표

미분가능한 함수 $y=f(x)$의 그래프가 오른쪽 그림과 같을 때,

$$\frac{f(b)-f(a)}{b-a}=f'(c)$$

를 만족시키는 실수 c의 개수는?

(단, $a<c<b$)

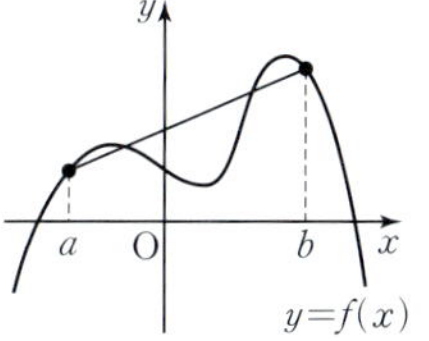

① 1   ② 2   ③ 3
④ 4   ⑤ 5

215 중 서술형

함수 $f(x)=-x^2+3x$에 대하여 닫힌구간 $[k, 1]$에서 평균값 정리를 만족시키는 실수 c의 값이 0일 때, 상수 k의 값을 구하여라.

(단, $k<0$)

216 중

함수 $f(x)=x^3-x^2+1$에 대하여 닫힌구간 $[-3, 2]$에서 평균값 정리를 만족시키는 실수 c의 개수를 구하여라.

217

곡선 $y=\dfrac{1}{18}(2x-1)^3$ 위의 x좌표가 2인 점에서의 접선이 점 $\left(\dfrac{5}{2},\ a\right)$를 지날 때, 상수 a의 값은?

① 0   ② 1   ③ 2

④ 3   ⑤ 4

218

다항함수 $f(x)$에 대하여 $\displaystyle\lim_{x\to1}\dfrac{f(x)-2}{x-1}=3$이 성립할 때, 곡선 $y=f(x)$ 위의 점 $(1,\ f(1))$에서의 접선의 방정식을 $y=ax+b$라 하자. 상수 $a,\ b$에 대하여 ab의 값은?

① -5 ② -4 ③ -3

④ -2 ⑤ -1

219

곡선 $y=x^3-3x^2-20x+8$에 접하고 직선 $x+4y+1=0$에 수직인 직선이 점 $(0,\ k)$를 지날 때, 양수 k의 값은?

① 20   ② 24   ③ 28

④ 32   ⑤ 36

220

곡선 $y=x^4-4x^3+6x^2+4$ 위의 점 $(a,\ b)$에서의 접선의 기울기가 4일 때, a^2+b^2의 값을 구하여라.

221

점 $(0,\ 1)$에서 곡선 $y=x^3-x+3$에 그은 접선이 점 $(k,\ 0)$을 지날 때, k의 값은?

① -1 ② $-\dfrac{1}{2}$ ③ 0

④ $\dfrac{1}{2}$ ⑤ 1

222

곡선 $y=x^3-x$ 위의 점 $(1,\ 0)$에서의 접선이 곡선 $y=-x^2+10x+a$에 접할 때, 상수 a의 값은?

① -18 ② -16 ③ -14

④ -12 ⑤ -10

223

직선 $y=mx+16$이 곡선 $y=x^3$에 접할 때, 상수 m의 값을 구하여라.

224

직선 $y=-12x-10$이 곡선 $y=x^3+3x^2-9x+k$에 접할 때, 상수 k의 값은?

① -11 ② -10 ③ -9

④ -8 ⑤ -7

225

점 $(a, 2)$에서 곡선 $y=x^3-3x^2+2$에 서로 다른 두 개의 접선을 그을 수 있을 때, 모든 실수 a의 값의 합은?

① $\dfrac{10}{3}$ 　　② $\dfrac{11}{3}$ 　　③ 4

④ $\dfrac{13}{3}$ 　　⑤ $\dfrac{14}{3}$

226

두 곡선 $y=x^3+ax$, $y=bx^2+1$이 $x=1$인 점에서 공통인 접선을 가질 때, 상수 a, b에 대하여 $a+b$의 값은?

① 3 　　② 4 　　③ 5

④ 6 　　⑤ 7

227

오른쪽 그림과 같이 두 곡선 $y=x^3$, $y=-x^2+5x+k$가 제1사분면 위의 점 P 에서 만나고 공통인 접선을 가질 때, 그 접선의 방정식을 $y=ax+b$라 하자. 상수 a, b에 대하여 a^2+b^2+k의 값을 구하여라.

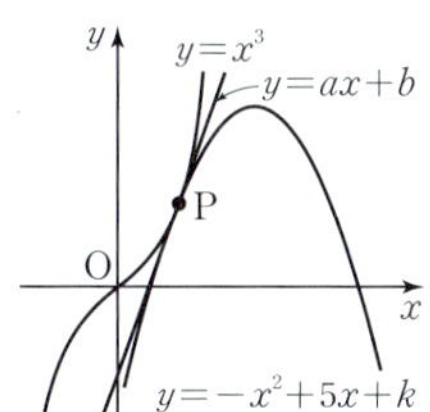

228

오른쪽 그림과 같이 두 곡선

$y=x^4-2x^2+1$, $y=-\dfrac{1}{2}x^2+k$가 서로

다른 두 점에서 만나고 두 교점에서 각각 공통인 접선을 가질 때, 상수 k의 값은?

① $\dfrac{1}{16}$ 　　② $\dfrac{1}{4}$

③ $\dfrac{7}{16}$ 　　④ $\dfrac{5}{8}$

⑤ $\dfrac{13}{16}$

229

함수 $f(x)=x^3-3x^2+2x$에 대하여 닫힌구간 $[0, 2]$에서 $f'(c)=0$을 만족시키는 모든 실수 c의 값의 곱은?

① $\dfrac{1}{2}$ 　　② $\dfrac{2}{3}$ 　　③ 1

④ $\dfrac{3}{2}$ 　　⑤ 2

230

미분가능한 함수 $f(x)$에 대하여 $\lim\limits_{x \to \infty} f'(x)=6$일 때, $\lim\limits_{x \to \infty} \{f(x+2)-f(x)\}$의 값을 구하여라.

231 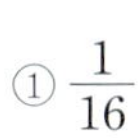

두 곡선 $y=-x^2+1$, $y=ax^2+2x$의 교점에서 두 곡선에 그은 접선을 각각 l_1, l_2라 하고, l_1, l_2의 기울기를 각각 m_1, m_2라 하면 $m_1-m_2=4$가 성립한다. 상수 a의 값을 구하여라.

232

함수 $f(x)$가 $f(x)=x^2-2x$일 때, 닫힌구간 $[1, 4]$에 속하는 서로 다른 임의의 두 실수 x_1, x_2에 대하여 $\dfrac{f(x_2)-f(x_1)}{x_2-x_1}=k$라 하자. 실수 k의 값의 범위를 구하여라. (단, $x_1<x_2$)

05 함수의 극대, 극소와 그래프

개념 ❶ 함수의 증가와 감소 · 유형 043~045

(1) 함수의 증가와 감소

함수 $f(x)$가 어떤 구간에 속하는 임의의 두 실수 x_1, x_2에 대하여

① $x_1 < x_2$일 때, $f(x_1) < f(x_2)$이면 함수 $f(x)$는 이 구간에서 증가한다고 한다.

② $x_1 < x_2$일 때, $f(x_1) > f(x_2)$이면 함수 $f(x)$는 이 구간에서 감소한다고 한다.

(2) 함수의 증가와 감소의 판정

함수 $f(x)$가 어떤 열린구간에서 미분가능하고, 이 구간의 모든 x에 대하여

① $f'(x) > 0$이면 $f(x)$는 이 구간에서 증가한다.

② $f'(x) < 0$이면 $f(x)$는 이 구간에서 감소한다. ㉠

[참고]

어떤 구간에서 미분가능한 함수 $f(x)$가 상수함수가 아닌 다항함수이면 $f'(x) \geq 0$인 구간에서 $f(x)$는 증가, $f'(x) \leq 0$인 구간에서 $f(x)$는 감소한다.

이때, 이 명제의 역도 성립한다.

개념 ❷ 함수의 극대와 극소 · 유형 046~048

(1) 함수의 극대와 극소

함수 $f(x)$에서 $x=a$를 포함하는 어떤 열린구간에 속하는 모든 x에 대하여

① $f(x) \leq f(a)$일 때, 함수 $f(x)$는 $x=a$에서 극대라 하고, $f(a)$를 극댓값이라 한다.

② $f(x) \geq f(a)$일 때, 함수 $f(x)$는 $x=a$에서 극소라 하고, $f(a)$를 극솟값이라 한다.

이때, 극댓값과 극솟값을 통틀어 극값이라 한다.

(2) 극값과 미분계수 사이의 관계

함수 $f(x)$가 $x=a$에서 미분가능하고 $x=a$에서 극값을 가지면 $f'(a) = 0$이다. ㉡

(3) 함수의 극대와 극소의 판정

함수 $f(x)$가 미분가능할 때, $f'(a) = 0$이고 $x=a$의 좌우에서 $f'(x)$의 부호가

① 양($+$)에서 음($-$)으로 바뀌면 $f(x)$는 $x=a$에서 극대이고, 극댓값 $f(a)$를 가진다.

② 음($-$)에서 양($+$)으로 바뀌면 $f(x)$는 $x=a$에서 극소이고, 극솟값 $f(a)$를 가진다.

개념 ❸ 함수의 그래프 · 유형 049~051

(1) 미분가능한 함수의 그래프

미분가능한 함수 $y=f(x)$의 그래프의 개형은 다음과 같은 순서로 그린다.

step1 $f'(x) = 0$인 x의 값을 찾는다.

step2 $f'(x)$의 부호를 조사하여 함수 $f(x)$의 증가와 감소를 표로 나타내고, 극값을 구한다.

step3 x축 또는 y축과의 교점을 구하고, 그래프의 개형을 그린다.

(2) 삼차함수의 그래프의 개형

$f(x) = ax^3 + bx^2 + cx + d$ $(a>0)$에 대하여 $f'(x) = 0$의 근에 따라 함수 $y=f(x)$의 그래프의 개형을 나타내면 다음과 같다.

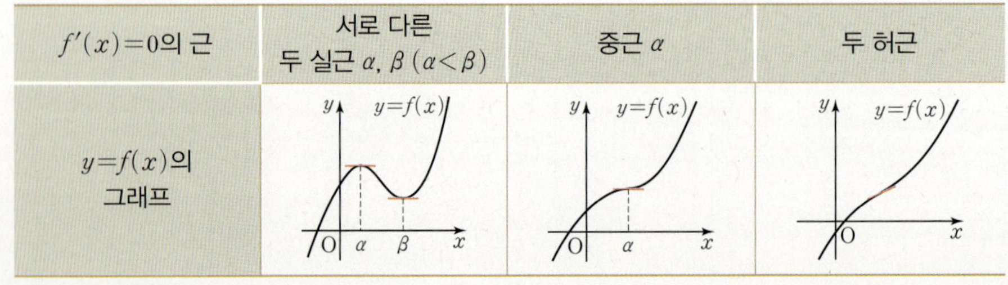

$f'(x)=0$의 근	서로 다른 두 실근 α, β $(\alpha < \beta)$	중근 α	두 허근
$y=f(x)$의 그래프			

➕ 개념 plus

○ 함수 $f(x)$가 어떤 구간에서 미분가능하고, 이 구간의 모든 x에 대하여

① $f(x)$가 증가하면 $f'(x) \geq 0$

② $f(x)$가 감소하면 $f'(x) \leq 0$

(단, $f'(x) = 0$인 점의 좌우에서 ①은 $f'(x) > 0$, ②는 $f'(x) < 0$이다.)

㉠ 일반적으로 역은 성립하지 않는다.

예 함수 $f(x) = x^3$은 구간 $(-\infty, \infty)$에서 증가하지만 $f'(x) = 3x^2$에서 $f'(0) = 0$이다.

○ 함수의 극대와 극소의 의미

함수 $f(x)$가 $x=a$에서 연속일 때, $x=a$의 좌우에서 $f(x)$가 증가($\nearrow$)하다가 감소($\searrow$)하면 함수 $f(x)$는 $x=a$에서 극대이다. 또한 함수 $f(x)$가 $x=b$에서 연속일 때, $x=b$의 좌우에서 $f(x)$가 감소($\searrow$)하다가 증가($\nearrow$)하면 함수 $f(x)$는 $x=b$에서 극소이다.

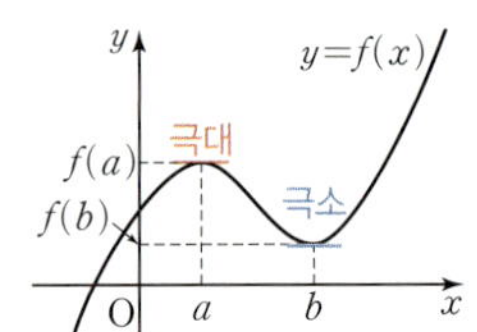

㉡ 일반적으로 역은 성립하지 않는다.

예 함수 $f(x) = x^3$은 $f'(0) = 0$이지만 $x=0$에서 극값을 갖지 않는다.

○ 삼차함수가 극값을 갖거나 갖지 않을 조건

① 삼차함수 $f(x)$가 극댓값, 극솟값을 모두 갖는 경우

➡ 이차방정식 $f'(x) = 0$이 서로 다른 두 실근을 갖는다.

② 삼차함수 $f(x)$가 극값을 갖지 않는 경우

➡ 이차방정식 $f'(x) = 0$이 중근 또는 허근을 갖는다.

개념 콕콕

1 함수의 증가와 감소

233
주어진 구간에서 다음 함수의 증가와 감소를 조사하여라.

(1) $f(x) = -x^2$ $(-\infty, 0)$

(2) $f(x) = 2x^3$ $(-\infty, \infty)$

(3) $f(x) = -x^4$ $(0, \infty)$

2 함수의 증가와 감소의 판정

234
함수 $f(x) = x^3 + 2x^2 - 4x + 1$이 감소하는 구간을 구하여라.

235
다음 함수의 증가와 감소를 조사하여라.

(1) $f(x) = x^3 + 6x^2 - 15x + 6$

(2) $f(x) = x^4 - 2x^2 + 1$

(3) $f(x) = x^3 + x^2 + 5x - 1$

(4) $f(x) = -2x^3 + 3x^2 - 2x$

236
오른쪽 그림은 사차함수 $f(x)$의 도함수 $y = f'(x)$의 그래프이다. 함수 $f(x)$가 증가하는 구간과 감소하는 구간을 각각 구하여라.

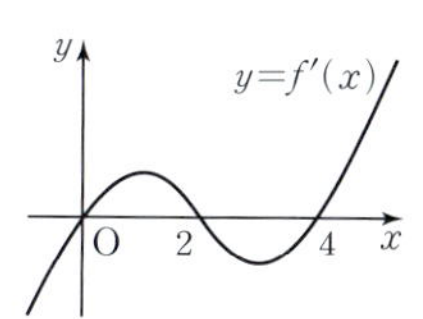

3 함수의 극대와 극소

237

닫힌구간 $[\alpha, \beta]$에서 정의된 함수 $f(x)$에 대하여 $y = f(x)$의 그래프가 다음 그림과 같을 때, 함수 $f(x)$의 극대와 극소를 조사하여라.

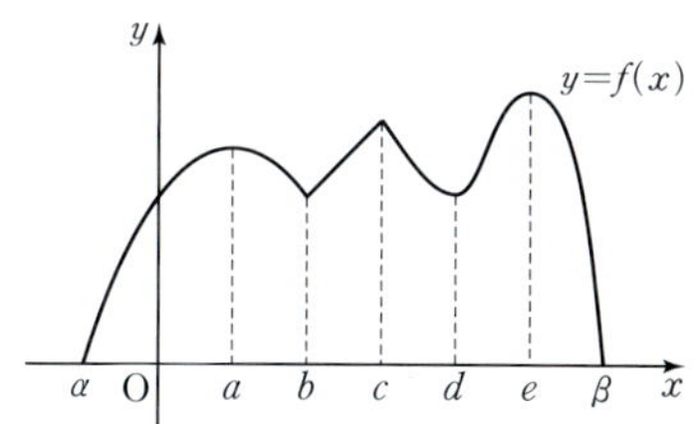

238
오른쪽 그림은 삼차함수 $f(x)$의 도함수 $y = f'(x)$의 그래프이다. 함수 $f(x)$의 극대와 극소를 조사하여라.

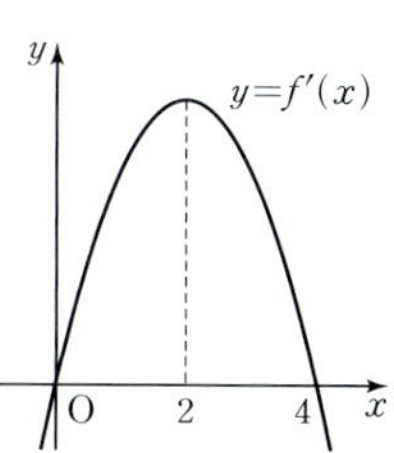

4 함수의 극대와 극소의 판정

239
다음 함수의 극값을 구하여라.

(1) $f(x) = x^3 + 3x^2 - 14$

(2) $f(x) = -x^3 + 3x + 2$

(3) $f(x) = x^4 - 4x^3 + 4x^2 + 1$

(4) $f(x) = -3x^4 - 4x^3 + 6x^2 + 12x + 2$

240
삼차함수 $f(x)$의 도함수 $y = f'(x)$의 그래프가 오른쪽 그림과 같을 때, 함수 $y = f(x)$의 그래프의 개형을 그려라.
(단, $f(1) = 0$)

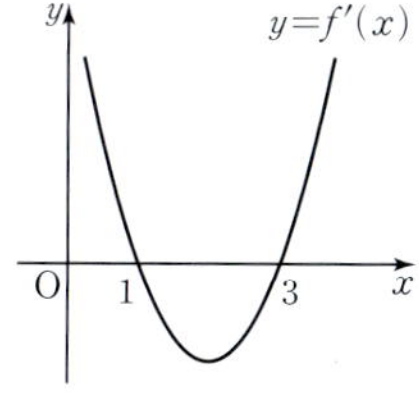

유형
043 함수 $f(x)$의 증가, 감소는 도함수 $f'(x)$의 부호와 관계있다!

함수 $f(x)$가 어떤 열린구간에서 미분가능하고, 이 구간의 모든 x에 대하여
(1) $f'(x)>0$이면 $f(x)$는 이 구간에서 증가한다.
(2) $f'(x)<0$이면 $f(x)$는 이 구간에서 감소한다.

241 BOB 대표
함수 $f(x)=x^3+ax^2+bx$가 $x\leq-2$ 또는 $x\geq1$에서 증가하고 $-2\leq x\leq1$에서 감소할 때, 상수 a, b에 대하여 ab의 값은?

① -9 ② -6 ③ -3
④ 3 ⑤ 6

242 하
함수 $f(x)=x^3+3x^2-24x-12$가 증가하는 x의 값의 범위가 $x\leq\alpha$ 또는 $x\geq\beta$일 때, $\alpha\beta$의 값은?

① -8 ② -7 ③ -6
④ -5 ⑤ -4

243 중   서술형
함수 $f(x)=-x^3+6x^2-ax+2$가 증가하는 x의 값의 범위가 $b\leq x\leq3$일 때, $a+b$의 값을 구하여라. (단, a는 상수이다.)

유형
044 $y=f'(x)$의 그래프가 주어졌을 때, $f(x)$는 $y>0$인 구간에서 증가, $y<0$인 구간에서 감소한다!

도함수 $y=f'(x)$의 그래프에 대하여
(1) $f'(x)>0$인 구간에서 $f(x)$는 증가
(2) $f'(x)<0$인 구간에서 $f(x)$는 감소

244 BOB 대표
다항함수 $f(x)$의 도함수 $y=f'(x)$의 그래프가 그림과 같을 때, 다음 설명 중 옳은 것은?

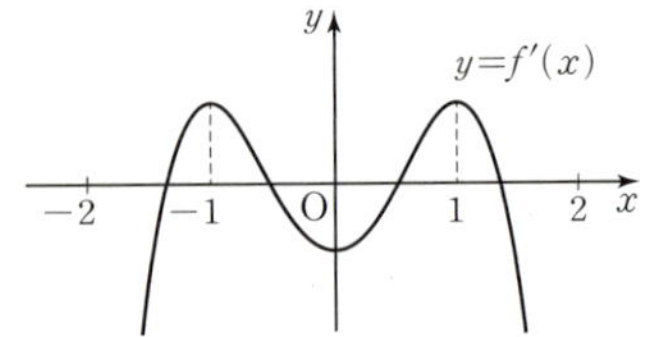

① 함수 $f(x)$는 구간 $(-\infty,\ -1)$에서 증가한다.
② 함수 $f(x)$는 구간 $(-1,\ 0)$에서 감소한다.
③ 함수 $f(x)$는 구간 $(0,\ 1)$에서 감소한다.
④ 함수 $f(x)$는 구간 $(1,\ 2)$에서 증가한다.
⑤ 함수 $f(x)$는 구간 $(2,\ \infty)$에서 감소한다.

245 하
삼차함수 $f(x)$의 도함수 $y=f'(x)$의 그래프가 오른쪽 그림과 같을 때, 다음 중 함수 $f(x)$가 감소하는 구간은?

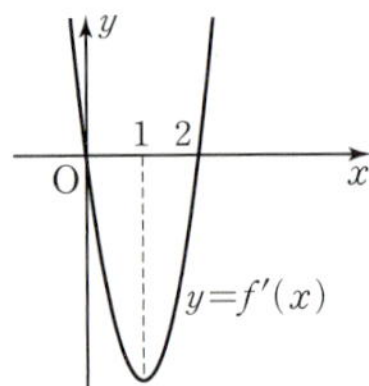

① $(-\infty,\ 0]$ ② $(-\infty,\ 1]$
③ $[-1,\ 1]$ ④ $[1,\ 2]$
⑤ $[2,\ \infty)$

246 하
다음 그림은 삼차함수 $y=f'(x)$의 그래프이다. 함수 $f(x)$가 증가하는 구간이 $(-\infty,\ -2]$ 또는 $[a,\ b]$이고, 감소하는 구간이 $[c,\ d]$ 또는 $[2,\ \infty)$일 때, $a+b+c+d$의 값을 구하여라.

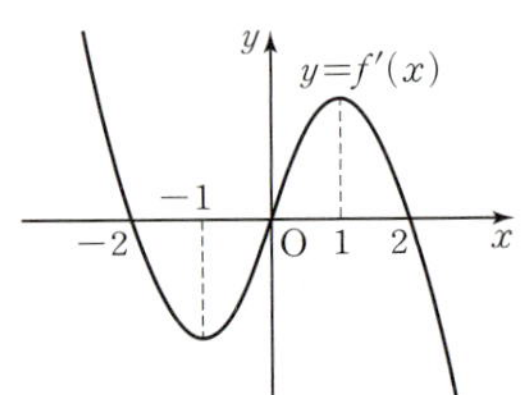

045
삼차함수 $f(x)$가 증가하기 위한 조건은 임의의 실수 x에 대하여 $f'(x) \geq 0$이다!

(1) 함수 $f(x)$가 실수 전체의 집합에서 증가한다.
➡ 임의의 실수 x에 대하여 $f'(x) \geq 0$
(2) 함수 $f(x)$가 실수 전체의 집합에서 감소한다.
➡ 임의의 실수 x에 대하여 $f'(x) \leq 0$

247 BOB 대표
함수 $f(x)=x^3-3ax^2+(3a+6)x+4$가 실수 전체의 집합에서 증가하도록 하는 정수 a의 개수는?

① 3   ② 4   ③ 5
④ 6   ⑤ 7

248 중
실수 전체의 집합에서 정의된 함수 $f(x)=x^3+x^2+ax-a+3$의 역함수가 존재하도록 하는 정수 a의 최솟값은?   보충 설명

① -1 ② 0   ③ 1
④ 2   ⑤ 3

249 중
실수 전체의 집합에서 정의된 함수   서술형
$$f(x)=x^3-3(a-1)x^2+4ax-6$$
이 임의의 두 실수 x_1, x_2에 대하여 $x_1 \neq x_2$이면 $f(x_1) \neq f(x_2)$가 성립하도록 하는 모든 정수 a의 값의 합을 구하여라.

046
함수의 극대, 극소를 조사할 때에는 $f'(x)$의 부호의 변화에 주목하자!

함수 $f(x)$의 극대, 극소를 조사하는 순서는 다음과 같다.
step 1 함수 $f(x)$의 도함수 $f'(x)$를 구한다.
step 2 $f'(x)=0$인 x의 값 a(또는 b)를 구한다.
step 3 $x=a$(또는 $x=b$)의 좌우에서 $f'(x)$의 부호를 조사한다.

① 부호가 양($+$)에서 음($-$)으로 바뀌면 함수 $f(x)$는 $x=a$에서 극대이다.
② 부호가 음($-$)에서 양($+$)으로 바뀌면 함수 $f(x)$는 $x=b$에서 극소이다.

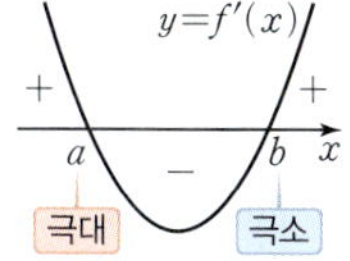

250 BOB 대표
함수 $f(x)=x^3+3ax^2-9a^2x+6a$의 극댓값과 극솟값의 차가 256일 때, 양수 a의 값은?

① 1   ② 2   ③ 3
④ 4   ⑤ 5

251 하
함수 $f(x)=x^3-6x^2+9x+5$의 극댓값을 M, 극솟값을 m이라 할 때, Mm의 값은?

① 33   ② 36   ③ 39
④ 42   ⑤ 45

252 중
함수 $f(x)=2x^3-9x^2+12x+a$의 극댓값과 극솟값의 절댓값이 같고 그 부호가 서로 다를 때, $|10a|$의 값을 구하여라.
(단, a는 상수이다.)

유형 047 함수 $f(x)$가 $x=a$에서 극값을 가지면 $f'(a)=0$ 이다!

미분가능한 함수 $f(x)$가 $x=a$에서 극댓값 (또는 극솟값) β를 가지면
$$f'(a)=0,\ f(a)=\beta$$

253 BOB 대표

함수 $f(x)=-x^3+ax^2+bx+8$이 $x=1$에서 극댓값 10을 가질 때, 함수 $f(x)$의 극솟값은? (단, a, b는 상수이다.)

① 2 ② 3 ③ 4
④ 5 ⑤ 6

254 중

 다른 풀이

함수 $f(x)=x^3+ax^2+bx+5$가 $x=0$에서 극댓값 M을 갖고, $x=2$에서 극솟값 m을 가질 때, $M+m$의 값은?
(단, a, b는 상수이다.)

① 5 ② 6 ③ 7
④ 8 ⑤ 9

255 중

함수 $f(x)=2x^3+3x^2+ax+3$이 $x=1$에서 극솟값 b를 가질 때, ab의 값을 구하여라. (단, a는 상수이다.)

유형 048 삼차함수 $f(x)$가 극값을 가지려면 $f'(x)=0$의 판별식 $D>0$이어야 한다!

(1) 삼차함수 $f(x)$가 극댓값, 극솟값을 모두 갖는다.
 ➡ 이차방정식 $f'(x)=0$이 서로 다른 두 실근을 갖는다.
 ➡ 이차방정식 $f'(x)=0$의 판별식 $D>0$
(2) 삼차함수 $f(x)$가 극값을 갖지 않는다.
 ➡ 이차방정식 $f'(x)=0$이 중근 또는 허근을 갖는다.
 ➡ 이차방정식 $f'(x)=0$의 판별식 $D\leq0$

256 BOB 대표

삼차함수 $f(x)=ax^3-6x^2+ax-1$이 극값을 갖기 위한 정수 a의 개수는?

① 3 ② 4 ③ 5
④ 6 ⑤ 7

257 중

 서술형

함수 $f(x)=2x^3+x^2-2kx$가 $-1<x<0$에서 극댓값을 갖고, $x>0$에서 극솟값을 갖도록 하는 모든 정수 k의 개수를 구하여라.

258 중

함수 $f(x)=-x^3+(a-3)x^2-(2a+3)x+10$이 극값을 갖지 않도록 하는 정수 a의 개수를 구하여라.

유형 049
극값과 좌표축과의 교점을 이용하여 **함수의 그래프의 개형**을 그려 보자!

미분가능한 함수 $y=f(x)$의 그래프의 개형을 그리는 순서는 다음과 같다.

step 1 $f'(x)=0$인 x의 값을 찾는다.

step 2 $f'(x)$의 부호를 조사하여 **함수 $f(x)$의 증가와 감소를 표로 나타내고**, 극값을 구한다.

step 3 **x축 또는 y축과의 교점**을 구하고, 그래프의 개형을 그린다.

259 BOB 대표

함수 $f(x)=-x^3+\dfrac{3}{2}x^2+6x+4$의 그래프가 지나지 않는 사분면을 구하여라.

260 중

함수 $f(x)=x^4-2x^2+3$의 그래프가 제n사분면을 지난다. 모든 자연수 n의 값의 합을 구하여라.

유형 050
삼차함수의 그래프를 보고 **삼차함수의 계수의 부호**를 결정할 수 있다!

삼차함수 $f(x)=ax^3+bx^2+cx+d$의 그래프에서

(1) $x\to\infty$일 때, $f(x)\to\infty$이면 $a>0$
　　$x\to\infty$일 때, $f(x)\to-\infty$이면 $a<0$

(2) $y=f(x)$의 그래프가 y축의 **양**의 부분과 만나면 $d>0$
　　$y=f(x)$의 그래프가 y축의 **음**의 부분과 만나면 $d<0$

(3) 함수 $f(x)$가 $x=\alpha$, $x=\beta$에서 극값을 가지면 이차방정식 $f'(x)=0$의 두 실근이 α, β임을 이용하여 b, c의 부호를 결정한다.

261 BOB 대표

함수 $f(x)=ax^3+bx^2+cx+d$의 그래프가 오른쪽 그림과 같을 때, 상수 a, b, c, d의 부호를 정하여라. (단, $\alpha<0<\beta$, $f'(\alpha)=f'(\beta)=0$, $|\beta|<|\alpha|$)

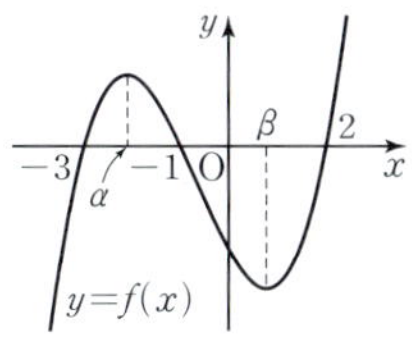

262 중

함수 $f(x)=ax^3+bx^2+cx+d$의 그래프가 오른쪽 그림과 같을 때, 상수 a, b, c, d의 부호를 정하여라. (단, $f'(-1)=f'(2)=0$)

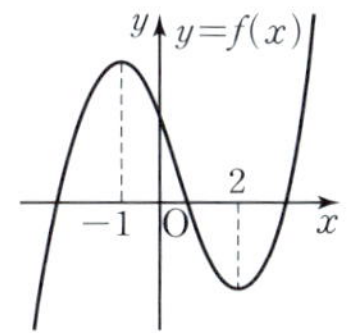

유형 051
$y=f'(x)$의 그래프를 이용하면 $y=f(x)$의 그래프를 추론할 수 있다!

도함수 $y=f'(x)$의 그래프가 주어졌을 때, 함수 $y=f(x)$의 그래프를 추론하는 순서는 다음과 같다.

step 1 $y=f'(x)$의 그래프가 x축과 만나는 점의 x좌표 a를 찾는다.

step 2 $x=a$의 좌우에서 $f'(x)$의 부호를 조사한다.

step 3 $f(x)$의 증가와 감소를 확인한다.

263 BOB 대표

사차함수 $f(x)$의 도함수 $y=f'(x)$의 그래프가 오른쪽 그림과 같을 때, 다음 중 함수 $f(x)$에 대한 설명으로 옳은 것은?

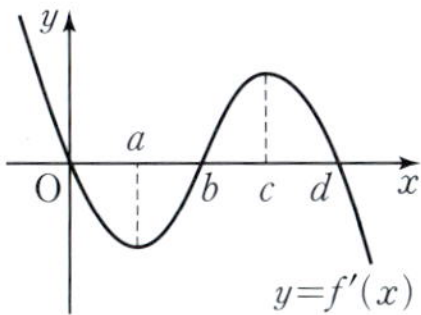

① 함수 $f(x)$는 $x>c$에서 감소한다.
② 함수 $f(x)$는 $c<x<d$에서 증가한다.
③ 함수 $f(x)$는 $x=a$에서 극소이다.
④ 함수 $f(x)$는 $x=c$에서 극대이다.
⑤ 함수 $f(x)$의 극값은 2개이다.

264 중

사차함수 $f(x)$의 도함수 $y=f'(x)$의 그래프가 오른쪽 그림과 같을 때, 다음 중 함수 $y=f(x)$의 그래프의 개형이 될 수 있는 것은?
(단, $f(0)=0$)

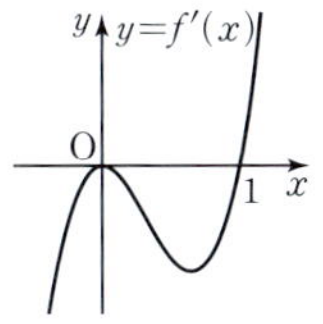

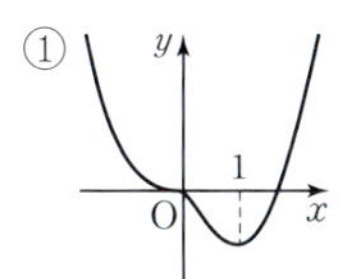
①

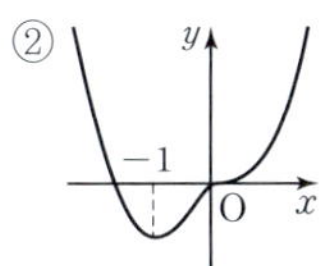
②

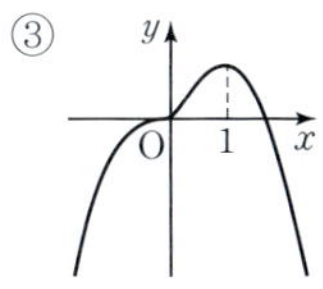
③

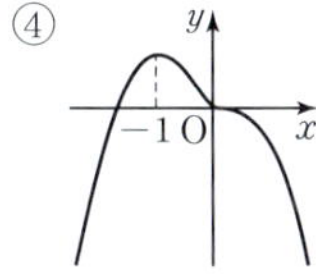
④

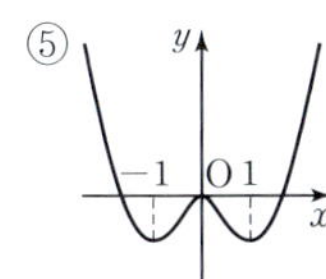
⑤

265 중
보충 설명

사차함수 $f(x)$의 도함수 $y=f'(x)$의 그래프가 오른쪽 그림과 같을 때, 〈보기〉에서 옳은 것만을 있는 대로 골라라.

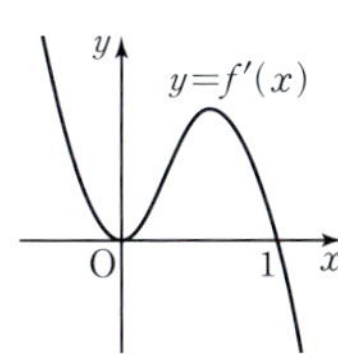

보기
ㄱ. 함수 $f(x)$는 $x<0$에서 증가한다.
ㄴ. 함수 $f(x)$는 $x=0$에서 극솟값을 갖는다.
ㄷ. 함수 $f(x)$는 $x=1$에서 극댓값을 갖는다.

266

함수 $f(x)=\dfrac{2}{3}x^3+\dfrac{1}{2}(a-2b)x^2+6ax$가 감소하는 x의 값의 범위가 $2\le x\le 3$일 때, 상수 $a,\ b$에 대하여 $a+b$의 값은?

① 0   ② 2   ③ 4

④ 6   ⑤ 8

267

함수 $f(x)=x^3-3x^2-45x+10$이 구간 $[a,\ b]$에서 감소할 때, $b-a$의 최댓값을 구하여라.

268

함수 $f(x)=\dfrac{1}{3}x^3+ax^2+(a+2)x+7$이 $x_1<x_2$인 임의의 두 실수 $x_1,\ x_2$에 대하여 $f(x_1)<f(x_2)$가 성립하도록 하는 정수 a의 개수는?

① 1   ② 2   ③ 3

④ 4   ⑤ 5

269

실수 전체의 집합에서 정의된 함수 $f(x)=3x^3+ax^2+4x+5$의 역함수가 존재하기 위한 정수 a의 최댓값은?

① 2   ② 3   ③ 4

④ 5   ⑤ 6

270

함수 $f(x)=x^3+(k+1)x^2-12x$의 그래프에서 극대가 되는 점과 극소가 되는 점이 원점에 대하여 대칭일 때, 함수 $f(x)$의 극댓값을 M, 극솟값을 m이라 하자. $M-m$의 값을 구하여라.

(단, k는 상수이다.)

271

함수 $f(x)=-\dfrac{2}{3}x^3+ax^2+4a^2x$의 극댓값과 극솟값의 차가 $\dfrac{1}{3}$일 때, 양수 a의 값을 구하여라.

272

삼차함수 $f(x)=2x^3+9kx^2+12k^2x+6k$가 $x=a$에서 극댓값을 갖고, $x=b$에서 극솟값을 갖는다. $a+b=3$일 때, 극댓값과 극솟값의 차를 구하여라. (단, k는 상수이다.)

273

오른쪽 그림과 같이 삼차함수 $y=f(x)$의 그래프가 세 점 $(x_1,\ 0),\ (x_2,\ 0),\ (x_3,\ 0)$에서 x축과 만나고 x좌표가 $\alpha,\ \beta$인 점에서 각각 극솟값과 극댓값을 갖는다. $\alpha+\beta=4$일 때, $x_1+x_2+x_3$의 값은?

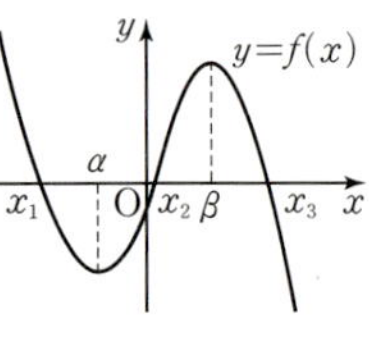

① 3   ② 4   ③ 6

④ 8   ⑤ 9

274

함수 $f(x)=x^3+ax^2+bx+c$가 $x=1$에서 극댓값을 갖고, $x=3$에서 극솟값 -2를 가질 때, 상수 a, b, c에 대하여 $a+b+c$의 값은?

① -2 ② -1 ③ 0

④ 1 ⑤ 2

275

함수 $f(x)=2x^3+ax^2+bx-10$이 $x=-2$에서 극댓값 10을 가질 때, 상수 a, b와 함수 $f(x)$의 극솟값 m에 대하여 $a-b+m$의 값은?

① -4 ② -2 ③ 0

④ 2 ⑤ 4

276

함수 $f(x)=x^3+(a-1)x^2+(2a-5)x$가 극값을 갖지 않도록 하는 실수 a의 값을 구하여라.

277

닫힌구간 $[-4, 6]$에서 함수 $f(x)$의 도함수 $y=f'(x)$의 그래프가 다음 그림과 같을 때, 함수 $f(x)$가 극댓값을 갖는 모든 x의 값의 합은?

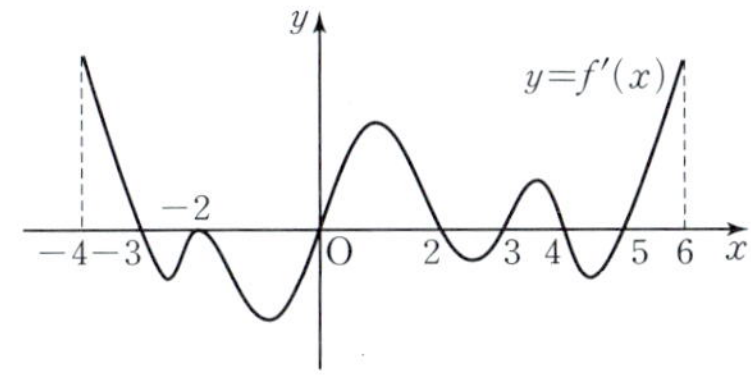

① 3 ② 4 ③ 5

④ 6 ⑤ 7

278

닫힌구간 $[a, b]$에서 함수 $f(x)$의 도함수 $y=f'(x)$의 그래프가 다음 그림과 같다. 함수 $y=f(x)$의 그래프에서 극대가 되는 점의 개수를 m, 극소가 되는 점의 개수를 n이라 할 때, $m+n$의 값을 구하여라.

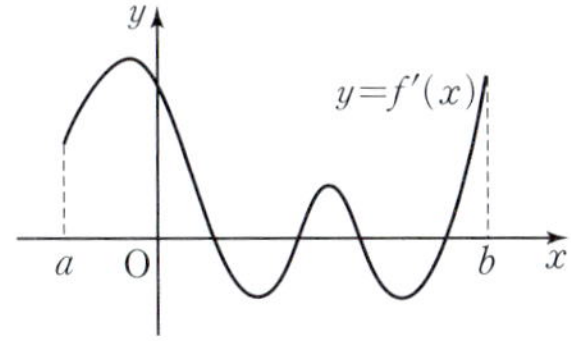

279

함수 $f(x)$의 도함수 $y=f'(x)$의 그래프가 오른쪽 그림과 같을 때, 〈보기〉에서 옳은 것만을 있는 대로 고른 것은?

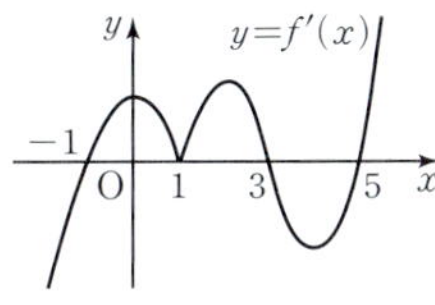

보기

ㄱ. 함수 $f(x)$는 $x=1$에서 극소이다.

ㄴ. 함수 $f(x)$는 $x=3$에서 극대이다.

ㄷ. 함수 $f(x)$에서 극소가 되는 x의 값의 합은 4이다.

① ㄱ ② ㄴ ③ ㄷ

④ ㄱ, ㄴ ⑤ ㄴ, ㄷ

280 서술형

삼차함수 $f(x)$가 다음 조건을 만족시킬 때, 함수 $f(x)$의 극댓값을 M, 극솟값을 m이라 하자. $M-m$의 값을 구하여라.

(가) $\displaystyle\lim_{x\to 1}\frac{f(x)+12}{x-1}=-12$

(나) $\displaystyle\lim_{x\to 2}\frac{f(x)+19}{x-2}=0$

281 서술형

사차함수 $f(x)=x^4+ax^3+2bx^2+cx+d$가 다음 조건을 만족시킬 때, $f(3)+f'(3)$의 값을 구하여라. (단, a, b, c, d는 상수이다.)

(가) 모든 실수 x에 대하여 $f(-x)=f(x)$이다.

(나) 함수 $f(x)$의 극댓값은 12이다.

(다) 함수 $f(x)$의 극솟값은 -4이다.

06 도함수의 활용

개념 ① 함수의 최대와 최소 유형 052

함수 $f(x)$가 닫힌구간 $[a, b]$에서 연속일 때, 최댓값과 최솟값은 다음과 같은 순서로 구한다.

step 1 열린구간 (a, b)에서의 $f(x)$의 극댓값과 극솟값을 구한다.

step 2 주어진 구간의 양 끝값에서의 함숫값 $f(a)$, $f(b)$를 구한다.

step 3 **step 1**, **step 2**에서 구한 극댓값, 극솟값, $f(a)$, $f(b)$ 중에서 가장 큰 값이 최댓값이고, 가장 작은 값이 최솟값이다.

개념 ② 함수의 최대·최소의 활용 유형 053~054

길이, 넓이, 부피 등의 최댓값 또는 최솟값은 다음과 같은 순서로 구한다.

step 1 적당한 변수를 미지수 x로 놓고, x의 값의 범위를 구한다.

step 2 구하는 값을 미지수 x에 대한 함수로 나타낸다.

step 3 미분하여 극값을 구한다.

step 4 x의 값의 범위에 주의하여 최댓값 또는 최솟값을 구한다.

개념 ③ 방정식의 실근의 개수 유형 055~056

(1) 방정식 $f(x)=0$의 서로 다른 실근의 개수는 함수 $y=f(x)$의 그래프와 x축의 교점의 개수와 같다.

(2) 방정식 $f(x)=g(x)$의 서로 다른 실근의 개수는 두 함수 $y=f(x)$, $y=g(x)$의 그래프의 교점의 개수 또는 함수 $y=f(x)-g(x)$의 그래프와 x축의 교점의 개수와 같다.

개념 ④ 부등식에의 활용 유형 057

(1) 함수 $f(x)$에 대하여 어떤 구간에서 부등식 $f(x) \geq 0$이 성립함을 보이려면

➡ 그 구간에서 ($f(x)$의 최솟값) ≥ 0임을 보인다.

(2) 두 함수 $f(x)$, $g(x)$에 대하여 어떤 구간에서 부등식 $f(x) \geq g(x)$가 성립함을 보이려면

➡ $h(x)=f(x)-g(x)$라 하고, 그 구간에서 ($h(x)$의 최솟값) ≥ 0임을 보인다.

개념 ⑤ 속도와 가속도 유형 058~059

(1) 속도와 가속도

수직선 위를 움직이는 점 P의 시각 t에서의 위치 x가 $x=f(t)$일 때

① 시각 t에서의 점 P의 속도 v는 $v=\dfrac{dx}{dt}=f'(t)$

② 시각 t에서의 점 P의 가속도 a는 $a=\dfrac{dv}{dt}=v'(t)$

(2) 시각에 대한 길이, 넓이, 부피의 변화율

어떤 물체의 시각 t에서의 길이가 l, 넓이가 S, 부피가 V일 때, 시간이 Δt만큼 지난 후 길이, 넓이, 부피가 각각 Δl, ΔS, ΔV만큼 변했다고 하면

① 시각 t에서의 길이 l의 변화율 : $\displaystyle\lim_{\Delta t \to 0}\frac{\Delta l}{\Delta t}=\frac{dl}{dt}$

② 시각 t에서의 넓이 S의 변화율 : $\displaystyle\lim_{\Delta t \to 0}\frac{\Delta S}{\Delta t}=\frac{dS}{dt}$

③ 시각 t에서의 부피 V의 변화율 : $\displaystyle\lim_{\Delta t \to 0}\frac{\Delta V}{\Delta t}=\frac{dV}{dt}$

➕ 개념 plus

● 닫힌구간이 아닌 구간에서 연속인 함수는 최댓값과 최솟값이 존재할 수도 있고 존재하지 않을 수도 있다.

● 주어진 닫힌구간에서 극값이 존재하지 않을 때에는 구간의 양 끝값에서의 함숫값 중 큰 값이 최댓값, 작은 값이 최솟값이다.

● 닫힌구간 $[a, b]$에서 연속함수 $f(x)$의 극값이 오직 하나 존재할 때
① 극값이 극댓값이면 (극댓값)＝(최댓값)
② 극값이 극솟값이면 (극솟값)＝(최솟값)

● **방정식의 실근**
① 방정식 $f(x)=0$의 실근은 함수 $y=f(x)$의 그래프와 x축의 교점의 x좌표와 같다.
② 방정식 $f(x)=g(x)$의 실근은 두 함수 $y=f(x)$, $y=g(x)$의 그래프의 교점의 x좌표와 같다.

● **삼차방정식의 실근과 허근**
삼차함수 $f(x)$가 극값을 가질 때, 삼차방정식 $f(x)=0$의 근은 극값을 이용하여 다음과 같이 판별할 수 있다.
① (극댓값) $\times$ (극솟값) <0
$\Longleftrightarrow$ 서로 다른 세 실근
② (극댓값) $\times$ (극솟값) $=0$
$\Longleftrightarrow$ 한 실근과 중근
(즉, 서로 다른 두 실근)
③ (극댓값) $\times$ (극솟값) >0
$\Longleftrightarrow$ 한 실근과 두 허근

● **속도와 물체의 운동 방향**
① 수직선 위를 움직이는 점 P의 시각 t에서의 위치가 $x=f(t)$일 때, 시각 t에서의 점 P의 속도를 $v=f'(t)$라 하면
㉠ $v>0$ ➡ 점 P가 양의 방향으로 움직인다.
㉡ $v<0$ ➡ 점 P가 음의 방향으로 움직인다.
㉢ $v=0$ ➡ 점 P가 운동 방향을 바꾸거나 정지한다.
② 지면과 수직인 방향으로 던져 올린 물체의 운동에서
㉠ 최고점에 도달할 때 ➡ 속도 $v=0$
㉡ 땅에 떨어질 때 ➡ 높이 $h=0$

위치 x
↓ 미분
속도 v
↓ 미분
가속도 a

⊕ 개념 콕콕 ⊕

1 함수의 그래프와 함수의 최대·최소

282
주어진 구간에서 다음 함수의 최댓값과 최솟값을 각각 구하여라.

(1) $f(x)=2x^2-4x+1$ $\qquad [0, 3]$

(2) $f(x)=-2x^3+6x^2$ $\qquad [-1, 1]$

(3) $f(x)=x^3-\dfrac{3}{2}x^2-6x-18$ $\quad [1, 3]$

283
주어진 구간에서 다음 함수의 최댓값과 최솟값을 각각 구하여라.

(1) $f(x)=3x^4-4x^3-12x^2+2$ $\qquad [-2, 2]$

(2) $f(x)=-x^4+4x^3-5$ $\qquad [-1, 4]$

(3) $f(x)=3x^4+4x^3-6x^2-12x-2$ $\quad [-2, 2]$

2 방정식의 실근의 개수

284
다음 방정식의 서로 다른 실근의 개수를 구하여라.

(1) $x^3-6x^2+3=0$

(2) $2x^3-6x-4=0$

(3) $x^4-2x^2-3=0$

3 부등식에의 활용

285
$x\geq0$일 때, 부등식 $x^3-x^2-x+1\geq0$이 성립함을 보여라.

286
모든 실수 x에 대하여 부등식 $6x^4-8x^3+a\geq0$이 성립하도록 하는 실수 a의 값의 범위를 구하여라.

4 속도와 가속도

287
수직선 위를 움직이는 점 P의 시각 t에서의 위치 x가 다음과 같을 때, 주어진 시각 t에서의 점 P의 속도 v와 가속도 a를 각각 구하여라.

(1) $x=t^2-3t+7$ $\qquad [t=1]$

(2) $x=-2t^3+4t^2-1$ $\qquad [t=1]$

(3) $x=t^4-2t^2+3t-1$ $\qquad [t=2]$

288
수직선 위를 움직이는 점 P의 시각 t에서의 위치가 $x=t^3-8t^2+16t$일 때, 다음을 구하여라.

(1) 점 P가 원점을 다시 지날 때의 시각

(2) 점 P의 운동 방향이 처음으로 바뀌는 시각

289
어떤 물체의 시각 t에서의 길이 l이 다음과 같을 때, 시각 $t=2$에서의 물체의 길이의 변화율을 구하여라.

(1) $l=-3t^2+5t+8$

(2) $l=2t^3-3t^2+4t+1$

 함수의 **최댓값**과 **최솟값**을 구할 때에는 **구간에서의 극값**과 **함숫값**을 조사하자!

닫힌구간 $[a, b]$에서 연속인 함수 $f(x)$의 최댓값, 최솟값은 다음과 같은 순서로 구한다.

step1 열린구간 (a, b)에서의 $f(x)$의 극댓값과 극솟값을 구한다.

step2 주어진 구간의 양 끝값에서의 함숫값 $f(a)$, $f(b)$를 구한다.

step3 **step1**, **step2**에서 구한 극댓값, 극솟값, $f(a)$, $f(b)$ 중에서 가장 큰 값이 최댓값이고, 가장 작은 값이 최솟값이다.

290 BOB 대표

닫힌구간 $[-1, 2]$에서 삼차함수 $f(x)=ax^3-3ax^2+b$의 최댓값을 3, 최솟값을 -1이라 할 때, 양수 a, b에 대하여 $a+b$의 값은?

① 1 　　② 2 　　③ 3
④ 4 　　⑤ 5

291 하

닫힌구간 $[-1, 1]$에서 함수 $f(x)=x^3+3x^2+10$의 최댓값과 최솟값의 합은?

① 18 　　② 20 　　③ 22
④ 24 　　⑤ 26

292 중 　　서술형

닫힌구간 $[0, 5]$에서 함수
$$f(x)=(x^2-4x)^3-12(x^2-4x)$$
의 최댓값을 M, 최솟값을 m이라 할 때, $M+m$의 값을 구하여라.

 도형의 넓이의 최대, 최소에 대한 활용 문제는 구하려는 값을 x로 놓고 식을 세우자!

도형의 넓이, 좌표평면에서의 길이의 최댓값 또는 최솟값은 다음과 같은 순서로 구한다.

step1 적당한 변수를 미지수 x로 놓고, x의 값의 범위를 구한다.

step2 구하는 값을 미지수 x에 대한 함수로 나타낸다.

step3 미분하여 극값을 구한다.

step4 x의 값의 범위에 주의하여 최댓값 또는 최솟값을 구한다.

293 BOB 대표

오른쪽 그림과 같이 곡선 $y=9-x^2$과 x축으로 둘러싸인 도형에 내접하고 한 변이 x축 위에 있는 직사각형의 넓이의 최댓값은?

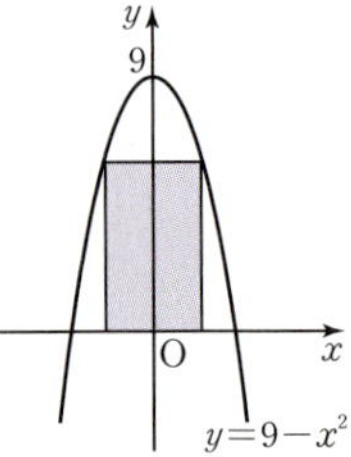

① $6\sqrt{3}$ 　　② $9\sqrt{3}$
③ $12\sqrt{3}$ 　　④ $15\sqrt{3}$
⑤ $18\sqrt{3}$

294 중

오른쪽 그림과 같이 곡선 $y=4-x^2$과 x축의 두 교점을 B, C라 할 때, 선분 BC와 이 곡선으로 둘러싸인 도형에 내접하는 사다리꼴 ABCD가 있다. 이 사다리꼴의 넓이의 최댓값은?

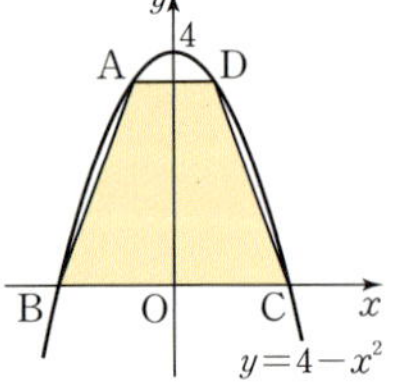

① $\dfrac{64}{27}$ 　　② $\dfrac{128}{27}$ 　　③ $\dfrac{256}{27}$
④ $\dfrac{512}{27}$ 　　⑤ $\dfrac{1024}{27}$

295 중

곡선 $y=x^2-1$ 위를 움직이는 점 P와 점 $(-3, -1)$ 사이의 거리를 l이라 할 때, l의 최솟값을 구하여라.

유형 054

도형의 부피의 최대, 최소에 대한 활용 문제는 구하려는 값을 x로 놓고 식을 세우자!

도형의 부피의 최댓값 또는 최솟값은 다음과 같은 순서로 구한다.

step 1 적당한 변수를 미지수 x로 놓고, x의 값의 범위를 구한다.

step 2 구하는 값을 미지수 x에 대한 함수로 나타낸다.

step 3 미분하여 극값을 구한다.

step 4 x의 값의 범위에 주의하여 최댓값 또는 최솟값을 구한다.

296 BOB 대표

오른쪽 그림과 같이 한 변의 길이가 $6\,\mathrm{cm}$인 정사각형 모양의 종이의 네 귀퉁이에서 같은 크기의 정사각형 모양을 잘라내어 뚜껑이 없는 직육면체 모양의 상자를 만들려고 한다. 이 상자의 부피의 최댓값은?

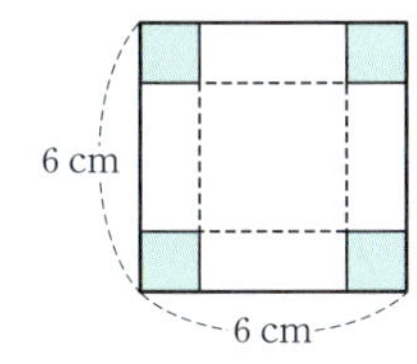

① $12\,\mathrm{cm}^3$ ② $16\,\mathrm{cm}^3$ ③ $20\,\mathrm{cm}^3$
④ $24\,\mathrm{cm}^3$ ⑤ $28\,\mathrm{cm}^3$

297 중

오른쪽 그림과 같이 한 변의 길이가 12인 정삼각형 모양의 종이의 세 귀퉁이에서 합동인 사각형 모양을 잘라내어 뚜껑이 없는 삼각기둥 모양의 상자를 만들려고 한다. 이 상자의 부피의 최댓값은?

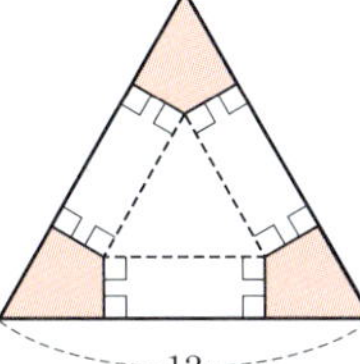

① 24 ② 28
③ 32 ④ 36
⑤ 40

298 중

밑면의 반지름의 길이가 3, 높이가 6인 직원뿔에 내접하는 직원기둥의 부피의 최댓값을 구하여라.

유형 055

방정식 $f(x)=k$의 실근은 $y=f(x)$, $y=k$의 그래프를 이용하자!

(1) 방정식 $f(x)=k$의 서로 다른 실근의 개수
  ➡ 함수 $y=f(x)$의 그래프와 직선 $y=k$의 교점의 개수와 같다.
(2) 방정식 $f(x)-k=0$에서 실근을 가질 조건을 구하는 문제는 다음과 같은 순서로 구한다.
  step 1 미정계수 k를 이항하여 $f(x)=k$ 꼴로 변형한다.
  step 2 $y=f(x)$와 $y=k$의 그래프의 교점의 개수를 이용하여 실근을 가질 조건을 구한다.

299 BOB 대표

삼차함수 $y=f(x)$의 도함수 $y=f'(x)$의 그래프가 오른쪽 그림과 같다. $f(-3)=4$, $f(1)=-\dfrac{20}{3}$일 때, x에 대한 방정식 $f(x)-k=0$이 서로 다른 세 실근을 갖도록 하는 실수 k의 값의 범위는?

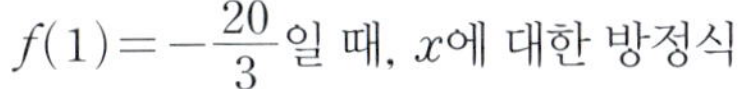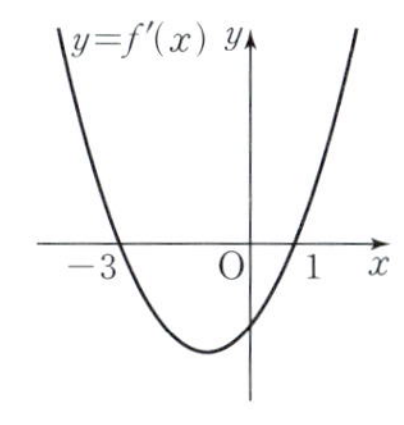

① $k<-\dfrac{20}{3}$ ② $k>0$ ③ $k>4$
④ $-\dfrac{20}{3}<k<4$ ⑤ $\dfrac{20}{3}<k<5$

300 중  다른 풀이

x에 대한 방정식 $2x^3-3x^2-12x+k=0$이 서로 다른 두 실근을 갖도록 하는 모든 실수 k의 값의 합을 구하여라.

301 중  서술형

x에 대한 방정식 $x^3+3x^2-9x+a=0$이 한 개의 음의 실근과 서로 다른 두 개의 양의 실근을 갖도록 하는 실수 a의 값의 범위를 구하여라.

유형 056

두 함수 $y=f(x)$, $y=g(x)$의 그래프의 교점의 개수는 방정식 $f(x)=g(x)$의 실근의 개수이다!

두 함수 $y=f(x)$, $y=g(x)$의 그래프의 교점의 개수
➡ 방정식 $f(x)=g(x)$의 실근의 개수와 같다.

302 BOB 대표
다른 풀이

두 곡선 $y=2x^3-18x$, $y=6x^2-a$가 서로 다른 세 점에서 만나도록 하는 실수 a의 값의 범위는?

① $a\leq-10$　　② $a<10$　　③ $a\geq54$
④ $-10<a<54$　　⑤ $-54<a<10$

303 중
다른 풀이

두 곡선 $y=x^3+x^2+2x$, $y=x^2+5x+k$가 서로 다른 두 점에서 만나도록 하는 양수 k의 값은?

① 2　　② 3　　③ 4
④ 5　　⑤ 6

304 중

x에 대한 방정식 $x^3-3x^2+3x+a=3x^2-6x$가 서로 다른 세 개의 양의 실근을 갖도록 하는 실수 a의 값의 범위를 구하여라.

유형 057

부등식 $f(x)>0$이 성립함을 보이려면 $(f(x)$의 최솟값$)>0$임을 보이자!

(1) 어떤 구간에서 부등식 $f(x)\geq0$이 성립함을 보이려면
➡ 그 구간에서 $(f(x)$의 최솟값$)\geq0$임을 보인다.
(2) 어떤 구간에서 부등식 $f(x)\geq g(x)$가 성립함을 보이려면
➡ 그 구간에서 부등식 $f(x)-g(x)\geq0$임을 보인다.
즉, $h(x)=f(x)-g(x)$라 하고 $(h(x)$의 최솟값$)\geq0$임을 보인다.

305 BOB 대표

다음은 $x>0$일 때, 부등식 $2x^3+1>-3x^2$이 성립함을 증명하는 과정이다.

$2x^3+1>-3x^2$에서 $2x^3+3x^2+1>0$
$f(x)=2x^3+3x^2+1$이라 하면
$f'(x)=6x^2+6x=6x(x+1)$
$x>0$일 때, $f'(x)$ (가) 0이므로 $f(x)$는 구간 $(0, \infty)$에서 (나) 함수이다.
$f(0)=1$이므로 $x>0$일 때 $f(x)>0$
$\therefore 2x^3+1>-3x^2$

위의 과정에서 (가), (나)에 알맞은 것을 차례대로 적은 것은?

① $>$, 증가하는　　② $>$, 감소하는　　③ $>$, 상수
④ $<$, 증가하는　　⑤ $<$, 감소하는

306 중

모든 실수 x에 대하여 부등식 $x^4\geq2x^2+a$가 성립하도록 하는 실수 a의 최댓값은?

① -5　　② -4　　③ -3
④ -2　　⑤ -1

307 중
서술형

두 함수 $f(x)=x^3-2x^2+x$, $g(x)=x^2-2x-a$에 대하여 $x\geq-1$일 때, 함수 $y=f(x)$의 그래프가 함수 $y=g(x)$의 그래프보다 항상 위쪽에 있도록 하는 정수 a의 최솟값을 구하여라.

유형 058

위치를 시각에 대하여 미분하면 속도, 속도를 시각에 대하여 미분하면 가속도이다!

(1) 수직선 위를 움직이는 점 P의 시각 t에서의 위치 x가 $x=f(t)$일 때, 시각 t에서의 점 P의 속도 v와 가속도 a는

$$\Rightarrow v=\frac{dx}{dt}=f'(t),\ a=\frac{dv}{dt}=v'(t)$$

(2) 위치 x $\xrightarrow{\text{미분}}$ 속도 v $\xrightarrow{\text{미분}}$ 가속도 a

(3) 속도 v의 부호는 수직선 위를 움직이는 점 P의 운동 방향을 나타낸다.

① $v>0$ ➡ 점 P가 양의 방향으로 움직인다.

② $v<0$ ➡ 점 P가 음의 방향으로 움직인다.

③ $v=0$ ➡ 점 P가 운동 방향을 바꾸거나 정지한다.

308 BOB 대표

원점을 출발하여 수직선 위를 움직이는 점 P의 시각 t에서의 위치가 $x=t^3-9t^2+34t$로 주어질 때, 속도가 처음으로 10인 순간의 점 P의 위치는?

① 38 ② 40 ③ 42
④ 44 ⑤ 46

309 중

직선 도로를 달리는 자동차가 브레이크를 밟은 후 t초 동안 움직인 거리를 x m라 하면 $x=26t-0.65t^2$인 관계가 성립한다. 이 자동차가 브레이크를 밟은 후 정지할 때까지 움직인 거리는?

① 220 m ② 240 m ③ 260 m
④ 280 m ⑤ 300 m

310 중 서술형

수직선 위를 움직이는 두 점 P, Q의 시각 t에서의 위치가 각각
$$x_P=2t^2-2t,\ x_Q=t^2-8t$$
일 때, 두 점 P, Q가 서로 반대 방향으로 움직이는 시각 t의 값의 범위를 구하여라.

유형 059

시각에 대한 변화율 문제는 주어진 조건을 시각 t에 대한 함수로 표현하자!

어떤 물체의 시각 t에서의 길이 l의 변화율을 구하는 순서는 다음과 같다.

step 1 t초 후의 길이의 관계식을 세운다.

step 2 t에 대하여 미분한다.

$$\Rightarrow \text{길이 } l\text{의 변화율} : \lim_{\Delta t \to 0}\frac{\Delta l}{\Delta t}=\frac{dl}{dt}$$

step 3 **step 2**에서 구한 식에 주어진 조건을 만족시키는 t의 값을 대입한다.

넓이나 부피의 변화율도 같은 방법으로 구한다.

311 BOB 대표

오른쪽 그림과 같이 키가 1.8 m인 사람이 높이 3.6 m의 가로등 바로 밑에서 출발하여 매초 2 m의 속도로 일직선으로 걸어가고 있다. 이 사람의 그림자의 앞 끝이 움직이는 속도는?

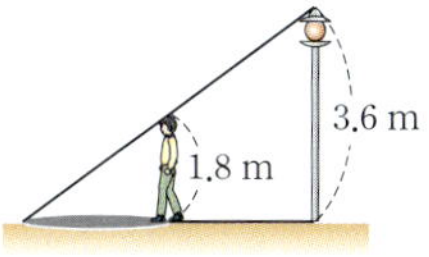

① 3.2 m/s ② 3.6 m/s ③ 4 m/s
④ 4.4 m/s ⑤ 4.8 m/s

312 중

한 변의 길이가 1 cm인 정삼각형의 각 변의 길이가 매초 1 cm씩 길어질 때, 3초 후의 이 정삼각형의 넓이의 변화율은?

① $\frac{\sqrt{3}}{3}$ cm²/s ② $\frac{\sqrt{3}}{2}$ cm²/s ③ $\frac{2\sqrt{3}}{3}$ cm²/s
④ $\sqrt{3}$ cm²/s ⑤ $2\sqrt{3}$ cm²/s

313 중

가로와 세로의 길이가 각각 5 cm, 2 cm인 직사각형의 가로와 세로의 길이가 각각 매초 0.5 cm, 1 cm씩 길어질 때, 이 직사각형이 정사각형이 되는 순간의 넓이의 변화율은 a cm²/s이다. 실수 a의 값을 구하여라.

314

함수 $f(x)=x^3+ax^2+b$에 대하여 $f'(1)=9$이고, 닫힌구간 $[0, 2]$에서 함수 $f(x)$의 최댓값이 24일 때, 함수 $f(x)$의 최솟값은?

① 2   ② 4   ③ 6
④ 8   ⑤ 10

315

구간 $[a, \infty)$에서 함수 $f(x)=x^3-3x+5$의 최솟값이 3일 때, 실수 a의 최솟값을 구하여라.

316

오른쪽 그림과 같이 곡선 $y=-x^2+16$ 위의 점 $P(x, y)$를 y축에 대하여 대칭이동한 점을 Q라 하자. 원점 O와 두 점 P, Q를 세 꼭짓점으로 하는 삼각형 OPQ의 넓이를 $S(x)$라 할 때, $S(x)$의 최댓값은?

(단, $0<x<4$)

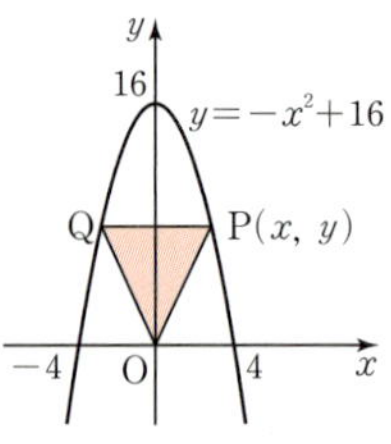

① $\dfrac{40\sqrt{3}}{3}$ ② $\dfrac{122\sqrt{3}}{9}$ ③ $\dfrac{124\sqrt{3}}{9}$
④ $14\sqrt{3}$ ⑤ $\dfrac{128\sqrt{3}}{9}$

317

다른 풀이

x에 대한 방정식 $x^3-3x^2-9x+a=0$이 서로 다른 세 실근을 갖도록 하는 정수 a의 최댓값은?

① 22   ② 24   ③ 26
④ 28   ⑤ 30

318

x에 대한 방정식 $x^3-6x^2-15x+k=0$이 한 개의 양의 실근과 서로 다른 두 개의 음의 실근을 갖도록 하는 정수 k의 최솟값은?

① -10 ② -9 ③ -8
④ -7 ⑤ -6

319

다른 풀이

곡선 $y=\dfrac{1}{3}x^3-x^2+2x$와 직선 $y=5x-a$가 서로 다른 세 점에서 만나도록 하는 정수 a의 개수를 구하여라.

320

두 곡선 $y=x^4-2x+a$, $y=-x^2+4x-a$가 오직 한 점에서 만나도록 하는 실수 a의 값은?

① -2 ② -1 ③ 0
④ 1   ⑤ 2

321

최고차항의 계수가 양수인 삼차함수 $f(x)$에 대하여 이차방정식 $f'(x)=0$이 서로 다른 두 실근 α, β $(\alpha<\beta)$를 가질 때, 〈보기〉에서 옳은 것만을 있는 대로 고른 것은?

> **보기**
> ㄱ. $f(\alpha)f(\beta)=0$일 때, 방정식 $f(x)=0$은 서로 다른 두 실근을 갖는다.
> ㄴ. $f(\alpha)f(\beta)>0$일 때, 방정식 $f(x)=0$의 실근을 γ라 하면 항상 $\alpha>\gamma$이다.
> ㄷ. $f(\alpha)f(\beta)<0$일 때, 방정식 $f(x)=0$은 β보다 큰 실근을 갖는다.

① ㄱ   ② ㄴ   ③ ㄱ, ㄷ
④ ㄴ, ㄷ   ⑤ ㄱ, ㄴ, ㄷ

322

곡선 $y=x^3+3x^2-6x+k$가 두 점 $A(-1, -7)$, $B(2, 2)$를 잇는 선분과 서로 다른 두 점에서 만나도록 하는 정수 k의 개수는?

① 7 ② 8 ③ 9
④ 10 ⑤ 11

323

$x\geq0$일 때, 부등식 $x^3+3x^2-8x+a\geq-x^3+4x$가 성립하도록 하는 실수 a의 최솟값은?

① 5 ② 7 ③ 9
④ 11 ⑤ 13

324

$0\leq x\leq3$일 때, 부등식 $x^4-2\geq4x^3-a$가 성립하도록 하는 실수 a의 최솟값을 구하여라.

325

모든 실수 x에 대하여 부등식 $x^4+2ax^2-4(a+1)x+a^2>0$이 성립하도록 하는 양의 정수 a의 최솟값은?

① 1 ② 2 ③ 3
④ 4 ⑤ 5

326

직선 선로를 달리는 열차가 제동을 건 후 t초 동안 움직인 거리를 x m라 하면 $x=18t-0.45t^2$인 관계가 성립한다. 이 열차가 제동을 건 후 정지할 때까지 움직인 거리는?

① 140 m ② 160 m ③ 180 m
④ 200 m ⑤ 220 m

327

지면으로부터 15 m의 높이에서 처음 속도 10 m/s로 지면과 수직인 방향으로 던진 공의 t초 후의 지면으로부터의 높이를 h m라 하면 $h=15+10t-5t^2$인 관계가 성립한다. 이 공이 지면에 떨어지는 순간의 속력은?

① 12 m/s ② 14 m/s ③ 16 m/s
④ 18 m/s ⑤ 20 m/s

328 다른 풀이 서술형

오른쪽 그림과 같이 반지름의 길이가 8인 구에 직원뿔이 내접하고 있다. 직원뿔의 부피가 최대가 될 때의 직원뿔의 높이를 구하여라.

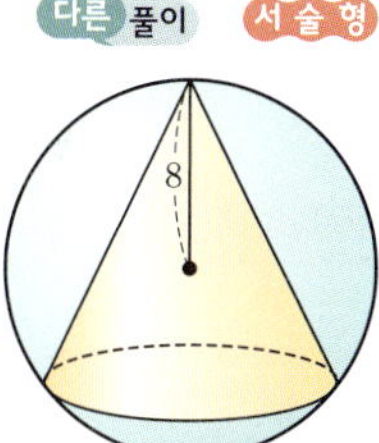

329 서술형

$\overline{AB}=1$ cm, $\overline{BC}=2$ cm, $\angle B=90°$인 직각삼각형 ABC가 있다. 변 AB의 길이는 매초 2 cm씩 늘어나고, 변 BC의 길이는 매초 1 cm씩 늘어난다고 할 때, 삼각형 ABC의 넓이가 $\dfrac{35}{2}$ cm^{2}가 되는 순간의 넓이의 변화율을 구하여라.

III

적분

07 부정적분

개념 ① 부정적분 · 유형 060~062

(1) 함수 $F(x)$의 도함수가 $f(x)$일 때, 즉 $F'(x)=f(x)$인 함수 $F(x)$를 $f(x)$의 부정적분이라 하고, 기호로 $\int f(x)dx$와 같이 나타낸다.

(2) 함수 $f(x)$의 한 부정적분을 $F(x)$라 하면
$$\int f(x)dx=F(x)+C \ (C는 \ 적분상수)$$
이다.

$$\overset{\text{미분한다.}}{\underset{\text{적분한다.}}{\int f(x)dx = F(x)+C}}$$

(3) 부정적분과 미분의 관계
① $\dfrac{d}{dx}\left\{\int f(x)dx\right\}=f(x)$

② $\int\left\{\dfrac{d}{dx}f(x)\right\}dx=f(x)+C$ (단, C는 적분상수이다.)

개념 ② 부정적분의 기본 공식 · 유형 063

(1) n이 음이 아닌 정수일 때
$$\int x^n\,dx=\frac{1}{n+1}x^{n+1}+C \ (단, \ C는 \ 적분상수이다.)$$

(2) a, b는 상수, $a\neq 0$이고 n이 자연수일 때
$$\int (ax+b)^n\,dx=\frac{1}{n+1}(ax+b)^{n+1}\times\frac{1}{a}+C \ (단, \ C는 \ 적분상수이다.)$$

개념 ③ 부정적분의 성질 · 유형 063, 065

두 함수 $f(x)$, $g(x)$에 대하여

(1) $\int kf(x)dx=k\int f(x)dx$ (단, k는 실수이다.)

(2) $\int\{f(x)+g(x)\}\,dx=\int f(x)dx+\int g(x)dx$

(3) $\int\{f(x)-g(x)\}\,dx=\int f(x)dx-\int g(x)dx$

개념 plus

○ $\int f(x)dx$는 '$f(x)$의 부정적분' 또는 '인티그럴(integral)$f(x)dx$'라 읽는다. 이때, $f(x)$를 피적분함수라 하고, 함수 $f(x)$의 부정적분을 구하는 것을 '$f(x)$를 적분한다'고 한다.

○ $\int \square dx$는 $\square$를 x에 대하여 적분한다는 뜻이다. 이때, x를 적분변수라 하고, x 이외의 문자는 모두 상수로 취급한다.

○ 적분과 미분은 서로 역연산 관계이지만
$$\frac{d}{dx}\left\{\int f(x)dx\right\}\neq\int\left\{\frac{d}{dx}f(x)\right\}dx$$
이다. 즉, 함수 $f(x)$를 적분한 후 미분하면 $f(x)$가 되지만 미분한 후 적분하면 $f(x)+C$ (C는 적분상수)가 되어 미분과 적분의 계산 순서에 따라 적분상수 C만큼의 차이가 생긴다.

○ $n=0$일 때, $\int 1dx$는 $\int dx$로 간단히 나타낼 수 있고, $\int dx=x+C$ (C는 적분상수)이다.

○ 개념 ③ 부정적분의 성질의 (2), (3)은 세 개 이상의 함수에 대해서도 성립한다.
적분이 미분의 역연산임을 이용하여 증명해 보자. 두 함수 $f(x)$, $g(x)$에 대하여
$$\int f(x)dx=F(x)+C_1 \ (C_1은 \ 적분상수),$$
$$\int g(x)dx=G(x)+C_2 \ (C_2는 \ 적분상수)$$
라 하면 $F'(x)=f(x)$, $G'(x)=g(x)$
① 임의의 실수 k에 대하여
$$\{kF(x)\}'=kF'(x)=kf(x)$$
$$\therefore \int kf(x)dx=kF(x)=k\int f(x)dx$$
② $\{F(x)\pm G(x)\}'=F'(x)\pm G'(x)$
$$=f(x)\pm g(x)$$
$$\therefore \int\{f(x)\pm g(x)\}dx$$
$$=F(x)\pm G(x)$$
$$=\int f(x)dx\pm\int g(x)dx$$
(복부호동순)

✪ 개념 콕콕 ✪

1 부정적분

330
다음 등식을 만족시키는 함수 $f(x)$를 구하여라.

(단, C는 적분상수이다.)

(1) $\int f(x)dx = -x + C$

(2) $\int f(x)dx = \dfrac{1}{3}x^2 - x + C$

(3) $\int f(x)dx = 3x^3 + 2x^2 - x + C$

331
다음 등식을 만족시키는 함수 $f(x)$를 구하여라.

(단, C는 적분상수이다.)

(1) $\int x f(x)dx = x^4 + x^2 + C$

(2) $\int (x+1)f(x)dx = \dfrac{1}{3}x^3 - x + C$

(3) $\int (x-1)f(x)dx = \dfrac{1}{3}x^3 + \dfrac{1}{2}x^2 - 2x + C$

332
다음을 계산하여라.

(1) $\dfrac{d}{dx}\left(\int x^2\,dx\right)$

(2) $\int \left(\dfrac{d}{dx}x^2\right)dx$

2 부정적분의 기본 공식

333
다음 부정적분을 구하여라.

(1) $\int 2\,dx$

(2) $\int (-4x)\,dx$

(3) $\int \dfrac{4}{3}x^3\,dx$

(4) $\int 10x^9\,dx$

3 부정적분의 성질

334
다음 부정적분을 구하여라.

(1) $\int (2x+1)\,dx$

(2) $\int (-3x+4)\,dx$

(3) $\int (4x^2-2x)\,dx$

(4) $\int (x+1)(x-2)\,dx$

(5) $\int (x-1)^2\,dx$

(6) $\int (3-2x)^2\,dx$

335
다음 부정적분을 구하여라.

(1) $\int \dfrac{x^2-1}{x-1}\,dx$

(2) $\int (2x+1)\,dx - \int (2x-1)\,dx$

(3) $\int (x+1)^2\,dx - \int (x-1)^2\,dx$

유형 060
$f(x)$의 부정적분 중 어떤 것을 미분하여도 $f(x)$가 된다!

함수 $f(x)$의 한 부정적분을 $F(x)$라 하면
(1) $\displaystyle\int f(x)dx=F(x)+C$ (단, C는 적분상수이다.)
(2) $F'(x)=f(x)$

336 BOB 대표

함수 $f(x)$에 대하여 $\displaystyle\int (x-4)f(x)dx=x^3-3x^2-24x+C$일 때, $f(1)$의 값은? (단, C는 적분상수이다.)

① -9 ② -3 ③ 1
④ 3 ⑤ 9

337 하

함수 $f(x)$의 부정적분 중 하나가 $\dfrac{1}{3}x^3-x^2+2$일 때, 다음 중 함수 $f(x)$는?

① $f(x)=\dfrac{1}{3}x-1$ ② $f(x)=3x+2$
③ $f(x)=x^2-2x$ ④ $f(x)=x^2-x$
⑤ $f(x)=x^2+x$

338 중   서술형

두 함수 $f(x)=2x^2-4$, $g(x)=2x+3$에 대하여
$$\int F(x)dx=f(x)g(x)$$
를 만족시키는 함수 $F(x)$가 있다. $F(0)$의 값을 구하여라.

유형 061
어떤 함수를 적분한 후 미분하면 그 함수 그대로 나온다!

함수 $f(x)$의 한 부정적분을 $F(x)$라 하면
$$\frac{d}{dx}\left\{\int f(x)dx\right\}=\frac{d}{dx}\{F(x)+C\}=F'(x)=f(x)$$
$$\text{(단, } C\text{는 적분상수이다.)}$$

339 BOB 대표

함수 $f(x)=\displaystyle\int (x^3+4x-2)dx$에 대하여 $f'(1)$의 값은?

① 1 ② 2 ③ 3
④ 4 ⑤ 5

340 하

모든 실수 x에 대하여
$$\frac{d}{dx}\left\{\int (2x^2+ax-1)dx\right\}=bx^2+3x-1$$
이 성립할 때, 상수 a, b에 대하여 ab의 값은?

① -9 ② -6 ③ -3
④ 6 ⑤ 9

341 중

함수 $f(x)$에 대하여 $f(x)=\displaystyle\int (3x^2+2x-1)dx$일 때,
$$\lim_{x\to 0}\frac{f(x)-f(0)}{x}$$의 값은?

① -5 ② -3 ③ -1
④ 1 ⑤ 3

유형 062

어떤 함수를 미분한 후 적분하면 적분상수 C가 붙어서 나온다!

미분가능한 함수 $f(x)$에 대하여

$$\int \left\{ \frac{d}{dx} f(x) \right\} dx = \int f'(x) dx = f(x) + C$$

(단, C는 적분상수이다.)

342 BOB 대표

함수 $f(x) = \int \left\{ \frac{d}{dx}(2x^3 - x) \right\} dx$에 대하여 $f(0) = 3$일 때, $f(2)$의 값은?

① 11 　　　　② 13 　　　　③ 15
④ 17 　　　　⑤ 19

343 하

함수 $f(x) = \int \left\{ \frac{d}{dx}(3x+2) \right\} dx$에 대하여 $f(0)=0$일 때, $f(1)$의 값은?

① 1 　　　　② 3 　　　　③ 5
④ 7 　　　　⑤ 9

344 중　　　　서술영

함수 $f(x) = \int \left\{ \frac{d}{dx}(x^2 - 3x + 1) \right\} dx$에 대하여 방정식 $f(x) = 0$의 모든 근의 곱이 -4일 때, $f(2)$의 값을 구하여라.

유형 063

$\int ($다항함수의 곱$)\,dx$는 곱셈 공식을 이용하여 전개한 후 적분하자!

(1) n이 음이 아닌 정수일 때

$$\Rightarrow \int x^n dx = \frac{1}{n+1} x^{n+1} + C \ (단, C는 적분상수이다.)$$

(2) 두 함수 $f(x)$, $g(x)$에 대하여

① $\int k f(x) dx = k \int f(x) dx$ (단, k는 실수이다.)

② $\int \{ f(x) + g(x) \} dx = \int f(x) dx + \int g(x) dx$

③ $\int \{ f(x) - g(x) \} dx = \int f(x) dx - \int g(x) dx$

345 BOB 대표

함수 $f(x) = \int \dfrac{x^4 + x^2 + 1}{x^2 + x + 1} dx$에 대하여 $f(0) = \dfrac{1}{2}$일 때, $f(3)$의 값은?

① $\dfrac{5}{2}$ 　　　　② 3 　　　　③ 6
④ $\dfrac{13}{2}$ 　　　　⑤ 8

346 하

함수 $f(x) = \int 3x(x+2) dx$에 대하여 $f(0) = 2$일 때, $f(1)$의 값은?

① 3 　　　　② 6 　　　　③ 9
④ 12 　　　　⑤ 15

347 중

함수 $f(x)$에 대하여 $f'(x) = 3x^2 - 4x + a$이고 $f(0) = 1$, $f(-1) = -5$일 때, $f(3)$의 값을 구하여라. (단, a는 상수이다.)

유형 064

$xf(x)$와 $F(x)$가 동시에 나오면 무조건 미분하자!

미분가능한 함수 $f(x)$의 한 부정적분을 $F(x)$라 하면

(1) $\dfrac{d}{dx}F(x)=f(x)$

(2) $\dfrac{d}{dx}xf(x)=f(x)+xf'(x)$

348 BOB 대표

다항함수 $f(x)$의 한 부정적분 $F(x)$에 대하여
$$F(x)=xf(x)-2x^3+x^2+5$$
가 성립한다. $f(0)=4$일 때, $f(1)$의 값은?

① 3 　　　　② 5 　　　　③ 7
④ 9 　　　　⑤ 11

349 하

다항함수 $f(x)$에 대하여 $\dfrac{d}{dx}F(x)=f(x)$이고
$$F(x)=xf(x)-2x^2$$
이 성립한다. $f(0)=3$일 때, 다음 중 함수 $f(x)$는?

① $f(x)=-4x-2$ 　　　② $f(x)=-2x+2$
③ $f(x)=2x-3$ 　　　④ $f(x)=4x+3$
⑤ $f(x)=6x+3$

350 중

이차함수 $f(x)$의 한 부정적분 $F(x)$에 대하여
$$F(x)=xf(x)-\frac{2}{3}x^3+a$$
가 성립한다. $f(0)=2$일 때, $f(2)$의 값을 구하여라.

（단, a는 상수이다.）

서술형

유형 065

각각의 적분이 복잡할 때에는 합쳐서 적분하는 것이 편하다!

두 함수 $f(x)$, $g(x)$에 대하여

(1) $\displaystyle\int f(x)dx+\int g(x)dx=\int \{f(x)+g(x)\}dx$

(2) $\displaystyle\int f(x)dx-\int g(x)dx=\int \{f(x)-g(x)\}dx$

351 BOB 대표

$f(x)=\displaystyle\int \dfrac{x^2}{x-1}dx+\int \dfrac{1}{1-x}dx$에 대하여 $f(0)=2$일 때, $f(2)$의 값은?

① -2 　　　② 0 　　　③ 2
④ 4 　　　　⑤ 6

352 중

$f(x)=\displaystyle\int \dfrac{x^3}{x-3}dx+\int \dfrac{27}{3-x}dx$에 대하여 $f(0)=1$일 때, $f(-1)$의 값은?

① $-\dfrac{41}{6}$ 　　② $-\dfrac{31}{6}$ 　　③ $-\dfrac{21}{6}$
④ $-\dfrac{11}{6}$ 　　⑤ $-\dfrac{1}{6}$

353 중

두 다항함수 $f(x)$, $g(x)$에 대하여
$$\int \{2f(x)+g(x)\}dx=5x+C_1,$$
$$\int \{f(x)-3g(x)\}dx=7x^2-8x+C_2$$
일 때, 다음 중 함수 $g(x)$는? （단, C_1, C_2는 적분상수이다.）

① $g(x)=-5x+1$ 　　② $g(x)=-4x+3$
③ $g(x)=5x-4$ 　　　④ $g(x)=6x-4$
⑤ $g(x)=6x+5$

유형 066 부정적분이 포함된 이차부등식이 항상 성립할 조건은 판별식을 이용한다!

이차방정식 $ax^2+bx+c=0$에 대하여
(1) $a>0$일 때, 모든 실수 x에 대하여 $ax^2+bx+c>0$
　$\iff D=b^2-4ac<0$
(2) $a<0$일 때, 모든 실수 x에 대하여 $ax^2+bx+c<0$
　$\iff D=b^2-4ac<0$

354 BOB 대표

함수 $f(x)=-4x+3$의 한 부정적분을 $F(x)$라 할 때, 모든 실수 x에 대하여 $F(x)\leq1$이 성립한다. $F(0)$의 값의 범위를 구하여라.

355 하

모든 실수 x에 대하여 $\int(2x-6)dx>0$이 성립하도록 하는 $\int(2x-6)dx$의 적분상수 C의 값의 범위를 구하여라.

유형 067 연속으로 두 번 적분할 때에는 적분상수에 주의하자!

미분가능한 함수 $f(x)$의 한 부정적분을 $F(x)$라 할 때
$\Rightarrow \int f'(x)dx=f(x)+C_1,$
$\int \{f(x)+C_1\}dx=F(x)+C_1x+C_2$
(단, C_1, C_2는 적분상수이다.)

356 BOB 대표

함수 $f(x)$를 적분해야 할 것을 잘못하여 미분하였더니 $12x^2-4$가 되었다. $f(0)=1$이고 $F(x)=\int f(x)dx$라 할 때, $F(2)-F(1)$의 값을 구하여라.

357 중

함수 $f(x)$를 적분해야 할 것을 잘못하여 미분하였더니 $-2x+1$이 되었다. $f(1)=1$이고 $F(x)=\int f(x)dx$라 할 때, $F(1)-F(0)$의 값을 구하여라.

유형 068 구간에 따라 도함수가 다르면 구간을 나누어 적분하자!

함수 $f(x)$의 도함수 $f'(x)$가 $f'(x)=\begin{cases} g(x) & (x>a) \\ h(x) & (x<a) \end{cases}$이면

$\Rightarrow f(x)=\begin{cases} \int g(x)dx\ (x>a) \\ \int h(x)dx\ (x<a) \end{cases}$

이때, 함수 $f(x)$가 $x=a$에서 연속이면

$\Rightarrow \lim_{x\to a+}\int g(x)dx=\lim_{x\to a-}\int h(x)dx=f(a)$

358 BOB 대표

함수 $f(x)$의 도함수 $f'(x)$가 $f'(x)=\begin{cases} 2x+1 & (x>1) \\ k & (x<1) \end{cases}$이고 $f(0)=2$, $f(2)=3$일 때, 함수 $f(x)$가 $x=1$에서 연속이 되도록 하는 상수 k의 값은?

① -5　　　② -3　　　③ 3
④ 5　　　⑤ 7

359 하

모든 실수 x에서 연속인 함수 $f(x)$의 도함수 $f'(x)$가 $f'(x)=\begin{cases} -1 & (x>0) \\ 3x^2 & (x<0) \end{cases}$이고 $f(0)=0$일 때, $f(-1)$의 값은?

① -3　　　② -1　　　③ 1
④ 3　　　⑤ 5

360 중

모든 실수 x에서 연속인 함수 $f(x)$의 도함수 $y=f'(x)$의 그래프가 오른쪽 그림과 같다. $f(-1)=3$일 때, $f(4)$의 값을 구하여라.

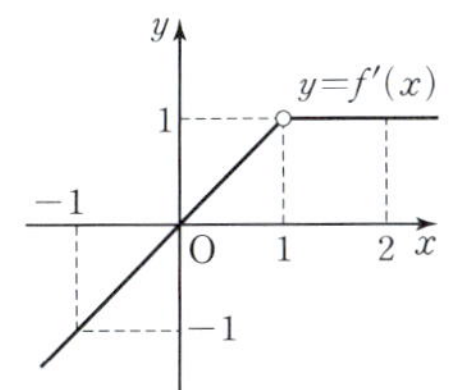

유형 069
임의의 점에서의 접선의 기울기는 그 함수의 도함수를 떠올리자!

곡선 $y=f(x)$ 위의 임의의 점 $(x,\ f(x))$에서의 접선의 기울기는 $f'(x)$이므로

$$f(x)=\int f'(x)dx$$

361 BOB 대표
점 $(0,\ 1)$을 지나는 곡선 $y=f(x)$ 위의 임의의 점 $(x,\ f(x))$에서의 접선의 기울기가 $2x-3$일 때, $f(3)$의 값은?

① 1   ② 3   ③ 5
④ 7   ⑤ 9

362 하
원점을 지나는 곡선 $y=f(x)$ 위의 임의의 점 $(x,\ f(x))$에서의 접선의 기울기가 $-2x$일 때, $f(-1)$의 값은?

① -2 ② -1 ③ 1
④ 2 ⑤ 3

363 중
곡선 $y=f(x)$ 위의 임의의 점 $(x,\ f(x))$에서의 접선의 기울기가 ax^2이고, 이 곡선이 두 점 $(-1,\ -6)$, $(2,\ 3)$을 지날 때, $f(3)$의 값은? (단, a는 상수이다.)

① 20   ② 21   ③ 22
④ 23   ⑤ 24

유형 070
미분계수의 정의가 나오면 분모와 분자의 짝을 잘 맞추자!

미분가능한 함수 $f(x)$의 $x=a$에서의 미분계수는

$$f'(a)=\lim_{x\to a}\frac{f(x)-f(a)}{x-a}=\lim_{h\to 0}\frac{f(a+h)-f(a)}{h}$$

364 BOB 대표
미분가능한 함수 $f(x)$에 대하여

$$\lim_{x\to 1}\frac{f(x)-2}{x-1}=1,\quad f'(x)=x^2-2x+a$$

일 때, $f(3)$의 값은? (단, a는 상수이다.)

① 1   ② 3   ③ $\dfrac{13}{3}$
④ 6   ⑤ $\dfrac{20}{3}$

365 하
미분가능한 함수 $f(x)$가 모든 실수 x에 대하여

$$f(x)=\int (2x^2-x)dx$$

일 때, $\displaystyle\lim_{h\to 0}\frac{f(2+h)-f(2)}{h}$의 값은?

① 6   ② 7   ③ 8
④ 9   ⑤ 10

366 중 
미분가능한 함수 $f(x)$가 모든 실수 x에 대하여

$$\int f(x)dx=xf(x)-4x^3+x^2+C$$

를 만족시킬 때, $\displaystyle\lim_{x\to 1}\frac{f(x)-f(1)}{x^2-1}$의 값을 구하여라.

(단, C는 적분상수이다.)

071

$\int f(x)dx$는 $f(a)=0$인 $x=a$에서 극댓값 또는 극솟값을 가질 수 있다!

미분가능한 함수 $f(x)$에 대하여 $f'(a)=0$이고, $x=a$의 좌우에서

(1) $f'(x)$의 부호가 양$(+)$에서 음$(-)$으로 바뀌면
➡ $f(x)$는 $x=a$에서 극대이고 극댓값 $f(a)$를 갖는다.

(2) $f'(x)$의 부호가 음$(-)$에서 양$(+)$으로 바뀌면
➡ $f(x)$는 $x=a$에서 극소이고 극솟값 $f(a)$를 갖는다.

367 BOB 대표

함수 $f(x)=3x^2-9x+6$의 한 부정적분을 $F(x)$라 할 때, 함수 $F(x)$의 극댓값과 극솟값의 합이 $\dfrac{17}{2}$이다. $F(0)$의 값은?

① 0　　　　② 2　　　　③ 4
④ 6　　　　⑤ 8

368 하

함수 $f(x)=\int(x^2-1)dx$의 극댓값이 $\dfrac{5}{3}$일 때, $f(0)$의 값은?

① $\dfrac{1}{3}$　　　　② $\dfrac{2}{3}$　　　　③ 1
④ $\dfrac{5}{3}$　　　　⑤ 2

369 중

최고차항의 계수가 1인 삼차함수 $f(x)$가 $f'(-1)=f'(0)=0$을 만족시킨다. 함수 $f(x)$의 극솟값이 $\dfrac{1}{2}$일 때, 극댓값은?

① 1　　　　② 3　　　　③ 5
④ 7　　　　⑤ 9

072

$y=f'(x)$의 그래프가 주어지면 $f'(x)=0$인 x의 값을 구하자!

$y=f'(x)$의 그래프가 주어진 경우 함수 $f(x)$는 다음과 같은 순서로 구한다.
step1 $y=f'(x)$의 그래프로부터 $f'(x)$를 구한다.
step2 step1에서 구한 $f'(x)$를 적분하여 $f(x)$를 구한다.
이때, 주어진 함숫값 또는 극대, 극소를 이용하여 적분상수를 구한다.

370 BOB 대표

삼차함수 $f(x)$의 도함수 $y=f'(x)$의 그래프가 오른쪽 그림과 같이 꼭짓점이 $(2, 12)$인 포물선이다. 함수 $f(x)$의 극솟값이 1일 때, 극댓값은?

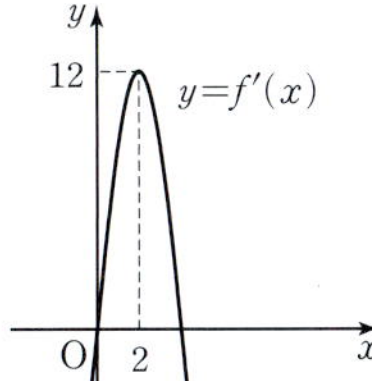

① 5　　　　② 10
③ 16　　　　④ 27
⑤ 33

371 하

이차함수 $f(x)$의 도함수 $y=f'(x)$의 그래프가 오른쪽 그림과 같다. $f(0)=4$일 때, 함수 $f(x)$의 극솟값은?

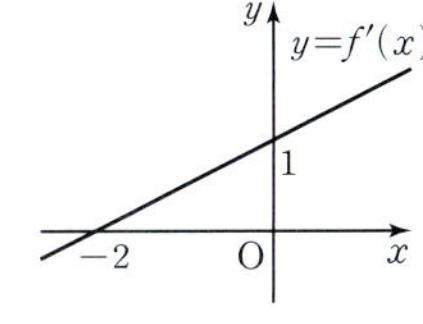

① $-\dfrac{1}{2}$　　　　② 1
③ 2　　　　④ 3
⑤ $\dfrac{7}{2}$

372 중

삼차함수 $f(x)$의 도함수 $y=f'(x)$의 그래프가 오른쪽 그림과 같다. 함수 $f(x)$의 극댓값이 1, 극솟값이 -7일 때, 삼차함수 $f(x)$를 구하여라.

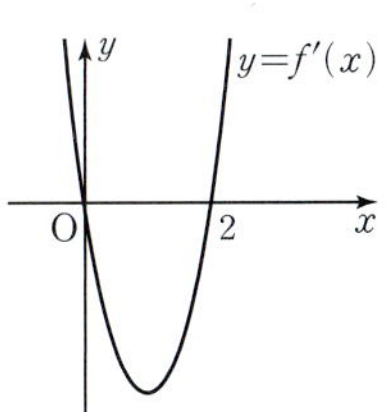

373

두 함수 $f(x)=x^2-1$, $g(x)=3x+2$에 대하여

$$\int F(x)\,dx=f(x)g(x)+C \ (C는\ 적분상수)$$

를 만족시키는 함수 $F(x)$가 있다. $F(1)$의 값은?

① 2   ② 4   ③ 6
④ 8   ⑤ 10

374

함수 $f(x)=\dfrac{3}{2}x^2-4x$에 대하여 $F(x)=\dfrac{d}{dx}\left\{\displaystyle\int xf(x)\,dx\right\}$라 할 때, $F(2)$의 값은?

① -8 ② -4 ③ 0
④ 2 ⑤ 4

375

두 다항함수 $f(x)$, $g(x)$가 다음 조건을 만족시킬 때, $f(3)+g(1)$의 값은?

> (가) $f(0)=0$, $g(0)=2$
> (나) $\dfrac{d}{dx}\{f(x)+g(x)\}=4$
> (다) $\dfrac{d}{dx}\{f(x)g(x)\}=6x+2$

① 2   ② 4   ③ 6
④ 8   ⑤ 10

376

다음 조건을 만족시키는 함수 $f(x)$에 대하여 $f(2)$의 값은?

> (가) $f(0)=2$
> (나) $f(x)=\displaystyle\int (x-1)(x^2+x+1)\,dx$

① 2   ② 4   ③ 6
④ 8   ⑤ 10

377

함수 $f(x)=\displaystyle\int (2+\sqrt{x}\,)^2\,dx+\int (2-\sqrt{x}\,)^2\,dx$에 대하여 $f(0)=16$일 때, $f(2)$의 값은?

① 16   ② 25   ③ 36
④ 49   ⑤ 64

378

이차함수 $f(x)$에 대하여 $f'(x)=kx-4$이고 이차방정식 $f(x)=0$의 두 근의 합이 2일 때, 상수 k의 값은?

① 1   ② 2   ③ 3
④ 4   ⑤ 5

379   수학 I 통합 유형

다항함수 $f(x)$의 한 부정적분을 $F(x)$라 하자. $f(x)=\displaystyle\sum_{k=1}^{49}\dfrac{1}{k}x^k$이고 $F(0)=0$일 때, $F(1)$의 값을 구하여라.

380

모든 실수 x에서 미분가능한 함수 $f(x)$가 다음 조건을 만족시킬 때, $f(4)$의 값은? (단, k는 상수이다.)

> (가) $f(1)=0$
> (나) $f'(x)=\begin{cases} k & (x>1) \\ 2x-3 & (x<1) \end{cases}$

① -5 ② -4 ③ -3
④ -2 ⑤ -1

381

함수 $f(x)=3x^2-4x+a$의 한 부정적분 $F(x)$에 대하여
$\lim\limits_{x \to 2}\dfrac{F(x)-3}{x-2}=5$일 때, $F(1)$의 값은? (단, a는 상수이다.)

① -1 ② 0 ③ 1
④ 2 ⑤ 3

382

미분가능한 함수 $f(x)$에 대하여
$$\lim\limits_{x \to 1}\dfrac{f(x)-2}{x-1}=3, \quad f'(x)=3x^2+2x+a$$
일 때, $f(3)$의 값을 구하여라. (단, a는 상수이다.)

383

다음 조건을 만족시키는 다항함수 $f(x)$에 대하여 $f(4)$의 값은?

> (가) $\lim\limits_{x \to \infty}\dfrac{f'(x)}{x}=2$
>
> (나) $\lim\limits_{x \to 1}\dfrac{f(x)}{x-1}=3$

① 10 ② 12 ③ 14
④ 16 ⑤ 18

384

곡선 $y=f(x)$ 위의 임의의 점 $(x,\ f(x))$에서의 접선의 기울기가 $3x^2-12$이고 함수 $f(x)$의 극솟값이 -10일 때, 극댓값은?

① 20 ② 22 ③ 24
④ 26 ⑤ 28

385

곡선 $y=f(x)$가 x축에 접하고 함수 $f(x)$의 도함수가
$f'(x)=3x(x-2)$일 때, $f(1)$의 값은? (단, $f(1)>0$)

① 1 ② 2 ③ 3
④ 4 ⑤ 5

386

삼차함수 $f(x)$는 $x=1$에서 극값을 갖고, $y=f(x)$의 그래프가 원점에 대하여 대칭일 때, $y=f(x)$의 그래프와 x축의 교점의 x좌표 중에서 양수인 것은?

① $\sqrt{2}$ ② $\sqrt{3}$ ③ 2
④ $\sqrt{5}$ ⑤ $\sqrt{6}$

387 

점 $(3,\ 6)$을 지나는 곡선 $y=f(x)$ 위의 임의의 점 $(x,\ f(x))$에서의 접선의 기울기가 $2x+1$일 때, 곡선 $y=f(x)$와 x축의 두 교점을 P, Q라 하자. 선분 PQ의 길이를 구하여라.

388 

다항함수 $f(x)$가
$$\dfrac{d}{dx}\left[\int\{f(x)-x^2+4\}dx\right]=\int\left[\dfrac{d}{dx}\{2f(x)-3x+1\}\right]dx$$
를 만족시킨다. $f(1)=3$일 때, $f(x)$를 구하여라.

08 정적분

🔵 개념 plus

개념 ① 정적분의 정의　유형 073

(1) 함수 $f(x)$가 닫힌구간 $[a, b]$에서 연속일 때, 함수 $f(x)$의 한 부정적분 $F(x)$에 대하여 $F(b)-F(a)$를 함수 $f(x)$의 a에서 b까지의 정적분이라 하고, 기호로

$$\int_a^b f(x)dx$$

와 같이 나타낸다.

이때, $F(b)-F(a)$를 $\Big[F(x) \Big]_a^b$로 나타내면 다음 식이 성립한다.

$$\int_a^b f(x)dx = \Big[F(x) \Big]_a^b = F(b)-F(a)$$

　　　　　　ⓐ　　　　　　　　ⓑ

(2) (1)에서는 정적분 $\int_a^b f(x)dx$를 $a<b$인 경우에만 정의하였는데, $a \geq b$인 경우에는 다음과 같이 정의한다.

① $a=b$일 때, $\int_a^b f(x)dx = \int_a^a f(x)dx = 0$

② $a>b$일 때, $\int_a^b f(x)dx = -\int_b^a f(x)dx$

- $\int_a^b f(x)dx$는 '인티그럴 a에서 b까지 $f(x)dx$'라 읽는다. 이때, a를 아래끝, b를 위끝, 닫힌구간 $[a, b]$를 적분 구간, $f(x)$를 피적분함수, x를 적분변수라 한다.

　ⓐ 함수 $f(x)$를 a에서 b까지 적분한다.
　ⓑ (위끝의 함숫값)−(아래끝의 함숫값)

- 정적분의 정의에서 정적분의 값은 적분변수가 바뀌어도 그 값은 변하지 않는다. 즉

$$\int_a^b f(x)dx = \int_a^b f(y)dy = \int_a^b f(t)dt$$

- 정적분의 정의는 아래끝, 위끝의 대소에 관계없이 항상 성립한다.

개념 ② 적분과 미분의 관계

함수 $f(t)$가 닫힌구간 $[a, b]$에서 연속일 때

$$\frac{d}{dx}\int_a^x f(t)dt = f(x) \ (\text{단}, \ a<x<b)$$

- $\int_a^x f(t)dt$를 x에 대하여 미분하면 $f(x)$가 되므로 $\int_a^x f(t)dt$는 $f(x)$의 부정적분 중 하나이다.

개념 ③ 정적분의 성질　유형 074~075

두 함수 $f(x)$, $g(x)$가 세 실수 a, b, c를 포함하는 닫힌구간에서 연속일 때

(1) $\int_a^b kf(x)dx = k\int_a^b f(x)dx$ (단, k는 실수이다.)

(2) $\int_a^b \{f(x) \pm g(x)\}dx = \int_a^b f(x)dx \pm \int_a^b g(x)dx$ (복부호동순)

(3) $\int_a^c f(x)dx + \int_c^b f(x)dx = \int_a^b f(x)dx$

　　　　　　　　　　　　ⓒ

　ⓒ a, b, c의 대소에 관계없이 성립한다!

- 주기가 p인 주기함수 $f(x)$에 대하여

① $\int_{a+np}^{b+np} f(x)dx = \int_a^b f(x)dx$

　　　　　　　　(단, n은 정수이다.)

② $\int_a^{a+p} f(x)dx = \int_b^{b+p} f(x)dx$

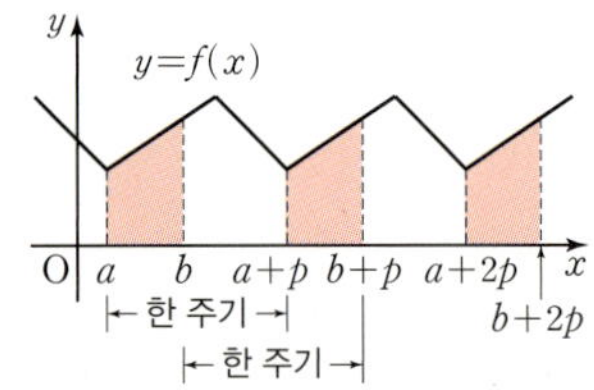

개념 ④ 우함수와 기함수의 정적분　유형 078~079

함수 $f(x)$가 닫힌구간 $[-a, a]$에서 연속일 때

(1) 함수 $f(x)$가 우함수, 즉 $f(-x)=f(x)$이면

$$\int_{-a}^a f(x)dx = 2\int_0^a f(x)dx$$

(2) 함수 $f(x)$가 기함수, 즉 $f(-x)=-f(x)$이면

$$\int_{-a}^a f(x)dx = 0$$

⊙ 개념 콕콕 ⊙

1 정적분의 정의

389
다음 정적분의 값을 구하여라.

(1) $\displaystyle\int_0^1 3x^2\,dx$

(2) $\displaystyle\int_1^2 (x^3-x)\,dx$

(3) $\displaystyle\int_{-1}^2 (6x^2+x-1)\,dx$

(4) $\displaystyle\int_0^1 (x+1)(x-1)\,dx$

(5) $\displaystyle\int_0^2 (x-1)(x^2+x+1)\,dx$

(6) $\displaystyle\int_0^{-1} (2x+3)\,dx$

(7) $\displaystyle\int_1^{-2} (x^2-4x)\,dx$

(8) $\displaystyle\int_2^1 (4x^3-3x^2)\,dx$

2 적분과 미분의 관계

390
다음을 x에 대하여 미분하여라.

(1) $\displaystyle\int_1^x t^2\,dt$

(2) $\displaystyle\int_0^x (t^2+3t-1)\,dt$

(3) $\displaystyle\int_2^x (t+1)^2\,dt$

3 정적분의 성질

391
다음 정적분의 값을 구하여라.

(1) $\displaystyle\int_0^1 (x-x^2)\,dx+\int_0^1 (x+x^2)\,dx$

(2) $\displaystyle\int_1^4 (2x^3+6x+1)\,dx-\int_1^4 (2x^3+1)\,dx$

(3) $\displaystyle\int_{-1}^2 (5x^4-3x^2+2)\,dx+\int_{-1}^2 3x^2\,dx$

(4) $\displaystyle\int_0^1 (x+1)^2\,dx+\int_1^0 (x-1)^2\,dx$

(5) $\displaystyle\int_{-2}^{-1} (x^2+5)\,dx+\int_{-1}^0 (x^2+5)\,dx$

(6) $\displaystyle\int_{-1}^0 (x^4-5x^2+x-4)\,dx+\int_0^{-1} (x^4-5x^2+x-4)\,dx$

(7) $\displaystyle\int_{-2}^1 (4x^3-2x+1)\,dx-\int_3^1 (4x^3-2x+1)\,dx$

4 절댓값 기호를 포함한 함수의 정적분

392
다음 정적분의 값을 구하여라.

(1) $\displaystyle\int_{-2}^2 |x|\,dx$

(2) $\displaystyle\int_0^2 |x-1|\,dx$

(3) $\displaystyle\int_{-1}^1 |2x-1|\,dx$

(4) $\displaystyle\int_{-2}^1 (|x|+3)\,dx$

5 우함수와 기함수의 정적분

393
다음 정적분의 값을 구하여라.

(1) $\displaystyle\int_{-1}^1 (x^3+5x)\,dx$

(2) $\displaystyle\int_{-2}^2 (7x^3+3x^2-4x-1)\,dx$

(3) $\displaystyle\int_{-3}^3 (x-2)(3x+1)\,dx$

유형 073

정적분 값을 구할 때에는 **위끝과 아래끝**을 대입하자!

(1) 함수 $f(x)$가 닫힌구간 $[a, b]$에서 연속이고, 함수 $f(x)$의 한 부정적분을 $F(x)$라 하면

$$\int_a^b f(x)dx=\Big[F(x)\Big]_a^b=F(b)-F(a)$$

(2) 함수 $f(x)$가 두 실수 a, b를 포함하는 닫힌구간에서 연속일 때

① $\int_a^a f(x)dx=0$

② $\int_a^b f(x)dx=-\int_b^a f(x)dx$

394 BOB 대표

$\int_0^1 (4x^3+a)dx+\int_1^1 (4x^3+a)dx=8$일 때, 상수 a의 값은?

① 6   ② 7   ③ 8

④ 9   ⑤ 10

395 하

정적분 $\int_{-1}^0 (3x^2+7)dx$의 값은?

① 8   ② 10   ③ 12

④ 14   ⑤ 16

396 중   서술형

함수 $f(x)=3x^2-2ax$가 $\int_0^2 f(x)dx=f(1)$을 만족시킬 때, 상수 a의 값을 구하여라.

유형 074

적분 구간이 같을 때에는 하나의 정적분으로 합쳐서 적분하자!

두 함수 $f(x)$, $g(x)$가 닫힌구간 $[a, b]$에서 연속일 때

(1) $\int_a^b kf(x)dx=k\int_a^b f(x)dx$ (단, k는 실수이다.)

(2) $\int_a^b f(x)dx+\int_a^b g(x)dx=\int_a^b \{f(x)+g(x)\}dx$

(3) $\int_a^b f(x)dx-\int_a^b g(x)dx=\int_a^b \{f(x)-g(x)\}dx$

397 BOB 대표

$\int_0^3 (x+k)^2 dx-\int_0^3 (x-k)^2 dx=72$를 만족시키는 상수 k의 값은?

① $\dfrac{5}{2}$ ② 3   ③ $\dfrac{7}{2}$

④ 4   ⑤ $\dfrac{9}{2}$

398 하

정적분 $\int_0^2 (x^2+1)dx-\int_0^2 x^2 dx$의 값은?

① -2 ② -1 ③ 0

④ 1   ⑤ 2

399 중

정적분 $\int_0^3 \dfrac{x^3}{x+2}dx+\int_0^3 \dfrac{8}{x+2}dx$의 값은?

① 10   ② 11   ③ 12

④ 13   ⑤ 14

075

함수가 같으면 적분 구간을 합쳐서 적분하자!

함수 $f(x)$가 세 실수 a, b, c를 포함하는 닫힌구간에서 연속일 때

$$\int_a^c f(x)dx + \int_c^b f(x)dx = \int_a^b f(x)dx$$

400 **BOB 대표**

연속함수 $f(x)$에 대하여

$$\int_{-1}^2 f(x)dx=3, \quad \int_1^3 f(x)dx=6, \quad \int_1^2 f(x)dx=2$$

일 때, 정적분 $\int_{-1}^3 f(x)dx$의 값은?

① 1 　　　② 2 　　　③ 3
④ 5 　　　⑤ 7

401 **중**

함수 $f(x)=2x+5$에 대하여 정적분

$$\int_{-2}^{-1} f(x)dx - \int_1^{-1} f(x)dx + \int_1^3 f(x)dx$$

의 값을 구하여라.

402 **중**

정적분 $\int_1^{-1} \dfrac{3x^4}{x^2+x+1}dx - \int_3^{-1} \dfrac{3x^4}{x^2+x+1}dx - \int_3^1 \dfrac{3x^2+3}{x^2+x+1}dx$

의 값을 구하여라.

076

절댓값 기호를 포함한 정적분은 적분 구간을 나누어 해결하자!

절댓값 기호를 포함한 정적분은 다음과 같은 순서로 구한다.

step 1 절댓값 기호 안의 식의 값이 0이 되게 하는 x의 값을 구한다.

step 2 step 1 에서 구한 x의 값을 경계로 적분 구간을 나누어 정적분의 값을 구한다.

403 **BOB 대표**

정적분 $\int_0^2 |x^2-x|\,dx$의 값은?

① $\dfrac{1}{3}$ 　　　② $\dfrac{2}{3}$ 　　　③ 1
④ $\dfrac{4}{3}$ 　　　⑤ $\dfrac{5}{3}$

404 **중**

정적분 $\int_{-1}^2 (2|x|-1)dx$의 값은?

① 1 　　　② 2 　　　③ 3
④ 4 　　　⑤ 5

405 **중**

서술형

정적분 $\int_{-2}^4 |x^2-2x-3|\,dx$의 값을 구하여라.

유형 077 구간에 따라 함수가 다르면 구간을 나누어 적분하자!

(1) 연속함수 $f(x)=\begin{cases} g(x) & (x\geq b) \\ h(x) & (x<b) \end{cases}$ 에 대하여 $a<b<c$일 때

$$\int_a^c f(x)dx=\int_a^b h(x)dx+\int_b^c g(x)dx$$

(2) 함수의 그래프가 주어질 때

➡ 그래프의 꺾인 점을 기준으로 각 구간에서의 함수의 식을 찾아 정적분의 값을 구한다.

406 **BOB 대표**

함수 $f(x)=\begin{cases} (x+1)^2 & (x\geq 1) \\ \dfrac{9}{2}x-\dfrac{1}{2} & (x<1) \end{cases}$ 에 대하여 정적분 $\int_0^2 f(x)dx$의 값은?

① $\dfrac{97}{12}$ ② $\dfrac{49}{6}$ ③ $\dfrac{33}{4}$

④ $\dfrac{25}{3}$ ⑤ $\dfrac{101}{12}$

407 **하**

함수 $f(x)=\begin{cases} 1-2x & (x\geq -1) \\ 3x^2 & (x<-1) \end{cases}$ 에 대하여 정적분 $\int_{-2}^2 f(x)dx$의 값은?

① 5 ② 6 ③ 7

④ 8 ⑤ 9

408 **중**

오른쪽 그림은 미분가능한 함수 $f(x)$의 도함수 $y=f'(x)$의 그래프이다. $f(2)-f(-2)$의 값을 구하여라.

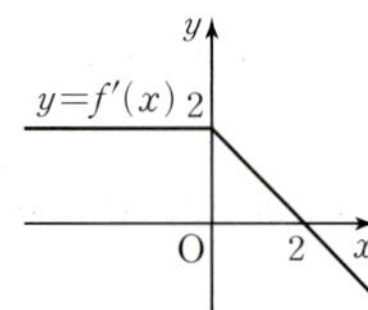

유형 078 위끝, 아래끝이 a, $-a$일 때에는 우함수, 기함수를 확인하자!

(1) 다항함수 $f(x)=x^n$에서

① n이 짝수이면 $(-x)^n=x^n$ ➡ 함수 $f(x)$는 우함수

② n이 홀수이면 $(-x)^n=-x^n$ ➡ 함수 $f(x)$는 기함수

(2) 함수 $f(x)$가 닫힌구간 $[-a, a]$에서 연속일 때

① 함수 $f(x)$가 우함수, 즉 $f(-x)=f(x)$이면

➡ $\int_{-a}^a f(x)dx=2\int_0^a f(x)dx$

② 함수 $f(x)$가 기함수, 즉 $f(-x)=-f(x)$이면

➡ $\int_{-a}^a f(x)dx=0$

409 **BOB 대표**

실수 a에 대하여 $\int_{-a}^a (3x^2+2x)dx=\dfrac{1}{4}$일 때, $50a$의 값은?

① 10 ② 20 ③ 25

④ 50 ⑤ 100

410 **하**

함수 $f(x)=4x^3+6x^2-2x$일 때, 정적분 $\int_{-1}^1 f(x)dx$의 값은?

① -4 ② -2 ③ 0

④ 2 ⑤ 4

411 **중**   **서술형**

두 다항함수 $f(x)$, $g(x)$가 모든 실수 x에 대하여

$$f(x)=f(-x), \quad g(x)=-g(-x)$$

를 만족시킨다. $\int_0^2 f(x)dx=A$, $\int_0^2 g(x)dx=B$일 때, 정적분 $\int_{-2}^2 \{f(x)-g(x)\}dx$의 값을 A, B를 이용하여 나타내어라.

(단, A, B는 상수이다.)

유형 079

$f(x)$가 우함수이면 $xf(x)$는 **기함수**,
$f(x)$가 기함수이면 $xf(x)$는 **우함수**!

(1) 위끝과 아래끝의 절댓값이 같고 부호가 서로 다른 정적분의 값을 구할 때에는 피적분함수가 우함수인지 기함수인지 확인한다.
(2) 우함수, 기함수의 곱
  ① (우함수)×(우함수)=(우함수)
  ② (우함수)×(기함수)=(기함수)
  ③ (기함수)×(기함수)=(우함수)

412 BOB 대표

일차함수 $f(x)$에 대하여

$$\int_{-1}^{1} f(x)dx=-6, \quad \int_{-1}^{1} xf(x)dx=4$$

일 때, 정적분 $\int_{-1}^{1} x^2 f(x)dx$의 값을 구하여라.

413 중 · 서술형

일차함수 $f(x)=ax+b$에 대하여

$$\int_{-1}^{1} xf(x)dx=2, \quad \int_{-1}^{1} x^2 f(x)dx=-4$$

가 성립할 때, $f(1)$의 값을 구하여라. (단, a, b는 상수이다.)

414 중

다항함수 $f(x)$가 모든 실수 x에 대하여 $f(-x)=f(x)$를 만족시키고 $\int_{-1}^{1} f(x)dx=5$일 때, 정적분 $\int_{-1}^{1} (x^3-x+1)f(x)dx$의 값을 구하여라.

유형 080

$f(x+p)=f(x)$를 만족시키는 함수의 정적분은
적분 구간을 내가 아는 구간으로 만들자!

함수 $f(x)$에서 정의역에 속하는 실수 x에 대하여
$$f(x+p)=f(x)$$
를 만족시키는 0이 아닌 상수 p가 존재할 때

(1) $\int_{a+np}^{b+np} f(x)dx=\int_{a}^{b} f(x)dx$ (단, n은 정수이다.)

(2) $\int_{a}^{a+p} f(x)dx=\int_{b}^{b+p} f(x)dx$

415 BOB 대표

연속함수 $f(x)$가 다음 조건을 만족시킬 때, 정적분 $\int_{-4}^{4} f(x)dx$의 값은?

(개) $0 \le x < 2$일 때, $f(x)=-x^2+2x$
(내) 모든 실수 x에 대하여 $f(x+2)=f(x)$이다.

① $\dfrac{13}{3}$ ② $\dfrac{14}{3}$ ③ 5

④ $\dfrac{16}{3}$ ⑤ $\dfrac{17}{3}$

416 하

연속함수 $f(x)$가 모든 실수 x에 대하여 $f(x+2)=f(x)$를 만족시킬 때, 다음 중 정적분 $\int_{-1}^{1} f(x)dx$와 그 값이 항상 같은 것은?

① $\int_{-4}^{-1} f(x)dx$ ② $\int_{-2}^{2} f(x)dx$ ③ $\int_{0}^{4} f(x)dx$

④ $\int_{1}^{4} f(x)dx$ ⑤ $\int_{3}^{5} f(x)dx$

417 중 · 보충 설명

연속함수 $f(x)$가 다음 조건을 만족시킬 때, 정적분 $\int_{-3}^{9} f(x)dx$의 값을 구하여라.

(개) $-1 \le x \le 1$일 때, $f(x)=1-|x|$
(내) 모든 실수 x에 대하여 $f(x-1)=f(x+1)$이다.

418

다음 정적분의 값을 구하여라.

다른 풀이

(1) $\displaystyle\int_{1}^{2}\frac{x^4+x^3}{x^2+1}dx+\int_{2}^{1}\frac{t^3+1}{t^2+1}dt$

(2) $\displaystyle\int_{0}^{2}(x-1)x^2dx+\int_{0}^{2}(x-1)x\,dx+\int_{0}^{2}(x-1)dx$

(3) $\displaystyle\int_{-1}^{0}(x^3+2x^2-3x+4)dx-\int_{1}^{0}(t^3+2t^2-3t+4)dt$

419

다음 정적분의 값을 구하여라.

(1) $\displaystyle\int_{-2}^{2}|x-1|(3x+1)dx$

(2) $\displaystyle\int_{0}^{2}|x^2(x-1)|dx$

(3) $\displaystyle\int_{-2}^{2}(x^3+3x^2-2|x|+5)dx$

420

오른쪽 그림은 삼차함수 $y=f(x)$의 그래프이다. 정적분 $\displaystyle\int_{0}^{2}f'(x)dx$의 값을 구하여라.

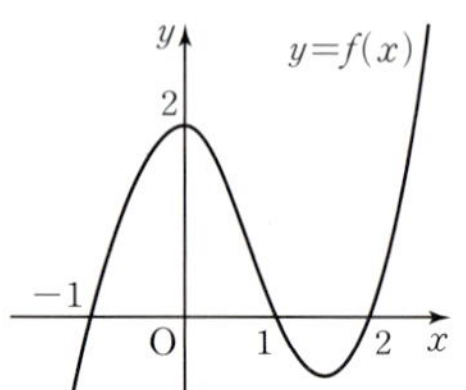

421

미분가능한 함수 $f(x)$에 대하여
$$f(0)=1,\ f'(x)=2|x-1|$$
일 때, $f(2)$의 값은?

① 1　　　　② 2　　　　③ 3
④ 4　　　　⑤ 5

422

함수 $f(x)=\begin{cases}(x-1)^2 & (x\geq0)\\ x+1 & (x<0)\end{cases}$ 일 때, 정적분 $\displaystyle\int_{-2}^{2}f(x+1)dx$의 값은?

① 3　　　　② $\dfrac{10}{3}$　　　　③ $\dfrac{7}{2}$
④ 4　　　　⑤ $\dfrac{9}{2}$

423

함수 $f(x)=\begin{cases}-x+2 & (x\geq1)\\ x & (x<1)\end{cases}$ 일 때, 정적분 $\displaystyle\int_{1}^{3}xf(x-1)dx$의 값을 구하여라.

424

$\displaystyle\int_{a}^{0}(2x-3)dx+18=0$을 만족시키는 모든 실수 a의 값의 합은?

① 1　　　　② 2　　　　③ 3
④ 4　　　　⑤ 5

425

일차함수 $f(x)$에 대하여
$$\int_{-1}^{1}f(x)dx=6,\ \int_{-1}^{1}xf(x)dx=2$$
일 때, 정적분 $\displaystyle\int_{-1}^{1}(x^2+1)f(x)dx$의 값을 구하여라.

426

모든 실수 x에 대하여 $f(-x)=-f(x)$인 다항함수 $f(x)$가 다음 조건을 만족시킬 때, 정적분 $\displaystyle\int_{-2}^{5}f(t)dt$의 값은?

> (가) $\displaystyle\int_{0}^{2}f(x)dx=-3$
>
> (나) $\displaystyle\int_{-1}^{5}f(y)dy=8$
>
> (다) $\displaystyle\int_{-1}^{0}f(z)dz=2$

① 5 ② 7 ③ 9
④ 11 ⑤ 13

427

실수 전체의 집합에서 연속인 함수 $f(x)$가 다음 조건을 만족시킬 때, 정적분 $\displaystyle\int_{-2}^{4}f(x)dx$의 값은?

> (가) 모든 실수 x에 대하여 $f(-x)=-f(x)$이다.
>
> (나) $\displaystyle\int_{-2}^{1}f(x)dx=-2$, $\displaystyle\int_{-1}^{4}f(x)dx=8$

① 2 ② 4 ③ 6
④ 8 ⑤ 10

428

양수 a에 대하여 삼차함수 $f(x)=x(x+a)(x-a)$가 $x=b$에서 극솟값을 갖는다.

$$\int_{-a}^{0}f(x)dx=A, \quad \int_{-b}^{a}f(x)dx=B$$

일 때, 정적분 $\displaystyle\int_{-a}^{b}|f(x)|dx$의 값은? (단, A, B는 상수이다.)

① $-A+B$ ② $-A+2B$ ③ $A+B$
④ $2A-B$ ⑤ $2A+B$

429

연속함수 $f(x)$가 모든 실수 x에 대하여 다음 조건을 만족시킨다.

> (가) $f(-x)=f(x)$
>
> (나) $f(2-x)=f(2+x)$

$\displaystyle\int_{0}^{4}f(x)dx=6$일 때, 정적분 $\displaystyle\int_{-2}^{6}f(x)dx$의 값은?

① 4 ② 8 ③ 12
④ 16 ⑤ 20

430

다항함수 $f(x)$가 모든 실수 x에 대하여 다음 조건을 만족시킬 때, $f(0)$의 값은?

> (가) $\displaystyle\int f(x)dx=\{f(x)\}^2$
>
> (나) $\displaystyle\int_{-1}^{1}f(x)dx=50$

① 21 ② 22 ③ 23
④ 24 ⑤ 25

431

함수 $f(x)=x^3$의 그래프를 x축의 방향으로 a만큼, y축의 방향으로 b만큼 평행이동하였더니 함수 $y=g(x)$의 그래프와 일치하였다. $g(0)=0$이고 $\displaystyle\int_{a}^{3a}g(x)dx-\int_{0}^{2a}f(x)dx=32$일 때, 상수 a에 대하여 a^4의 값을 구하여라.

432

두 함수 $f(x)$, $g(x)$가

$$f(x)=x+\int_{0}^{1}\{f(t)+g(t)\}dt$$

$$g(x)=3x+\int_{1}^{3}\{f(t)+g(t)\}dt$$

를 만족시킬 때, $f(5)+g(5)$의 값을 구하여라.

433

이차함수 $f(x)$가 $f(0)=-1$이고

$$\int_{-1}^{1}f(x)dx=\int_{0}^{1}f(x)dx=\int_{-1}^{0}f(x)dx$$

를 만족시킨다. $f(2)$의 값을 구하여라.

개념 plus

개념 ❶ 정적분으로 정의된 함수 ▸유형 081

(1) 정적분으로 정의된 함수

$$\int_a^x f(t)dt,\ \int_x^{x+a} f(t)dt,\ \int_a^b (x-t)f(t)dt,\ \cdots \ (a,\ b\text{는 상수})$$와 같이 정적분의 위끝 또는 아래끝이나 피적분함수에 적분변수 이외의 변수가 포함되어 있는 함수를 정적분으로 정의된 함수라 한다.

(2) 적분 구간이 상수인 정적분을 포함한 함수

$$f(x)=g(x)+\int_a^b f(t)dt \ (a,\ b\text{는 상수})$$와 같이 적분 구간이 상수인 경우

➡ $\displaystyle\int_a^b f(t)dt=k \ (k\text{는 상수})$라 하면 $f(x)=g(x)+k$이므로

   $\displaystyle\int_a^b f(t)dt=k$에 대입하여 상수 k의 값을 구한다.

   이때, 상수 k의 값을 $f(x)=g(x)+k$에 대입하여 함수 $f(x)$를 구한다.

○ $\displaystyle\int_a^b f(t)dt$와 같이 정적분의 아래끝과 위끝이 모두 상수이면 정적분의 값도 상수이다. 그러나 $\displaystyle\int_a^x f(t)dt$ 또는 $\displaystyle\int_x^b f(t)dt$와 같이 아래끝 또는 위끝에 변수가 있으면 그 변수에 대한 함수이다.

개념 ❷ 정적분으로 정의된 함수의 미분

(1) $\displaystyle\frac{d}{dx}\int_a^x f(t)dt=f(x)$ (단, a는 상수이다.)

(2) $\displaystyle\frac{d}{dx}\int_x^{x+a} f(t)dt=f(x+a)-f(x)$ (단, a는 상수이다.)

(3) $\displaystyle\frac{d}{dx}\int_a^x tf(t)dt=xf(x)$ (단, a는 상수이다.)

○ 연속함수 $f(t)$의 한 부정적분을 $F(t)$라 하면
$$\int_a^x f(t)dt=\Big[F(t)\Big]_a^x$$
$$=F(x)-F(a)$$
이므로 양변을 x에 대하여 미분하면
$$\frac{d}{dx}\int_a^x f(t)dt$$
$$=\frac{d}{dx}\{F(x)-F(a)\}$$
$$=F'(x)=f(x)$$

개념 ❸ 정적분으로 정의된 함수의 극한 ▸유형 082, 083

(1) $\displaystyle\lim_{h\to 0}\frac{1}{h}\int_a^{a+h} f(t)dt=f(a)$

(2) $\displaystyle\lim_{x\to a}\frac{1}{x-a}\int_a^x f(t)dt=f(a)$

○ 연속함수 $f(t)$의 한 부정적분을 $F(t)$라 하면
(1) $\displaystyle\lim_{h\to 0}\frac{1}{h}\int_a^{a+h} f(t)dt$
$$=\lim_{h\to 0}\frac{\Big[F(t)\Big]_a^{a+h}}{h}$$
$$=\lim_{h\to 0}\frac{F(a+h)-F(a)}{h}$$
$$=F'(a)=f(a)$$
(2) $\displaystyle\lim_{x\to a}\frac{1}{x-a}\int_a^x f(t)dt$
$$=\lim_{x\to a}\frac{\Big[F(t)\Big]_a^x}{x-a}$$
$$=\lim_{x\to a}\frac{F(x)-F(a)}{x-a}$$
$$=F'(a)=f(a)$$

개념 ❹ 정적분을 포함한 등식에서 함수 구하기 ▸유형 084~088

(1) $\displaystyle\int_a^x f(t)dt=g(x)$ (a는 상수)와 같이 적분 구간에 변수 x가 있는 경우

➡ 등식의 양변에 $x=a$를 대입하면 $\displaystyle\int_a^a f(t)dt=g(a)$

   이때, $\displaystyle\int_a^a f(t)dt=0$이므로 $g(a)=0$임을 이용한다.

   또한, 등식의 양변을 x에 대하여 미분하면 $f(x)=g'(x)$임을 이용한다.

(2) $\displaystyle\int_a^x (x-t)f(t)dt=g(x)$ (a는 상수)와 같이 적분 구간과 피적분함수에 변수 x가 있는 경우

➡ 등식의 좌변을 $\displaystyle\int_a^x (x-t)f(t)dt=x\int_a^x f(t)dt-\int_a^x tf(t)dt$로 정리한 후 양변을 x에 대하여 미분하여 구한다.

❂ 개념 콕콕 ❂

434

다음은 $f(x)=3x^2+4x+\displaystyle\int_0^2 f(t)dt$를 만족시키는 $f(x)$에 대하여 $f(2)$의 값을 구하는 과정이다. □ 안에 알맞은 문자를 써넣어라.

$$\int_0^2 f(t)dt=k \ (k\text{는 상수}) \qquad \cdots\cdots \ ㉠$$

라 하면 $f(x)=3x^2+4x+\boxed{}$

이것을 ㉠에 대입하면

$$\int_0^2 (3t^2+4t+k)dt=\boxed{}$$

$$\Big[t^3+2t^2+kt\Big]_0^2=\boxed{}$$

$$16+2k=k \qquad \therefore k=-16$$

따라서 $f(x)=3x^2+4x-16$이므로

$$f(2)=4$$

435

모든 실수 x에 대하여 다음 등식이 성립할 때, $f(x)$를 구하여라.

(1) $\displaystyle\int_0^x f(t)dt=x^2+2x$

(2) $\displaystyle\int_{-2}^x f(t)dt=-x^2+3x+10$

(3) $\displaystyle\int_1^x f(t)dt=2x^3+x^2-4x+1$

(4) $\displaystyle\int_2^x f(t)dt=x^4-x^3-2x-4$

436

다음 극한값을 구하여라.

(1) $\displaystyle\lim_{h\to 0}\frac{1}{h}\int_0^h (2x^2-x+1)dx$

(2) $\displaystyle\lim_{h\to 0}\frac{1}{h}\int_1^{1+h} (x+1)(x-1)dx$

437

다음 극한값을 구하여라.

(1) $\displaystyle\lim_{x\to 0}\frac{1}{x}\int_0^x (t^2+2)dt$

(2) $\displaystyle\lim_{x\to 1}\frac{1}{x-1}\int_1^x (t+2)(t-3)dt$

438

다음을 구하여라.

(1) $f(x)=(x+1)^2$일 때, $\displaystyle\lim_{h\to 0}\frac{1}{h}\int_2^{2+h} f(x)dx$의 값

(2) $f(x)=4x^3-3x^2+2x+1$일 때, $\displaystyle\lim_{h\to 0}\frac{1}{h}\int_{-1}^{-1+h} f(x)dx$의 값

439

다음을 구하여라.

(1) $f(x)=x^2+x+2$일 때, $\displaystyle\lim_{x\to -1}\frac{1}{x+1}\int_{-1}^x f(t)dt$의 값

(2) $f(x)=(x+1)^3$일 때, $\displaystyle\lim_{x\to 2}\frac{1}{x-2}\int_2^x f(t)dt$의 값

440

모든 실수 x에 대하여 다음 등식이 성립할 때, $f(x)$를 구하여라.

(1) $\displaystyle\int_2^x f(t)dt=x^4-4x^2+8x-16$

(2) $\displaystyle\int_0^x (x-t)f(t)dt=x^2-x$

유형 081

아래끝과 위끝이 상수인 정적분 $\int_a^b f(t)\,dt$의 값은 상수임을 기억하자!

적분 구간이 상수인 정적분을 포함한 등식

$f(x)=g(x)+\int_a^b f(t)\,dt$ (a, b는 상수) 꼴의 문제는 다음과 같은 순서로 구한다.

step 1 $\int_a^b f(t)\,dt=k$ (k는 상수)라 한다.

step 2 $f(x)=g(x)+k$를 $\int_a^b f(t)\,dt=k$에 대입하여 상수 k의 값을 구한다.

441 BOB 대표

함수 $f(x)$가 $f(x)=x^2-2x+\int_0^1 tf(t)\,dt$를 만족시킬 때, $f(3)$의 값은?

① $\dfrac{13}{6}$ ② $\dfrac{5}{2}$ ③ $\dfrac{17}{6}$

④ $\dfrac{19}{6}$ ⑤ $\dfrac{7}{2}$

442 하

$f(x)=2x+\int_0^2 f(t)\,dt$를 만족시키는 함수 $f(x)$에 대하여 $f(2)$의 값은?

① 0   ② 2   ③ 4

④ 6   ⑤ 8

443 중   서술형

함수 $f(x)$가

$$f(x)=3x^2+\int_0^1 (2x+1)f(t)\,dt$$

를 만족시킬 때, $f(-2)$의 값을 구하여라.

유형 082

정적분으로 정의된 함수의 극한을 구할 때에는 미분계수의 정의를 이용하자!

함수 $f(x)$의 한 부정적분을 $F(x)$라 하면

$$\lim_{h\to 0}\frac{1}{h}\int_a^{a+h} f(x)\,dx=\lim_{h\to 0}\frac{\int_a^{a+h} f(x)\,dx}{h}=\lim_{h\to 0}\frac{\Big[F(x)\Big]_a^{a+h}}{h}$$
$$=\lim_{h\to 0}\frac{F(a+h)-F(a)}{h}$$
$$=F'(a)=f(a)$$

444 BOB 대표

$\displaystyle\lim_{h\to 0}\frac{1}{h}\int_1^{1+2h}(x^3-2x^2+3)\,dx$의 값은?

① 2   ② 3   ③ 4

④ 5   ⑤ 6

445 하

$\displaystyle\lim_{h\to 0}\frac{1}{h}\int_1^{1+h}(-x^2+3x)\,dx$의 값은?

① 1   ② 2   ③ 3

④ 4   ⑤ 5

446 중

$\displaystyle\lim_{h\to 0}\frac{1}{h}\int_{1-h}^{1+h}(x^2-x+2)\,dx$의 값은?

① -4 ② -2 ③ 0

④ 2   ⑤ 4

유형 083

$\lim\limits_{x \to a} \dfrac{1}{x-a} \int_a^x f(t)dt$ 꼴은 미분계수의 정의를 이용하자!

함수 $f(t)$의 한 부정적분을 $F(t)$라 하면

$$\Rightarrow \lim_{x \to a} \frac{1}{x-a} \int_a^x f(t)dt = \lim_{x \to a} \frac{\int_a^x f(t)dt}{x-a} = \lim_{x \to a} \frac{\Big[F(t)\Big]_a^x}{x-a}$$
$$= \lim_{x \to a} \frac{F(x)-F(a)}{x-a}$$
$$= F'(a) = f(a)$$

447 BOB 대표

함수 $f(x)=x^3+3x^2-2x-1$일 때, $\lim\limits_{x \to 2} \dfrac{1}{x-2} \int_2^x f(t)dt$의 값은?

① 7   ② 9   ③ 11

④ 13   ⑤ 15

448 하

$\lim\limits_{x \to 1} \dfrac{1}{x-1} \int_1^x (2t^2-t)dt$의 값은?

① 1   ② 2   ③ 3

④ 4   ⑤ 5

449 중

삼차함수 $f(x)$에 대하여 $f'(x)=3x^2-6x$이고 $\lim\limits_{x \to 1} \dfrac{1}{x-1} \int_1^x f(t)dt=1$일 때, $\lim\limits_{x \to 3} \dfrac{1}{x-3} \int_3^x f(t)dt$의 값을 구하여라.

유형 084

$\int_a^x f(t)dt=g(x)$의 양변을 미분하여 함수 $f(x)$를 구하자!

적분 구간에 변수가 있는 정적분을 포함한 등식

함수 $f(x)$가 $\int_a^x f(t)dt=g(x)$ (a는 상수)를 만족시킬 때

(1) 양변에 $x=a$를 대입하면 $\int_a^a f(t)dt=g(a)=0$

(2) 양변을 x에 대하여 미분하면 $f(x)=g'(x)$

450 BOB 대표

다항함수 $f(x)$가 모든 실수 x에 대하여

$$\int_a^x f(t)dt=x^2-4x-5$$

를 만족시킬 때, $f(a)$의 값은? (단, $a>0$)

① 2   ② 3   ③ 4

④ 5   ⑤ 6

451 하

다항함수 $f(x)$가

$$f(x)=\int_1^x (t^2-2t)dt$$

를 만족시킬 때, $f(1)-f'(1)$의 값은?

① -2 ② -1 ③ 0

④ 1   ⑤ 2

452 중

다항함수 $f(x)$가 모든 실수 x에 대하여

$$xf(x)=2x^3+\int_{-1}^x f(t)dt$$

를 만족시킨다. $f(k)=26$일 때, 양수 k의 값은?

① 2   ② 3   ③ 4

④ 5   ⑤ 6

085

$\int_a^x (x-t)f(t)dt$를 포함한 등식은 전개한 후 미분하자!

적분 구간과 피적분함수에 변수가 있는 정적분을 포함한 등식
$\int_a^x (x-t)f(t)dt=g(x)$ 꼴의 문제는 다음과 같은 순서로 구한다.

step1 $x\int_a^x f(t)dt - \int_a^x tf(t)dt = g(x)$로 변형한다.

step2 **step1**에서 얻은 등식의 양변을 x에 대하여 미분한다.

➡ $\int_a^x f(t)dt + xf(x) - xf(x) = g'(x)$

453 BOB 대표

미분가능한 함수 $f(x)$가 모든 실수 x에 대하여

$$\int_a^x (x-t)f(t)dt = \frac{1}{3}x^3 - \frac{3}{2}x^2 - 4x + \frac{56}{3}$$

을 만족시킬 때, 양수 a에 대하여 $f(a)$의 값은?

① 1　　　　② 2　　　　③ 3
④ 4　　　　⑤ 5

454 중

미분가능한 함수 $f(x)$가

$$\int_1^x (x-t)f(t)dt = 2x^3 - 6x + 4$$

를 만족시킬 때, $f(2)$의 값은?

① 12　　　　② 16　　　　③ 20
④ 24　　　　⑤ 28

455 중

다항함수 $f(x)$가 $\int_0^x (x-t)f'(t)dt = 2x^3$을 만족시키고 $f(0)=1$일 때, $f(x)$를 구하여라.

086

정적분으로 정의된 함수의 극대, 극소는 양변을 미분하여 구한 $f'(x)$를 이용하자!

정적분으로 정의된 함수 $f(x)=\int_a^x g(t)dt$의 극대, 극소는 다음과 같은 순서로 구한다.

step1 등식의 양변을 x에 대하여 미분하여 $f'(x)$를 구한다.

step2 $f'(x)=0$을 만족시키는 $x=b$의 값을 구한다.

step3 $x=b$의 좌우에서 $f'(x)$의 부호를 조사하여 함수 $f(x)$의 증가와 감소를 표로 나타낸다.

456 BOB 대표

함수 $f(x)=\int_0^x (t^2+t-2)dt$의 극댓값을 a, 극솟값을 b라 할 때, $3a+6b$의 값은?

① -3　　　　② 0　　　　③ 3
④ 6　　　　⑤ 9

457 하

함수 $f(x)=\int_{-1}^x (t-1)(t-2)dt$가 $x=a$에서 극댓값을 가질 때, a의 값은?

① 1　　　　② 2　　　　③ 3
④ 4　　　　⑤ 5

458 중

함수 $f(x)=\int_x^{x+a} t(t+1)dt$가 $x=-1$에서 극솟값을 가질 때, 양수 a의 값을 구하여라.

유형 087

정적분으로 정의된 함수의 최대, 최소를 구할 때에는 극값과 양 끝점을 비교해야 한다!

정적분으로 정의된 함수 $f(x)=\int_a^x g(t)dt$의 닫힌구간 $[a,\ b]$에서의 최대, 최소는 다음과 같은 순서로 구한다.

step 1 등식의 양변을 x에 대하여 미분하여 $f'(x)$를 구한다.

step 2 주어진 구간에서 $f(x)$의 극댓값과 극솟값을 구한다.

step 3 주어진 구간의 양 끝점에서의 함숫값 $f(a)$, $f(b)$를 구한다.

step 4 **step 2**, **step 3**에서 구한 극댓값, 극솟값, $f(a)$, $f(b)$ 중에서 가장 큰 값이 최댓값이고, 가장 작은 값이 최솟값이다.

459 BOB 대표

닫힌구간 $[1,\ 3]$에서 함수 $f(x)=\int_0^x (-t^2+2t)dt$의 최댓값을 M, 최솟값을 m이라 할 때, $3M-m$의 값은?

① 3 ② 4 ③ 5
④ 6 ⑤ 7

460 하

닫힌구간 $[1,\ 5]$에서 함수 $f(x)=\int_0^x (t^2-4t+3)dt$의 최댓값을 M, 최솟값을 m이라 할 때, $6M+m$의 값은?

① 32 ② 34 ③ 36
④ 40 ⑤ 42

461 중   서술형

미분가능한 함수 $f(x)$가 모든 실수 x에 대하여
$$\int_1^x f(t)dt=xf(x)-x^3+3x^2+\frac{3}{2}$$
을 만족시킬 때, 함수 $f(x)$의 최솟값을 구하여라.

유형 088

$y=f(x)$의 그래프가 x축과 접하지 않고 만나는 점에서 함수 $F(x)$는 극값을 갖는다!

$F(x)=\int_a^x f(t)dt$에 대하여 $y=f(x)$의 그래프가 주어진 경우

(1) $f(x)$가 이차함수일 때, 이차함수 $y=f(x)$의 그래프가 x축과 $x=b$, $x=c$에서 만나면 $f(b)=f(c)=0$이므로 함수 $F(x)$는 $x=b$, $x=c$에서 극값을 갖는다.

(2) $F'(x)=f(x)$

462 BOB 대표

다항함수 $y=f(x)$의 그래프가 오른쪽 그림과 같을 때, 다음 중 함수 $y=\int_1^x f(t)dt$의 그래프의 개형으로 알맞은 것은?

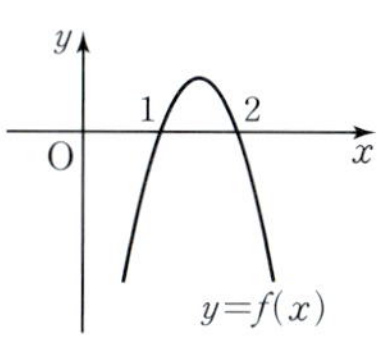

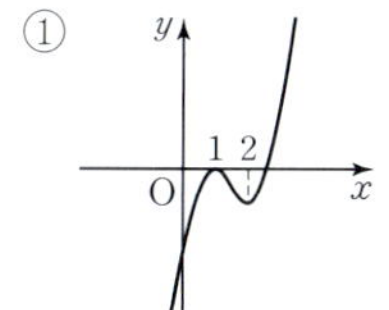

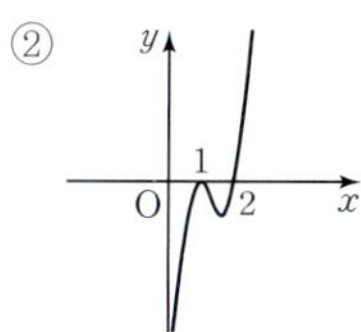

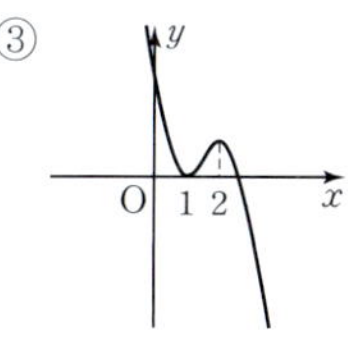

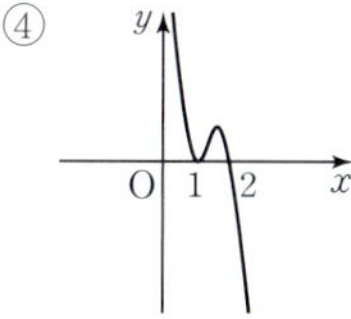

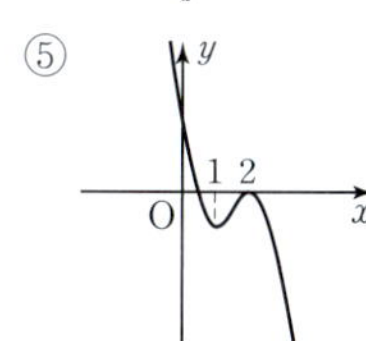

463 하

함수 $f(x)=2x-1$에 대하여 $F(x)=\int_{-1}^x f(t)dt$일 때, 함수 $y=F(x)$의 그래프가 x축과 만나는 모든 점의 x좌표의 곱은?

① -2 ② -1 ③ 0
④ 1 ⑤ 2

464 중

이차함수 $y=f(x)$의 그래프가 오른쪽 그림과 같고, 꼭짓점의 y좌표가 -1일 때, 함수 $F(x)=\int_0^x f(t)dt$의 극솟값을 구하여라.

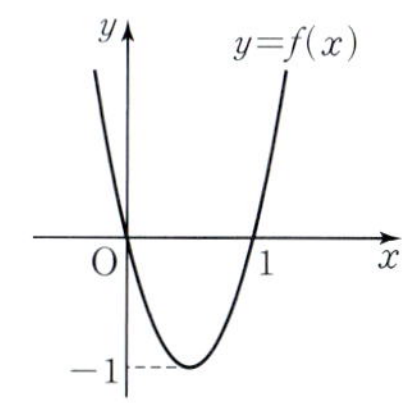

465

$\lim\limits_{h \to 0} \dfrac{1}{h} \displaystyle\int_{1-2h}^{1+3h} (x^3+4x^2-5x+2)dx$의 값은?

① 6
② 8
③ 10
④ 12
⑤ 14

466

$\lim\limits_{x \to 2} \dfrac{1}{x^2-4} \displaystyle\int_2^x (2t^2+at-4)dt=5$일 때, 상수 a의 값을 구하여라.

467

다항함수 $f(x)$에 대하여 $\lim\limits_{x \to 1} \dfrac{1}{x^2-1} \displaystyle\int_1^{x^4} f(t)dt=10$일 때, $f(1)$의 값을 구하여라.

468

$\displaystyle\int_0^x (t^2+1)f(t)dt=\dfrac{1}{5}x^5-x$를 만족시키는 함수 $f(x)$에 대하여 $f(3)$의 값은?

① 4
② 5
③ 6
④ 7
⑤ 8

469

$\displaystyle\int_a^x f(t)dt=x^3+3x^2+4x-28$을 만족시키는 함수 $f(x)$와 상수 a에 대하여 $f(a)$의 값은?

① 28
② 30
③ 32
④ 34
⑤ 36

470

다항함수 $f(x)$가 모든 실수 x에 대하여

$$\int_1^x f(t)dt=x^2\int_0^1 f(t)dt+ax-1$$

을 만족시킬 때, $f(2)$의 값은? (단, a는 상수이다.)

① 1
② 2
③ 3
④ 4
⑤ 5

471

상수함수가 아닌 다항함수 $f(x)$가 모든 실수 x에 대하여

$$\int_1^x f(t)dt=\{f(x)\}^2$$

을 만족시킬 때, $f(3)$의 값은?

① 1
② 2
③ 3
④ 4
⑤ 5

472

다항함수 $f(x)$가

$$\int_0^x f(t)dt=x^3+x^2\int_1^2 f(t)dt$$

를 만족시킬 때, $f(3)$의 값을 구하여라.

473

모든 실수 x에 대하여 $x^5-5x^3-x^2+5=\int_1^x tf(t)dt$를 만족시키는 다항함수 $f(x)$의 극댓값은?

① 2   ② 4   ③ 6

④ 8   ⑤ 10

474

함수 $f(x)=\int_1^x (t^2+t+k)dt$가 $x=-3$에서 극댓값을 가질 때, $f(x)$의 극솟값은? (단, k는 상수이다.)

① $-\dfrac{5}{2}$ ② $-\dfrac{7}{3}$ ③ $-\dfrac{13}{6}$

④ -2 ⑤ $-\dfrac{11}{6}$

475

함수 $f(x)$가

$$\int_0^2 f(x)dx=2, \quad \int_0^2 xf(x)dx=4$$

를 만족시킬 때, 정적분 $\int_0^2 (x-a)^2 f(x)dx$를 최소로 하는 실수 a의 값은?

① 1   ② 2   ③ 3

④ 4   ⑤ 5

476

함수 $y=f(x)$의 그래프가 오른쪽 그림과 같을 때, 함수 $F(x)$를

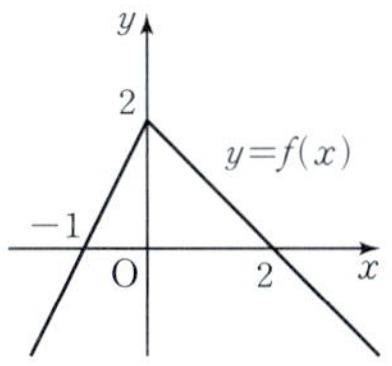

$$F(x)=\int_{-1}^x f(t)dt$$

라 하자. 〈보기〉에서 옳은 것만을 있는 대로 고른 것은?

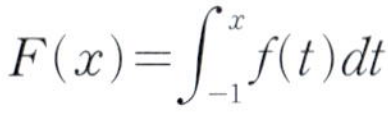

> **보기**
>
> ㄱ. 함수 $F(x)$는 $x=-1$에서 극소이다.
> ㄴ. 함수 $F(x)$의 극댓값은 3이다.
> ㄷ. 임의의 양수 a에 대하여 방정식 $F(x)+ax=0$은 서로 다른 세 실근을 갖는다.

① ㄱ   ② ㄷ   ③ ㄱ, ㄴ

④ ㄴ, ㄷ   ⑤ ㄱ, ㄴ, ㄷ

477

오른쪽 그림은 함수 $y=f(x)$의 그래프이다. 함수 $g(x)$를

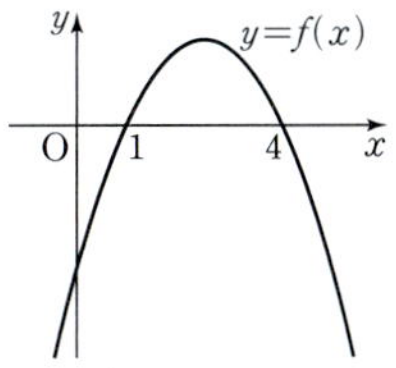

$$g(x)=\int_{x-1}^x f(t)dt$$

라 할 때, $g(x)$의 최댓값은?

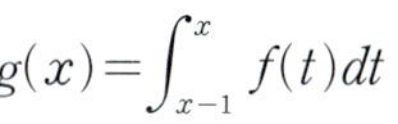

① $g(1)$ ② $g(2)$

③ $g(3)$ ④ $g(4)$

⑤ $g(5)$

478

미분가능한 함수 $f(x)$가 모든 실수 x에 대하여 $f(-x)=f(x)$를 만족시킨다. 함수 $g(x)$를

$$g(x)=\int_0^x (x-t)f(t)dt$$

로 정의할 때, 〈보기〉에서 옳은 것만을 있는 대로 고른 것은?

> **보기**
>
> ㄱ. $g'(0)=0$
> ㄴ. 함수 $g'(x)$는 우함수이다.
> ㄷ. $f(x)>0$이면 함수 $g(x)$는 $x=0$에서 극솟값을 갖는다.

① ㄱ   ② ㄱ, ㄴ   ③ ㄱ, ㄷ

④ ㄴ, ㄷ   ⑤ ㄱ, ㄴ, ㄷ

479

다항함수 $f(x)$가 모든 실수 x에 대하여

$$x^2 f(x)=2x^6-x^4+2\int_1^x tf(t)dt$$

를 만족시킬 때, $f(2)$의 값을 구하여라.

480

다항함수 $f(x)$가 모든 실수 x에 대하여

$$\int_1^x (x-t)f(t)dt=x^3+ax+2$$

를 만족시킬 때, $a+f(2)$의 값을 구하여라. (단, a는 상수이다.)

10 정적분의 활용

개념 ① 곡선과 x축 사이의 넓이　유형 089~090

(1) 함수 $f(x)$가 닫힌구간 $[a, b]$에서 연속이고 $f(x)\geq0$일 때, 정적분 $\int_a^b f(x)dx$는 곡선 $y=f(x)$와 x축 및 두 직선 $x=a$, $x=b$로 둘러싸인 도형의 넓이와 같다.

(2) 함수 $f(x)$가 닫힌구간 $[a, b]$에서 연속일 때, 곡선 $y=f(x)$와 x축 및 두 직선 $x=a$, $x=b$로 둘러싸인 도형의 넓이 S는

$$S=\int_a^b |f(x)|dx$$

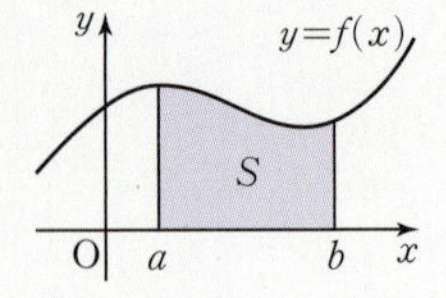

개념 ② 두 곡선 사이의 넓이　유형 091~094

두 함수 $f(x)$, $g(x)$가 닫힌구간 $[a, b]$에서 연속일 때, 두 곡선 $y=f(x)$와 $y=g(x)$ 및 두 직선 $x=a$, $x=b$로 둘러싸인 도형의 넓이 S는

$$S=S_1+S_2=\int_a^b |f(x)-g(x)|dx$$

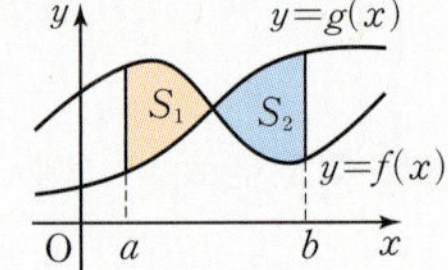

개념 ③ 수직선 위를 움직이는 점의 위치와 움직인 거리　유형 095~096

(1) 속도와 위치

수직선 위를 움직이는 점 P의 시각 t에서의 속도가 $v(t)$이고 시각 $t=t_0$에서 점 P의 위치가 x_0일 때

① 시각 t에서 점 P의 위치 x는

$$x=x_0+\int_{t_0}^t v(t)dt$$

② 시각 $t=a$에서 $t=b$까지 점 P의 위치의 변화량은

$$\int_a^b v(t)dt$$

(2) 속도와 거리

수직선 위를 움직이는 점 P의 시각 t에서의 속도가 $v(t)$일 때, 시각 $t=a$에서 $t=b$까지 점 P가 움직인 거리 s는

$$s=\int_a^b |v(t)|dt$$

개념 plus

● 곡선 $y=f(x)$와 x축으로 둘러싸인 두 도형의 넓이를 각각 S_1, S_2라 할 때,

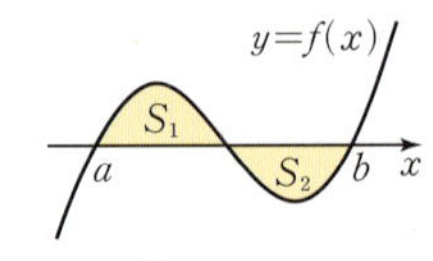

$S_1=S_2$이면 $\int_a^b f(x)dx=0$이다.

● 두 곡선 $y=f(x)$, $y=g(x)$로 둘러싸인 두 도형의 넓이를 각각 S_1, S_2라 할 때,

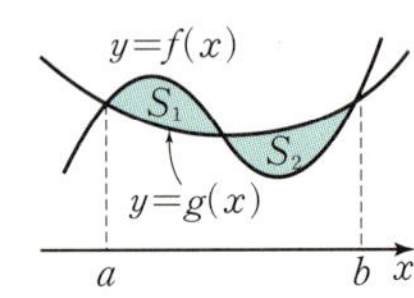

$S_1=S_2$이면 $\int_a^b \{f(x)-g(x)\}dx=0$이다.

◆ 포물선으로 둘러싸인 도형의 넓이

(1) 포물선 $y=ax^2+bx+c$ $(a\neq0)$와 x축이 서로 다른 두 점에서 만날 때, 두 교점의 x좌표를 α, β $(\alpha<\beta)$라 하면 포물선과 x축으로 둘러싸인 도형의 넓이 S는

$$S=\frac{|a|}{6}(\beta-\alpha)^3$$

(2) 포물선 $y=ax^2+bx+c$ $(a\neq0)$와 직선 $y=mx+n$이 서로 다른 두 점에서 만날 때, 두 교점의 x좌표를 α, β $(\alpha<\beta)$라 하면 포물선과 직선으로 둘러싸인 도형의 넓이 S는

$$S=\frac{|a|}{6}(\beta-\alpha)^3$$

(3) 두 포물선 $y=ax^2+bx+c$ $(a\neq0)$, $y=a'x^2+b'x+c'$ $(a'\neq0)$이 서로 다른 두 점에서 만날 때, 두 교점의 x좌표를 α, β $(\alpha<\beta)$라 하면 두 포물선으로 둘러싸인 도형의 넓이 S는

$$S=\frac{|a-a'|}{6}(\beta-\alpha)^3$$

● $v(t)>0$이면 점 P는 양의 방향으로 움직이고, $v(t)<0$이면 점 P는 음의 방향으로 움직인다.

● 원점을 출발하는 경우 시각 t에서의 점 P의 위치 x는

$$x=\int_0^t v(t)dt$$

● 움직인 거리는 항상 양수의 값을 갖지만 위치의 변화량은 0 또는 음수의 값도 나올 수 있다는 점에 주의한다.

개념 콕콕

1 곡선과 x축 사이의 넓이

481

다음 곡선과 x축으로 둘러싸인 도형의 넓이를 구하여라.

(1) $y=-2(x+1)(x-2)$

(2) $y=x^2-2x$

(3) $y=x^2(x-1)$

(4) $y=x(x+2)(x-2)$

482

다음 곡선과 x축 및 두 직선 $x=1$, $x=2$로 둘러싸인 도형의 넓이를 구하여라.

(1) $y=x^2$

(2) $y=x(x-2)$

483

다음 곡선과 x축 및 두 직선 $x=-1$, $x=1$로 둘러싸인 도형의 넓이를 구하여라.

(1) $y=x^2+2$

(2) $y=-x^2+4$

2 두 곡선 사이의 넓이

484

다음 곡선과 직선으로 둘러싸인 도형의 넓이를 구하여라.

(1) $y=x^2$, $y=x+2$

(2) $y=-x^2$, $y=-2x-3$

485

다음 두 곡선으로 둘러싸인 도형의 넓이를 구하여라.

(1) $y=x^2-1$, $y=-x^2+1$

(2) $y=x^2-2x$, $y=-x^2+4$

3 수직선 위를 움직이는 점의 위치와 움직인 거리

486

원점을 출발하여 수직선 위를 움직이는 점 P의 시각 t에서의 속도가 $v(t)=t^2-t$일 때, 다음을 구하여라.

(1) 시각 $t=6$에서 점 P의 위치

(2) 시각 $t=1$에서 $t=2$까지 점 P의 위치의 변화량

(3) 시각 $t=0$에서 $t=2$까지 점 P가 움직인 거리

487

좌표가 -3인 점을 출발하여 수직선 위를 움직이는 점 P의 시각 t에서의 속도가 $v(t)=t-3$일 때, 다음을 구하여라.

(1) 시각 $t=4$에서 점 P의 위치

(2) 시각 $t=1$에서 $t=3$까지 점 P의 위치의 변화량

(3) 시각 $t=0$에서 $t=2$까지 점 P가 움직인 거리

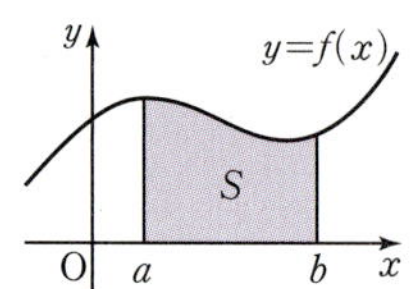

유형 089

넓이는 $f(x)\geq 0$이면 그대로 적분하고 $f(x)\leq 0$이면 $-$를 붙여서 적분하자!

곡선 $y=f(x)$와 x축 및 두 직선 $x=a$, $x=b$로 둘러싸인 도형의 넓이 S는

$$\Rightarrow S=\int_a^b |f(x)|\,dx$$

$$=\begin{cases} \int_a^b f(x)\,dx & (f(x)\geq 0) \\ \int_a^b \{-f(x)\}\,dx & (f(x)\leq 0) \end{cases}$$

488 BOB 대표

곡선 $y=x(x-1)^2$과 x축으로 둘러싸인 도형의 넓이는?

① $\dfrac{1}{12}$　　　② $\dfrac{1}{6}$　　　③ $\dfrac{1}{4}$

④ $\dfrac{1}{3}$　　　⑤ $\dfrac{5}{12}$

489 하

곡선 $y=-2x^2+6x+8$과 x축 및 두 직선 $x=1$, $x=3$으로 둘러싸인 도형의 넓이는?

① 22　　　② $\dfrac{67}{3}$　　　③ $\dfrac{68}{3}$

④ 23　　　⑤ $\dfrac{70}{3}$

490 하

곡선 $y=x(a-x)$ $(a>0)$와 x축으로 둘러싸인 도형의 넓이가 36일 때, 상수 a의 값은?

① 5　　　② 6　　　③ 7

④ 8　　　⑤ 9

유형 090

넓이를 구할 때에는 함숫값이 양수인 부분과 음수인 부분으로 적분 구간을 나누자!

곡선 $y=f(x)$와 x축으로 둘러싸인 도형의 넓이 S는

$$\Rightarrow S=S_1+S_2$$
$$=\int_a^c f(x)\,dx+\int_c^b \{-f(x)\}\,dx$$
$$=\int_a^b |f(x)|\,dx$$

491 BOB 대표

곡선 $y=x^3-a^2x$ $(a>0)$와 x축으로 둘러싸인 도형의 넓이가 $\dfrac{1}{2}$일 때, 상수 a의 값은?

① 1　　　② 2　　　③ 3

④ 4　　　⑤ 5

492 하

곡선 $y=x^3-4x$와 x축으로 둘러싸인 도형의 넓이는?

① 2　　　② 4　　　③ 6

④ 8　　　⑤ 10

493 중

연속함수 $y=f(x)$의 그래프가 오른쪽 그림과 같다.

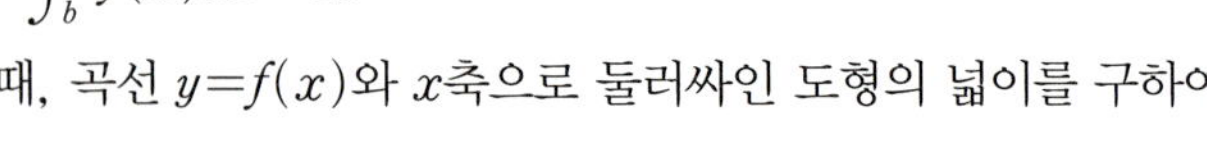

$$\int_a^c f(x)\,dx=15,$$
$$\int_b^c f(x)\,dx=18$$

일 때, 곡선 $y=f(x)$와 x축으로 둘러싸인 도형의 넓이를 구하여라.

유형 091

곡선과 직선으로 둘러싸인 도형의 넓이는 교점의 x좌표를 구하자!

곡선 $y=f(x)$와 직선 $y=mx+n$으로 둘러싸인 도형의 넓이 S는 다음과 같은 순서로 구한다.

step 1 방정식 $f(x)=mx+n$을 풀어 곡선과 직선의 교점의 x좌표를 구한다.

step 2 교점의 x좌표를 기준으로 구간을 나누어 정적분의 값을 구한다. 즉, {(위쪽의 식)−(아래쪽의 식)}을 정적분한다.

494 BOB 대표

곡선 $y=x(x-2)^2$과 직선 $y=x$로 둘러싸인 도형의 넓이는?

① $\dfrac{17}{6}$ ② $\dfrac{35}{12}$ ③ 3

④ $\dfrac{37}{12}$ ⑤ $\dfrac{19}{6}$

495 하

곡선 $y=x^2-4x+3$과 직선 $y=3$으로 둘러싸인 도형의 넓이는?

① 10   ② $\dfrac{31}{3}$ ③ $\dfrac{32}{3}$

④ 11   ⑤ $\dfrac{34}{3}$

496 하

함수 $y=x|x-2|$의 그래프와 직선 $y=2x$로 둘러싸인 도형의 넓이는?

① 4   ② 5   ③ 6

④ 7   ⑤ 8

유형 092

(두 곡선 사이의 넓이) $= \displaystyle\int \{(\text{위쪽의 식})-(\text{아래쪽의 식})\}\,dx$

두 곡선 $y=f(x)$, $y=g(x)$로 둘러싸인 도형의 넓이 S는 다음과 같은 순서로 구한다.

step 1 방정식 $f(x)=g(x)$를 풀어 두 곡선의 교점의 x좌표를 구한다.

step 2 교점의 x좌표를 기준으로 구간을 나누어 정적분의 값을 구한다. 즉, {(위쪽의 식)−(아래쪽의 식)}을 정적분한다.

497 BOB 대표

두 곡선 $y=-x(x-4)$, $y=2x(x-1)$로 둘러싸인 도형의 넓이는?

① 1   ② 2   ③ 3

④ 4   ⑤ 5

498 중

두 곡선 $y=x^3-2x$, $y=-x^2$으로 둘러싸인 도형의 넓이를 구하여라.

499 중

곡선 $y=x^2$을 x축에 대하여 대칭이동한 후 x축의 방향으로 2만큼, y축의 방향으로 4만큼 평행이동한 곡선을 $y=f(x)$라 하자. 두 곡선 $y=x^2$, $y=f(x)$로 둘러싸인 도형의 넓이를 구하여라.

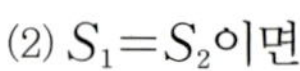 **093** 넓이가 같으면 정적분값이 **0**임을 이용하자!

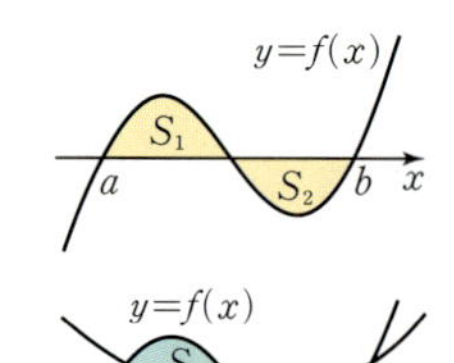

(1) $S_1 = S_2$이면

$$\Rightarrow \int_a^b f(x)\,dx = 0$$

(2) $S_1 = S_2$이면

$$\Rightarrow \int_a^b \{f(x) - g(x)\}\,dx = 0$$

500 **BOB 대표**

곡선 $y = x^2(x-1)$과 직선 $x = a\ (a > 1)$ 및 x축으로 둘러싸인 두 도형의 넓이가 서로 같을 때, 상수 a의 값은?

① $\dfrac{4}{3}$ 　② $\dfrac{3}{2}$ 　③ $\dfrac{5}{3}$

④ $\dfrac{11}{6}$ 　⑤ 2

501 하

곡선 $y = x(x-2)(x-a)$와 x축으로 둘러싸인 두 도형의 넓이가 서로 같을 때, 상수 a의 값은? (단, $a > 2$)

① $\dfrac{5}{2}$ 　② 3 　③ $\dfrac{7}{2}$

④ 4 　⑤ $\dfrac{9}{2}$

502 중

오른쪽 그림과 같이 곡선 $y = x^3$과 직선 $y = a$ 및 y축으로 둘러싸인 도형의 넓이를 A, 이 곡선과 두 직선 $x = 2$, $y = a$로 둘러싸인 도형의 넓이를 B라 할 때, $A = B$가 되도록 하는 상수 a의 값을 구하여라. (단, $a > 0$)

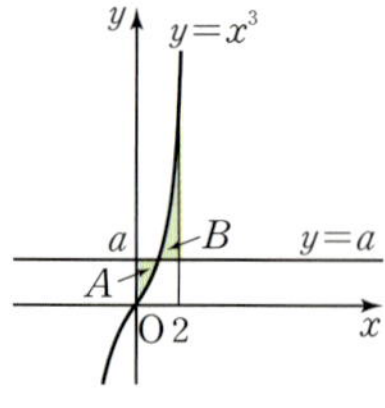

유형 094 접선의 기울기는 접점에서의 미분계수이다!

곡선 $y = f(x)$와 이 곡선 위의 점 P에서의 접선으로 둘러싸인 도형의 넓이 S는 다음과 같은 순서로 구한다.

step 1 점 P에서의 접선의 방정식을 구한다.

step 2 좌표평면 위에 곡선과 접선을 그린다.

step 3 정적분을 이용하여 곡선과 접선으로 둘러싸인 도형의 넓이를 구한다.

503 **BOB 대표**

곡선 $y = \dfrac{1}{2}x^2$과 이 곡선 위의 점 $(-2, 2)$에서의 접선 및 x축으로 둘러싸인 도형의 넓이는?

① $\dfrac{1}{6}$ 　② $\dfrac{1}{3}$ 　③ $\dfrac{1}{2}$

④ 1 　⑤ 2

504 하

곡선 $y = x^2 + 2$와 이 곡선 위의 점 $(1, 3)$에서의 접선 및 y축으로 둘러싸인 도형의 넓이는?

① $\dfrac{1}{3}$ 　② 2 　③ 3

④ $\dfrac{10}{3}$ 　⑤ 4

505 중 서술형

곡선 $y = x^2$과 이 곡선 위의 두 점 $(-2, 4)$, $(2, 4)$에서의 접선으로 둘러싸인 도형의 넓이를 구하여라.

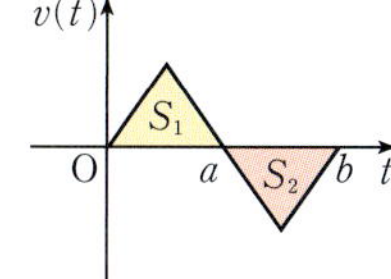

위치는 처음 위치에 주의하고, 움직인 거리는 절댓값에 주의하자!

수직선 위를 움직이는 점 P의 시각 t에서의 속도를 $v(t)$, 시각 $t=t_0$에서의 점 P의 위치를 x_0이라 할 때

(1) 시각 t에서 점 P의 **위치 x는**

$$x = x_0 + \int_{t_0}^{t} v(t)\,dt$$

(2) 시각 $t=a$에서 $t=b$까지 점 P의 **위치의 변화량은**

$$\int_{a}^{b} v(t)\,dt$$

(3) 시각 $t=a$에서 $t=b$까지 점 P가 **움직인 거리는**

$$\int_{a}^{b} |v(t)|\,dt$$

506 BOB 대표

수직선 위를 움직이는 점 P의 시각 t에서의 속도는 $v(t) = 3 - 2t$이고 $t = 0$에서의 점 P의 좌표가 1일 때, $t = 4$에서의 점 P의 위치는?

① -5　　② -3　　③ 2
④ 4　　⑤ 6

507 하

원점을 출발하여 수직선 위를 움직이는 점 P의 t초 후의 속도가 $v(t) = t^2 - 1$일 때, 점 P가 출발 후 2초 동안 움직인 거리는?

① 1　　② 2　　③ 3
④ 4　　⑤ 5

508 하

원점을 출발하여 수직선 위를 움직이는 점 P의 t초 후의 위치가 $f(t) = t^3 - 6t^2 + 9t$일 때, 다음 중 점 P가 출발 후 3초 동안 움직인 거리를 나타내는 것은?

① $f(3)$　　② $2f(1)$　　③ $2f(1) + f(3)$
④ $f(3) - 2f(1)$　　⑤ $2f(1) - f(3)$

속도 그래프에서 $+$, $-$가 진행 방향임을 기억하자!

수직선 위를 움직이는 점 P의 시각 t에서의 속도 $v(t)$의 그래프가 주어질 때 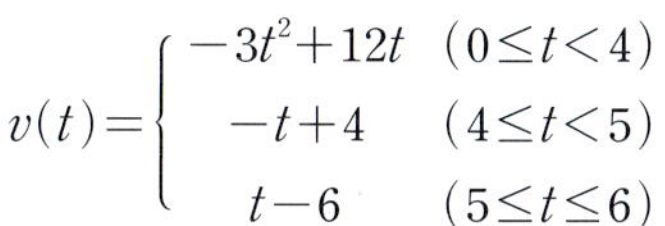

(1) $v(t)$의 값의 부호가 바뀌는 지점에서 점 P의 운동 방향이 바뀐다.

(2) 시각 $t = 0$에서 $t = b$까지 점 P의 위치의 변화량은 $S_1 - S_2$

(3) 시각 $t = 0$에서 $t = b$까지 점 P가 움직인 거리는 $S_1 + S_2$

509 BOB 대표

원점을 출발하여 수직선 위를 움직이는 점 P의 시각 t에서의 속도 $v(t)$가

$$v(t) = \begin{cases} -3t^2 + 12t & (0 \le t < 4) \\ -t + 4 & (4 \le t < 5) \\ t - 6 & (5 \le t \le 6) \end{cases}$$

일 때, 시각 $t = 0$에서 $t = 6$까지 점 P가 움직인 거리는? 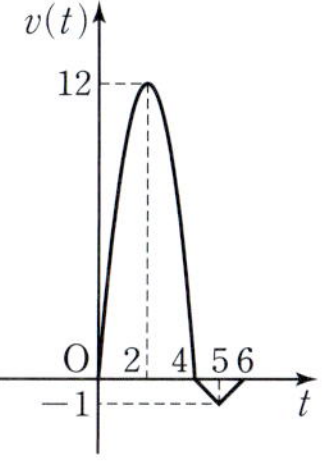

① 21　　② 24　　③ 27
④ 30　　⑤ 33

510 하

원점을 출발하여 수직선 위를 움직이는 점 P의 시각 t에서의 속도 $v(t)$의 그래프가 오른쪽 그림과 같다. $t = 6$일 때, 점 P의 위치를 구하여라. 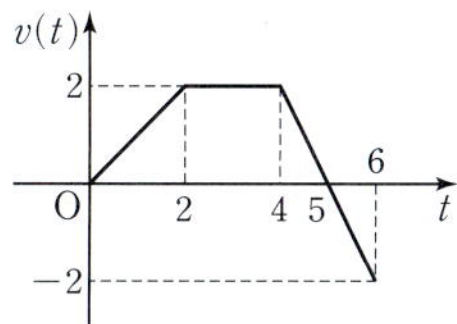

511 중

원점을 출발하여 수직선 위를 9초 동안 움직이는 점 P의 시각 t에서의 속도 $v(t)$의 그래프가 오른쪽 그림과 같을 때, 〈보기〉에서 옳은 것만을 있는 대로 골라라. 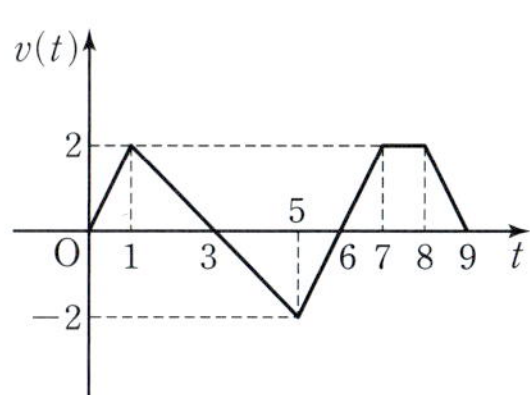

보기

ㄱ. $t = 1$일 때의 속력과 $t = 5$일 때의 속력은 같다.

ㄴ. 시각 $t = 3$에서 $t = 6$까지 점 P는 양의 방향으로 움직인다.

ㄷ. 점 P는 출발 후 운동 방향을 2번 바꾼다.

ㄹ. 출발한 지 6초 후의 점 P의 위치는 원점이다.

ㅁ. 점 P가 출발 후 9초 동안 움직인 거리는 8이다.

512

함수 $y=x^2-2|x|-3$의 그래프와 x축으로 둘러싸인 도형의 넓이는?

① 12　　　　② 14　　　　③ 16

④ 18　　　　⑤ 20

513

삼차함수 $f(x)$가 다음 조건을 만족시킬 때, 함수 $y=f(x)$의 그래프와 x축으로 둘러싸인 도형의 넓이는?

> (가) $f'(x)=3x^2-4x-4$
> (나) 함수 $y=f(x)$의 그래프는 점 $(2,\ 0)$을 지난다.

① $\dfrac{56}{3}$　　　　② $\dfrac{58}{3}$　　　　③ 20

④ $\dfrac{62}{3}$　　　　⑤ $\dfrac{64}{3}$

514

오른쪽 그림과 같이 곡선 $y=f(x)$와 직선 $y=1$로 둘러싸인 두 도형 A, B가 있다. 도형 B의 넓이가 도형 A의 넓이의 4배이고, $\displaystyle\int_{-1}^{2} f(x)\,dx=4$일 때, 도형 A의 넓이를 구하여라.

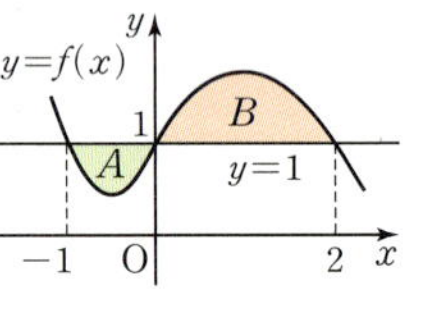

515

오른쪽 그림과 같이 곡선 $y=(x-1)(x-2)$와 두 직선 $y=0$, $y=2$로 둘러싸인 도형의 넓이를 구하여라.

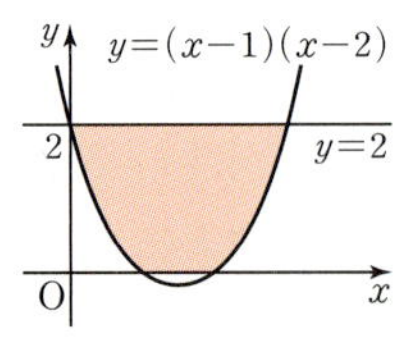

516

오른쪽 그림과 같이 곡선 $y=x^2$과 직선 $y=\dfrac{3}{2}x+1$로 둘러싸인 도형의 넓이가 직선 $x=a$에 의하여 이등분될 때, 상수 a의 값은?

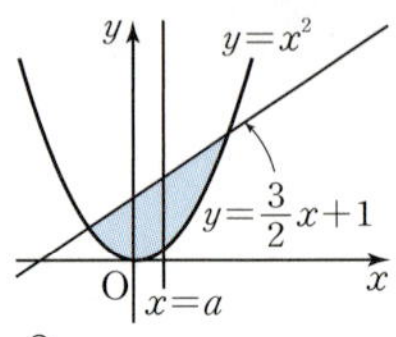

① $\dfrac{1}{2}$　　　　② $\dfrac{2}{3}$　　　　③ $\dfrac{3}{4}$

④ 1　　　　⑤ $\dfrac{5}{4}$

517

자연수 n에 대하여 함수 $y=x^2$의 그래프를 x축의 방향으로 $\dfrac{1}{n}$만큼 평행이동한 그래프를 나타내는 함수의 식을 $y=f_n(x)$라 하자. 곡선 $y=f_n(x)$와 x축 및 y축으로 둘러싸인 도형의 넓이를 S_n이라 할 때, $\dfrac{S_3}{S_9}$의 값은?

① 21　　　　② 23　　　　③ 25

④ 27　　　　⑤ 29

518

곡선 $y=3x(x-1)(x-a)$와 x축으로 둘러싸인 두 도형의 넓이가 서로 같을 때, 상수 a의 값은? (단, $a>1$)

① $\dfrac{4}{3}$　　　　② $\dfrac{3}{2}$　　　　③ 2

④ $\dfrac{5}{2}$　　　　⑤ 3

519

곡선 $y=x(x-a)^2$과 직선 $y=x$로 둘러싸인 두 도형의 넓이가 서로 같을 때, 상수 a의 값은? (단, $a>1$)

① $\dfrac{3}{2}$　　　　② 2　　　　③ $\dfrac{5}{2}$

④ 3　　　　⑤ $\dfrac{7}{2}$

520

다음 그림과 같이 네 점 $(0, -1)$, $(2, -1)$, $(2, 4)$, $(0, 4)$를 꼭짓점으로 하는 직사각형 내부가 곡선 $y=x^3-x^2$에 의하여 나누어지는 두 부분을 A, B, 직선 $y=ax$에 의하여 나누어지는 두 부분을 C, D라 하자. 도형 A의 넓이와 도형 C의 넓이가 같을 때, $300a$의 값을 구하여라. (단, a는 상수이다.)

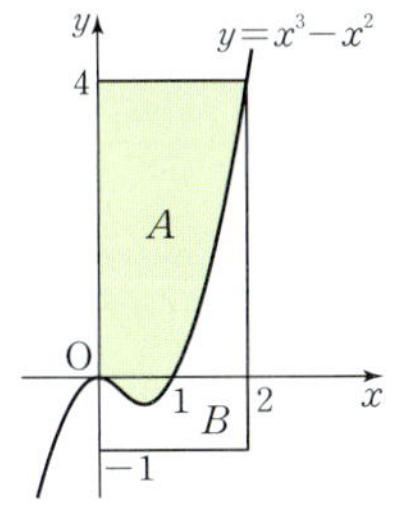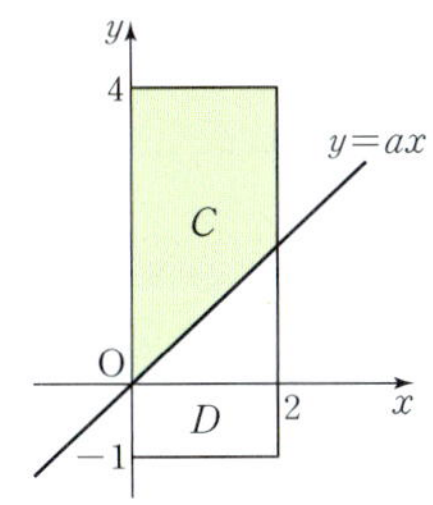

521

직선 철로에서 매초 25 m의 속도로 달리는 열차가 있다. 이 열차가 제동을 건 후 t초 후의 속도가 $v(t)=25-5t$ (m/s)일 때, 제동을 건 후 열차가 정지할 때까지 움직인 거리는 몇 m인지 구하여라.

522

지면에서 v_0 m/s의 속도로 지면과 수직인 방향으로 던져 올린 물체의 t초 후의 속도가 $v(t)=v_0-10t$ (m/s)이다. 던진 지 6초 후에 물체가 지면에 도착했을 때, 이 물체의 최고 높이는?

① 15 m ② 30 m ③ 45 m
④ 60 m ⑤ 75 m

523

원점을 출발하여 수직선 위를 움직이는 점 P의 시각 t에서의 속도 $v(t)$의 그래프가 오른쪽 그림과 같다. 점 P가 시각 $t=0$에서 $t=5$까지 움직인 거리를 구하여라.

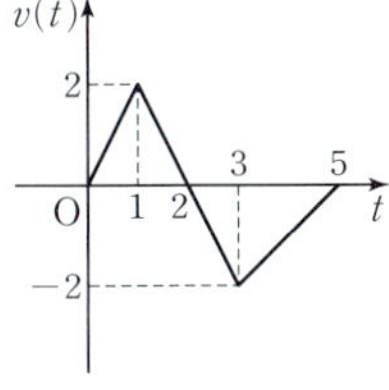

524

오른쪽 그림과 같이 좌표평면 위의 두 점 P, Q는 각각 두 점 $(2, 0)$, $(0, -1)$에서 동시에 출발하여 점 P는 매초 3의 속도로 x축의 양의 방향으로 움직이고, 점 Q는 매초 1의 속도로 y축의 양의 방향으로 움직인다. 출발한 지 t초 후의 두 점 P, Q의 위치를 각각 P', Q'이라 하고 삼각형 $OP'Q'$의 넓이를 $S(t)$라 할 때, $\int_0^2 S(t)dt$의 값을 구하여라. (단, O는 원점이다.)

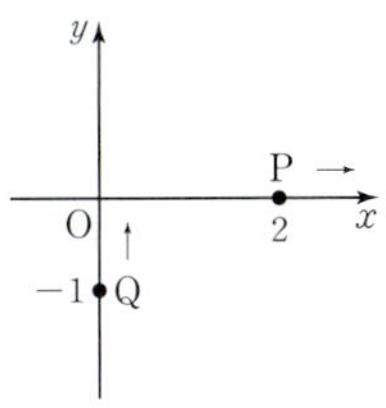

525

원점을 출발하여 수직선 위를 움직이는 점 P의 시각 t $(0 \leq t \leq f)$에서의 속도 $v(t)$의 그래프가 오른쪽 그림과 같다.
$\int_0^c v(t)dt = \int_b^f v(t)dt = 0$일 때, ⟨보기⟩에서 옳은 것만을 있는 대로 골라라.
(단, $0 < a < b < c < d < e < f$)

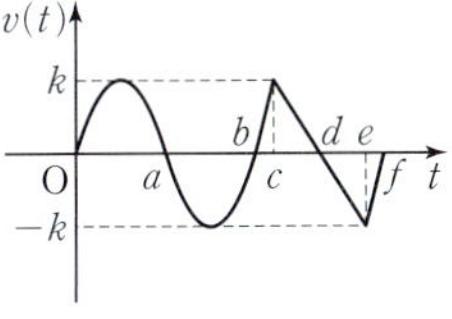

ㄱ. $t=f$일 때, 점 P의 위치는 원점이다.

ㄴ. $\int_0^f |v(t)| dt > 2\left\{ \int_0^a v(t)dt + \int_b^d v(t)dt \right\}$

ㄷ. 점 P는 출발 후 다시 원점을 적어도 세 번 지난다.

① ㄱ ② ㄴ ③ ㄷ
④ ㄱ, ㄴ ⑤ ㄴ, ㄷ

526

서술형

점 $P(1, 0)$에서 곡선 $y=x^2$에 그은 두 접선과 이 곡선으로 둘러싸인 도형의 넓이를 구하여라.

527

서술형

오른쪽 그림과 같이 곡선 $y=4x-x^2$과 x축으로 둘러싸인 도형의 넓이가 곡선 $y=(a-1)x^2$에 의하여 이등분될 때, 상수 a에 대하여 a^2의 값을 구하여라.
(단, $a>1$)

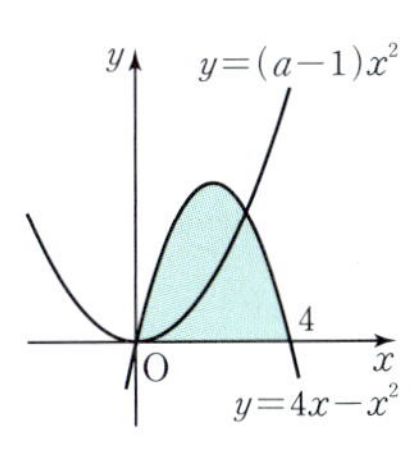

MEMO

MEMO

MEMO

MEMO

MEMO

新 수학의 바이블 [유형서]

BOB 밥

96개 필수 유형
내신과 수능에 꼭 필요한 96개 유형만 수록

콕콕 시스템
3단계로 유형을 완성하는 개념(개념 확인) ▶ 유형(유형 파악) ▶ 실력(해결력 강화) 콕콕 시스템

학습 지원 서비스
QR코드를 통한 新수학의 바이블과의 연계 학습

新 수학의 바이블 유형서

BOB 밥

수학의 밥과 같은 존재,
유형!

이창희·민경도·김덕환 지음

수학 Ⅱ
정답과 풀이

내신&수능에 출제되는 **필수 유형만 수록** | **개념** ▶ **유형** ▶ **실력** 3단계 콕콕 시스템

이투스북

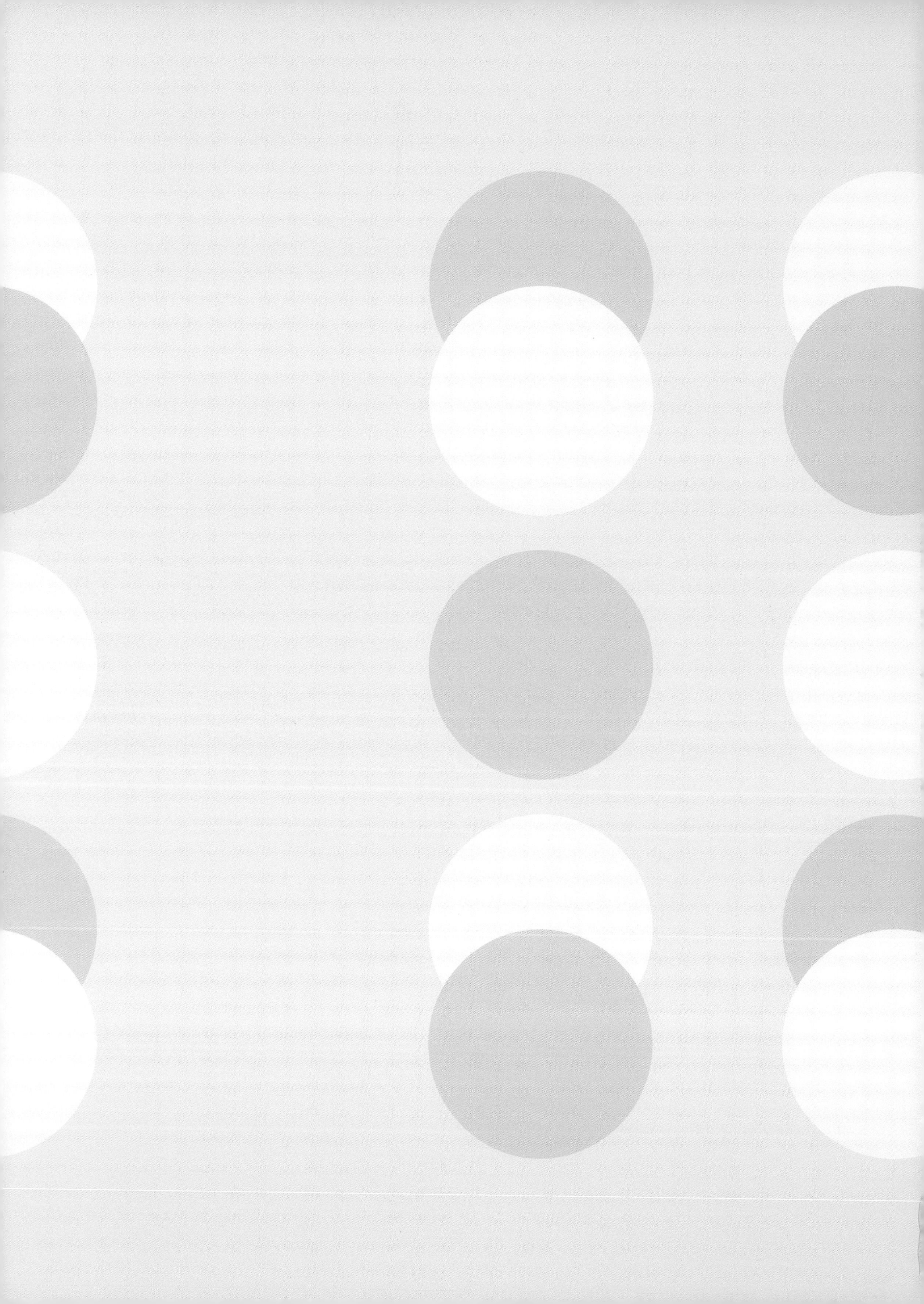

新 수학의 바이블 유형서
B
B
B
밥
수학 Ⅱ
정답과 풀이

 **함수의 극한**　　　　　　　　　　　　　　　　　　　　　　　　　　　　본문 p.9~17

001 (1) 2　(2) -1　(3) $\dfrac{1}{3}$　(4) $\sqrt{2}$　　**002** (1) ∞　(2) ∞　(3) 0　(4) -1　　**003** (1) 1　(2) -1

004 (1) -1　(2) 1　(3) 2　(4) 2　(5) 존재하지 않는다.　(6) 2　　**005** (1) 3　(2) 2　　**006** (1) -4　(2) 3　(3) $\dfrac{1}{4}$　(4) 4

007 (1) 0　(2) $\dfrac{5}{2}$　(3) $\dfrac{3}{4}$　(4) ∞　　**008** (1) ∞　(2) 0　(3) 2　(4) 1　　**009** (1) $a=3$, $b=-3$　(2) $a=-5$, $b=-6$　　**010** 2

011 ⑤　　　　**012** ④　　　　**013** 4　　　　**014** ㄱ　　　　**015** -1　　　　**016** 8　　　　**017** ③　　　　**018** ②

019 -5　　　**020** ④　　　　**021** ①　　　　**022** 1　　　　**023** ④　　　　**024** ①　　　　**025** $\dfrac{3}{2}$　　　**026** ②

027 ⑤　　　　**028** 2　　　　**029** ①　　　　**030** ⑤　　　　**031** 5　　　　**032** ②　　　　**033** ①　　　　**034** $\dfrac{1}{2}$

035 ①　　　　**036** ①　　　　**037** 2　　　　**038** ③　　　　**039** ①　　　　**040** 6　　　　**041** ④　　　　**042** ②

043 $\dfrac{1}{2}$　　　**044** ④　　　　**045** 2　　　　**046** π　　　　**047** ③　　　　**048** ②　　　　**049** ⑤　　　　**050** ①

051 ⑤　　　　**052** ④　　　　**053** ①　　　　**054** ③　　　　**055** ①　　　　**056** ③　　　　**057** ④　　　　**058** ②

059 $-\dfrac{11}{3}$　　**060** ②　　　　**061** $f(x)=2x^3-7x^2+6x$　　　　**062** $-\dfrac{1}{4}$

02 **함수의 연속**　　　　　　　　　　　　　　　　　　　　　　　　　　　　본문 p.19~27

063 (1) ㄱ　(2) ㄴ　(3) ㄷ　(4) ㄱ, ㄴ　　**064** (1) 연속　(2) 연속　(3) 불연속　(4) 불연속　　**065** (1) $(-\infty, 1]$　(2) $(-\infty, 1)\cup(1, \infty)$

066 (1) $(-\infty, \infty)$　(2) $[2, \infty)$　(3) $(-\infty, \infty)$　(4) $(-\infty, -1)\cup(-1, \infty)$　　**067** 풀이 참조　　**068** ㄱ, ㄴ, ㄷ

069 (1) 최댓값 1, 최솟값 -3　(2) 최댓값 1, 최솟값 $\dfrac{1}{3}$　(3) 최댓값, 최솟값이 모두 없다.　　**070** 풀이 참조　　**071** ③　　　**072** ④

073 ③　　　　**074** ④　　　　**075** ③　　　　**076** 3　　　　**077** ③　　　　**078** ③　　　　**079** 3　　　　**080** ⑤

081 $-\dfrac{1}{2}$　　**082** $12\sqrt{3}$　　**083** ①　　　　**084** ②　　　　**085** -1　　　**086** ②　　　　**087** -8　　　**088** ①

089 ④　　　　**090** 3　　　　**091** 1　　　　**092** ①　　　　**093** ⑤　　　　**094** 0　　　　**095** ㄱ, ㄴ, ㄷ

096 ㄱ, ㄷ　　**097** ㄱ, ㄷ　　**098** 5　　　　**099** 3　　　　**100** ②　　　　**101** ③　　　　**102** ④　　　　**103** ②

104 ③　　　　**105** 9　　　　**106** ②　　　　**107** ②　　　　**108** ④　　　　**109** ④　　　　**110** ③　　　　**111** 3

112 ③　　　　**113** 4　　　　**114** -1　　　**115** ㄱ, ㄴ, ㄷ　　**116** ⑤　　　　**117** ③　　　　**118** 7　　　　**119** 2

120 -1　　　**121** -2

 **03** 미분계수와 도함수 본문 p.31~39

122 (1) -1 (2) 6 **123** -2 **124** (1) 4 (2) 13 **125** (1) 0 (2) -1 (3) 9 **126** (1) 3 (2) 6

127 (1) 4 (2) -23 **128** (1) -8 (2) -12 **129** (1) 연속 (2) 미분가능하지 않다.

130 (1) 연속 (2) 미분가능하지 않다. **131** (1) $f'(x)=0$ (2) $f'(x)=-2$ (3) $f'(x)=4x$

132 (1) $y'=-5x^4$ (2) $y'=14x^6$ (3) $y'=0$ (4) $y'=5$ (5) $y'=-6x+1$ (6) $y'=4x^2-3x+5$ **133** (1) 3 (2) 16

134 (1) $y'=-36x^2-18$ (2) $y'=-4x-17$ (3) $y'=9x^2+28x+7$

135 (1) $y'=3x^2+18x+20$ (2) $y'=3x^2+12x+11$ (3) $y'=-18x^2+38x-8$

136 (1) $y'=3(x+2)^2$ (2) $y'=20(4x-1)^4$ (3) $y'=4(-2x^2+3x+5)^3(-4x+3)$

137 (1) $y'=18(3x-1)(3x-2)$ (2) $y'=(x+2)^2(10x^2+8x-3)$ (3) $y'=(x+2)^2(x^2-1)^3(11x^2+16x-3)$ **138** $\dfrac{5}{2}$

139 1 **140** -2 **141** ① **142** ⑤ **143** (1) -3 (2) 1 **144** ④ **145** ②

146 (1) 6 (2) 63 **147** ㈎ $f(1)$ ㈏ 2 ㈐ -2 **148** ⑤ **149** ㄷ **150** ③ **151** -3

152 15 **153** ⑤ **154** ④ **155** 106 **156** ② **157** ① **158** ④ **159** ③

160 0 **161** 404 **162** ⑤ **163** ⑤ **164** $f(x)=2x^2-4x+2$

165 ㈎ $f(x)+f(h)+3xh$ ㈏ $3x+5$ ㈐ 11 **166** 2 **167** ④ **168** ② **169** 6 **170** ③

171 ④ **172** ⑤ **173** 9 **174** ① **175** ④ **176** -36 **177** ② **178** 15

179 10 **180** 3 **181** 6 **182** 20

04 접선의 방정식과 평균값 정리 본문 p.41~47

183 (1) $y=-2x+4$ (2) $y=4x-1$ (3) $y=4x-5$ (4) $y=-8x-16$ **184** $y=\dfrac{1}{2}x-\dfrac{7}{2}$ **185** $y=4x+5$

186 $y=-3x+3$ **187** $y=9x+7,\ y=9x-5$ **188** $y=-x,\ y=3x-4$ **189** $y=3x$

190 (1) -1 (2) $y=4x+4$ **191** (1) 1 (2) $-\dfrac{5}{3}$ **192** (1) $\dfrac{1}{2}$ (2) $\dfrac{5}{2}$ **193** ④ **194** ①

195 -4 **196** ② **197** ③ **198** 32 **199** ① **200** ⑤ **201** $3\sqrt{2}$ **202** ②

203 5 **204** 2 **205** ③ **206** ④ **207** 8 **208** ① **209** ② **210** -1

211 1 **212** ④ **213** ③ **214** ③ **215** -1 **216** 1 **217** ④ **218** ③

219 ⑤ **220** 50 **221** ② **222** ① **223** 12 **224** ③ **225** ① **226** ④

227 10 **228** ③ **229** ② **230** 12 **231** 2 **232** $0<k<6$

05 함수의 극대, 극소와 그래프 본문 p.49~55

233 (1) 증가 (2) 증가 (3) 감소　　**234** 구간 $\left[-2, \dfrac{2}{3}\right]$　　**235** 풀이 참조　**236** 풀이 참조

237 $x=a$, $x=c$, $x=e$에서 극대, $x=b$, $x=d$에서 극소　　**238** $x=4$에서 극대, $x=0$에서 극소

239 (1) 극댓값 -10, 극솟값 -14 (2) 극댓값 4, 극솟값 0 (3) 극댓값 2, 극솟값 1 (4) 극댓값 13　　**240** 풀이 참조　**241** ①

242 ①　　**243** 10　　**244** ⑤　　**245** ④　　**246** 0　　**247** ②　　**248** ③　　**249** 6

250 ②　　**251** ⑤　　**252** 45　　**253** ⑤　　**254** ②　　**255** 48　　**256** ④　　**257** 1

258 13　　**259** 제3사분면　　**260** 3　　**261** $a>0$, $b>0$, $c<0$, $d<0$　　**262** $a>0$, $b<0$, $c<0$, $d>0$　　**263** ②

264 ①　　**265** ㄱ, ㄷ　　**266** ⑤　　**267** 8　　**268** ④　　**269** ⑤　　**270** 32　　**271** $\dfrac{1}{3}$

272 1　　**273** ③　　**274** ④　　**275** ②　　**276** 4　　**277** ①　　**278** 4　　**279** ⑤

280 27　　**281** 81

06 도함수의 활용 본문 p.57~63

282 (1) 최댓값 7, 최솟값 -1 (2) 최댓값 8, 최솟값 0 (3) 최댓값 $-\dfrac{45}{2}$, 최솟값 -28

283 (1) 최댓값 34, 최솟값 -30 (2) 최댓값 22, 최솟값 -10 (3) 최댓값 30, 최솟값 -13　　**284** (1) 3 (2) 2 (3) 2

285 풀이 참조　**286** $a\geq2$　　**287** (1) $v=-1$, $a=2$ (2) $v=2$, $a=-4$ (3) $v=27$, $a=44$　　**288** (1) 4 (2) $\dfrac{4}{3}$

289 (1) -7 (2) 16　　**290** ④　　**291** ④　　**292** 49　　**293** ③　　**294** ③　　**295** $\sqrt{5}$

296 ②　　**297** ③　　**298** 8π　　**299** ④　　**300** 13　　**301** $0<a<5$　　**302** ④　　**303** ①

304 $-4<a<0$　**305** ①　　**306** ⑤　　**307** 8　　**308** ②　　**309** ③　　**310** $\dfrac{1}{2}<t<4$　**311** ③

312 ⑤　　**313** 12　　**314** ②　　**315** -2　　**316** ⑤　　**317** ③　　**318** ④　　**319** 10

320 ⑤　　**321** ③　　**322** ①　　**323** ②　　**324** 29　　**325** ④　　**326** ③　　**327** ⑤

328 $\dfrac{32}{3}$　　**329** $\dfrac{17}{2}\,\mathrm{cm^2/s}$

 **부정적분**

330 (1) $f(x)=-1$ (2) $f(x)=\dfrac{2}{3}x-1$ (3) $f(x)=9x^2+4x-1$ **331** (1) $f(x)=4x^2+2$ (2) $f(x)=x-1$ (3) $f(x)=x+2$

332 (1) x^2 (2) x^2+C (단, C는 적분상수이다.)

333 (1) $2x+C$ (단, C는 적분상수이다.) (2) $-2x^2+C$ (단, C는 적분상수이다.) (3) $\dfrac{1}{3}x^4+C$ (단, C는 적분상수이다.)

(4) $x^{10}+C$ (단, C는 적분상수이다.)

334 (1) x^2+x+C (단, C는 적분상수이다.) (2) $-\dfrac{3}{2}x^2+4x+C$ (단, C는 적분상수이다.) (3) $\dfrac{4}{3}x^3-x^2+C$ (단, C는 적분상수이다.)

(4) $\dfrac{1}{3}x^3-\dfrac{1}{2}x^2-2x+C$ (단, C는 적분상수이다.) (5) $\dfrac{1}{3}x^3-x^2+x+C$ (단, C는 적분상수이다.)

(6) $\dfrac{4}{3}x^3-6x^2+9x+C$ (단, C는 적분상수이다.)

335 (1) $\dfrac{1}{2}x^2+x+C$ (단, C는 적분상수이다.) (2) $2x+C$ (단, C는 적분상수이다.) (3) $2x^2+C$ (단, C는 적분상수이다.)

336 ⑤	**337** ③	**338** -8	**339** ③	**340** ④	**341** ③	**342** ④	**343** ②
344 -6	**345** ⑤	**346** ②	**347** 19	**348** ②	**349** ④	**350** 6	**351** ⑤
352 ①	**353** ②	**354** $F(0)\leq-\dfrac{1}{8}$		**355** $C>9$	**356** 10	**357** $\dfrac{7}{6}$	**358** ②
359 ②	**360** 6	**361** ①	**362** ②	**363** ③	**364** ⑤	**365** ①	**366** 5
367 ②	**368** ③	**369** ①	**370** ⑤	**371** ④	**372** $f(x)=2x^3-6x^2+1$		**373** ⑤
374 ②	**375** ④	**376** ②	**377** ③	**378** ④	**379** $\dfrac{49}{50}$	**380** ③	**381** ③
382 32	**383** ⑤	**384** ②	**385** ②	**386** ②	**387** 5	**388** $f(x)=-x^2+3x+1$	

08 정적분 본문 p.77~83

389 (1) 1 (2) $\dfrac{9}{4}$ (3) $\dfrac{33}{2}$ (4) $-\dfrac{2}{3}$ (5) 2 (6) -2 (7) -9 (8) -8　**390** (1) x^2 (2) x^2+3x-1 (3) x^2+2x+1

391 (1) 1 (2) 45 (3) 39 (4) 2 (5) $\dfrac{38}{3}$ (6) 0 (7) 65　**392** (1) 4 (2) 1 (3) $\dfrac{5}{2}$ (4) $\dfrac{23}{2}$　**393** (1) 0 (2) 12 (3) 42　**394** ②

395 ①　**396** $\dfrac{5}{2}$　**397** ④　**398** ⑤　**399** ③　**400** ⑤　**401** 30　**402** 20

403 ③　**404** ②　**405** $\dfrac{46}{3}$　**406** ①　**407** ③　**408** 6　**409** ③　**410** ⑤

411 $2A$　**412** -2　**413** -3　**414** 5　**415** ④　**416** ⑤　**417** 6

418 (1) $\dfrac{4}{3}$ (2) 2 (3) $\dfrac{28}{3}$　**419** (1) -6 (2) $\dfrac{3}{2}$ (3) 28　**420** -2　**421** ③　**422** ③　**423** 2

424 ③　**425** 8　**426** ③　**427** ③　**428** ⑤　**429** ③　**430** ⑤　**431** 16

432 11　**433** 11

09 정적분과 함수 본문 p.85~91

434 k, k, k　**435** (1) $f(x)=2x+2$ (2) $f(x)=-2x+3$ (3) $f(x)=6x^2+2x-4$ (4) $f(x)=4x^3-3x^2-2$

436 (1) 1 (2) 0　**437** (1) 2 (2) -6　**438** (1) 9 (2) -8　**439** (1) 2 (2) 27

440 (1) $f(x)=4x^3-8x+8$ (2) $f(x)=2$　**441** ①　**442** ①　**443** 15　**444** ③　**445** ②

446 ⑤　**447** ⑤　**448** ①　**449** 3　**450** ⑤　**451** ④　**452** ②　**453** ⑤

454 ④　**455** $f(x)=6x^2+1$　**456** ③　**457** ①　**458** 1　**459** ②　**460** ④

461 -5　**462** ③　**463** ①　**464** $-\dfrac{2}{3}$　**465** ③　**466** 8　**467** 5　**468** ⑤

469 ①　**470** ④　**471** ①　**472** 6　**473** ④　**474** ③　**475** ②　**476** ⑤

477 ③　**478** ③　**479** 40　**480** 9

 10 정적분의 활용

481 (1) 9 (2) $\dfrac{4}{3}$ (3) $\dfrac{1}{12}$ (4) 8

482 (1) $\dfrac{7}{3}$ (2) $\dfrac{2}{3}$

483 (1) $\dfrac{14}{3}$ (2) $\dfrac{22}{3}$

484 (1) $\dfrac{9}{2}$ (2) $\dfrac{32}{3}$

485 (1) $\dfrac{8}{3}$ (2) 9

486 (1) 54 (2) $\dfrac{5}{6}$ (3) 1

487 (1) -7 (2) -2 (3) 4

488 ①

489 ③

490 ②

491 ①

492 ④

493 21

494 ④

495 ③

496 ⑤

497 ④

498 $\dfrac{37}{12}$

499 $\dfrac{8}{3}$

500 ①

501 ④

502 2

503 ②

504 ①

505 $\dfrac{16}{3}$

506 ②

507 ②

508 ⑤

509 ⑤

510 6

511 ㄱ, ㄷ, ㄹ

512 ④

513 ⑤

514 $\dfrac{1}{3}$

515 $\dfrac{13}{3}$

516 ③

517 ④

518 ③

519 ④

520 200

521 62.5 m

522 ③

523 5

524 $\dfrac{5}{2}$

525 ㄴ, ㄷ

526 $\dfrac{2}{3}$

527 2

01 함수의 극한

개념 콕콕 본문 p.9

001

(1) $f(x)=x+1$이라 하면 함수 $y=f(x)$의 그래프에서 x의 값이 1과 다른 값을 가지면서 1에 한없이 가까워질 때, $f(x)$의 값은 2에 한없이 가까워지므로
$$\lim_{x\to 1}(x+1)=2$$

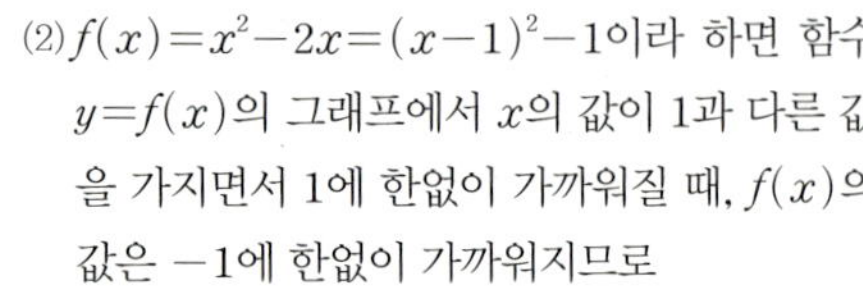

(2) $f(x)=x^2-2x=(x-1)^2-1$이라 하면 함수 $y=f(x)$의 그래프에서 x의 값이 1과 다른 값을 가지면서 1에 한없이 가까워질 때, $f(x)$의 값은 -1에 한없이 가까워지므로
$$\lim_{x\to 1}(x^2-2x)=-1$$

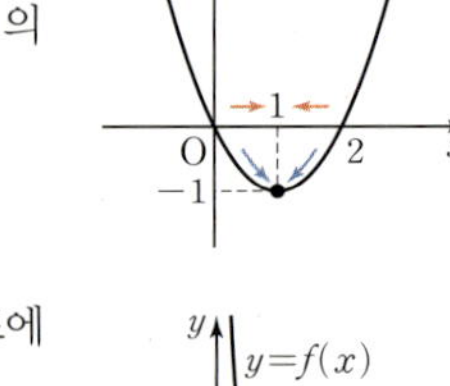

(3) $f(x)=\dfrac{1}{x}$이라 하면 함수 $y=f(x)$의 그래프에서 x의 값이 3과 다른 값을 가지면서 3에 한없이 가까워질 때, $f(x)$의 값은 $\dfrac{1}{3}$에 한없이 가까워지므로
$$\lim_{x\to 3}\frac{1}{x}=\frac{1}{3}$$

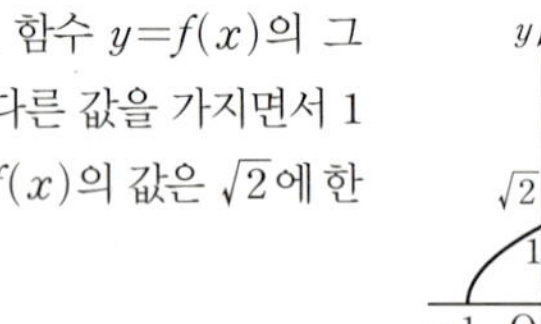

(4) $f(x)=\sqrt{x+1}$이라 하면 함수 $y=f(x)$의 그래프에서 x의 값이 1과 다른 값을 가지면서 1에 한없이 가까워질 때, $f(x)$의 값은 $\sqrt{2}$에 한없이 가까워지므로
$$\lim_{x\to 1}\sqrt{x+1}=\sqrt{2}$$

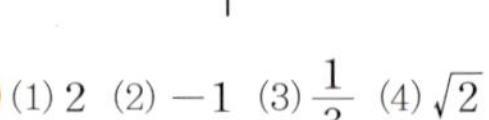

답 (1) 2 (2) -1 (3) $\dfrac{1}{3}$ (4) $\sqrt{2}$

002

(1) $f(x)=\dfrac{1}{x^2}$이라 하면 함수 $y=f(x)$의 그래프에서 x의 값이 0과 다른 값을 가지면서 0에 한없이 가까워질 때, $f(x)$의 값은 한없이 커지므로
$$\lim_{x\to 0}\frac{1}{x^2}=\infty$$

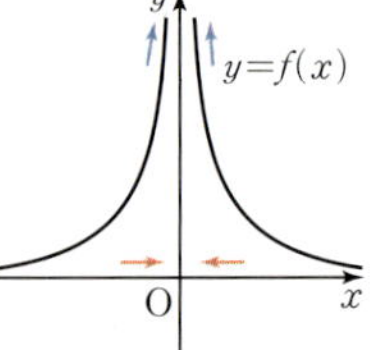

(2) $f(x)=\dfrac{1}{|x-1|}$이라 하면 함수 $y=f(x)$의 그래프에서 x의 값이 1과 다른 값을 가지면서 1에 한없이 가까워질 때, $f(x)$의 값은 한없이 커지므로
$$\lim_{x\to 1}\frac{1}{|x-1|}=\infty$$

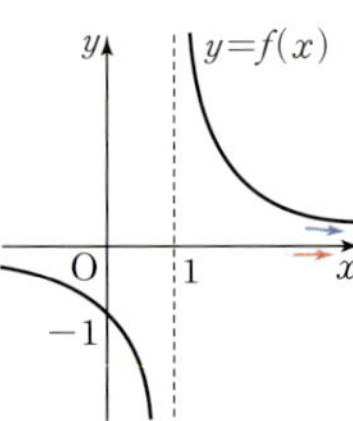

(3) $f(x)=\dfrac{1}{x-1}$이라 하면 함수 $y=f(x)$의 그래프에서 x의 값이 양수이면서 한없이 커질 때, $f(x)$의 값은 0에 한없이 가까워지므로
$$\lim_{x\to\infty}\frac{1}{x-1}=0$$

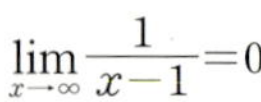

(4) $f(x)=\dfrac{1}{x^2}-1$이라 하면 함수 $y=f(x)$의 그래프에서 x의 값이 음수이면서 그 절댓값이 한없이 커질 때, $f(x)$의 값은 -1에 한없이 가까워지므로
$$\lim_{x\to -\infty}\left(\frac{1}{x^2}-1\right)=-1$$

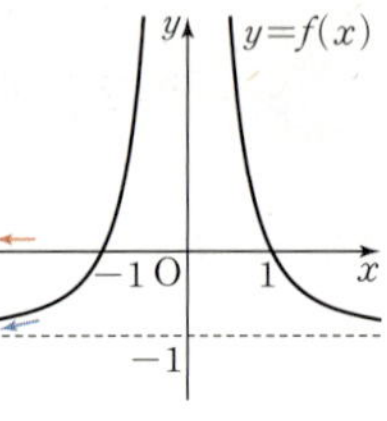

답 (1) ∞ (2) ∞ (3) 0 (4) -1

003

(1) $\displaystyle\lim_{x\to 0+}\frac{x}{|x|}=\lim_{x\to 0+}\frac{x}{x}=\lim_{x\to 0+}1=1$

(2) $\displaystyle\lim_{x\to 0-}\frac{x}{|x|}=\lim_{x\to 0-}\frac{x}{-x}=\lim_{x\to 0-}(-1)=-1$

답 (1) 1 (2) -1

004

(1) $\displaystyle\lim_{x\to 0+}f(x)=-1$

(2) $\displaystyle\lim_{x\to 0-}f(x)=1$

(3) $\displaystyle\lim_{x\to 2+}f(x)=2$

(4) $\displaystyle\lim_{x\to 2-}f(x)=2$

(5) $\displaystyle\lim_{x\to 0+}f(x)\neq\lim_{x\to 0-}f(x)$이므로 $\displaystyle\lim_{x\to 0}f(x)$의 값은 존재하지 않는다.

(6) $\displaystyle\lim_{x\to 2}f(x)=2$

답 (1) -1 (2) 1 (3) 2 (4) 2 (5) 존재하지 않는다. (6) 2

005

(1) $\displaystyle\lim_{x\to 2}(x^2-3)(x+1)=(4-3)(2+1)=3$

(2) $\displaystyle\lim_{x\to 3}\frac{x^2-5}{x-1}=\frac{9-5}{3-1}=2$

답 (1) 3 (2) 2

006

(1) $\displaystyle\lim_{x\to -2}\frac{x^2-4}{x+2}=\lim_{x\to -2}\frac{(x+2)(x-2)}{x+2}$
$$=\lim_{x\to -2}(x-2)$$
$$=-2-2=-4$$

(2) $\displaystyle\lim_{x\to 1}\frac{x^2+x-2}{x-1}=\lim_{x\to 1}\frac{(x+2)(x-1)}{x-1}$
$$=\lim_{x\to 1}(x+2)$$
$$=1+2=3$$

(3) $\displaystyle\lim_{x\to 4}\frac{\sqrt{x}-2}{x-4}=\lim_{x\to 4}\frac{(\sqrt{x}-2)(\sqrt{x}+2)}{(x-4)(\sqrt{x}+2)}$
$$=\lim_{x\to 4}\frac{x-4}{(x-4)(\sqrt{x}+2)}$$
$$=\lim_{x\to 4}\frac{1}{\sqrt{x}+2}$$
$$=\frac{1}{\sqrt{4}+2}=\frac{1}{4}$$

(4) $\displaystyle\lim_{x\to 1}\frac{x-1}{\sqrt{x+3}-2}=\lim_{x\to 1}\frac{(x-1)(\sqrt{x+3}+2)}{(\sqrt{x+3}-2)(\sqrt{x+3}+2)}$

$$= \lim_{x \to 1} \frac{(x-1)(\sqrt{x+3}+2)}{x-1}$$
$$= \lim_{x \to 1} (\sqrt{x+3}+2)$$
$$= \sqrt{4}+2=4$$

🅐 (1) -4 (2) 3 (3) $\dfrac{1}{4}$ (4) 4

007

(1) $\displaystyle\lim_{x \to \infty} \frac{3x-2}{x^2+1} = \lim_{x \to \infty} \frac{\dfrac{3}{x}-\dfrac{2}{x^2}}{1+\dfrac{1}{x^2}}=0$

(2) $\displaystyle\lim_{x \to \infty} \frac{5x^2+3x-2}{2x^2+1} = \lim_{x \to \infty} \frac{5+\dfrac{3}{x}-\dfrac{2}{x^2}}{2+\dfrac{1}{x^2}}=\dfrac{5}{2}$

(3) $\displaystyle\lim_{x \to -\infty} \frac{3x+1}{4x-1} = \lim_{x \to -\infty} \frac{3+\dfrac{1}{x}}{4-\dfrac{1}{x}}=\dfrac{3}{4}$

(4) $\displaystyle\lim_{x \to \infty} \frac{2x^2-x}{x+2} = \lim_{x \to \infty} \frac{2x-1}{1+\dfrac{2}{x}}=\infty$

🅐 (1) 0 (2) $\dfrac{5}{2}$ (3) $\dfrac{3}{4}$ (4) ∞

008

(1) $\displaystyle\lim_{x \to \infty}(x^2-3x+4) = \lim_{x \to \infty} x^2\left(1-\dfrac{3}{x}+\dfrac{4}{x^2}\right)=\infty$

(2) $\displaystyle\lim_{x \to \infty}(\sqrt{x^2+2}-x) = \lim_{x \to \infty} \frac{(\sqrt{x^2+2}-x)(\sqrt{x^2+2}+x)}{\sqrt{x^2+2}+x}$
$$= \lim_{x \to \infty} \frac{2}{\sqrt{x^2+2}+x}$$
$$= \lim_{x \to \infty} \frac{\dfrac{2}{x}}{\sqrt{1+\dfrac{2}{x^2}}+1}$$
$$= \frac{0}{1+1}=0$$

(3) $\displaystyle\lim_{x \to \infty}(\sqrt{x^2+4x}-x) = \lim_{x \to \infty} \frac{(\sqrt{x^2+4x}-x)(\sqrt{x^2+4x}+x)}{\sqrt{x^2+4x}+x}$
$$= \lim_{x \to \infty} \frac{4x}{\sqrt{x^2+4x}+x}$$
$$= \lim_{x \to \infty} \frac{4}{\sqrt{1+\dfrac{4}{x}}+1}=\dfrac{4}{1+1}=2$$

(4) $\displaystyle\lim_{x \to 1} \frac{1}{x-1}\left(1-\dfrac{1}{x}\right) = \lim_{x \to 1} \frac{1}{x-1} \times \dfrac{x-1}{x}$
$$= \lim_{x \to 1} \frac{1}{x}=1$$

🅐 (1) ∞ (2) 0 (3) 2 (4) 1

009

(1) $\displaystyle\lim_{x \to 1} \frac{ax+b}{x-1}=3$에서 $x \to 1$일 때 (분모) $\to 0$이고 극한값이 존재하므로 (분자) $\to 0$이다.

즉, $\displaystyle\lim_{x \to 1}(ax+b)=0$이므로 $a+b=0$

$\therefore b=-a$ $\qquad\qquad\qquad \cdots\cdots$ ㉠

㉠을 주어진 식에 대입하면

$\displaystyle\lim_{x \to 1} \frac{ax+b}{x-1} = \lim_{x \to 1} \frac{ax-a}{x-1} = \lim_{x \to 1} \frac{a(x-1)}{x-1}=a=3$

$\therefore a=3$, $b=-3$

(2) $\displaystyle\lim_{x \to 2} \frac{x-2}{x^2+ax-b}=-1$에서 $x \to 2$일 때 (분자) $\to 0$이고 0이 아닌 극한값이 존재하므로 (분모) $\to 0$이다.

즉, $\displaystyle\lim_{x \to 2}(x^2+ax-b)=0$이므로 $4+2a-b=0$

$\therefore b=2a+4$ $\qquad\qquad\qquad \cdots\cdots$ ㉠

㉠을 주어진 식에 대입하면

$\displaystyle\lim_{x \to 2} \frac{x-2}{x^2+ax-b} = \lim_{x \to 2} \frac{x-2}{x^2+ax-(2a+4)}$
$$= \lim_{x \to 2} \frac{x-2}{(x-2)(x+a+2)}$$
$$= \lim_{x \to 2} \frac{1}{x+a+2}$$
$$= \frac{1}{a+4}=-1$$

$\therefore a=-5$, $b=-6$

🅐 (1) $a=3$, $b=-3$ (2) $a=-5$, $b=-6$

010

임의의 실수 x에 대하여

$2-\dfrac{3}{x^2+1} \leq f(x) \leq 2-\dfrac{1}{x^2+1}$이고

$\displaystyle\lim_{x \to \infty}\left(2-\dfrac{3}{x^2+1}\right) = \lim_{x \to \infty}\left(2-\dfrac{1}{x^2+1}\right)=2$이므로 함수의 극한의 대소 관계에 의하여

$\displaystyle\lim_{x \to \infty} f(x)=2$

🅐 2

011

함수 $y=f(x)$의 그래프는 오른쪽 그림과 같이 x의 값이 0과 다른 값을 가지면서 0에 한없이 가까워질 때, $f(x)$의 값은 1에 한없이 가까워지므로

$\displaystyle\lim_{x \to 0} f(x)=1$

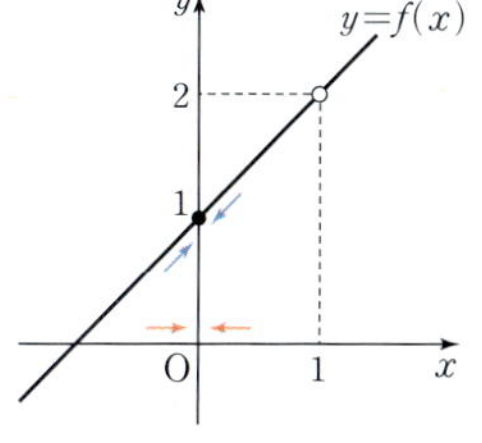

또한 오른쪽 그림과 같이 x의 값이 1과 다른 값을 가지면서 1에 한없이 가까워질 때, $f(x)$의 값은 2에 한없이 가까워지므로

$$\lim_{x \to 1} f(x) = 2$$

$$\therefore \lim_{x \to 0} f(x) + \lim_{x \to 1} f(x) = 1 + 2 = 3$$

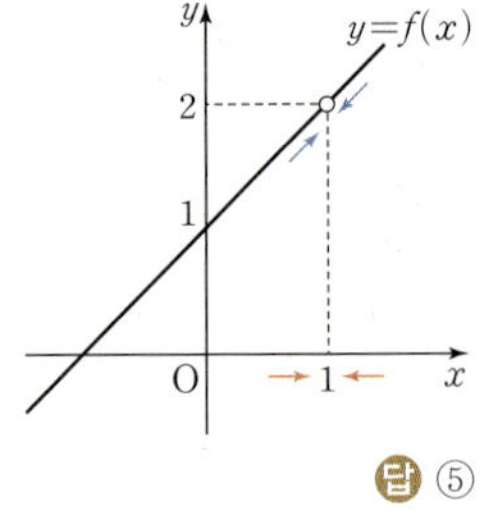

답 ⑤

012

함수 $y = f(x)$의 그래프는 오른쪽 그림과 같이 x의 값이 $-\dfrac{3}{2}$과 다른 값을 가지면서 $-\dfrac{3}{2}$에 한없이 가까워질 때, $f(x)$의 값은 1에 한없이 가까워지므로

$$\lim_{x \to -\frac{3}{2}} f(x) = 1$$

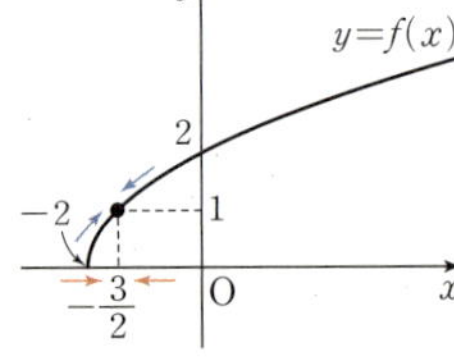

또한 오른쪽 그림과 같이 x의 값이 0과 다른 값을 가지면서 0에 한없이 가까워질 때, $f(x)$의 값은 2에 한없이 가까워지므로

$$\lim_{x \to 0} f(x) = 2$$

$$\therefore \lim_{x \to -\frac{3}{2}} f(x) + \lim_{x \to 0} f(x) = 1 + 2 = 3$$

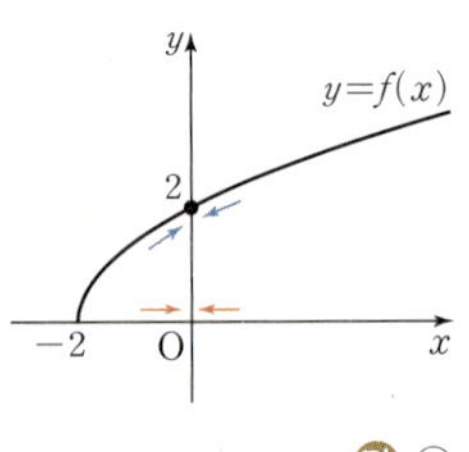

답 ④

013

$f(x) = x^2 + 2x - 1 = (x+1)^2 - 2$이므로 함수 $y = f(x)$의 그래프는 오른쪽 그림과 같다.

따라서 x의 값이 2와 다른 값을 가지면서 2에 한없이 가까워질 때, $f(x)$의 값은 7에 한없이 가까워지므로

$$\lim_{x \to 2} f(x) = 7$$

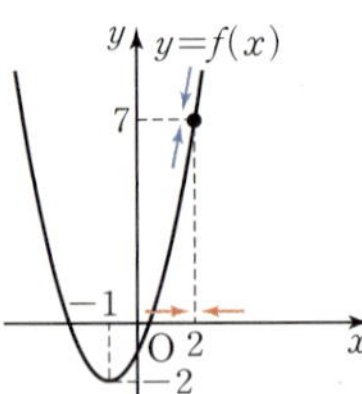

⑦

또한 함수 $g(x) = \dfrac{x^2 + x - 2}{x - 1}$는 $x \neq 1$인 모든 실수 x에 대하여

$$g(x) = \dfrac{x^2 + x - 2}{x - 1} = \dfrac{(x+2)(x-1)}{x-1} = x + 2$$

이므로 함수 $y = g(x)$의 그래프는 오른쪽 그림과 같다.

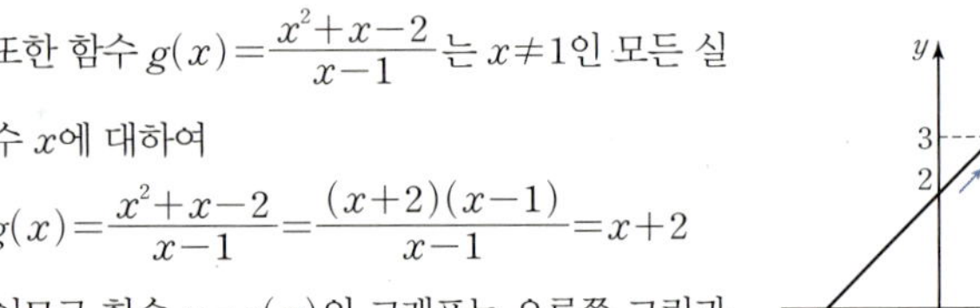

따라서 x의 값이 1과 다른 값을 가지면서 1에 한없이 가까워질 때, $g(x)$의 값은 3에 한없이 가까워지므로

$$\lim_{x \to 1} g(x) = 3$$

④

$$\therefore \lim_{x \to 2} f(x) - \lim_{x \to 1} g(x) = 7 - 3 = 4$$

⑤

단계	채점 요소	비율
⑦	$\lim\limits_{x \to 2} f(x)$의 값 구하기	40%
④	$\lim\limits_{x \to 1} g(x)$의 값 구하기	40%
⑤	$\lim\limits_{x \to 2} f(x) - \lim\limits_{x \to 1} g(x)$의 값 구하기	20%

답 4

014

ㄱ. $\lim\limits_{x \to -1+} f(x) = 1$, $\lim\limits_{x \to -1-} f(x) = 1$ $\therefore \lim\limits_{x \to -1} f(x) = 1$

즉, $\lim\limits_{x \to -1} f(x)$의 값이 존재한다. (참)

ㄴ. $\lim\limits_{x \to 1+} f(x) = -1$, $\lim\limits_{x \to 1-} f(x) = -1$ $\therefore \lim\limits_{x \to 1} f(x) = -1$

즉, $\lim\limits_{x \to 1} f(x)$의 값이 존재한다. (거짓)

ㄷ. $\lim\limits_{x \to 2+} f(x) = 3$, $\lim\limits_{x \to 2-} f(x) = 2$

즉, $\lim\limits_{x \to 2+} f(x) \neq \lim\limits_{x \to 2-} f(x)$이므로 $\lim\limits_{x \to 2} f(x)$의 값이 존재하지 않는다. (거짓)

따라서 옳은 것은 ㄱ뿐이다.

답 ㄱ

015

$\lim\limits_{x \to 0+} f(x) = 0$, $\lim\limits_{x \to 0-} f(x) = 0$ $\therefore \lim\limits_{x \to 0} f(x) = 0$

$\lim\limits_{x \to 1-} f(x) = -2$, $\lim\limits_{x \to 2+} f(x) = 1$이므로

$$\lim_{x \to 0} f(x) + \lim_{x \to 1-} f(x) + \lim_{x \to 2+} f(x) = 0 + (-2) + 1 = -1$$

답 -1

016

$$\lim_{x \to 2+} f(x) = \lim_{x \to 2+} (x^2 - 2x + 6) = 4 - 4 + 6 = 6$$

$$\lim_{x \to 2-} f(x) = \lim_{x \to 2-} (-x + k) = -2 + k$$

이때, $\lim\limits_{x \to 2} f(x)$의 값이 존재하려면 $\lim\limits_{x \to 2+} f(x) = \lim\limits_{x \to 2-} f(x)$이어야 하므로

$6 = -2 + k$ $\therefore k = 8$

답 8

017

(i) $x \to 2+$일 때, $x > 2$이므로

$$\lim_{x \to 2+} f(x) = \lim_{x \to 2+} \frac{|x^2 - 4|}{x^2 - 4} = \lim_{x \to 2+} \frac{x^2 - 4}{x^2 - 4} = 1$$

(ii) $x \to 2-$일 때, $x < 2$이므로

$$\lim_{x \to 2-} f(x) = \lim_{x \to 2-} \frac{|x^2 - 4|}{x^2 - 4} = \lim_{x \to 2-} \frac{-(x^2 - 4)}{x^2 - 4} = -1$$

(i), (ii)에서 $\lim\limits_{x \to 2+} f(x) = 1$, $\lim\limits_{x \to 2-} f(x) = -1$이므로

$a = 1$, $b = -1$

$$\therefore a - b = 1 - (-1) = 2$$

답 ③

018

$\lim\limits_{x \to 2+} [x] = 2$, $\lim\limits_{x \to 2-} [x] = 1$이므로

$$\lim_{x \to 2+} \frac{[x]^2 + x}{[x]} + \lim_{x \to 2-} \frac{[x]^2 + x}{[x]} = \frac{2^2 + 2}{2} + \frac{1^2 + 2}{1} = 3 + 3 = 6$$

답 ②

019

$\lim\limits_{x \to 3+} [x] = 3$, $\lim\limits_{x \to 3-} [x] = 2$이므로

$$\lim_{x \to 3+} ([x]^2 + a[x] + 1) = 3^2 + 3a + 1 = 10 + 3a$$

$$\lim_{x \to 3-} ([x]^2 + a[x] + 1) = 2^2 + 2a + 1 = 5 + 2a$$

⑦

이때, $\lim\limits_{x \to 3} ([x]^2 + a[x] + 1)$의 값이 존재하려면

$\lim\limits_{x \to 3+} ([x]^2 + a[x] + 1) = \lim\limits_{x \to 3-} ([x]^2 + a[x] + 1)$이어야 하므로

$10+3a=5+2a$

$\therefore a=-5$

❕

단계	채점 요소	비율
㉮	주어진 식의 우극한, 좌극한에 대한 식 정리하기	40%
㉯	a의 값 구하기	60%

❗ -5

020

$f(x)-g(x)=h(x)$라 하면 $g(x)=f(x)-h(x)$이고 $\lim\limits_{x\to\infty}h(x)=2$이다.

$$\begin{aligned}\therefore \lim_{x\to\infty}\frac{f(x)-3g(x)}{3f(x)-g(x)}&=\lim_{x\to\infty}\frac{f(x)-3\{f(x)-h(x)\}}{3f(x)-\{f(x)-h(x)\}}\\&=\lim_{x\to\infty}\frac{-2f(x)+3h(x)}{2f(x)+h(x)}\\&=\frac{-2\lim\limits_{x\to\infty}f(x)+3\lim\limits_{x\to\infty}h(x)}{2\lim\limits_{x\to\infty}f(x)+\lim\limits_{x\to\infty}h(x)}\\&=\frac{-2\times1+3\times2}{2\times1+2}=1\end{aligned}$$

다른 풀이

$f(x)-g(x)=h(x)$라 하면 $g(x)=f(x)-h(x)$이고 $\lim\limits_{x\to\infty}h(x)=2$이다. 이때,

$$\begin{aligned}\lim_{x\to\infty}g(x)&=\lim_{x\to\infty}\{f(x)-h(x)\}\\&=\lim_{x\to\infty}f(x)-\lim_{x\to\infty}h(x)\\&=1-2=-1\end{aligned}$$

$$\begin{aligned}\therefore \lim_{x\to\infty}\frac{f(x)-3g(x)}{3f(x)-g(x)}&=\frac{\lim\limits_{x\to\infty}f(x)-3\lim\limits_{x\to\infty}g(x)}{3\lim\limits_{x\to\infty}f(x)-\lim\limits_{x\to\infty}g(x)}\\&=\frac{1-3\times(-1)}{3\times1-(-1)}=1\end{aligned}$$

❗ ④

021

$\lim\limits_{x\to0}\dfrac{x^2+3f(x)}{2x^2-f(x)}$의 분자, 분모를 x^2으로 나누면

$$\begin{aligned}\lim_{x\to0}\frac{x^2+3f(x)}{2x^2-f(x)}&=\lim_{x\to0}\frac{1+3\times\dfrac{f(x)}{x^2}}{2-\dfrac{f(x)}{x^2}}\\&=\frac{\lim\limits_{x\to0}1+3\lim\limits_{x\to0}\dfrac{f(x)}{x^2}}{\lim\limits_{x\to0}2-\lim\limits_{x\to0}\dfrac{f(x)}{x^2}}\\&=\frac{1+3a}{2-a}=-2\end{aligned}$$

이므로 $1+3a=-4+2a$

$\therefore a=-5$

❗ ①

022

$x-3=t$로 놓으면 $x\to3$일 때 $t\to0$이므로

$$\begin{aligned}\lim_{x\to3}\frac{f(x-3)}{x^2+x-12}&=\lim_{x\to3}\frac{f(x-3)}{(x-3)(x+4)}\\&=\lim_{t\to0}\frac{f(t)}{t(t+7)}\\&=\lim_{x\to0}\frac{f(x)}{x(x+7)}\end{aligned}$$

$$\begin{aligned}&=\lim_{x\to0}\frac{f(x)}{x}\times\lim_{x\to0}\frac{1}{x+7}\\&=7\times\frac{1}{7}=1\end{aligned}$$

❗ 1

023

$$\begin{aligned}\lim_{x\to a}\frac{x^3-a^3}{x-a}&=\lim_{x\to a}\frac{(x-a)(x^2+ax+a^2)}{x-a}\\&=\lim_{x\to a}(x^2+ax+a^2)\\&=a^2+a^2+a^2\\&=3a^2=12\end{aligned}$$

즉, $a^2=4$에서 $a=2$ $(\because a>0)$

$$\begin{aligned}\therefore \lim_{x\to a}\frac{x^3-ax^2+a^2x-a^3}{x-a}&=\lim_{x\to2}\frac{x^3-2x^2+4x-8}{x-2}\\&=\lim_{x\to2}\frac{(x-2)(x^2+4)}{x-2}\\&=\lim_{x\to2}(x^2+4)\\&=4+4=8\end{aligned}$$

❗ ④

024

$$\begin{aligned}\lim_{x\to1}\frac{\sqrt{x+3}-2}{x^2-1}&=\lim_{x\to1}\frac{(\sqrt{x+3}-2)(\sqrt{x+3}+2)}{(x^2-1)(\sqrt{x+3}+2)}\\&=\lim_{x\to1}\frac{x-1}{(x+1)(x-1)(\sqrt{x+3}+2)}\\&=\lim_{x\to1}\frac{1}{(x+1)(\sqrt{x+3}+2)}\\&=\frac{1}{2(\sqrt{4}+2)}=\frac{1}{8}\end{aligned}$$

❗ ①

025

(ⅰ) $x\to1-$일 때, $-1<x<1$에서 $x^2-1<0$이므로

$$\begin{aligned}\lim_{x\to1-}\frac{x^2-x}{|x^2-1|}&=\lim_{x\to1-}\frac{x^2-x}{-(x^2-1)}\\&=\lim_{x\to1-}\frac{x(x-1)}{-(x+1)(x-1)}\\&=\lim_{x\to1-}\frac{x}{-(x+1)}\\&=-\frac{1}{2}\end{aligned}$$

(ⅱ) $x\to1+$일 때, $x>1$에서 $x-1>0$이므로

$$\lim_{x\to1+}\frac{x-1+|x-1|}{x-1}=\lim_{x\to1+}\frac{x-1+(x-1)}{x-1}=\lim_{x\to1+}\frac{2(x-1)}{x-1}=2$$

(ⅰ), (ⅱ)에서 $\lim\limits_{x\to1-}\dfrac{x^2-x}{|x^2-1|}=-\dfrac{1}{2}$, $\lim\limits_{x\to1+}\dfrac{x-1+|x-1|}{x-1}=2$이므로

$a=-\dfrac{1}{2}$, $b=2$

$\therefore a+b=-\dfrac{1}{2}+2=\dfrac{3}{2}$

❗ $\dfrac{3}{2}$

026

$-x=t$로 놓으면 $x\to-\infty$일 때 $t\to\infty$이므로

$$\begin{aligned}\lim_{x\to-\infty}\frac{x+1}{\sqrt{x^2+x}-2x}&=\lim_{t\to\infty}\frac{-t+1}{\sqrt{(-t)^2+(-t)}-2(-t)}\\&=\lim_{t\to\infty}\frac{-t+1}{\sqrt{t^2-t}+2t}\\&=\lim_{t\to\infty}\frac{-1+\dfrac{1}{t}}{\sqrt{1-\dfrac{1}{t}}+2}\end{aligned}$$

$$= \frac{-1}{1+2} = -\frac{1}{3}$$

다른 풀이

$x<0$일 때, $\sqrt{x^2}=|x|=-x$이므로

$$\sqrt{x^2+x}=\sqrt{x^2\left(1+\frac{1}{x}\right)}=-x\sqrt{1+\frac{1}{x}}$$

$$\therefore \lim_{x\to-\infty}\frac{x+1}{\sqrt{x^2+x}-2x}=\lim_{x\to-\infty}\frac{x+1}{-x\sqrt{1+\frac{1}{x}}-2x}$$

$$=\lim_{x\to-\infty}\frac{1+\frac{1}{x}}{-\sqrt{1+\frac{1}{x}}-2}$$

$$=\frac{1}{-1-2}=-\frac{1}{3}$$ **답** ②

027

$$\lim_{x\to\infty}\frac{10x}{\sqrt{9x^2-x}+\sqrt{4x^2-1}}=\lim_{x\to\infty}\frac{10}{\sqrt{9-\frac{1}{x}}+\sqrt{4-\frac{1}{x^2}}}$$

$$=\frac{10}{\sqrt{9}+\sqrt{4}}=2$$ **답** ⑤

028

$$\lim_{x\to\infty}\frac{\sqrt{x+a}-\sqrt{x+b}}{\sqrt{4x+a}-\sqrt{4x+b}}$$

$$=\lim_{x\to\infty}\frac{(\sqrt{x+a}-\sqrt{x+b})(\sqrt{x+a}+\sqrt{x+b})(\sqrt{4x+a}+\sqrt{4x+b})}{(\sqrt{4x+a}-\sqrt{4x+b})(\sqrt{4x+a}+\sqrt{4x+b})(\sqrt{x+a}+\sqrt{x+b})}$$

$$=\lim_{x\to\infty}\frac{(a-b)(\sqrt{4x+a}+\sqrt{4x+b})}{(a-b)(\sqrt{x+a}+\sqrt{x+b})}$$

$$=\lim_{x\to\infty}\frac{\sqrt{4x+a}+\sqrt{4x+b}}{\sqrt{x+a}+\sqrt{x+b}}$$

$$=\lim_{x\to\infty}\frac{\sqrt{4+\frac{a}{x}}+\sqrt{4+\frac{b}{x}}}{\sqrt{1+\frac{a}{x}}+\sqrt{1+\frac{b}{x}}}$$

$$=\frac{\sqrt{4}+\sqrt{4}}{1+1}=2$$ **답** 2

029

$$\lim_{x\to\infty}(\sqrt{x^2-3x}-\sqrt{x^2+3x})$$

$$=\lim_{x\to\infty}\frac{(\sqrt{x^2-3x}-\sqrt{x^2+3x})(\sqrt{x^2-3x}+\sqrt{x^2+3x})}{\sqrt{x^2-3x}+\sqrt{x^2+3x}}$$

$$=\lim_{x\to\infty}\frac{-6x}{\sqrt{x^2-3x}+\sqrt{x^2+3x}}$$

$$=\lim_{x\to\infty}\frac{-6}{\sqrt{1-\frac{3}{x}}+\sqrt{1+\frac{3}{x}}}$$

$$=\frac{-6}{1+1}=-3$$ **답** ①

030

$$\lim_{x\to\infty}\frac{1}{x-\sqrt{x^2-2x+3}}=\lim_{x\to\infty}\frac{x+\sqrt{x^2-2x+3}}{(x-\sqrt{x^2-2x+3})(x+\sqrt{x^2-2x+3})}$$

$$=\lim_{x\to\infty}\frac{x+\sqrt{x^2-2x+3}}{x^2-(x^2-2x+3)}$$

$$=\lim_{x\to\infty}\frac{x+\sqrt{x^2-2x+3}}{2x-3}$$

$$=\lim_{x\to\infty}\frac{1+\sqrt{1-\frac{2}{x}+\frac{3}{x^2}}}{2-\frac{3}{x}}$$

$$=\frac{1+1}{2}=1$$ **답** ⑤

031

$$\lim_{x\to\infty}(\sqrt{x^2+ax}-\sqrt{x^2-ax})$$

$$=\lim_{x\to\infty}\frac{(\sqrt{x^2+ax}-\sqrt{x^2-ax})(\sqrt{x^2+ax}+\sqrt{x^2-ax})}{\sqrt{x^2+ax}+\sqrt{x^2-ax}}$$

$$=\lim_{x\to\infty}\frac{2ax}{\sqrt{x^2+ax}+\sqrt{x^2-ax}}$$

$$=\lim_{x\to\infty}\frac{2a}{\sqrt{1+\frac{a}{x}}+\sqrt{1-\frac{a}{x}}}$$

$$=\frac{2a}{1+1}=5$$

즉, $2a=10$이므로

$a=5$ **답** 5

032

$$\lim_{x\to0}\frac{2}{x}\left(\frac{1}{\sqrt{x+4}}-\frac{1}{2}\right)=\lim_{x\to0}\left(\frac{2}{x}\times\frac{2-\sqrt{x+4}}{2\sqrt{x+4}}\right)$$

$$=\lim_{x\to0}\left(\frac{1}{x}\times\frac{2-\sqrt{x+4}}{\sqrt{x+4}}\right)$$

$$=\lim_{x\to0}\left\{\frac{1}{x}\times\frac{(2-\sqrt{x+4})(2+\sqrt{x+4})}{\sqrt{x+4}(2+\sqrt{x+4})}\right\}$$

$$=\lim_{x\to0}\left\{\frac{1}{x}\times\frac{-x}{\sqrt{x+4}(2+\sqrt{x+4})}\right\}$$

$$=\lim_{x\to0}\frac{-1}{\sqrt{x+4}(2+\sqrt{x+4})}$$

$$=\frac{-1}{\sqrt{4}(2+\sqrt{4})}=-\frac{1}{8}$$ **답** ②

033

$$\lim_{x\to0}\frac{1}{x}\left\{\frac{1}{4}-\frac{1}{(x+2)^2}\right\}=\lim_{x\to0}\left\{\frac{1}{x}\times\frac{(x+2)^2-4}{4(x+2)^2}\right\}$$

$$=\lim_{x\to0}\left\{\frac{1}{x}\times\frac{x^2+4x}{4(x+2)^2}\right\}$$

$$=\lim_{x\to0}\frac{x+4}{4(x+2)^2}$$

$$=\frac{4}{4\times4}=\frac{1}{4}$$ **답** ①

034

$$\lim_{x\to\infty}x^2\left(1-\frac{x}{\sqrt{x^2+1}}\right)=\lim_{x\to\infty}\left(x^2\times\frac{\sqrt{x^2+1}-x}{\sqrt{x^2+1}}\right)$$

$$=\lim_{x\to\infty}\left\{x^2\times\frac{(\sqrt{x^2+1}-x)(\sqrt{x^2+1}+x)}{\sqrt{x^2+1}(\sqrt{x^2+1}+x)}\right\}$$

$$=\lim_{x\to\infty}\frac{x^2}{\sqrt{x^2+1}(\sqrt{x^2+1}+x)}$$

$$=\lim_{x\to\infty}\frac{x^2}{x\sqrt{1+\frac{1}{x^2}}\left(x\sqrt{1+\frac{1}{x^2}}+x\right)}$$

$$= \lim_{x \to \infty} \frac{x^2}{x^2 \sqrt{1 + \frac{1}{x^2}} \left(\sqrt{1 + \frac{1}{x^2}} + 1 \right)}$$

$$= \lim_{x \to \infty} \frac{1}{\sqrt{1 + \frac{1}{x^2}} \left(\sqrt{1 + \frac{1}{x^2}} + 1 \right)}$$

$$= \frac{1}{1 \times (1+1)} = \frac{1}{2}$$

답 $\frac{1}{2}$

035

$\lim\limits_{x \to 1} \dfrac{x^2 + ax + b}{x-1} = 4$에서 $x \to 1$일 때 (분모) $\to 0$이고 극한값이 존재하므로 (분자) $\to 0$이다.

즉, $\lim\limits_{x \to 1} (x^2 + ax + b) = 0$이므로 $1 + a + b = 0$

$\therefore b = -a - 1$ ...... ㉠

㉠을 주어진 식에 대입하면

$$\lim_{x \to 1} \frac{x^2 + ax + b}{x-1} = \lim_{x \to 1} \frac{x^2 + ax - a - 1}{x-1}$$

$$= \lim_{x \to 1} \frac{(x-1)(x+a+1)}{x-1}$$

$$= \lim_{x \to 1} (x + a + 1)$$

$$= a + 2 = 4$$

따라서 $a = 2$, $b = -3$이므로

$ab = 2 \times (-3) = -6$

답 ①

036

$\lim\limits_{x \to 3} \dfrac{x^2 + x - 12}{x^2 - a}$에서 $x \to 3$일 때 (분자) $\to 0$이고 0이 아닌 극한값이 존재하므로 (분모) $\to 0$이다.

즉, $\lim\limits_{x \to 3} (x^2 - a) = 0$이므로 $9 - a = 0$ $\therefore a = 9$

$$\therefore \lim_{x \to 2} \frac{x^2 - 16}{x^2 - ax + 20} = \lim_{x \to 2} \frac{x^2 - 16}{x^2 - 9x + 20}$$

$$= \lim_{x \to 2} \frac{(x+4)(x-4)}{(x-4)(x-5)}$$

$$= \lim_{x \to 2} \frac{x+4}{x-5} = \frac{6}{-3} = -2$$

답 ①

037

$\lim\limits_{x \to 0} \dfrac{f(x)}{x} = 2$에서 $x \to 0$일 때 (분모) $\to 0$이고 극한값이 존재하므로 (분자) $\to 0$이다.

즉, $\lim\limits_{x \to 0} f(x) = 0$이므로 $f(0) = 0$

또한 $\lim\limits_{x \to 1} \dfrac{f(x)}{x-1} = -1$에서 $x \to 1$일 때 (분모) $\to 0$이고 극한값이 존재하므로 (분자) $\to 0$이다.

즉, $\lim\limits_{x \to 1} f(x) = 0$이므로 $f(1) = 0$

이때, $f(x)$는 삼차함수이므로

$f(x) = x(x-1)(ax+b)$ (a, b는 상수, $a \neq 0$)라 하면

$$\lim_{x \to 0} \frac{f(x)}{x} = \lim_{x \to 0} \frac{x(x-1)(ax+b)}{x}$$

$$= \lim_{x \to 0} (x-1)(ax+b)$$

$$= -b = 2$$

$\therefore b = -2$

$$\lim_{x \to 1} \frac{f(x)}{x-1} = \lim_{x \to 1} \frac{x(x-1)(ax-2)}{x-1}$$

$$= \lim_{x \to 1} x(ax-2)$$

$$= a - 2 = -1$$

$\therefore a = 1$

$$\therefore \lim_{x \to 2} \frac{f(x)}{x-2} = \lim_{x \to 2} \frac{x(x-1)(x-2)}{x-2}$$

$$= \lim_{x \to 2} x(x-1)$$

$$= 2 \times 1 = 2$$

답 2

038

$\lim\limits_{x \to \infty} \dfrac{f(x)}{x^2 + 1} = 1$에서 $f(x)$는 이차항의 계수가 1인 이차식임을 알 수 있다.

또한 $\lim\limits_{x \to 2} \dfrac{f(x)}{x^2 - 4} = -1$에서 $x \to 2$일 때 (분모) $\to 0$이고 극한값이 존재하므로 (분자) $\to 0$이다.

즉, $\lim\limits_{x \to 2} f(x) = 0$이므로 $f(2) = 0$

이때, $f(x) = (x-2)(x+a)$ (a는 상수)라 하면

$$\lim_{x \to 2} \frac{f(x)}{x^2 - 4} = \lim_{x \to 2} \frac{(x-2)(x+a)}{(x+2)(x-2)}$$

$$= \lim_{x \to 2} \frac{x+a}{x+2}$$

$$= \frac{a+2}{4} = -1$$

이므로 $a + 2 = -4$ $\therefore a = -6$

따라서 $f(x) = (x-2)(x-6)$이므로

$f(-2) = -4 \times (-8) = 32$

답 ③

039

$\lim\limits_{x \to \infty} \dfrac{f(x)}{2x+1} = \dfrac{3}{2}$에서 $f(x)$는 일차항의 계수가 3인 일차식임을 알 수 있다.

즉, $f(x) = 3x + a$ (a는 상수)라 하면 $f(1) = 4$이므로

$3 + a = 4$ $\therefore a = 1$

따라서 $f(x) = 3x + 1$이므로

$f(-1) = -3 + 1 = -2$

답 ①

040

조건 ㈎에서 $f(x)$는 삼차항의 계수가 1, 이차항의 계수가 2인 삼차식임을 알 수 있으므로 $f(x) = x^3 + 2x^2 + ax + b$ (a, b는 상수)라 하자.

또한 조건 ㈏에서 $x \to 0$일 때 (분모) $\to 0$이고 극한값이 존재하므로 (분자) $\to 0$이다.

즉, $\lim\limits_{x \to 0} f(x) = 0$이므로 $f(0) = 0$ $\therefore b = 0$

$f(x) = x^3 + 2x^2 + ax$이므로

$$\lim_{x \to 0} \frac{f(x)}{x} = \lim_{x \to 0} \frac{x^3 + 2x^2 + ax}{x}$$

$$= \lim_{x \to 0} (x^2 + 2x + a)$$

$$= a = 3$$

따라서 $f(x) = x^3 + 2x^2 + 3x$이므로

$f(1) = 1 + 2 + 3 = 6$

답 6

041

$x>0$이므로 주어진 부등식의 각 변에 x를 곱하면

$$\frac{x^2}{x^2+2x+3}<xf(x)<\frac{x^2}{x^2+2x+2}$$

이때, $\displaystyle\lim_{x\to\infty}\frac{x^2}{x^2+2x+3}=\lim_{x\to\infty}\frac{x^2}{x^2+2x+2}=1$이므로

$$\lim_{x\to\infty}xf(x)=1$$

답 ④

042

임의의 실수 x에 대하여 $x^2+1>0$이므로 주어진 부등식의 각 변을 x^2+1로 나누면

$$\frac{3x^2-1}{x^2+1}\le f(x)\le\frac{3x^2+2}{x^2+1}$$

이때, $\displaystyle\lim_{x\to\infty}\frac{3x^2-1}{x^2+1}=\lim_{x\to\infty}\frac{3x^2+2}{x^2+1}=3$이므로

$$\lim_{x\to\infty}f(x)=3$$

답 ②

043

$x>1$에서 $x-1>0$이므로 주어진 부등식의 각 변을 $x-1$로 나누면

$$\frac{x^2-1}{(x-1)(2x+3)}<\frac{f(x)}{x-1}<\frac{x^3-x^2+x-1}{(x-1)(2x^2+1)}$$

이때,

$$\lim_{x\to\infty}\frac{x^2-1}{(x-1)(2x+3)}=\lim_{x\to\infty}\frac{(x+1)(x-1)}{(x-1)(2x+3)}$$
$$=\lim_{x\to\infty}\frac{x+1}{2x+3}=\frac{1}{2}$$

이고

$$\lim_{x\to\infty}\frac{x^3-x^2+x-1}{(x-1)(2x^2+1)}=\lim_{x\to\infty}\frac{(x-1)(x^2+1)}{(x-1)(2x^2+1)}$$
$$=\lim_{x\to\infty}\frac{x^2+1}{2x^2+1}=\frac{1}{2}$$

이므로 $\displaystyle\lim_{x\to\infty}\frac{f(x)}{x-1}=\frac{1}{2}$

답 $\dfrac{1}{2}$

044

곡선 $y=x^2$ 위의 한 점 $P(a,\ a^2)$에 대하여 선분 OP의 중점을 M이라 하면 점 M의 좌표는 $M\left(\dfrac{a}{2},\ \dfrac{a^2}{2}\right)$이다.

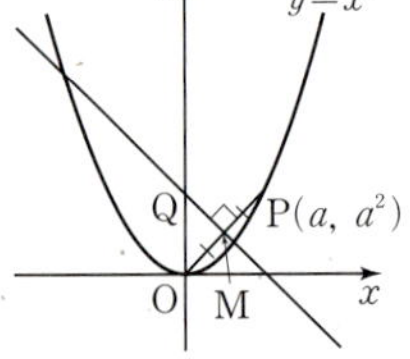

또한 직선 OP의 기울기는 $\dfrac{a^2}{a}=a$이므로 직선 QM의 기울기는 $-\dfrac{1}{a}$이다.

즉, 직선 QM의 방정식은

$$y-\frac{a^2}{2}=-\frac{1}{a}\left(x-\frac{a}{2}\right)$$에서 $$y=-\frac{1}{a}x+\frac{a^2}{2}+\frac{1}{2}$$

따라서 점 Q의 좌표는 $Q\left(0,\ \dfrac{a^2}{2}+\dfrac{1}{2}\right)$이므로 $\overline{OQ}=\dfrac{a^2}{2}+\dfrac{1}{2}$

$$\therefore\lim_{a\to0+}\overline{OQ}=\lim_{a\to0+}\left(\frac{a^2}{2}+\frac{1}{2}\right)=\frac{1}{2}$$

답 ④

045

점 P는 함수 $y=\sqrt{x}$의 그래프 위의 점이므로 점 P의 좌표를 $P(x,\ \sqrt{x})\ (x>1)$라 하면 점 Q의 좌표는 $Q(x,\ 1)$이므로

$$\overline{PQ}=\sqrt{x}-1,\ \overline{AQ}=x-1$$

$$\therefore\lim_{x\to1+}\frac{\overline{AQ}}{\overline{PQ}}=\lim_{x\to1+}\frac{x-1}{\sqrt{x}-1}$$
$$=\lim_{x\to1+}\frac{(x-1)(\sqrt{x}+1)}{(\sqrt{x}-1)(\sqrt{x}+1)}$$
$$=\lim_{x\to1+}\frac{(x-1)(\sqrt{x}+1)}{x-1}$$
$$=\lim_{x\to1+}(\sqrt{x}+1)=1+1=2$$

답 2

046

$\overline{AB}=1$, $\overline{BC}=x$이고, 삼각형 ABC는 직각삼각형이므로 $\overline{AC}=\sqrt{1-x^2}$

오른쪽 그림에서 내접원의 반지름의 길이를 r라 하면 삼각형 ABC의 넓이는

$$\frac{1}{2}\times\overline{AC}\times\overline{BC}=\frac{1}{2}\times r\times(\overline{AC}+\overline{BC}+\overline{AB})$$

$$\frac{1}{2}x\sqrt{1-x^2}=\frac{1}{2}r(\sqrt{1-x^2}+x+1)$$

$$\therefore r=\frac{x\sqrt{1-x^2}}{\sqrt{1-x^2}+x+1}$$

따라서 내접원의 둘레의 길이 l은

$$l=2\pi r=\frac{2\pi x\sqrt{1-x^2}}{\sqrt{1-x^2}+x+1}$$

$$\therefore\lim_{x\to0+}\frac{l}{x}=\lim_{x\to0+}\left(\frac{1}{x}\times\frac{2\pi x\sqrt{1-x^2}}{\sqrt{1-x^2}+x+1}\right)$$
$$=\lim_{x\to0+}\frac{2\pi\sqrt{1-x^2}}{\sqrt{1-x^2}+x+1}$$
$$=\frac{2\pi\sqrt{1}}{\sqrt{1}+1}=\pi$$

답 π

실력 콕콕
본문 p.16~17

047 ③	**048** ②	**049** ⑤	**050** ①	**051** ⑤	**052** ④
053 ①	**054** ③	**055** ①	**056** ③	**057** ④	**058** ②
059 $-\dfrac{11}{3}$	**060** ②	**061** $f(x)=2x^3-7x^2+6x$			
062 $-\dfrac{1}{4}$					

047

$$\lim_{x\to0+}f(x)g(x)=\lim_{x\to0+}f(x)\times\lim_{x\to0+}g(x)=0\times0=0$$
$$\lim_{x\to0-}f(x)g(x)=\lim_{x\to0-}f(x)\times\lim_{x\to0-}g(x)=1\times0=0$$
$$\therefore\lim_{x\to0}f(x)g(x)=0$$

또한

$$\lim_{x\to1+}\{f(x)+g(x)\}=\lim_{x\to1+}f(x)+\lim_{x\to1+}g(x)$$
$$=1+(-1)=0$$
$$\lim_{x\to1-}\{f(x)+g(x)\}=\lim_{x\to1-}f(x)+\lim_{x\to1-}g(x)$$
$$=-1+1=0$$
$$\therefore\lim_{x\to1}\{f(x)+g(x)\}=0$$
$$\therefore\lim_{x\to0}f(x)g(x)+\lim_{x\to1}\{f(x)+g(x)\}=0+0=0$$

답 ③

048

$\lim\limits_{x \to 1+} f(x) = \lim\limits_{x \to 1+} (x^2 + ax + 1) = a + 2$

$\lim\limits_{x \to 1-} f(x) = \lim\limits_{x \to 1-} (-x^2 + 5x - a) = 4 - a$

이때, $\lim\limits_{x \to 1} f(x)$의 값이 존재하므로 $\lim\limits_{x \to 1+} f(x) = \lim\limits_{x \to 1-} f(x)$이다.

즉, $a + 2 = 4 - a$이므로 $2a = 2$

$\therefore a = 1$ 답 ②

049

정수 k에 대하여 $\lim\limits_{x \to k+} [x] = k$, $\lim\limits_{x \to k-} [x] = k - 1$이고

$\lim\limits_{x \to k} f(x)$의 값이 존재하려면 $\lim\limits_{x \to k+} f(x) = \lim\limits_{x \to k-} f(x)$이어야 하므로

$\lim\limits_{x \to k+} \dfrac{[x]^2 + 2x}{[x]} = \dfrac{k^2 + 2k}{k} = k + 2$ (단, $k \neq 0$)

$\lim\limits_{x \to k-} \dfrac{[x]^2 + 2x}{[x]} = \dfrac{(k-1)^2 + 2k}{k-1} = \dfrac{k^2 + 1}{k - 1}$ (단, $k \neq 1$)

에서 $k + 2 = \dfrac{k^2 + 1}{k - 1}$

$k^2 + k - 2 = k^2 + 1$

$\therefore k = 3$ 답 ⑤

050

$\lim\limits_{x \to 3+} [x] = 3$, $\lim\limits_{x \to 3-} [x] = 2$이므로

$\lim\limits_{x \to 3+} f(x) = \lim\limits_{x \to 3+} ([x]^2 + a[x] - 2)$

$\qquad = 3^2 + 3a - 2 = 7 + 3a$

$\lim\limits_{x \to 3-} f(x) = \lim\limits_{x \to 3-} ([x]^2 + a[x] - 2)$

$\qquad = 2^2 + 2a - 2 = 2 + 2a$

이때, $\lim\limits_{x \to 3+} f(x) = \lim\limits_{x \to 3-} f(x)$이므로

$7 + 3a = 2 + 2a \qquad \therefore a = -5$ 답 ①

051

$x - 2 = t$로 놓으면 $x \to 2$일 때 $t \to 0$이므로

$\lim\limits_{x \to 2} \dfrac{f(x-2)}{x^2 - 3x + 2} = \lim\limits_{x \to 2} \dfrac{f(x-2)}{(x-1)(x-2)}$

$\qquad = \lim\limits_{t \to 0} \dfrac{f(t)}{t(t+1)}$

$\qquad = \lim\limits_{t \to 0} \dfrac{f(t)}{t} \times \lim\limits_{t \to 0} \dfrac{1}{t+1}$

$\qquad = 4 \times 1 = 4$ 답 ⑤

052

$\lim\limits_{x \to 1} \dfrac{x^3 - x^2 + x - 1}{\sqrt{x+3} - 2}$

$= \lim\limits_{x \to 1} \dfrac{(x-1)(x^2+1)(\sqrt{x+3}+2)}{(\sqrt{x+3}-2)(\sqrt{x+3}+2)}$

$= \lim\limits_{x \to 1} \dfrac{(x-1)(x^2+1)(\sqrt{x+3}+2)}{x-1}$

$= \lim\limits_{x \to 1} (x^2+1)(\sqrt{x+3}+2)$

$= 2(\sqrt{4}+2) = 8$ 답 ④

053

$-x = t$로 놓으면 $x \to -\infty$일 때 $t \to \infty$이므로

$\lim\limits_{x \to -\infty} \dfrac{1}{\sqrt{x^2 + 3x + 2} + x}$

$= \lim\limits_{t \to \infty} \dfrac{1}{\sqrt{t^2 - 3t + 2} - t}$

$= \lim\limits_{t \to \infty} \dfrac{\sqrt{t^2 - 3t + 2} + t}{(\sqrt{t^2 - 3t + 2} - t)(\sqrt{t^2 - 3t + 2} + t)}$

$= \lim\limits_{t \to \infty} \dfrac{\sqrt{t^2 - 3t + 2} + t}{-3t + 2} = \lim\limits_{t \to \infty} \dfrac{\sqrt{1 - \dfrac{3}{t} + \dfrac{2}{t^2}} + 1}{-3 + \dfrac{2}{t}}$

$= \dfrac{1+1}{-3} = -\dfrac{2}{3}$ 답 ①

054

$\lim\limits_{x \to \infty} (\sqrt{4x^2 + ax} - 2x)$

$= \lim\limits_{x \to \infty} \dfrac{(\sqrt{4x^2 + ax} - 2x)(\sqrt{4x^2 + ax} + 2x)}{\sqrt{4x^2 + ax} + 2x}$

$= \lim\limits_{x \to \infty} \dfrac{ax}{\sqrt{4x^2 + ax} + 2x} = \lim\limits_{x \to \infty} \dfrac{a}{\sqrt{4 + \dfrac{a}{x}} + 2}$

$= \dfrac{a}{\sqrt{4} + 2} = \dfrac{a}{4} = 5$

$\therefore a = 20$ 답 ③

055

$\lim\limits_{x \to 3} \dfrac{\sqrt{x^2 + x + 4} + ax}{x - 3} = b$에서 $x \to 3$일 때 (분모)$\to 0$이고 극한값이 존재하므로 (분자)$\to 0$이다.

즉, $\lim\limits_{x \to 3} (\sqrt{x^2 + x + 4} + ax) = 0$이므로 $\sqrt{16} + 3a = 0 \qquad \therefore a = -\dfrac{4}{3}$

$a = -\dfrac{4}{3}$를 주어진 식에 대입하면

$\lim\limits_{x \to 3} \dfrac{\sqrt{x^2 + x + 4} - \dfrac{4}{3}x}{x - 3}$

$= \lim\limits_{x \to 3} \dfrac{\left(\sqrt{x^2 + x + 4} - \dfrac{4}{3}x\right)\left(\sqrt{x^2 + x + 4} + \dfrac{4}{3}x\right)}{(x-3)\left(\sqrt{x^2 + x + 4} + \dfrac{4}{3}x\right)}$

$= \lim\limits_{x \to 3} \dfrac{-\dfrac{7}{9}x^2 + x + 4}{(x-3)\left(\sqrt{x^2 + x + 4} + \dfrac{4}{3}x\right)}$

$= \lim\limits_{x \to 3} \dfrac{-\dfrac{1}{9}(7x^2 - 9x - 36)}{(x-3)\left(\sqrt{x^2 + x + 4} + \dfrac{4}{3}x\right)}$

$= \lim\limits_{x \to 3} \dfrac{-\dfrac{1}{9}(x-3)(7x+12)}{(x-3)\left(\sqrt{x^2 + x + 4} + \dfrac{4}{3}x\right)}$

$= -\dfrac{1}{9} \lim\limits_{x \to 3} \dfrac{7x + 12}{\sqrt{x^2 + x + 4} + \dfrac{4}{3}x}$

$= -\dfrac{1}{9} \times \dfrac{21 + 12}{\sqrt{16} + 4} = -\dfrac{11}{24} = b$

$$\therefore 3a-24b=3\times\left(-\frac{4}{3}\right)-24\times\left(-\frac{11}{24}\right)=7 \qquad \text{답 } ①$$

056

$\displaystyle\lim_{x\to1}\frac{\sqrt{2(x+1)}-\sqrt{x+a}}{x^2-1}=b$에서 $x\to1$일 때 (분모)$\to0$이고 극한값이

존재하므로 (분자)$\to0$이다.

즉, $\displaystyle\lim_{x\to1}\{\sqrt{2(x+1)}-\sqrt{x+a}\}=0$이므로 $\sqrt{4}-\sqrt{1+a}=0$

$\therefore a=3$

$a=3$을 주어진 식에 대입하면

$$\lim_{x\to1}\frac{\sqrt{2(x+1)}-\sqrt{x+3}}{x^2-1}$$

$$=\lim_{x\to1}\frac{\{\sqrt{2(x+1)}-\sqrt{x+3}\}\{\sqrt{2(x+1)}+\sqrt{x+3}\}}{(x+1)(x-1)\{\sqrt{2(x+1)}+\sqrt{x+3}\}}$$

$$=\lim_{x\to1}\frac{x-1}{(x+1)(x-1)\{\sqrt{2(x+1)}+\sqrt{x+3}\}}$$

$$=\lim_{x\to1}\frac{1}{(x+1)\{\sqrt{2(x+1)}+\sqrt{x+3}\}}$$

$$=\frac{1}{2(\sqrt{4}+\sqrt{4})}=\frac{1}{8}=b$$

$$\therefore ab=3\times\frac{1}{8}=\frac{3}{8} \qquad \text{답 } ③$$

057

$\displaystyle\lim_{x\to-1}\frac{f(x)+2}{x+1}=4$에서 $x\to-1$일 때 (분모)$\to0$이고 극한값이 존재하므

로 (분자)$\to0$이다.

즉, $\displaystyle\lim_{x\to-1}\{f(x)+2\}=0$이므로 $\displaystyle\lim_{x\to-1}f(x)=-2$

$$\therefore \lim_{x\to-1}\frac{\{f(x)\}^2+2f(x)}{x^2-1}=\lim_{x\to-1}\frac{f(x)\{f(x)+2\}}{(x+1)(x-1)}$$

$$=\lim_{x\to-1}\frac{f(x)+2}{x+1}\times\lim_{x\to-1}\frac{f(x)}{x-1}$$

$$=4\times\frac{-2}{-2}=4 \qquad \text{답 } ④$$

058

$$\lim_{x\to1}\frac{f(x-1)+g(2-x)}{x^2-1}$$

$$=\lim_{x\to1}\frac{f(x-1)}{(x+1)(x-1)}+\lim_{x\to1}\frac{g(2-x)}{(x+1)(x-1)}$$

이때, $\displaystyle\lim_{x\to1}\frac{f(x-1)}{(x+1)(x-1)}$에서 $x-1=t$로 놓고

$\displaystyle\lim_{x\to1}\frac{g(2-x)}{(x+1)(x-1)}$에서 $2-x=s$로 놓으면

$x\to1$일 때 $t\to0$, $s\to1$이므로

$$\lim_{x\to1}\frac{f(x-1)}{(x+1)(x-1)}+\lim_{x\to1}\frac{g(2-x)}{(x+1)(x-1)}$$

$$=\lim_{t\to0}\frac{f(t)}{t(t+2)}+\lim_{s\to1}\frac{g(s)}{(3-s)(1-s)}$$

$$=\lim_{t\to0}\left\{\frac{f(t)}{t}\times\frac{1}{t+2}\right\}+\lim_{s\to1}\left\{\frac{g(s)}{s-1}\times\frac{1}{s-3}\right\}$$

$$=2\times\frac{1}{2}+4\times\left(-\frac{1}{2}\right)=-1 \qquad \text{답 } ②$$

059

조건 (나)에서 $2f(x)-g(x)=h(x)$라 하면

$g(x)=2f(x)-h(x)$이고 $\displaystyle\lim_{x\to\infty}h(x)=3$이다.

이때, 조건 (가)에서 $\displaystyle\lim_{x\to\infty}f(x)=\infty$이므로 $\displaystyle\lim_{x\to\infty}\frac{h(x)}{f(x)}=0$이다.

$$\therefore \lim_{x\to\infty}\frac{3f(x)+4g(x)}{f(x)-2g(x)}=\lim_{x\to\infty}\frac{3f(x)+4\{2f(x)-h(x)\}}{f(x)-2\{2f(x)-h(x)\}}$$

$$=\lim_{x\to\infty}\frac{11f(x)-4h(x)}{-3f(x)+2h(x)}$$

$$=\lim_{x\to\infty}\frac{11-4\times\dfrac{h(x)}{f(x)}}{-3+2\times\dfrac{h(x)}{f(x)}}$$

$$=\frac{11-4\times0}{-3+2\times0}=-\frac{11}{3} \qquad \text{답 } -\frac{11}{3}$$

060

삼각형 OPQ의 넓이 $A(x)$는

$$A(x)=\frac{1}{2}\times1\times y=\frac{1}{2}y=\frac{1}{2}x^2$$

또한 삼각형 OPR의 넓이 $B(x)$는

$$B(x)=\frac{1}{2}\times5\times x=\frac{5}{2}x$$

$$\therefore \lim_{x\to\infty}\frac{2xB(x)}{A(x)}=\lim_{x\to\infty}\frac{5x^2}{\dfrac{1}{2}x^2}=10 \qquad \text{답 } ②$$

061

$\displaystyle\lim_{x\to0}\frac{f(x)}{x}=6$에서 $x\to0$일 때 (분모)$\to0$이고 극한값이 존재하므로

(분자)$\to0$이다.

즉, $\displaystyle\lim_{x\to0}f(x)=0$이므로 $f(0)=0$

——————————————— (가)

또한 $\displaystyle\lim_{x\to2}\frac{f(x)}{x-2}=2$에서 $x\to2$일 때 (분모)$\to0$이고 극한값이 존재하므

로 (분자)$\to0$이다.

즉, $\displaystyle\lim_{x\to2}f(x)=0$이므로 $f(2)=0$

——————————————— (나)

이때, $f(x)$는 삼차함수이므로

$f(x)=x(x-2)(ax+b)$ (a, b는 상수, $a\neq0$)라 하면

$$\lim_{x\to0}\frac{f(x)}{x}=\lim_{x\to0}\frac{x(x-2)(ax+b)}{x}$$

$$=\lim_{x\to0}(x-2)(ax+b)$$

$$=-2b=6$$

$$\therefore b=-3$$

$$\lim_{x\to2}\frac{f(x)}{x-2}=\lim_{x\to2}\frac{x(x-2)(ax-3)}{x-2}$$

$$=\lim_{x\to2}x(ax-3)$$

$$=2(2a-3)=2$$

$2a-3=1 \qquad \therefore a=2$

따라서 $f(x)=x(x-2)(2x-3)$이므로

$f(x)=2x^3-7x^2+6x$

——————————————— (다)

단계	채점 요소	비율
㉮	$f(0)$의 값 구하기	30%
㉯	$f(2)$의 값 구하기	30%
㉰	$f(x)$ 구하기	40%

$$\text{답}\quad f(x)=2x^3-7x^2+6x$$

062

곡선 $y=2x^2$ 위를 움직이는 점 $\mathrm{P}(t,\,2t^2)$ $(t>0)$에 대하여
$$\overline{\mathrm{OP}}=\sqrt{t^2+(2t^2)^2}=\sqrt{4t^4+t^2}$$

㉮

직선 OP의 기울기가 $\dfrac{2t^2}{t}=2t$이므로 점 P를 지나고 선분 OP에 수직인 직선 l의 방정식은

$$y-2t^2=-\frac{1}{2t}(x-t)\text{에서}$$

$$y=-\frac{1}{2t}x+2t^2+\frac{1}{2}$$

따라서 점 Q의 좌표는 $\mathrm{Q}\!\left(0,\,2t^2+\dfrac{1}{2}\right)$이므로

$$\overline{\mathrm{OQ}}=2t^2+\frac{1}{2}$$

㉯

$$\therefore \lim_{t\to\infty}(\overline{\mathrm{OP}}-\overline{\mathrm{OQ}})$$
$$=\lim_{t\to\infty}\left\{\sqrt{4t^4+t^2}-\left(2t^2+\frac{1}{2}\right)\right\}$$
$$=\lim_{t\to\infty}\frac{\left\{\sqrt{4t^4+t^2}-\left(2t^2+\frac{1}{2}\right)\right\}\left\{\sqrt{4t^4+t^2}+\left(2t^2+\frac{1}{2}\right)\right\}}{\sqrt{4t^4+t^2}+2t^2+\frac{1}{2}}$$
$$=\lim_{t\to\infty}\frac{4t^4+t^2-4t^4-2t^2-\frac{1}{4}}{\sqrt{4t^4+t^2}+2t^2+\frac{1}{2}}$$
$$=\lim_{t\to\infty}\frac{-t^2-\frac{1}{4}}{\sqrt{4t^4+t^2}+2t^2+\frac{1}{2}}$$
$$=\lim_{t\to\infty}\frac{-1-\frac{1}{4t^2}}{\sqrt{4+\frac{1}{t^2}}+2+\frac{1}{2t^2}}$$
$$=\frac{-1}{\sqrt{4}+2}=-\frac{1}{4}$$

㉰

단계	채점 요소	비율
㉮	선분 OP를 t에 대한 식으로 정리하기	30%
㉯	선분 OQ를 t에 대한 식으로 정리하기	30%
㉰	$\lim\limits_{t\to\infty}(\overline{\mathrm{OP}}-\overline{\mathrm{OQ}})$의 값 구하기	40%

$$\text{답}\quad -\frac{1}{4}$$

02   함수의 연속

개념 콕콕   본문 **p.19**

063

(1) 함수 $f(x)$가 $x=0$에서 정의되어 있지 않다.

(2) $\lim\limits_{x\to0+}f(x)=1$, $\lim\limits_{x\to0-}f(x)=-1$이므로
$$\lim_{x\to0+}f(x)\neq\lim_{x\to0-}f(x)$$

(3) $f(0)=0$, $\lim\limits_{x\to0}f(x)=1$이므로
$$\lim_{x\to0}f(x)\neq f(0)$$

(4) 함수 $f(x)$가 $x=0$에서 정의되어 있지 않다.
$$\lim_{x\to0}f(x)=\infty\text{이므로 }\lim_{x\to0}f(x)\text{의 값이 존재하지 않는다.}$$

$$\text{답}\quad (1)\ \text{ㄱ}\quad (2)\ \text{ㄴ}\quad (3)\ \text{ㄷ}\quad (4)\ \text{ㄱ, ㄴ}$$

064

(1) $f(1)=3$, $\lim\limits_{x\to1}f(x)=3$이므로
$$\lim_{x\to1}f(x)=f(1)$$
따라서 함수 $f(x)$는 $x=1$에서 연속이다.

(2) $f(x)=\begin{cases} x-1 & (x\geq1) \\ -x+1 & (x<1) \end{cases}$
$$f(1)=0,\ \lim_{x\to1}f(x)=0\text{이므로}$$
$$\lim_{x\to1}f(x)=f(1)$$
따라서 함수 $f(x)$는 $x=1$에서 연속이다.

(3) 함수 $f(x)$가 $x=1$에서 정의되어 있지 않으므로 $f(x)$는 $x=1$에서 불연속이다.

(4) $f(1)=1$,
$$\lim_{x\to1}f(x)=\lim_{x\to1}\frac{x^2-1}{x-1}=\lim_{x\to1}\frac{(x+1)(x-1)}{x-1}$$
$$=\lim_{x\to1}(x+1)=1+1=2$$
이므로 $\lim\limits_{x\to1}f(x)\neq f(1)$
따라서 함수 $f(x)$는 $x=1$에서 불연속이다.

$$\text{답}\quad (1)\ \text{연속}\quad (2)\ \text{연속}\quad (3)\ \text{불연속}\quad (4)\ \text{불연속}$$

065

(1) 함수 $y=\sqrt{1-x}$의 정의역은 $1-x\geq0$에서 $x\leq1$인 x의 값들의 집합이므로
$$(-\infty,\,1]$$

(2) 함수 $y=\dfrac{1}{x-1}$의 정의역은 $x-1\neq0$, 즉 $x\neq1$인 x의 값들의 집합이므로
$$(-\infty,\,1)\cup(1,\,\infty)$$

$$\text{답}\quad (1)\ (-\infty,\,1]\quad (2)\ (-\infty,\,1)\cup(1,\,\infty)$$

066

(1) 함수 $y=x+2$는 모든 실수, 즉 구간 $(-\infty,\,\infty)$에서 연속이다.

(2) 함수 $y=\sqrt{x-2}$는 $x-2\geq0$일 때, 즉 구간 $[2,\,\infty)$에서 연속이다.

(3) 함수 $y=3$은 모든 실수, 즉 구간 $(-\infty,\,\infty)$에서 연속이다.

(4) 함수 $y=\dfrac{2}{x+1}$는 $x\neq-1$일 때, 즉 구간 $(-\infty,\,-1)\cup(-1,\,\infty)$에서 연속이다.

> 답 (1) $(-\infty,\,\infty)$ (2) $[2,\,\infty)$ (3) $(-\infty,\,\infty)$
> (4) $(-\infty,\,-1)\cup(-1,\,\infty)$

067

$f(1)=1,\ \displaystyle\lim_{x\to1}f(x)=\lim_{x\to1}(x-1)^2=0$이므로

$\displaystyle\lim_{x\to1}f(x)\neq f(1)$

따라서 함수 $f(x)$는 $x=1$에서 불연속이고 그 이외의 x의 값에서는 연속이다.

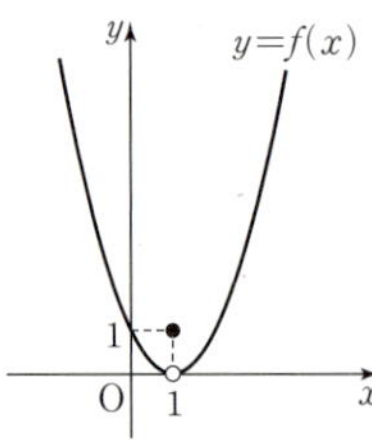

> 답 풀이 참조

068

ㄹ. 함수 $\dfrac{g(x)}{f(x)}$는 $f(x)=0$인 x에서 불연속이므로 실수 전체의 집합에서 연속인 함수가 아니다.

따라서 실수 전체의 집합에서 연속인 함수는 ㄱ, ㄴ, ㄷ이다.

> 답 ㄱ, ㄴ, ㄷ

069

(1) 함수 $f(x)=x^2-4x+1$은 닫힌구간 $[0,\,3]$에서 연속이므로 최대·최소 정리에 의하여 이 구간에서 최댓값과 최솟값을 갖는다.
따라서 함수 $y=f(x)$의 그래프가 오른쪽 그림과 같으므로 함수 $f(x)$는 $x=0$에서 최댓값 1, $x=2$에서 최솟값 -3을 갖는다.

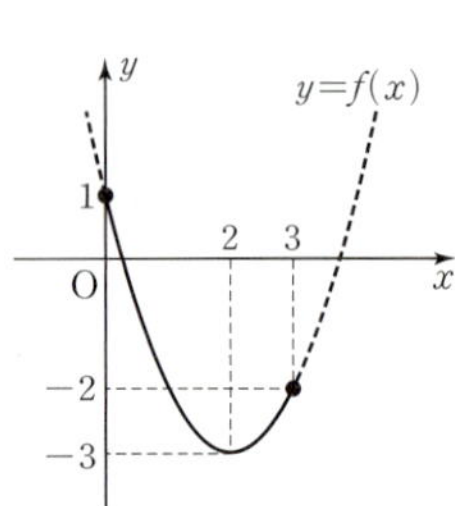

(2) 함수 $f(x)=\dfrac{1}{x-1}$은 닫힌구간 $[2,\,4]$에서 연속이므로 최대·최소 정리에 의하여 이 구간에서 최댓값과 최솟값을 갖는다.
따라서 함수 $y=f(x)$의 그래프가 오른쪽 그림과 같으므로 함수 $f(x)$는 $x=2$에서 최댓값 1, $x=4$에서 최솟값 $\dfrac{1}{3}$을 갖는다.

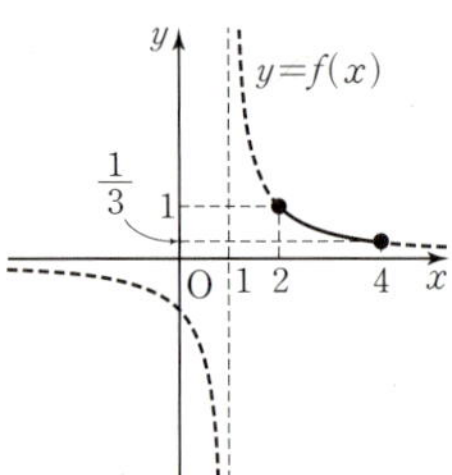

(3) 함수 $f(x)=\begin{cases}\dfrac{2}{x-1} & (x\neq1)\\ 0 & (x=1)\end{cases}$ 은 $x=1$에서 불연속이므로 최대·최소 정리를 적용할 수 없다.
실제로 함수 $y=f(x)$의 그래프가 오른쪽 그림과 같으므로 최댓값, 최솟값이 모두 존재하지 않는다.

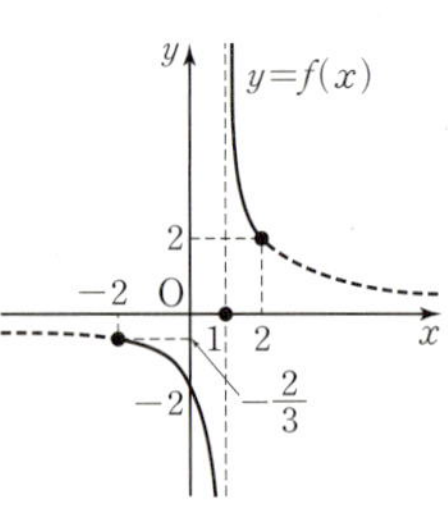

> 답 (1) 최댓값 1, 최솟값 -3
> (2) 최댓값 1, 최솟값 $\dfrac{1}{3}$
> (3) 최댓값, 최솟값이 모두 없다.

070

(1) $f(x)=x^2-4x+1$이라 하면 함수 $f(x)$는 닫힌구간 $[0,\,1]$에서 연속이고 $f(0)=1>0$, $f(1)=-2<0$이므로 사잇값 정리에 의하여 방정식 $f(x)=0$은 열린구간 $(0,\,1)$에서 적어도 하나의 실근을 갖는다.

(2) $f(x)=2x^3-x^2+x-3$이라 하면 함수 $f(x)$는 닫힌구간 $[1,\,2]$에서 연속이고 $f(1)=-1<0$, $f(2)=11>0$이므로 사잇값 정리에 의하여 방정식 $f(x)=0$은 열린구간 $(1,\,2)$에서 적어도 하나의 실근을 갖는다.

(3) $f(x)=x^4-3x^2-x+1$이라 하면 함수 $f(x)$는 닫힌구간 $[1,\,2]$에서 연속이고 $f(1)=-2<0$, $f(2)=3>0$이므로 사잇값 정리에 의하여 방정식 $f(x)=0$은 열린구간 $(1,\,2)$에서 적어도 하나의 실근을 갖는다.

> 답 풀이 참조

유형 콕콕
본문 p.20~25

071 ③	**072** ④	**073** ③	**074** ④	**075** ③	**076** 3
077 ③	**078** ③	**079** 3	**080** ⑤	**081** $-\dfrac{1}{2}$	
082 $12\sqrt{3}$	**083** ①	**084** ②	**085** -1	**086** ②	**087** -8
088 ①	**089** ④	**090** 3	**091** 1	**092** ①	**093** ⑤
094 0	**095** ㄱ, ㄴ, ㄷ		**096** ㄱ, ㄷ	**097** ㄱ, ㄷ	**098** 5
099 3	**100** ②	**101** ②	**102** ④	**103** ②	**104** ③
105 9					

071

ㄱ. 함수 $f(x)$가 모든 실수 x에서 연속이려면 $x=2$에서 연속이어야 한다. 이때, $f(2)=4$이고

$$\lim_{x\to2}f(x)=\lim_{x\to2}\frac{x^2-4}{x-2}=\lim_{x\to2}\frac{(x+2)(x-2)}{x-2}$$
$$=\lim_{x\to2}(x+2)=2+2=4$$

즉, $\displaystyle\lim_{x\to2}f(x)=f(2)$이므로 함수 $f(x)$는 $x=2$에서 연속이다.

그러므로 함수 $f(x)$는 모든 실수 x에서 연속이다.

ㄴ. 함수 $g(x)$가 모든 실수 x에서 연속이려면 $x=0$에서 연속이어야 한다.

이때, $\displaystyle\lim_{x\to0+}g(x)=\lim_{x\to0+}\frac{x}{x}=1$, $\displaystyle\lim_{x\to0-}g(x)=\lim_{x\to0-}\frac{-x}{x}=-1$

이므로 $\displaystyle\lim_{x\to0+}g(x)\neq\lim_{x\to0-}g(x)$

즉, $\displaystyle\lim_{x\to0}g(x)$의 값이 존재하지 않으므로 함수 $g(x)$는 $x=0$에서 불연속이다.

ㄷ. 함수 $h(x)$가 모든 실수 x에서 연속이려면 $x=1$에서 연속이어야 한다.
이때, $h(1)=0$이고 $\displaystyle\lim_{x\to1+}h(x)=\lim_{x\to1+}\sqrt{x-1}=0$,

$\displaystyle\lim_{x\to1-}h(x)=\lim_{x\to1-}(-x+1)=0$이므로 $\displaystyle\lim_{x\to1}h(x)=0$

즉, $\displaystyle\lim_{x\to1}h(x)=h(1)$이므로 함수 $h(x)$는 $x=1$에서 연속이다.

그러므로 함수 $h(x)$는 모든 실수 x에서 연속이다.

따라서 모든 실수 x에서 연속인 함수는 ㄱ, ㄷ이다. > 답 ③

072

① 함수 $f(x)=\dfrac{1}{x-3}$은 $x=3$에서 정의되지 않으므로 $x=3$에서 불연속

이고 그 이외의 점에서는 연속이다.

② 함수 $f(x)=\dfrac{x^2-1}{x-1}=\dfrac{(x+1)(x-1)}{x-1}$은 $x=1$에서 정의되지 않으므

로 $x=1$에서 불연속이고 그 이외의 점에서는 연속이다.

③ 함수 $f(x)=\sqrt{x+2}$는 정의역 $[-2, \infty)$에서 연속이다.

④ $f(0)=0$이고

$$\lim_{x\to 0+}f(x)=\lim_{x\to 0+}\frac{x^2}{|x|}=\lim_{x\to 0+}\frac{x^2}{x}=\lim_{x\to 0+}x=0,$$

$$\lim_{x\to 0-}f(x)=\lim_{x\to 0-}\frac{x^2}{|x|}=\lim_{x\to 0-}\frac{x^2}{-x}=\lim_{x\to 0-}(-x)=0$$

이므로 $\lim_{x\to 0}f(x)=0$

즉, $\lim_{x\to 0}f(x)=f(0)$이므로 함수 $f(x)$는 $x=0$에서 연속이다.

그러므로 함수 $f(x)$는 모든 실수 x에서 연속이다.

⑤ 함수 $y=f(x)$의 그래프가 오른쪽 그림과

같으므로 정수 n에 대하여

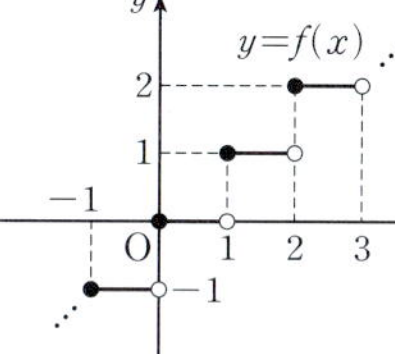

$$\lim_{x\to n+}f(x)=n,\ \lim_{x\to n-}f(x)=n-1$$

$$\therefore\ \lim_{x\to n+}f(x)\neq\lim_{x\to n-}f(x)$$

즉, 정수 n에 대하여 $\lim_{x\to n}f(x)$의 값이 존

재하지 않으므로 함수 $f(x)$는 $x=n$ (n은 정수)에서 불연속이고 그

이외의 점에서는 연속이다.

따라서 모든 실수 x에서 연속인 함수는 ④이다. **답** ④

073

함수 $f(x)$가 모든 실수 x에서 연속이므로 $x=a$에서 연속이다.

즉, $\lim_{x\to a}f(x)=f(a)$이다.

$$\therefore\ f(a)=\lim_{x\to a}\frac{x^3-a^3}{x-a}=\lim_{x\to a}\frac{(x-a)(x^2+ax+a^2)}{x-a}$$

$$=\lim_{x\to a}(x^2+ax+a^2)$$

$$=a^2+a^2+a^2=3a^2$$

답 ③

074

ㄱ. $\lim_{x\to 0+}f(x)=-1,\ \lim_{x\to 0-}f(x)=-1$이므로 $\lim_{x\to 0}f(x)=-1$

즉, $\lim_{x\to 0}f(x)$의 값이 존재한다. (참)

ㄴ. $\lim_{x\to -1+}f(x)=0,\ \lim_{x\to -1-}f(x)=1$이므로

$$\lim_{x\to -1+}f(x)\neq\lim_{x\to -1-}f(x)$$

즉, $\lim_{x\to -1}f(x)$의 값이 존재하지 않으므로 함수 $f(x)$는 $x=-1$에서 불

연속이다. (거짓)

ㄷ. $f(1)=-1,\ \lim_{x\to 1}f(x)=0$이므로 $\lim_{x\to 1}f(x)\neq f(1)$

즉, 함수 $f(x)$는 $x=1$에서 불연속이다. (참)

따라서 옳은 것은 ㄱ, ㄷ이다. **답** ④

075

ㄱ. $\lim_{x\to 0+}f(x)=0,\ \lim_{x\to 0-}f(x)=0$이므로 $\lim_{x\to 0}f(x)=0$

이때, $f(0)=0$이므로 $\lim_{x\to 0}f(x)=f(0)$ (참)

ㄴ. $\lim_{x\to 1+}f(x)=0,\ \lim_{x\to 1-}f(x)=-2$이므로

$$\lim_{x\to 1+}f(x)\neq\lim_{x\to 1-}f(x)$$

즉, $x=1$에서 함수 $f(x)$의 극한값은 존재하지 않는다. (거짓)

ㄷ. 함수 $y=f(x)$의 그래프가 $x=1$, $x=2$에서 끊어져 있으므로 함수

$f(x)$는 $x=1$, $x=2$에서 불연속이다.

그러므로 함수 $f(x)$가 불연속이 되는 점의 개수는 2이다. (참)

따라서 옳은 것은 ㄱ, ㄷ이다. **답** ③

076

함수 $y=f(x)$의 그래프가 $x=-1$, $x=0$, $x=1$에서 끊어져 있으므로 함

수 $f(x)$는 $x=-1$, $x=0$, $x=1$에서 불연속이다.

$$\therefore\ a=3$$

— — — — — — — — — — — — — — — — — — **가**

또한 $\lim_{x\to -1+}f(x)=0,\ \lim_{x\to -1-}f(x)=1$이므로

$$\lim_{x\to -1+}f(x)\neq\lim_{x\to -1-}f(x)$$

즉, $x=-1$에서 함수 $f(x)$의 극한값이 존재하지 않으므로

$b=1$

— — — — — — — — — — — — — — — — — — **나**

$$\therefore\ ab=3\times 1=3$$

— — — — — — — — — — — — — — — — — — **다**

단계	채점 요소	비율
가	a의 값 구하기	50%
나	b의 값 구하기	40%
다	ab의 값 구하기	10%

답 3

077

함수 $f(x)$가 실수 전체의 집합에서 연속이려면 $x=-1$, $x=2$에서 연속

이어야 한다.

함수 $f(x)$가 $x=-1$에서 연속이려면

$$\lim_{x\to -1+}f(x)=\lim_{x\to -1-}f(x)=f(-1)$$이어야 하므로

$1+3+b=-a+1$ $\therefore\ a+b=-3$ ······ ㉠

또한 함수 $f(x)$가 $x=2$에서 연속이려면

$$\lim_{x\to 2+}f(x)=\lim_{x\to 2-}f(x)=f(2)$$이어야 하므로

$2a+1=4-6+b$ $\therefore\ 2a-b=-3$ ······ ㉡

㉠, ㉡을 연립하여 풀면

$a=-2,\ b=-1$

$$\therefore\ ab=-2\times(-1)=2$$

답 ③

078

함수 $f(x)$가 $x=1$에서 연속이므로

$$\lim_{x\to 1+}f(x)=\lim_{x\to 1-}f(x)=f(1)$$

$1+1=1+a$ $\therefore\ a=1$

즉, $x\leq 1$일 때 $f(x)=x^2+1$이므로

$f(-1)=(-1)^2+1=2$

답 ③

079

함수 $f(x)$가 실수 전체의 집합에서 연속이므로 $x=-1$, $x=1$에서 연속

이다.

함수 $f(x)$가 $x=-1$에서 연속이므로
$$\lim_{x\to-1+}f(x)=\lim_{x\to-1-}f(x)=f(-1)$$
$1-2=-1+a$ $\quad\therefore a=0$
또한 함수 $f(x)$가 $x=1$에서 연속이므로
$$\lim_{x\to1+}f(x)=\lim_{x\to1-}f(x)=f(1)$$
$2-b=1-2$ $\quad\therefore b=3$
$\therefore a+b=0+3=3$

답 3

080

함수 $f(x)$가 $x=1$에서 연속이므로 $\lim\limits_{x\to1}f(x)=f(1)$이다.

$$\therefore \lim_{x\to1}\frac{x^2+ax-4}{x-1}=b \qquad \cdots\cdots \ \ominus$$

㉠에서 $x\to1$일 때 (분모)$\to0$이고 극한값이 존재하므로 (분자)$\to0$이다.
즉, $\lim\limits_{x\to1}(x^2+ax-4)=0$이므로
$1+a-4=0$ $\quad\therefore a=3$
$a=3$을 ㉠에 대입하면
$$\lim_{x\to1}\frac{x^2+3x-4}{x-1}=\lim_{x\to1}\frac{(x+4)(x-1)}{x-1}$$
$$=\lim_{x\to1}(x+4)=1+4=5$$
$\therefore b=5$
$\therefore a+b=3+5=8$

답 ⑤

081

함수 $f(x)$가 모든 실수 x에서 연속이려면 $x=0$에서 연속이어야 한다.
즉, $\lim\limits_{x\to0}f(x)=f(0)$이므로
$$\lim_{x\to0}\frac{\sqrt{x^2+9}+a}{x^2}=b \qquad \cdots\cdots \ \ominus$$
㉠에서 $x\to0$일 때 (분모)$\to0$이고 극한값이 존재하므로 (분자)$\to0$이다.
즉, $\lim\limits_{x\to0}(\sqrt{x^2+9}+a)=0$이므로
$\sqrt{9}+a=0$ $\quad\therefore a=-3$

⑦

$a=-3$을 ㉠에 대입하면
$$\lim_{x\to0}\frac{\sqrt{x^2+9}-3}{x^2}=\lim_{x\to0}\frac{(\sqrt{x^2+9}-3)(\sqrt{x^2+9}+3)}{x^2(\sqrt{x^2+9}+3)}$$
$$=\lim_{x\to0}\frac{x^2}{x^2(\sqrt{x^2+9}+3)}$$
$$=\lim_{x\to0}\frac{1}{\sqrt{x^2+9}+3}$$
$$=\frac{1}{\sqrt{9}+3}=\frac{1}{6}$$
$\therefore b=\dfrac{1}{6}$

⑭

$\therefore ab=(-3)\times\dfrac{1}{6}=-\dfrac{1}{2}$

⑮

단계	채점 요소	비율
㉮	a의 값 구하기	60%
㉯	b의 값 구하기	30%
㉰	ab의 값 구하기	10%

답 $-\dfrac{1}{2}$

082

함수 $f(x)$가 $x=1$에서 연속이므로 $\lim\limits_{x\to1+}f(x)=\lim\limits_{x\to1-}f(x)=f(1)$이다.

$$\therefore \lim_{x\to1+}\frac{a\sqrt{x+2}-b}{x-1}=-1 \qquad \cdots\cdots \ \ominus$$

㉠에서 $x\to1+$일 때 (분모)$\to0$이고 극한값이 존재하므로 (분자)$\to0$이다.
즉, $\lim\limits_{x\to1+}(a\sqrt{x+2}-b)=0$이므로 $a\sqrt{3}-b=0$
$\therefore b=a\sqrt{3}$ $\qquad\qquad \cdots\cdots \ \bigcirc\!\!\bigcirc$

㉡을 ㉠에 대입하면
$$\lim_{x\to1+}\frac{a\sqrt{x+2}-a\sqrt{3}}{x-1}=\lim_{x\to1+}\frac{a(\sqrt{x+2}-\sqrt{3})(\sqrt{x+2}+\sqrt{3})}{(x-1)(\sqrt{x+2}+\sqrt{3})}$$
$$=\lim_{x\to1+}\frac{a(x-1)}{(x-1)(\sqrt{x+2}+\sqrt{3})}$$
$$=\lim_{x\to1+}\frac{a}{\sqrt{x+2}+\sqrt{3}}$$
$$=\frac{a}{2\sqrt{3}}=-1$$

따라서 $a=-2\sqrt{3}$, $b=-6$이므로
$ab=-2\sqrt{3}\times(-6)=12\sqrt{3}$

답 $12\sqrt{3}$

083

$\lim\limits_{x\to2+}[x]=2$, $\lim\limits_{x\to2-}[x]=1$이므로 $f(x)=[x]^2-a[x]$에서
$$\lim_{x\to2+}f(x)=2^2-2a=4-2a$$
$$\lim_{x\to2-}f(x)=1^2-a=1-a$$
이때, 함수 $f(x)$가 $x=2$에서 연속이므로
$$\lim_{x\to2+}f(x)=\lim_{x\to2-}f(x)=f(2)$$
$4-2a=1-a$ $\quad\therefore a=3$
따라서 $f(x)=[x]^2-3[x]$이므로
$f(2)=2^2-3\times2=-2$

답 ①

084

$\lim\limits_{x\to2+}[x]=2$, $\lim\limits_{x\to2-}[x]=1$이고
$$\lim_{x\to2+}[x-2]=\lim_{x\to2+}[x]-2=2-2=0$$
$$\lim_{x\to2-}[x-2]=\lim_{x\to2-}[x]-2=1-2=-1$$
이므로 $f(x)=a[x-2]+[x]$에서
$$\lim_{x\to2+}f(x)=0+2=2$$
$$\lim_{x\to2-}f(x)=-a+1$$
이때, 함수 $f(x)$가 $x=2$에서 연속이므로
$$\lim_{x\to2+}f(x)=\lim_{x\to2-}f(x)=f(2)$$
$2=-a+1$ $\quad\therefore a=-1$

보충 설명

정수 n에 대하여 $n=[x-2]$라 하면
$n\le x-2<n+1$
$n+2\le x<n+3$
즉, $[x]=n+2$이므로 $n=[x]-2$
$\therefore [x-2]=[x]-2$

답 ②

085

$\lim\limits_{x\to 1+}[x]=1$, $\lim\limits_{x\to 1-}[x]=0$, $\lim\limits_{x\to 1+}[2x]=2$, $\lim\limits_{x\to 1-}[2x]=1$이므로

$f(x)=[x]^2+a[2x]$에서

$\lim\limits_{x\to 1+}f(x)=1^2+2a=1+2a$

$\lim\limits_{x\to 1-}f(x)=0^2+a=a$

⑦

이때, 함수 $f(x)$가 $x=1$에서 연속이므로

$\lim\limits_{x\to 1+}f(x)=\lim\limits_{x\to 1-}f(x)=f(1)$

$1+2a=a$ $\quad\therefore a=-1$

⑭

단계	채점 요소	비율
㉮	함수 $f(x)$의 $x=1$에서의 우극한, 좌극한 각각 구하기	60%
㉯	a의 값 구하기	40%

답 -1

086

$x\neq 5$일 때, $f(x)=\dfrac{x^2-3x+a}{x-5}$

함수 $f(x)$가 모든 실수 x에서 연속이므로 $x=5$에서 연속이다.

즉, $\lim\limits_{x\to 5}f(x)=f(5)$이므로

$\lim\limits_{x\to 5}\dfrac{x^2-3x+a}{x-5}=f(5)$ $\qquad\cdots\cdots$ ㉠

㉠에서 $x\to 5$일 때 (분모)$\to 0$이고 극한값이 존재하므로 (분자)$\to 0$이다.

즉, $\lim\limits_{x\to 5}(x^2-3x+a)=0$이므로

$25-15+a=0$ $\quad\therefore a=-10$

$a=-10$을 ㉠에 대입하면

$f(5)=\lim\limits_{x\to 5}\dfrac{x^2-3x-10}{x-5}$

$\quad=\lim\limits_{x\to 5}\dfrac{(x-5)(x+2)}{x-5}$

$\quad=\lim\limits_{x\to 5}(x+2)$

$\quad=5+2=7$

답 ②

087

$x\neq 2$일 때, $f(x)=\dfrac{ax^2+bx}{x-2}$

함수 $f(x)$가 모든 실수 x에서 연속이므로 $x=2$에서 연속이다.

즉, $\lim\limits_{x\to 2}f(x)=f(2)$이므로

$\lim\limits_{x\to 2}\dfrac{ax^2+bx}{x-2}=4$ $\qquad\cdots\cdots$ ㉠

㉠에서 $x\to 2$일 때 (분모)$\to 0$이고 극한값이 존재하므로 (분자)$\to 0$이다.

즉, $\lim\limits_{x\to 2}(ax^2+bx)=0$이므로

$4a+2b=0$ $\quad\therefore b=-2a$ $\qquad\cdots\cdots$ ㉡

㉡을 ㉠에 대입하면

$\lim\limits_{x\to 2}\dfrac{ax^2-2ax}{x-2}=\lim\limits_{x\to 2}\dfrac{ax(x-2)}{x-2}=\lim\limits_{x\to 2}ax=2a=4$

따라서 $a=2$, $b=-4$이므로

$ab=2\times(-4)=-8$

답 -8

088

$x\neq 3$일 때, $f(x)=\dfrac{a\sqrt{x-2}+b}{x-3}$

함수 $f(x)$가 $x\geq 2$인 모든 실수 x에서 연속이므로 $x=3$에서 연속이다.

즉, $\lim\limits_{x\to 3}f(x)=f(3)$이므로

$\lim\limits_{x\to 3}\dfrac{a\sqrt{x-2}+b}{x-3}=1$ $\qquad\cdots\cdots$ ㉠

㉠에서 $x\to 3$일 때 (분모)$\to 0$이고 극한값이 존재하므로 (분자)$\to 0$이다.

즉, $\lim\limits_{x\to 3}(a\sqrt{x-2}+b)=0$이므로

$a+b=0$ $\quad\therefore b=-a$ $\qquad\cdots\cdots$ ㉡

㉡을 ㉠에 대입하면

$\lim\limits_{x\to 3}\dfrac{a\sqrt{x-2}-a}{x-3}=\lim\limits_{x\to 3}\dfrac{a(\sqrt{x-2}-1)(\sqrt{x-2}+1)}{(x-3)(\sqrt{x-2}+1)}$

$\qquad=\lim\limits_{x\to 3}\dfrac{a(x-3)}{(x-3)(\sqrt{x-2}+1)}$

$\qquad=\lim\limits_{x\to 3}\dfrac{a}{\sqrt{x-2}+1}$

$\qquad=\dfrac{a}{2}=1$

따라서 $a=2$, $b=-2$이므로

$ab=2\times(-2)=-4$

답 ①

089

$g(t)$는 직선 $y=t$가 함수 $y=f(x)$의 그래프와 만나는 교점의 개수이므로 함수 $y=g(t)$의 그래프는 다음 그림과 같다.

$$g(t)=\begin{cases}1 & (t\leq 0)\\ 2 & (0<t<1)\\ 4 & (t=1)\\ 3 & (1<t<2)\\ 1 & (t\geq 2)\end{cases}$$

따라서 함수 $g(t)$가 불연속이 되는 t의 값은 0, 1, 2로 3개이다.

답 ④

090

$g(t)$는 직선 $y=t$가 함수 $y=f(x)$의 그래프와 만나는 교점의 개수이므로 함수 $y=g(t)$의 그래프는 다음 그림과 같다.

$$g(t)=\begin{cases}1 & (t\leq -1)\\ 2 & (-1<t<0)\\ 3 & (0\leq t<1)\\ 2 & (t=1)\\ 1 & (t>1)\end{cases}$$

따라서 함수 $g(t)$가 불연속이 되는 t의 값은 -1, 0, 1로 3개이다.

답 3

091

함수 $y=|x^2-1|$의 그래프는 [그림 1]과 같다.

이때, $f(t)$는 직선 $y=t$가 함수 $y=|x^2-1|$의 그래프와 만나는 교점의 개수이므로 함수 $y=f(t)$의 그래프는 [그림 2]와 같다.

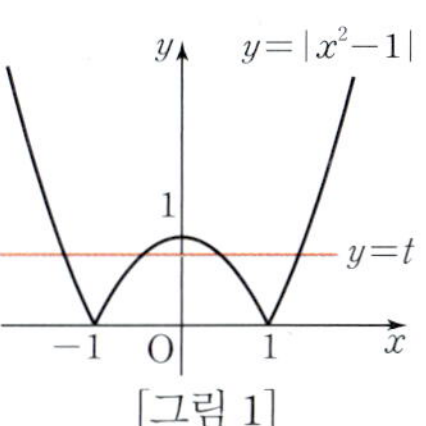

[그림 1]

$$f(t)=\begin{cases} 0 & (t<0) \\ 2 & (t=0) \\ 4 & (0<t<1) \\ 3 & (t=1) \\ 2 & (t>1) \end{cases}$$

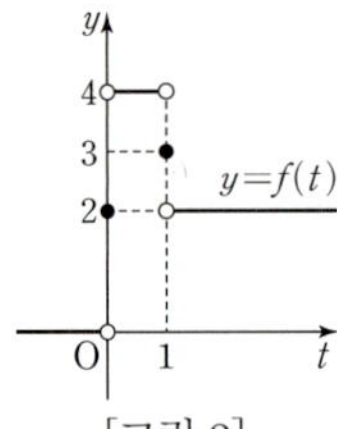

[그림 2]

따라서 함수 $f(t)$가 불연속이 되는 t의 값은 0, 1이
므로 그 합은

$0+1=1$

답 1

092

$x>1$일 때, $f(x)=\dfrac{x^2-1}{|x-1|}=\dfrac{(x-1)(x+1)}{x-1}=x+1$

$x<1$일 때, $f(x)=\dfrac{x^2-1}{|x-1|}=\dfrac{(x-1)(x+1)}{-(x-1)}=-(x+1)$

즉, $f(x)=\begin{cases} x+1 & (x>1) \\ -(x+1) & (x<1) \\ -2 & (x=1) \end{cases}$

이므로

$g(x)=\begin{cases} f(x)+a & (x>1) \\ f(1) & (x\leq 1) \end{cases}$

$=\begin{cases} x+1+a & (x>1) \\ -2 & (x\leq 1) \end{cases}$

이때, 함수 $g(x)$가 모든 실수 x에서 연속이려면 $x=1$에서 연속이어야
한다.

즉, $\displaystyle\lim_{x\to 1+}g(x)=\lim_{x\to 1-}g(x)=g(1)$이므로

$1+1+a=-2$ $\therefore a=-4$

답 ①

093

$f(x)=\begin{cases} x+1 & (x>-1) \\ -(x+1) & (x\leq -1) \end{cases}$

이므로

$g(x)=\begin{cases} f(x)+a & (x>-1) \\ f(-3) & (x\leq -1) \end{cases}$

$=\begin{cases} x+1+a & (x>-1) \\ 2 & (x\leq -1) \end{cases}$

이때, 함수 $g(x)$가 모든 실수 x에서 연속이려면 $x=-1$에서 연속이어야
한다.

즉, $\displaystyle\lim_{x\to -1+}g(x)=\lim_{x\to -1-}g(x)=g(-1)$이므로

$-1+1+a=2$ $\therefore a=2$

답 ⑤

094

함수 $f(x)$가 $x=3$에서 연속이려면

$\displaystyle\lim_{x\to 3+}f(x)=\lim_{x\to 3-}f(x)=f(3)$이어야 한다.

이때, 모든 실수 x에 대하여 $f(x)=f(x+2)$이므로

$\displaystyle\lim_{x\to 3+}f(x)=\lim_{x\to 1+}f(x)=1+a$

$\displaystyle\lim_{x\to 3-}f(x)=\lim_{x\to 1-}f(x)=1$

$f(3)=f(-1)=1+a$

따라서 $1+a=1$이므로

$a=0$

함수 $f(x)$에서 정의역에 속하는 모든 원소 x에 대하여

$f(x+p)=f(x)$

를 만족시키는 0이 아닌 상수 p가 존재할 때, 함수 $f(x)$를 주기함수라
하고, 상수 p 중에서 최소인 양수를 그 함수의 주기라 한다.

답 0

095

ㄱ. $\displaystyle\lim_{x\to 1+}f(x)=-1$, $\displaystyle\lim_{x\to 1-}f(x)=1$이므로

$\displaystyle\lim_{x\to 1+}f(x)\neq\lim_{x\to 1-}f(x)$

즉, $\displaystyle\lim_{x\to 1}f(x)$의 값이 존재하지 않는다. (참)

ㄴ. $x\to -1+$일 때 $f(x)\to 1-$이고, $x\to -1-$일 때 $f(x)\to 1-$이므
로 $f(x)=t$라 하면

$\displaystyle\lim_{x\to -1+}f(f(x))=\lim_{t\to 1-}f(t)=1$,

$\displaystyle\lim_{x\to -1-}f(f(x))=\lim_{t\to 1-}f(t)=1$

$\therefore \displaystyle\lim_{x\to -1}f(f(x))=1$ (참)

ㄷ. $f(f(-1))=f(0)=0$이고 ㄴ에서 $\displaystyle\lim_{x\to -1}f(f(x))=1$이므로

$\displaystyle\lim_{x\to -1}f(f(x))\neq f(f(-1))$

즉, 합성함수 $f(f(x))$는 $x=-1$에서 불연속이다. (참)

따라서 옳은 것은 ㄱ, ㄴ, ㄷ이다.

답 ㄱ, ㄴ, ㄷ

096

ㄱ. $x\to 0+$일 때 $g(x)\to -1+$이고, $x\to 0-$일 때 $g(x)\to -1+$이므
로 $g(x)=t$라 하면

$\displaystyle\lim_{x\to 0+}f(g(x))=\lim_{t\to -1+}f(t)=0$,

$\displaystyle\lim_{x\to 0-}f(g(x))=\lim_{t\to -1+}f(t)=0$

$\therefore \displaystyle\lim_{x\to 0}f(g(x))=0$

이때, $f(g(0))=f(0)=0$이므로 $\displaystyle\lim_{x\to 0}f(g(x))=f(g(0))$

즉, 합성함수 $f(g(x))$는 $x=0$에서 연속이다.

ㄴ. $x\to 0+$일 때 $g(x)\to 0-$이고, $x\to 0-$일 때 $g(x)\to 1+$이므로
$g(x)=t$라 하면

$\displaystyle\lim_{x\to 0+}f(g(x))=\lim_{t\to 0-}f(t)=1$,

$\displaystyle\lim_{x\to 0-}f(g(x))=\lim_{t\to 1+}f(t)=0$

즉, $\displaystyle\lim_{x\to 0+}f(g(x))\neq\lim_{x\to 0-}f(g(x))$이므로 합성함수 $f(g(x))$는

$x=0$에서 불연속이다.

ㄷ. $x\to 0+$일 때 $g(x)\to -1+$이고, $x\to 0-$일 때 $g(x)=1$이므로
$g(x)=t$라 하면

$\displaystyle\lim_{x\to 0+}f(g(x))=\lim_{t\to -1+}f(t)=0$,

$\displaystyle\lim_{x\to 0-}f(g(x))=f(1)=0$

$\therefore \displaystyle\lim_{x\to 0}f(g(x))=0$

이때, $f(g(0))=f(0)=0$이므로 $\displaystyle\lim_{x\to 0}f(g(x))=f(g(0))$

즉, 합성함수 $f(g(x))$는 $x=0$에서 연속이다.

따라서 합성함수 $f(g(x))$가 $x=0$에서 연속이 되도록 하는 함수
$y=g(x)$의 그래프는 ㄱ, ㄷ이다.

답 ㄱ, ㄷ

097

ㄱ. $f(x)-g(x)=h(x)$라 하면 $g(x)=f(x)-h(x)$
이때, $f(x)$와 $h(x)$가 연속함수이므로 $g(x)$도 연속함수이다. (참)

ㄴ. [반례] $f(x)=\begin{cases} 1 & (x\geq 0) \\ -2 & (x<0) \end{cases}$, $g(x)=0$이면

$f(x)g(x)=0$이므로 $f(x)g(x)$와 $g(x)$는 연속함수이지만 $f(x)$는
$x=0$에서 불연속이다. (거짓)

ㄷ. 임의의 실수 a에 대하여 $\lim\limits_{x\to a}f(x)=b$라 하면 $f(x)$가 연속이므로
$b=f(a)$
또한 $g(x)$가 연속함수이므로
$\lim\limits_{x\to a}g(f(x))=g(f(a))=g(b)$
즉, $g(f(x))$도 연속함수이다. (참)

따라서 옳은 것은 ㄱ, ㄷ이다. **답** ㄱ, ㄷ

098

함수 $\dfrac{g(x)}{f(x)}=\dfrac{x^2+x+1}{x^2-5x+6}=\dfrac{x^2+x+1}{(x-2)(x-3)}$은 $x=2$, $x=3$에서 정의되
지 않으므로 함수 $\dfrac{g(x)}{f(x)}$는 $x=2$, $x=3$에서 불연속이다.

따라서 구하는 모든 상수 a의 값의 합은
$2+3=5$ **답** 5

099

두 함수 $f(x)$, $g(x)$가 $x=a$에서 연속이므로
$\lim\limits_{x\to a}f(x)=f(a)$, $\lim\limits_{x\to a}g(x)=g(a)$

ㄱ. $\lim\limits_{x\to a}\{3f(x)-g(x)\}=3f(a)-g(a)$이므로 함수 $3f(x)-g(x)$는
$x=a$에서 연속이다.

ㄴ. $\lim\limits_{x\to a}\{g(x)\}^2=\{g(a)\}^2$이므로 함수 $\{g(x)\}^2$은 $x=a$에서 연속이
다.

ㄷ. $g(a)=0$이면 $\dfrac{f(a)}{g(a)}$의 값이 정의되지 않으므로 함수 $\dfrac{f(x)}{g(x)}$는 $x=a$
에서 불연속이다.

ㄹ. $\lim\limits_{x\to a}\{2f(x)g(x)\}=2f(a)g(a)$이므로 함수 $2f(x)g(x)$는 $x=a$에
서 연속이다.

ㅁ. $\lim\limits_{x\to a}g(f(x))=g(f(a))$이려면 함수 $g(x)$가 $x=f(a)$에서 연속이
라는 조건이 더 필요하다.

따라서 $x=a$에서 연속인 함수는 ㄱ, ㄴ, ㄹ의 3개이다. **답** 3

100

① 주어진 그래프가 $x=-1$, $x=2$에서 끊어져 있으므로 불연속이 되는
x의 값은 -1, 2의 2개이다.

② 주어진 그래프에서 함수 $f(x)$는 닫힌구간 $[-2, 1]$에서 최댓값을 갖
지 않는다.

③ $\lim\limits_{x\to-1+}f(x)=\lim\limits_{x\to-1-}f(x)=1$이므로 $\lim\limits_{x\to-1}f(x)=1$

④ $\lim\limits_{x\to2+}f(x)=3$, $\lim\limits_{x\to2-}f(x)=2$이므로

$\lim\limits_{x\to2+}f(x)\neq\lim\limits_{x\to2-}f(x)$

즉, $\lim\limits_{x\to2}f(x)$의 값이 존재하지 않는다.

⑤ 닫힌구간 $[-2, 2]$에서 $x=1$일 때 최솟값 $f(1)=-1$을 갖는다.

답 ②

101

$f(x)=\dfrac{3x+1}{x-2}=\dfrac{7}{x-2}+3$

함수 $y=f(x)$의 그래프가 오른쪽 그림과 같
으므로 함수 $f(x)$는 닫힌구간 $[3, 5]$에서
$x=3$일 때 최댓값 $f(3)=10$, $x=5$일 때 최
솟값 $f(5)=\dfrac{16}{3}$을 갖는다.

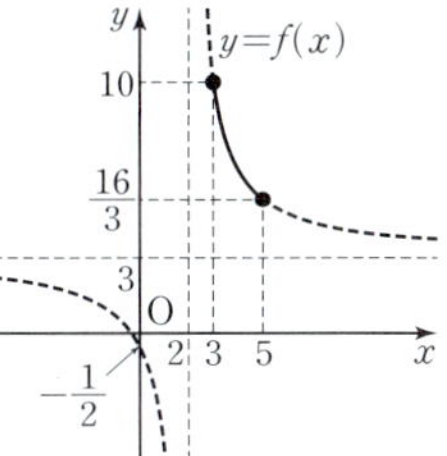

따라서 $M=10$, $m=\dfrac{16}{3}$이므로

$M-m=10-\dfrac{16}{3}=\dfrac{14}{3}$ **답** ③

102

ㄱ. 주어진 그래프가 $x=-1$, $x=0$에서 끊어져 있으므로 불연속이 되는
x의 값은 -1, 0의 2개이다. (참)

ㄴ. 닫힌구간 $[0, 1]$에서 함수 $f(x)$의 최댓값은 $f(1)=1$이지만 최솟값
은 존재하지 않는다. (거짓)

ㄷ. 닫힌구간 $[-1, 0]$에서 함수 $f(x)$의 최댓값은 $f(-1)=2$이고 최솟값
은 $f(0)=0$이다. 즉, 최댓값과 최솟값이 모두 존재한다. (참)

따라서 옳은 것은 ㄱ, ㄷ이다. **답** ④

103

$f(x)=x^3+x-5$라 하면 함수 $f(x)$는 모든 실수 x에서 연속이고
$f(0)=-5<0$, $f(1)=-3<0$,
$f(2)=5>0$, $f(3)=25>0$,
$f(4)=63>0$, $f(5)=125>0$
따라서 $f(1)f(2)<0$이므로 사잇값 정리에 의하여 주어진 방정식의 실
근이 존재하는 구간은 $(1, 2)$이다. **답** ②

104

$f(-2)f(-1)<0$, $f(2)f(3)<0$이므로
방정식 $f(x)=0$은 열린구간 $(-2, -1)$, $(2, 3)$에서 각각 적어도 하나
의 실근을 갖는다.
또한 $f(1)=0$이므로 방정식 $f(x)=0$은 열린구간 $(-2, 3)$에서 적어도
3개의 실근을 갖는다. **답** ③

105

$g(x)=f(x)-3$이라 하면 함수 $f(x)$가 연속함수이므로 함수 $g(x)$도 연
속함수이다.
사잇값 정리에 의하여 방정식 $g(x)=0$이 열린구간 $(2, 4)$에서 실근을
가지려면 $g(2)g(4)<0$이어야 한다. 이때,
$g(2)=f(2)-3=a-3$
$g(4)=f(4)-3=(a-3)-3=a-6$
이므로 $(a-3)(a-6)<0$에서
$3<a<6$

답 가

따라서 구하는 모든 정수 a의 값의 합은

$4+5=9$

                                               나

단계	채점 요소	비율
가	a의 값의 범위 구하기	60%
나	모든 정수 a의 값의 합 구하기	40%

답 9

실력 콕콕

본문 p.26~27

106 ②	**107** ②	**108** ④	**109** ④	**110** ③	**111** 3
112 ③	**113** 4	**114** -1	**115** ㄱ, ㄴ, ㄷ		**116** ⑤
117 ③	**118** 7	**119** 2	**120** -1	**121** -2	

106

함수 $f(x)$가 실수 전체의 집합에서 연속이므로 $x=1$에서 연속이다.

즉, $\lim\limits_{x\to1}f(x)=f(1)$이다.

$$\therefore \lim_{x\to1}\frac{(x^2-1)f(x)}{x-1}=\lim_{x\to1}\frac{x^2-1}{x-1}\times\lim_{x\to1}f(x)$$
$$=\lim_{x\to1}(x+1)\times\lim_{x\to1}f(x)$$
$$=2\lim_{x\to1}f(x)$$
$$=2f(1)=12$$

$\therefore f(1)=6$

답 ②

107

함수 $f(x)$가 $x=2$에서 연속이므로 $\lim\limits_{x\to2}f(x)=f(2)$이다.

$$\therefore f(2)=\lim_{x\to2}\frac{\sqrt{1+x}-\sqrt{5-x}}{x-2}$$
$$=\lim_{x\to2}\frac{(\sqrt{1+x}-\sqrt{5-x})(\sqrt{1+x}+\sqrt{5-x})}{(x-2)(\sqrt{1+x}+\sqrt{5-x})}$$
$$=\lim_{x\to2}\frac{1+x-5+x}{(x-2)(\sqrt{1+x}+\sqrt{5-x})}$$
$$=\lim_{x\to2}\frac{2(x-2)}{(x-2)(\sqrt{1+x}+\sqrt{5-x})}$$
$$=\lim_{x\to2}\frac{2}{\sqrt{1+x}+\sqrt{5-x}}$$
$$=\frac{2}{\sqrt3+\sqrt3}=\frac{1}{\sqrt3}=\frac{\sqrt3}{3}$$

답 ②

108

함수 $f(x)$가 모든 실수 x에서 연속이려면 $x=-1$, $x=1$에서 연속이어야 한다.

함수 $f(x)$가 $x=-1$에서 연속이려면

$\lim\limits_{x\to-1+}f(x)=\lim\limits_{x\to-1-}f(x)=f(-1)$이어야 하므로

$b+1=1-a-2$

$\therefore a+b=-2$ ······ ㉠

또한 함수 $f(x)$가 $x=1$에서 연속이려면

$\lim\limits_{x\to1+}f(x)=\lim\limits_{x\to1-}f(x)=f(1)$이어야 하므로

$1+a-2=b-1$

$\therefore a-b=0$ ······ ㉡

㉠, ㉡을 연립하여 풀면

$a=-1$, $b=-1$

$\therefore ab=(-1)\times(-1)=1$

답 ④

109

함수 $f(x)$가 $x=2$에서 연속이므로 $\lim\limits_{x\to2}f(x)=f(2)$이다.

$$\therefore \lim_{x\to2}\frac{\sqrt{x+7}-a}{x-2}=b$$ ······ ㉠

㉠에서 $x\to2$일 때 (분모)$\to0$이고 극한값이 존재하므로 (분자)$\to0$이다.

즉, $\lim\limits_{x\to2}(\sqrt{x+7}-a)=0$이므로

$\sqrt9-a=0$ $\therefore a=3$

$a=3$을 ㉠에 대입하면

$$\lim_{x\to2}\frac{\sqrt{x+7}-3}{x-2}=\lim_{x\to2}\frac{(\sqrt{x+7}-3)(\sqrt{x+7}+3)}{(x-2)(\sqrt{x+7}+3)}$$
$$=\lim_{x\to2}\frac{x-2}{(x-2)(\sqrt{x+7}+3)}$$
$$=\lim_{x\to2}\frac{1}{\sqrt{x+7}+3}$$
$$=\frac{1}{\sqrt9+3}=\frac{1}{6}$$

$\therefore b=\dfrac{1}{6}$

$\therefore ab=3\times\dfrac{1}{6}=\dfrac{1}{2}$

답 ④

110

$\lim\limits_{x\to-1+}[x]=-1$, $\lim\limits_{x\to-1-}[x]=-2$이므로

$f(x)=[x]^3+(ax+2)[x]$에서

$$\lim_{x\to-1+}f(x)=(-1)^3+(-a+2)\times(-1)$$
$$=a-3$$
$$\lim_{x\to-1-}f(x)=(-2)^3+(-a+2)\times(-2)$$
$$=2a-12$$

이때, 함수 $f(x)$가 $x=-1$에서 연속이므로

$\lim\limits_{x\to-1+}f(x)=\lim\limits_{x\to-1-}f(x)=f(-1)$

$a-3=2a-12$ $\therefore a=9$

답 ③

111

함수 $g(x)$가 $x=2$에서 연속이므로 $\lim\limits_{x\to2}g(x)=g(2)$이다.

이때, $\lim\limits_{x\to2}g(x)=\lim\limits_{x\to2}[f(x)]=\lim\limits_{x\to2}[(x-2)^2+3]$이고

$x\to2$일 때 $(x-2)^2+3\to3+$이므로

$\lim\limits_{x\to2}[(x-2)^2+3]=3$

따라서 $g(2)=k$이므로 $k=3$

답 3

112

$x^2+2x-3=(x+3)(x-1)$이므로 $x\neq1$일 때

$$f(x)=\frac{x+\sqrt{x}-2}{x^2+2x-3}$$

함수 $f(x)$가 $x>0$인 모든 실수 x에서 연속이므로 $x=1$에서 연속이다.
즉, $\lim\limits_{x\to1}f(x)=f(1)$이다.

$$\begin{aligned}
\therefore f(1)&=\lim_{x\to1}f(x)\\
&=\lim_{x\to1}\frac{x+\sqrt{x}-2}{x^2+2x-3}\\
&=\lim_{x\to1}\frac{(\sqrt{x}+2)(\sqrt{x}-1)}{(x+3)(x-1)}\\
&=\lim_{x\to1}\frac{\sqrt{x}+2}{(x+3)(\sqrt{x}+1)}\\
&=\frac{3}{4\times2}=\frac{3}{8}
\end{aligned}$$

답 ③

113

(i) $0<r<2$일 때

$0<2r<4$이므로 원 C와 x축에 동시에 접하는 원은 없다.

$\therefore f(r)=0$

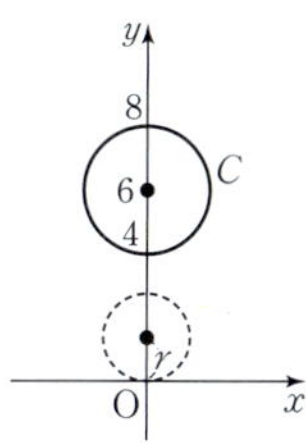

(ii) $r=2$일 때

반지름의 길이가 2이면서 원 C와 x축에 동시에 접하는 원은 점 $(0,\,2)$를 중심으로 하는 원 하나뿐이다.

$\therefore f(r)=1$

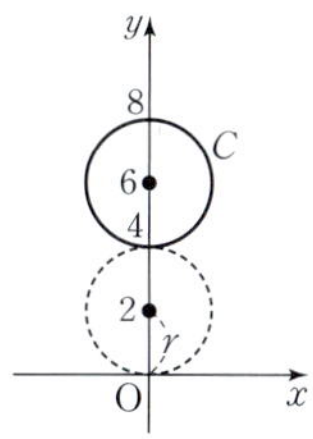

(iii) $2<r<4$일 때

$4<2r<8$이므로 원 C와 x축에 동시에 접하는 원은 원 C에 외접하는 원 2개이다.

$\therefore f(r)=2$

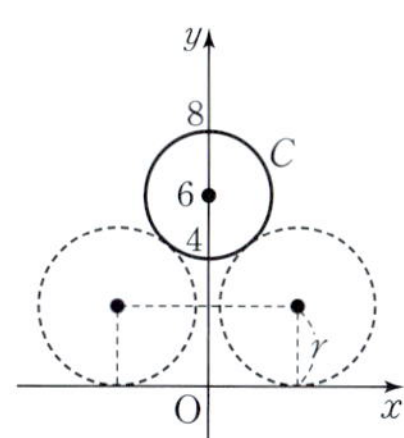

(iv) $r=4$일 때

반지름의 길이가 4이면서 원 C와 x축에 동시에 접하는 원은 원 C에 외접하는 원 2개와 내접하는 원 1개가 있다.

$\therefore f(r)=3$

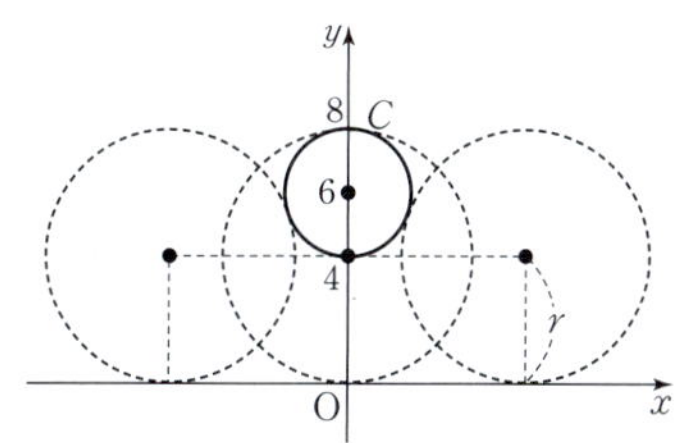

(v) $r>4$일 때

$2r>8$이므로 원 C와 x축에 동시에 접하는 원은 원 C에 외접하는 원 2개와 내접하는 원 2개가 있다.

$\therefore f(r)=4$

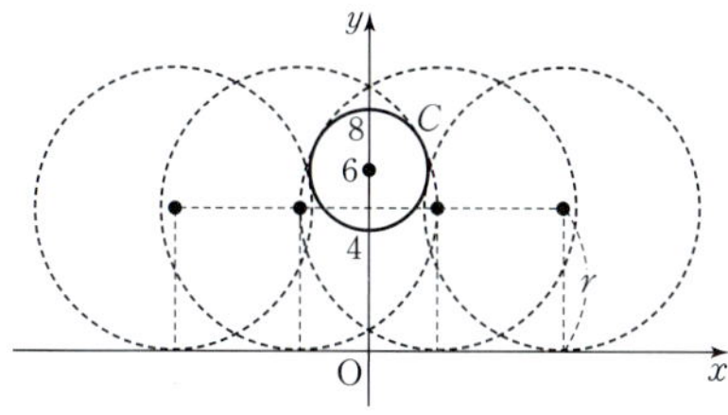

$$(i)\sim(v)\text{에서}\ f(r)=\begin{cases}0 & (0<r<2)\\ 1 & (r=2)\\ 2 & (2<r<4)\\ 3 & (r=4)\\ 4 & (r>4)\end{cases}$$

이고, $r>0$에서 함수 $y=f(r)$의 그래프는 다음 그림과 같다.

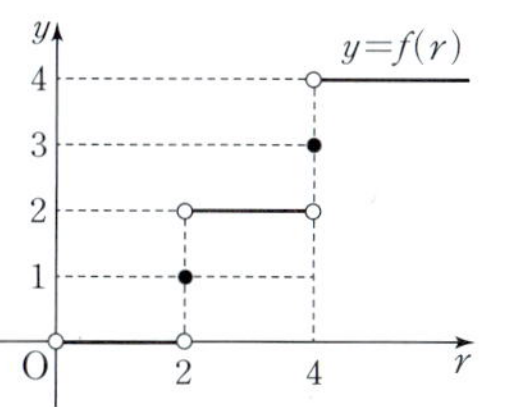

따라서 $\lim\limits_{r\to2-}f(r)=0$, $\lim\limits_{r\to4+}f(r)=4$이므로

$\lim\limits_{r\to2-}f(r)+\lim\limits_{r\to4+}f(r)=0+4=4$

답 4

114

함수 $y=f(x)$의 그래프는 오른쪽 그림과 같다.
이때, 함수 $g(x)=|f(x)-a|$라 하자.
함수 $y=g(x)$가 $x=1$에서 연속이려면

$\lim\limits_{x\to1+}g(x)=\lim\limits_{x\to1-}g(x)=g(1)$

이어야 한다.

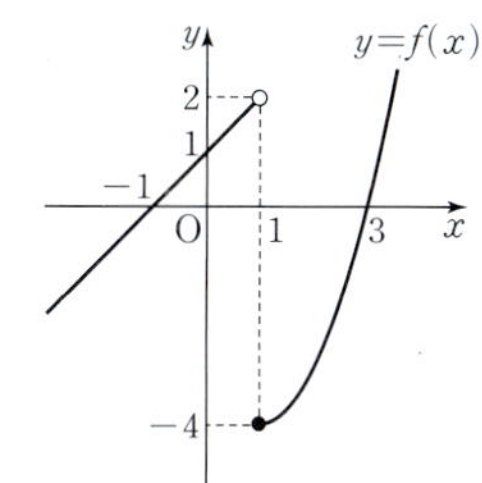

$\lim\limits_{x\to1+}g(x)=\lim\limits_{x\to1+}|f(x)-a|=|-4-a|$

$\lim\limits_{x\to1-}g(x)=\lim\limits_{x\to1-}|f(x)-a|=|2-a|$

$g(1)=|f(1)-a|=|-4-a|$에서

$|-4-a|=|2-a|$이므로

$a+4=\pm(a-2)$

이때, $a+4=a-2$, 즉 $0\times a=-6$을 만족시키는 실수 a는 존재하지 않는다.

따라서 $a+4=-(a-2)$이므로

$2a=-2$ $\therefore a=-1$

답 -1

115

ㄱ. (i) $\lim\limits_{x\to-1+}f(x)=0$, $\lim\limits_{x\to-1-}f(x)=0$이므로 $\lim\limits_{x\to-1}f(x)=0$

　　　즉, 함수 $f(x)$는 $x=-1$에서 극한값이 존재한다.

　(ii) $\lim\limits_{x\to0+}f(x)=-1$, $\lim\limits_{x\to0-}f(x)=1$

　　　즉, 함수 $f(x)$는 $x=0$에서 극한값이 존재하지 않는다.

　(iii) $\lim\limits_{x\to1+}f(x)=0$, $\lim\limits_{x\to1-}f(x)=0$이므로 $\lim\limits_{x\to1}f(x)=0$

　　　즉, 함수 $f(x)$는 $x=1$에서 극한값이 존재한다.

(i)~(iii)에서 함수 $f(x)$의 극한값이 존재하지 않는 점은 $x=0$의 1개이다. (참)

ㄴ. (i) ㄱ에서 $\lim\limits_{x\to-1}f(x)=0$이고 $f(-1)=-1$이므로

$$\lim\limits_{x\to-1}f(x)\neq f(-1)$$

즉, 함수 $f(x)$는 $x=-1$에서 불연속이다.

(ii) ㄱ에서 함수 $f(x)$는 $x=0$에서 극한값이 존재하지 않으므로 $x=0$에서 불연속이다.

(iii) ㄱ에서 $\lim\limits_{x\to1}f(x)=0$이고 $f(1)=1$이므로

$$\lim\limits_{x\to1}f(x)\neq f(1)$$

즉, 함수 $f(x)$는 $x=1$에서 불연속이다.

(i)~(iii)에서 함수 $f(x)$가 불연속이 되는 점은 $x=-1$, $x=0$, $x=1$의 3개이다. (참)

ㄷ. $x\to1+$일 때, $f(x)\to0-$이고, $x\to1-$일 때, $f(x)\to0-$이므로 $f(x)=t$라 하면

$$\lim\limits_{x\to1+}(f\circ f)(x)=\lim\limits_{x\to1+}f(f(x))=\lim\limits_{t\to0-}f(t)=1,$$
$$\lim\limits_{x\to1-}(f\circ f)(x)=\lim\limits_{x\to1-}f(f(x))=\lim\limits_{t\to0-}f(t)=1$$
$$\therefore \lim\limits_{x\to1}(f\circ f)(x)=1$$

이때, $(f\circ f)(1)=f(f(1))=f(1)=1$이므로

$$\lim\limits_{x\to1}(f\circ f)(x)=(f\circ f)(1)$$

즉, 합성함수 $(f\circ f)(x)$는 $x=1$에서 연속이다. (참)

따라서 옳은 것은 ㄱ, ㄴ, ㄷ이다.   🅐 ㄱ, ㄴ, ㄷ

116

함수 $f(x)$는 $x=1$에서 불연속이고 함수 $g(x)$는 실수 전체의 집합에서 연속이므로 합성함수 $(g\circ f)(x)$가 실수 전체의 집합에서 연속이려면 $x=1$에서 연속이어야 한다.

즉, $\lim\limits_{x\to1}(g\circ f)(x)=(g\circ f)(1)$이어야 한다.

$$\lim\limits_{x\to1+}(g\circ f)(x)=\lim\limits_{x\to1+}g(f(x))=\lim\limits_{x\to1+}g(x^2-2x+3)$$
$$=g(2)=|2-a|$$
$$\lim\limits_{x\to1-}(g\circ f)(x)=\lim\limits_{x\to1-}g(f(x))=\lim\limits_{x\to1-}g(x+5)$$
$$=g(6)=|6-a|$$
$$(g\circ f)(1)=g(f(1))=g(2)=|2-a|$$

에서 $|2-a|=|6-a|$이므로

$$2-a=\pm(6-a)$$

이때, $2-a=6-a$, 즉 $0\times a=4$를 만족시키는 실수 a는 존재하지 않는다.

따라서 $2-a=-(6-a)$이므로

$$2a=8 \qquad \therefore a=4$$
   🅐 ⑤

117

ㄱ. $x\to1+$일 때 $g(x)=1$이고, $x\to1-$일 때 $g(x)\to-1+$이므로 $g(x)=t$라 하면

$$\lim\limits_{x\to1+}f(g(x))=f(1)=-1,$$
$$\lim\limits_{x\to1-}f(g(x))=\lim\limits_{t\to-1+}f(t)=-1$$
$$\therefore \lim\limits_{x\to1}f(g(x))=-1 \text{ (참)}$$

ㄴ. $\lim\limits_{x\to1+}f(x)g(x)=\lim\limits_{x\to1+}f(x)\times\lim\limits_{x\to1+}g(x)=-1\times1=-1,$

$\lim\limits_{x\to1-}f(x)g(x)=\lim\limits_{x\to1-}f(x)\times\lim\limits_{x\to1-}g(x)=1\times(-1)=-1$

$$\therefore \lim\limits_{x\to1}f(x)g(x)=-1$$

이때, $f(1)g(1)=-1\times(-1)=1$이므로

$$\lim\limits_{x\to1}f(x)g(x)\neq f(1)g(1)$$

즉, 함수 $f(x)g(x)$는 $x=1$에서 불연속이다. (거짓)

ㄷ. $x\to-1+$일 때 $f(x)\to-1+$이고, $x\to-1-$일 때 $f(x)=1$이므로 $f(x)=t$라 하면

$$\lim\limits_{x\to-1+}g(f(x))=\lim\limits_{t\to-1+}g(t)=-1,$$
$$\lim\limits_{x\to-1-}g(f(x))=g(1)=-1$$
$$\therefore \lim\limits_{x\to-1}g(f(x))=-1$$

이때, $g(f(-1))=g(1)=-1$이므로

$$\lim\limits_{x\to-1}g(f(x))=g(f(-1))$$

즉, 합성함수 $(g\circ f)(x)$는 $x=-1$에서 연속이다. (참)

따라서 옳은 것은 ㄱ, ㄷ이다.   🅐 ③

118

함수 $h(x)=\dfrac{f(x)}{g(x)}=\dfrac{x^2-4x+1}{x^2+ax+2a}$이 실수 전체의 집합에서 연속이려면 임의의 실수 x에 대하여 $g(x)=x^2+ax+2a\neq0$이어야 하므로 이차방정식 $x^2+ax+2a=0$의 판별식을 D라 하면

$$D=a^2-8a<0\text{에서 }a(a-8)<0$$
$$\therefore 0<a<8$$

따라서 구하는 정수 a는 $1, 2, 3, \cdots, 7$의 7개이다.   🅐 7

119

$x^2f(x)-1=2x$에서 $x^2f(x)-(2x+1)=0$

$g(x)=x^2f(x)-(2x+1)$이라 하면 함수 $f(x)$가 연속함수이므로 함수 $g(x)$도 연속함수이다. 이때,

$$g(-1)=1\times f(-1)+1=2>0$$
$$g(0)=0\times f(0)-1=-1<0$$
$$g(1)=1\times f(1)-3=0$$
$$g(2)=4\times f(2)-5=3>0$$

이므로 사잇값 정리에 의하여 방정식 $g(x)=0$은 열린구간 $(-1, 0)$에서 적어도 하나의 실근을 갖는다.

또한 $g(1)=0$이므로 방정식 $g(x)=0$은 열린구간 $(-1, 2)$에서 적어도 2개의 실근을 갖는다.

$$\therefore n=2$$
   🅐 2

120

함수 $f(x)g(x)$가 $x=1$에서 연속이려면

$$\lim\limits_{x\to1+}f(x)g(x)=\lim\limits_{x\to1-}f(x)g(x)=f(1)g(1)$$이어야 한다.

$$\lim\limits_{x\to1+}f(x)g(x)=\lim\limits_{x\to1+}f(x)\times\lim\limits_{x\to1+}g(x)$$
$$=2\times(1+a)=2+2a$$
$$\lim\limits_{x\to1-}f(x)g(x)=\lim\limits_{x\to1-}f(x)\times\lim\limits_{x\to1-}g(x)$$
$$=0\times(1+a)=0$$
   🄰

$$f(1)g(1)=2\times(1+a)=2+2a$$

나

즉, $2+2a=0$이므로 $a=-1$

다

단계	채점 요소	비율
가	함수 $f(x)g(x)$의 $x=1$에서의 우극한, 좌극한 각각 구하기	40%
나	함수 $f(x)g(x)$의 $x=1$에서의 함숫값 구하기	40%
다	a의 값 구하기	20%

탑 -1

121

함수 $f(x)$가 모든 실수 x에서 연속이려면 $x=-1$, $x=1$에서 연속이어야 한다.

함수 $f(x)$가 $x=-1$에서 연속이려면

$$\lim_{x\to-1+}f(x)=\lim_{x\to-1-}f(x)=f(-1)$$ 이어야 하므로

$$\lim_{x\to-1+}(ax+a^2)=\lim_{x\to-1-}(4-2x)=6$$

$-a+a^2=6$, $a^2-a-6=0$

$(a+2)(a-3)=0$ $\therefore a=-2$ 또는 $a=3$

가

또한 함수 $f(x)$가 $x=1$에서 연속이려면

$$\lim_{x\to1+}f(x)=\lim_{x\to1-}f(x)=f(1)$$ 이어야 하므로

$$\lim_{x\to1+}(4-2x)=\lim_{x\to1-}(ax+a^2)=2$$

$a+a^2=2$, $a^2+a-2=0$

$(a+2)(a-1)=0$ $\therefore a=-2$ 또는 $a=1$

나

따라서 함수 $f(x)$가 모든 실수 x에서 연속이 되도록 하는 상수 a의 값은 -2이다.

다

단계	채점 요소	비율
가	함수 $f(x)$가 $x=-1$에서 연속일 때, a의 값 구하기	40%
나	함수 $f(x)$가 $x=1$에서 연속일 때, a의 값 구하기	40%
다	a의 값 구하기	20%

탑 -2

03 미분계수와 도함수

122

(1) $\dfrac{\Delta y}{\Delta x}=\dfrac{f(1)-f(-2)}{1-(-2)}=\dfrac{-4-(-1)}{3}=-1$

(2) $\dfrac{\Delta y}{\Delta x}=\dfrac{f(1)-f(-2)}{1-(-2)}=\dfrac{1-(-17)}{3}=6$

탑 (1) -1 (2) 6

123

$$\dfrac{\Delta y}{\Delta x}=\dfrac{f(3+\Delta x)-f(3)}{(3+\Delta x)-3}=\dfrac{-2(3+\Delta x)+3-(-3)}{\Delta x}$$

$$=\dfrac{-2\Delta x}{\Delta x}=-2$$

탑 -2

124

(1) $\dfrac{\Delta y}{\Delta x}=\dfrac{f(3)-f(-1)}{3-(-1)}=\dfrac{21-5}{4}=4$

(2) $\dfrac{\Delta y}{\Delta x}=\dfrac{f(4)-f(1)}{4-1}=\dfrac{40-1}{3}=13$

탑 (1) 4 (2) 13

125

(1) $f'(2)=\lim\limits_{\Delta x\to0}\dfrac{f(2+\Delta x)-f(2)}{\Delta x}=\lim\limits_{\Delta x\to0}\dfrac{3-3}{\Delta x}=0$

(2) $f'(2)=\lim\limits_{\Delta x\to0}\dfrac{f(2+\Delta x)-f(2)}{\Delta x}$

$$=\lim\limits_{\Delta x\to0}\dfrac{\{-(2+\Delta x)+3\}-(-2+3)}{\Delta x}$$

$$=\lim\limits_{\Delta x\to0}\dfrac{-\Delta x}{\Delta x}=-1$$

(3) $f'(2)=\lim\limits_{\Delta x\to0}\dfrac{f(2+\Delta x)-f(2)}{\Delta x}$

$$=\lim\limits_{\Delta x\to0}\dfrac{\{2(2+\Delta x)^2+(2+\Delta x)\}-(8+2)}{\Delta x}$$

$$=\lim\limits_{\Delta x\to0}\dfrac{2(\Delta x)^2+9\Delta x}{\Delta x}$$

$$=\lim\limits_{\Delta x\to0}(2\Delta x+9)=9$$

탑 (1) 0 (2) -1 (3) 9

126

(1) $f'(2)=\lim\limits_{h\to0}\dfrac{f(2+h)-f(2)}{h}$

$$=\lim\limits_{h\to0}\dfrac{\{3(2+h)+5\}-(6+5)}{h}=\lim\limits_{h\to0}\dfrac{3h}{h}=3$$

(2) $f'(2)=\lim\limits_{h\to0}\dfrac{f(2+h)-f(2)}{h}$

$$=\lim\limits_{h\to0}\dfrac{\{(2+h)^2+2(2+h)+3\}-(4+4+3)}{h}$$

$$=\lim\limits_{h\to0}\dfrac{6h+h^2}{h}=\lim\limits_{h\to0}(6+h)=6$$

탑 (1) 3 (2) 6

127

(1) $f'(2)=\lim\limits_{x\to 2}\dfrac{f(x)-f(2)}{x-2}=\lim\limits_{x\to 2}\dfrac{(4x-3)-(8-3)}{x-2}$

$\qquad =\lim\limits_{x\to 2}\dfrac{4x-8}{x-2}=\lim\limits_{x\to 2}\dfrac{4(x-2)}{x-2}=4$

(2) $f'(2)=\lim\limits_{x\to 2}\dfrac{f(x)-f(2)}{x-2}$

$\qquad =\lim\limits_{x\to 2}\dfrac{(-2x^3+x-1)-(-16+2-1)}{x-2}$

$\qquad =\lim\limits_{x\to 2}\dfrac{-2x^3+x+14}{x-2}$

$\qquad =\lim\limits_{x\to 2}\dfrac{(x-2)(-2x^2-4x-7)}{x-2}$

$\qquad =\lim\limits_{x\to 2}(-2x^2-4x-7)=-23$

탭 (1) 4 (2) -23

128

곡선 $y=f(x)$ 위의 점 $(a,\ f(a))$에서의 접선의 기울기는 함수 $y=f(x)$의 $x=a$에서의 미분계수 $f'(a)$와 같으므로

(1) $f'(-2)=\lim\limits_{h\to 0}\dfrac{f(-2+h)-f(-2)}{h}$

$\qquad =\lim\limits_{h\to 0}\dfrac{\{2(-2+h)^2-5\}-(8-5)}{h}$

$\qquad =\lim\limits_{h\to 0}\dfrac{-8h+2h^2}{h}$

$\qquad =\lim\limits_{h\to 0}(-8+2h)=-8$

(2) $f'(2)=\lim\limits_{h\to 0}\dfrac{f(2+h)-f(2)}{h}$

$\qquad =\lim\limits_{h\to 0}\dfrac{\{-(2+h)^3+2\}-(-8+2)}{h}$

$\qquad =\lim\limits_{h\to 0}\dfrac{-12h-6h^2-h^3}{h}$

$\qquad =\lim\limits_{h\to 0}(-12-6h-h^2)=-12$

탭 (1) -8 (2) -12

129

(1) $\lim\limits_{x\to -2}f(x)=\lim\limits_{x\to -2}|x+2|=0=f(-2)$이므로 함수 $f(x)$는 $x=-2$에서 연속이다.

(2) $\lim\limits_{\Delta x\to 0+}\dfrac{f(-2+\Delta x)-f(-2)}{\Delta x}$

$\qquad =\lim\limits_{\Delta x\to 0+}\dfrac{|-2+\Delta x+2|-0}{\Delta x}$

$\qquad =\lim\limits_{\Delta x\to 0+}\dfrac{\Delta x}{\Delta x}=1$

$\lim\limits_{\Delta x\to 0-}\dfrac{f(-2+\Delta x)-f(-2)}{\Delta x}$

$\qquad =\lim\limits_{\Delta x\to 0-}\dfrac{|-2+\Delta x+2|-0}{\Delta x}$

$\qquad =\lim\limits_{\Delta x\to 0-}\dfrac{-\Delta x}{\Delta x}=-1$

즉, 우극한과 좌극한이 다르므로

$f'(-2)=\lim\limits_{\Delta x\to 0}\dfrac{f(-2+\Delta x)-f(-2)}{\Delta x}$ 는 존재하지 않는다.

따라서 함수 $f(x)=|x+2|$는 $x=-2$에서 미분가능하지 않다.

탭 (1) 연속 (2) 미분가능하지 않다.

130

(1) $\lim\limits_{x\to 2+}f(x)=\lim\limits_{x\to 2+}(2x^2-x+4)=8-2+4=10$

$\qquad \lim\limits_{x\to 2-}f(x)=\lim\limits_{x\to 2-}(x^2+6)=4+6=10$

따라서 $\lim\limits_{x\to 2}f(x)=10=f(2)$이므로 함수 $f(x)$는 $x=2$에서 연속이다.

(2) $\lim\limits_{x\to 2+}\dfrac{f(x)-f(2)}{x-2}=\lim\limits_{x\to 2+}\dfrac{(2x^2-x+4)-(8-2+4)}{x-2}$

$\qquad =\lim\limits_{x\to 2+}\dfrac{2x^2-x-6}{x-2}$

$\qquad =\lim\limits_{x\to 2+}\dfrac{(x-2)(2x+3)}{x-2}$

$\qquad =\lim\limits_{x\to 2+}(2x+3)=7$

$\lim\limits_{x\to 2-}\dfrac{f(x)-f(2)}{x-2}=\lim\limits_{x\to 2-}\dfrac{(x^2+6)-(8-2+4)}{x-2}$

$\qquad =\lim\limits_{x\to 2-}\dfrac{x^2-4}{x-2}$

$\qquad =\lim\limits_{x\to 2-}\dfrac{(x-2)(x+2)}{x-2}$

$\qquad =\lim\limits_{x\to 2-}(x+2)=4$

즉, 우극한과 좌극한이 다르므로

$f'(2)=\lim\limits_{x\to 2}\dfrac{f(x)-f(2)}{x-2}$ 는 존재하지 않는다.

따라서 함수 $f(x)$는 $x=2$에서 미분가능하지 않다.

탭 (1) 연속 (2) 미분가능하지 않다.

131

(1) $f'(x)=\lim\limits_{\Delta x\to 0}\dfrac{f(x+\Delta x)-f(x)}{\Delta x}$

$\qquad =\lim\limits_{\Delta x\to 0}\dfrac{-6-(-6)}{\Delta x}=0$

(2) $f'(x)=\lim\limits_{\Delta x\to 0}\dfrac{f(x+\Delta x)-f(x)}{\Delta x}$

$\qquad =\lim\limits_{\Delta x\to 0}\dfrac{\{-2(x+\Delta x)+1\}-(-2x+1)}{\Delta x}$

$\qquad =\lim\limits_{\Delta x\to 0}\dfrac{-2\Delta x}{\Delta x}=-2$

(3) $f'(x)=\lim\limits_{\Delta x\to 0}\dfrac{f(x+\Delta x)-f(x)}{\Delta x}$

$\qquad =\lim\limits_{\Delta x\to 0}\dfrac{\{2(x+\Delta x)^2+3\}-(2x^2+3)}{\Delta x}$

$\qquad =\lim\limits_{\Delta x\to 0}\dfrac{4x\Delta x+2(\Delta x)^2}{\Delta x}$

$\qquad =\lim\limits_{\Delta x\to 0}(4x+2\Delta x)=4x$

탭 (1) $f'(x)=0$ (2) $f'(x)=-2$ (3) $f'(x)=4x$

132

(1) $y'=(-x^5)'=-5x^4$

(2) $y'=(2x^7)'=14x^6$

(3) $y'=(-3)'=0$

(4) $y'=(5x+7)'=(5x)'+(7)'=5$

(5) $y'=(-3x^2+x-5)'=(-3x^2)'+(x)'-(5)'=-6x+1$

(6) $y'=\left(\dfrac{4}{3}x^3-\dfrac{3}{2}x^2+5x-7\right)'$

$\qquad =\left(\dfrac{4}{3}x^3\right)'-\left(\dfrac{3}{2}x^2\right)'+(5x)'-(7)'$

$\qquad =4x^2-3x+5$

$$\boxed{\text{답}}\ (1)\ y'=-5x^4\ \ (2)\ y'=14x^6\ \ (3)\ y'=0$$
$$(4)\ y'=5\ \ (5)\ y'=-6x+1\ \ (6)\ y'=4x^2-3x+5$$

133

(1) 함수 $f(x)+g(x)$의 $x=1$에서의 미분계수는

$\quad f'(1)+g'(1)=5+(-2)=3$

(2) 함수 $2f(x)-3g(x)$의 $x=1$에서의 미분계수는

$\quad 2f'(1)-3g'(1)=2\times5-3\times(-2)=16$

$$\boxed{\text{답}}\ (1)\ 3\ \ (2)\ 16$$

134

(1) $y'=(-6x)'(2x^2+3)-6x(2x^2+3)'$

$\quad\ =-6(2x^2+3)-6x\times4x$

$\quad\ =-36x^2-18$

(2) $y'=(2x+3)'(-x-7)+(2x+3)(-x-7)'$

$\quad\ =2(-x-7)+(2x+3)\times(-1)$

$\quad\ =-4x-17$

(3) $y'=(x^2+2x-3)'(3x+8)+(x^2+2x-3)(3x+8)'$

$\quad\ =(2x+2)(3x+8)+3(x^2+2x-3)$

$\quad\ =9x^2+28x+7$

$$\boxed{\text{답}}\ (1)\ y'=-36x^2-18\ \ (2)\ y'=-4x-17$$
$$(3)\ y'=9x^2+28x+7$$

135

(1) $y'=(x)'(x+4)(x+5)+x(x+4)'(x+5)+x(x+4)(x+5)'$

$\quad\ =(x+4)(x+5)+x(x+5)+x(x+4)$

$\quad\ =3x^2+18x+20$

(2) $y'=(x+1)'(x+2)(x+3)+(x+1)(x+2)'(x+3)$
$$\qquad\qquad\qquad\qquad\quad +(x+1)(x+2)(x+3)'$$

$\quad\ =(x+2)(x+3)+(x+1)(x+3)+(x+1)(x+2)$

$\quad\ =3x^2+12x+11$

(3) $y'=(2x-5)'(3x+1)(-x+1)+(2x-5)(3x+1)'(-x+1)$
$$\qquad\qquad\qquad\qquad\quad +(2x-5)(3x+1)(-x+1)'$$

$\quad\ =2(3x+1)(-x+1)+3(2x-5)(-x+1)-(2x-5)(3x+1)$

$\quad\ =-18x^2+38x-8$

$$\boxed{\text{답}}\ (1)\ y'=3x^2+18x+20\ \ (2)\ y'=3x^2+12x+11$$
$$(3)\ y'=-18x^2+38x-8$$

136

(1) $y'=\{(x+2)^3\}'=3(x+2)^2(x+2)'=3(x+2)^2$

(2) $y'=\{(4x-1)^5\}'=5(4x-1)^4(4x-1)'=20(4x-1)^4$

(3) $y'=\{(-2x^2+3x+5)^4\}'$

$\quad\ =4(-2x^2+3x+5)^3(-2x^2+3x+5)'$

$\quad\ =4(-2x^2+3x+5)^3(-4x+3)$

$$\boxed{\text{답}}\ (1)\ y'=3(x+2)^2\ \ (2)\ y'=20(4x-1)^4$$
$$(3)\ y'=4(-2x^2+3x+5)^3(-4x+3)$$

137

(1) $y'=(6x-1)'(3x-2)^2+(6x-1)\{(3x-2)^2\}'$

$\quad\ =6(3x-2)^2+(6x-1)\times2(3x-2)(3x-2)'$

$\quad\ =6(3x-2)^2+6(6x-1)(3x-2)$

$\quad\ =6(3x-2)(9x-3)=18(3x-1)(3x-2)$

---

(2) $y'=\{(x+2)^3\}'(2x^2-1)+(x+2)^3(2x^2-1)'$

$\quad\ =3(x+2)^2(x+2)'\times(2x^2-1)+(x+2)^3\times4x$

$\quad\ =3(x+2)^2(2x^2-1)+4x(x+2)^3$

$\quad\ =(x+2)^2(10x^2+8x-3)$

(3) $y'=\{(x+2)^3\}'(x^2-1)^4+(x+2)^3\{(x^2-1)^4\}'$

$\quad\ =3(x+2)^2(x+2)'\times(x^2-1)^4+(x+2)^3\times4(x^2-1)^3(x^2-1)'$

$\quad\ =3(x+2)^2(x^2-1)^4+8x(x+2)^3(x^2-1)^3$

$\quad\ =(x+2)^2(x^2-1)^3(11x^2+16x-3)$

$$\boxed{\text{답}}\ (1)\ y'=18(3x-1)(3x-2)$$
$$(2)\ y'=(x+2)^2(10x^2+8x-3)$$
$$(3)\ y'=(x+2)^2(x^2-1)^3(11x^2+16x-3)$$

138

x의 값이 1에서 4까지 변할 때의 함수 $f(x)$의 평균변화율은

$$\frac{f(4)-f(1)}{4-1}=\frac{28-4}{3}=8$$

한편, 함수 $f(x)$의 $x=c$에서의 미분계수는

$f'(c)=\displaystyle\lim_{h\to0}\frac{f(c+h)-f(c)}{h}$

$\qquad\ =\displaystyle\lim_{h\to0}\frac{(c+h)^2+3(c+h)-(c^2+3c)}{h}$

$\qquad\ =\displaystyle\lim_{h\to0}\frac{2ch+h^2+3h}{h}$

$\qquad\ =\displaystyle\lim_{h\to0}(2c+h+3)=2c+3$

이때, x의 값이 1에서 4까지 변할 때의 평균변화율과 $x=c$에서의 미분계수가 같으므로

$2c+3=8$

$2c=5 \qquad \therefore c=\dfrac{5}{2}$ $\qquad\qquad\boxed{\text{답}}\ \dfrac{5}{2}$

139

x의 값이 a에서 $a+2$까지 변할 때의 함수 $f(x)$의 평균변화율은

$$\frac{f(a+2)-f(a)}{(a+2)-a}=\frac{\{(a+2)^2+2(a+2)\}-(a^2+2a)}{2}$$
$$=\frac{4a+8}{2}=2a+4=6$$

즉, $2a=2$이므로

$a=1$ $\qquad\qquad\qquad\qquad\qquad\qquad\boxed{\text{답}}\ 1$

140

직선 AB의 기울기 2는 x의 값이 3에서 5까지 변할 때의 함수 $f(x)$의 평균변화율과 같으므로

$$\frac{f(5)-f(3)}{5-3}=2$$

한편, 이차함수 $y=f(x)$의 그래프는 직선 $x=3$에 대하여 대칭이므로

$f(1)=f(5)$

따라서 x의 값이 1에서 3까지 변할 때의 함수 $f(x)$의 평균변화율은

$$\frac{f(3)-f(1)}{3-1}=\frac{f(3)-f(5)}{3-1}=-\frac{f(5)-f(3)}{2}=-2$$

답 -2

141

$\lim\limits_{x\to1}\dfrac{f(x)-2}{x^2-1}=3$에서 극한값이 존재하고, $x\to1$일 때 (분모)$\to0$이므로

(분자)$\to0$이어야 한다.

즉, $\lim\limits_{x\to1}\{f(x)-2\}=0$이므로 $f(1)=2$

$$\therefore \lim_{x\to1}\frac{f(x)-2}{x^2-1}=\lim_{x\to1}\left\{\frac{f(x)-f(1)}{x-1}\times\frac{1}{x+1}\right\}=\frac{1}{2}f'(1)$$

$\dfrac{1}{2}f'(1)=3$이므로 $f'(1)=6$

$$\therefore \frac{f'(1)}{f(1)}=\frac{6}{2}=3$$

답 ①

142

$$\lim_{x\to a}\frac{f(x^3)-f(a^3)}{x-a}$$

$$=\lim_{x\to a}\left\{\frac{f(x^3)-f(a^3)}{x^3-a^3}\times\frac{x^3-a^3}{x-a}\right\}$$

$$=\lim_{x\to a}\left\{\frac{f(x^3)-f(a^3)}{x^3-a^3}\times\frac{(x-a)(x^2+ax+a^2)}{x-a}\right\}$$

$$=\lim_{x\to a}\left\{\frac{f(x^3)-f(a^3)}{x^3-a^3}\times(x^2+ax+a^2)\right\}$$

$$=3a^2f'(a^3)$$

답 ⑤

143

(1) $$\lim_{x\to1}\frac{xf(1)-f(x)}{x-1}$$

$$=\lim_{x\to1}\frac{xf(1)-f(1)+f(1)-f(x)}{x-1}$$

$$=\lim_{x\to1}\frac{xf(1)-f(1)}{x-1}+\lim_{x\to1}\frac{f(1)-f(x)}{x-1}$$

$$=\lim_{x\to1}\frac{(x-1)f(1)}{x-1}-\lim_{x\to1}\frac{f(x)-f(1)}{x-1}$$

$$=f(1)-f'(1)$$

$$=4-7=-3$$

(2) $$\lim_{x\to1}\frac{x^2f(1)-f(x)}{x-1}$$

$$=\lim_{x\to1}\frac{x^2f(1)-f(1)+f(1)-f(x)}{x-1}$$

$$=\lim_{x\to1}\frac{x^2f(1)-f(1)}{x-1}+\lim_{x\to1}\frac{f(1)-f(x)}{x-1}$$

$$=\lim_{x\to1}\frac{(x^2-1)f(1)}{x-1}-\lim_{x\to1}\frac{f(x)-f(1)}{x-1}$$

$$=\lim_{x\to1}\frac{(x-1)(x+1)f(1)}{x-1}-\lim_{x\to1}\frac{f(x)-f(1)}{x-1}$$

$$=\lim_{x\to1}(x+1)f(1)-\lim_{x\to1}\frac{f(x)-f(1)}{x-1}$$

$$=2f(1)-f'(1)$$

$$=2\times4-7=1$$

답 (1) -3 (2) 1

144

$\lim\limits_{x\to1}\dfrac{f(x)-f(1)}{x-1}=f'(1)$이므로 $f'(1)=6$

$$\therefore \lim_{h\to0}\frac{f(1+3h)-f(1)}{2h}=\lim_{h\to0}\frac{f(1+3h)-f(1)}{3h}\times\frac{3}{2}$$

$$=f'(1)\times\frac{3}{2}=6\times\frac{3}{2}=9$$

답 ④

145

$\lim\limits_{h\to0}\dfrac{f(h)}{h}=3$에서 극한값이 존재하고, $h\to0$일 때 (분모)$\to0$이므로

(분자)$\to0$이어야 한다.

즉, $\lim\limits_{h\to0}f(h)=0$이므로 $f(0)=0$

$$\therefore \lim_{h\to0}\frac{f(h)}{h}=\lim_{h\to0}\frac{f(0+h)-f(0)}{h}=f'(0)=3$$

답 ②

146

(1) $$\lim_{h\to0}\frac{f(a+2h)-f(a)}{3h}=\lim_{h\to0}\frac{f(a+2h)-f(a)}{2h}\times\frac{2}{3}$$

$$=\frac{2}{3}f'(a)=\frac{2}{3}\times9=6$$

(2) $$\lim_{h\to0}\frac{f(a+3h)-f(a-4h)}{h}$$

$$=\lim_{h\to0}\frac{f(a+3h)-f(a)+f(a)-f(a-4h)}{h}$$

$$=\lim_{h\to0}\frac{f(a+3h)-f(a)}{h}+\lim_{h\to0}\frac{f(a)-f(a-4h)}{h}$$

$$=\lim_{h\to0}\frac{f(a+3h)-f(a)}{3h}\times3+\lim_{h\to0}\frac{f(a-4h)-f(a)}{-4h}\times4$$

$$=3f'(a)+4f'(a)=7f'(a)$$

$$=7\times9=63$$

답 (1) 6 (2) 63

147

$$f(x)=|x^2-1|=\begin{cases}x^2-1 & (x\le-1 \text{ 또는 } x\ge1)\\-x^2+1 & (-1<x<1)\end{cases}$$

(i) $\lim\limits_{x\to1}f(x)=\lim\limits_{x\to1}|x^2-1|=0$, $f(1)=0$이므로

$$\lim_{x\to1}f(x)=\boxed{f(1)}$$

즉, 함수 $f(x)$는 $x=1$에서 연속이다.

(ii) $$\lim_{h\to0+}\frac{f(1+h)-f(1)}{h}=\lim_{h\to0+}\frac{|(1+h)^2-1|}{h}$$

$$=\lim_{h\to0+}\frac{|2h+h^2|}{h}$$

$$=\lim_{h\to0+}\frac{|2+h|\times|h|}{h}$$

$$=\lim_{h\to0+}\frac{|2+h|\times h}{h}$$

$$=\lim_{h\to0+}|2+h|=\boxed{2}$$

$$\lim_{h\to0-}\frac{f(1+h)-f(1)}{h}=\lim_{h\to0-}\frac{|(1+h)^2-1|}{h}$$

$$=\lim_{h\to0-}\frac{|2h+h^2|}{h}$$

$$=\lim_{h\to0-}\frac{|2+h|\times|h|}{h}$$

$$= \lim_{h \to 0-} \frac{|2+h| \times (-h)}{h}$$
$$= \lim_{h \to 0-} (-|2+h|) = \boxed{-2}$$

즉, 우극한과 좌극한이 다르므로

$$f'(1) = \lim_{h \to 0} \frac{f(1+h)-f(1)}{h} \text{은 존재하지 않는다.}$$

(i), (ii)에서 함수 $f(x) = |x^2-1|$은 $x=1$에서 연속이지만 미분가능하지 않다.

답 (가) $f(1)$ (나) 2 (다) -2

148

① $\lim\limits_{x \to 1+} f(x) = \lim\limits_{x \to 1-} f(x)$이므로 $\lim\limits_{x \to 1} f(x)$의 값이 존재한다.

② $f'(0)$은 $x=0$에서의 접선의 기울기이므로 $f'(0) > 0$이다.

③ 구간 $(-1, 4)$에서 $f'(x)=0$인 점이 존재하지 않는다.

④ 함수 $f(x)$는 $x=1$, $x=3$에서 불연속이므로 불연속인 점은 2개이다.

⑤ 불연속인 점과 뾰족한 점에서는 미분가능하지 않으므로 함수 $f(x)$가 미분가능하지 않은 점은 $x=1$, $x=2$, $x=3$의 3개이다.

따라서 옳지 않은 것은 ⑤이다. **답** ⑤

149

ㄱ. $f(x) = \dfrac{1}{x}$은 $x=0$에서 불연속이므로 $x=0$에서 미분가능하지 않다.

ㄴ. $f(x) = x|x| = \begin{cases} x^2 & (x \ge 0) \\ -x^2 & (x < 0) \end{cases}$

(i) $\lim\limits_{x \to 0} f(x) = \lim\limits_{x \to 0} x|x| = 0 = f(0)$이므로 함수 $f(x)$는 $x=0$에서 연속이다.

(ii) $\lim\limits_{h \to 0+} \dfrac{f(0+h)-f(0)}{h} = \lim\limits_{h \to 0+} \dfrac{h|h|}{h} = \lim\limits_{h \to 0+} \dfrac{h^2}{h}$
$$= \lim_{h \to 0+} h = 0$$

$\lim\limits_{h \to 0-} \dfrac{f(0+h)-f(0)}{h} = \lim\limits_{h \to 0-} \dfrac{h|h|}{h} = \lim\limits_{h \to 0-} \dfrac{-h^2}{h}$
$$= \lim_{h \to 0-} (-h) = 0$$

즉, 우극한과 좌극한이 같으므로

$$f'(0) = \lim_{h \to 0} \frac{f(0+h)-f(0)}{h} \text{이 존재한다.}$$

그러므로 함수 $f(x)$는 $x=0$에서 미분가능하다.

(i), (ii)에서 함수 $f(x) = x|x|$는 $x=0$에서 연속이고, 미분가능하다.

ㄷ. $f(x) = 2x + |x| = \begin{cases} 3x & (x \ge 0) \\ x & (x < 0) \end{cases}$

(i) $\lim\limits_{x \to 0+} f(x) = \lim\limits_{x \to 0+} 3x = 0$, $\lim\limits_{x \to 0-} f(x) = \lim\limits_{x \to 0-} x = 0$이므로
$$\lim_{x \to 0} f(x) = 0$$

즉, $\lim\limits_{x \to 0} f(x) = 0 = f(0)$이므로 함수 $f(x)$는 $x=0$에서 연속이다.

(ii) $\lim\limits_{h \to 0+} \dfrac{f(0+h)-f(0)}{h} = \lim\limits_{h \to 0+} \dfrac{2h+|h|}{h} = \lim\limits_{h \to 0+} \dfrac{3h}{h} = 3$

$\lim\limits_{h \to 0-} \dfrac{f(0+h)-f(0)}{h} = \lim\limits_{h \to 0-} \dfrac{2h+|h|}{h} = \lim\limits_{h \to 0-} \dfrac{h}{h} = 1$

즉, 우극한과 좌극한이 다르므로

$$f'(0) = \lim_{h \to 0} \frac{f(0+h)-f(0)}{h} \text{은 존재하지 않는다.}$$

그러므로 함수 $f(x)$는 $x=0$에서 미분가능하지 않다.

(i), (ii)에서 함수 $f(x) = 2x + |x|$는 $x=0$에서 연속이지만 미분가능하지 않다.

따라서 $x=0$에서 연속이지만 미분가능하지 않은 함수는 ㄷ뿐이다.

답 ㄷ

150

$f'(x) = (2x^2-3x)'(x^3-x^2+x-1) + (2x^2-3x)(x^3-x^2+x-1)'$
$= (4x-3)(x^3-x^2+x-1) + (2x^2-3x)(3x^2-2x+1)$
$= 4x^4-7x^3+7x^2-7x+3 + 6x^4-13x^3+8x^2-3x$
$= 10x^4-20x^3+15x^2-10x+3$

$\therefore f'(2) = 160-160+60-20+3 = 43$ **답** ③

151

$f(x) = ax^2+bx+3$에서 $f'(x) = 2ax+b$

$f'(-1) = -2a+b = 5$ ······ ㉠

$f'(1) = 2a+b = -3$ ······ ㉡

㉠, ㉡을 연립하여 풀면 $a=-2$, $b=1$ ······ **가**

따라서 $f(x) = -2x^2+x+3$이므로

$f(2) = -8+2+3 = -3$ ······ **나**

단계	채점 요소	비율
가	상수 a, b의 값 각각 구하기	60%
나	$f(2)$의 값 구하기	40%

답 -3

152

$f(x) = (x+1)^2 g(x)$에서

$f'(x) = \{(x+1)^2\}'g(x) + (x+1)^2 g'(x)$
$= 2(x+1)g(x) + (x+1)^2 g'(x)$

$\therefore f'(2) = 6g(2) + 9g'(2) = 6 \times (-2) + 9 \times 3 = 15$ **답** 15

153

$f(x) = x^3-kx^2+4x-6$이라 하면 $f'(x) = 3x^2-2kx+4$

점 $(1, -3)$이 함수 $y=f(x)$의 그래프 위의 점이므로

$f(1) = 1-k+4-6 = -3$ $\therefore k=2$

점 $(1, -3)$에서의 접선의 기울기가 m이므로

$f'(1) = 3-4+4 = m$ $\therefore m=3$

$\therefore k+m = 2+3 = 5$ **답** ⑤

154

$f(x) = x^2-5x+6$이라 하면 $f'(x) = 2x-5$

이때, 점 (a, b)에서의 접선의 기울기가 3이므로

$f'(a) = 2a-5 = 3$

$2a=8$ $\therefore a=4$

점 (a, b)는 함수 $y=f(x)$의 그래프 위의 점이므로

$b = f(a) = f(4) = 16-20+6 = 2$

$\therefore ab = 4 \times 2 = 8$ **답** ④

155

$f(x) = x^3+px^2+qx+3$이라 하면 $f'(x) = 3x^2+2px+q$

곡선 $y=f(x)$가 점 $(-1, 6)$을 지나므로

$f(-1) = -1+p-q+3 = 6$

$\therefore p-q = 4$ ······ ㉠

점 $(-1, 6)$에서의 접선의 기울기가 4이므로

$f'(-1) = 3-2p+q = 4$

$\therefore -2p+q=1$ ...... ㉡

───────── ㉮

㉠, ㉡을 연립하여 풀면 $p=-5$, $q=-9$

───────── ㉯

$\therefore p^2+q^2=(-5)^2+(-9)^2=106$

───────── ㉰

단계	채점 요소	비율
㉮	p, q에 대한 연립방정식 세우기	60%
㉯	상수 p, q의 값 각각 구하기	30%
㉰	p^2+q^2의 값 구하기	10%

답 106

156

$$\lim_{x \to 1} \frac{f(x)-f(1)}{x^2-1}=\lim_{x \to 1}\left\{\frac{f(x)-f(1)}{x-1}\times\frac{1}{x+1}\right\}=\frac{1}{2}f'(1)$$

$\frac{1}{2}f'(1)=2$에서 $f'(1)=4$

한편, $f(x)=2x^3+ax^2+b$에서 $f'(x)=6x^2+2ax$

$f(2)=16+4a+b=12$

$\therefore 4a+b=-4$ ...... ㉠

$f'(1)=6+2a=4$

$2a=-2 \quad \therefore a=-1$

$a=-1$을 ㉠에 대입하면

$-4+b=-4 \quad \therefore b=0$

$\therefore a+b=-1+0=-1$

답 ②

157

$\lim\limits_{x \to 2}\dfrac{f(x)}{x-2}=9$에서 극한값이 존재하고, $x \to 2$일 때 (분모)$\to 0$이므로

(분자)$\to 0$이어야 한다.

즉, $\lim\limits_{x \to 2}f(x)=0$이므로 $f(2)=0$

$$\therefore \lim_{x \to 2}\frac{f(x)}{x-2}=\lim_{x \to 2}\frac{f(x)-f(2)}{x-2}=f'(2)=9$$

한편, $f(x)=x^3+ax+b$에서 $f'(x)=3x^2+a$

$f(2)=8+2a+b=0 \quad \therefore 2a+b=-8$ ...... ㉠

$f'(2)=12+a=9 \quad \therefore a=-3$

$a=-3$을 ㉠에 대입하면

$2\times(-3)+b=-8 \quad \therefore b=-2$

따라서 $f(x)=x^3-3x-2$이므로

$f(1)=1-3-2=-4$

답 ①

158

$$\lim_{x \to 2}\frac{f(x)-f(2)}{x-2}=f'(2)=-2$$

$$\lim_{h \to 0}\frac{f(1-h)-f(1+2h)}{h}$$

$$=\lim_{h \to 0}\frac{\{f(1-h)-f(1)\}-\{f(1+2h)-f(1)\}}{h}$$

$$=\lim_{h \to 0}\frac{f(1-h)-f(1)}{-h}\times(-1)-\lim_{h \to 0}\frac{f(1+2h)-f(1)}{2h}\times 2$$

$$=-f'(1)-2f'(1)$$

$$=-3f'(1)$$

$-3f'(1)=6$에서 $f'(1)=-2$

$f(x)=x^4+ax^2+bx-6$에서 $f'(x)=4x^3+2ax+b$이므로

$f'(2)=32+4a+b=-2$

$\therefore 4a+b=-34$ ...... ㉠

$f'(1)=4+2a+b=-2$

$\therefore 2a+b=-6$ ...... ㉡

㉠, ㉡을 연립하여 풀면

$a=-14$, $b=22$

따라서 $f(x)=x^4-14x^2+22x-6$이므로

$f(1)=1-14+22-6=3$

답 ④

159

함수 $f(x)$가 $x=2$에서 미분가능하면 $x=2$에서 연속이므로

$\lim\limits_{x \to 2-}(2x+b)=f(2)$

즉, $4+b=-4+2a+2 \quad \therefore b=2a-6$ ...... ㉠

또한 $f'(2)$가 존재하므로

$$\lim_{x \to 2+}\frac{f(x)-f(2)}{x-2}=\lim_{x \to 2+}\frac{(-x^2+ax+2)-(-4+2a+2)}{x-2}$$

$$=\lim_{x \to 2+}\frac{(x-2)(-x+a-2)}{x-2}$$

$$=\lim_{x \to 2+}(-x+a-2)=a-4$$

$$\lim_{x \to 2-}\frac{f(x)-f(2)}{x-2}=\lim_{x \to 2-}\frac{(2x+b)-(-4+2a+2)}{x-2}$$

$$=\lim_{x \to 2-}\frac{2x+2a-6-(2a-2)}{x-2} \ (\because ㉠)$$

$$=\lim_{x \to 2-}\frac{2(x-2)}{x-2}=2$$

에서 $a-4=2 \quad \therefore a=6$

$a=6$을 ㉠에 대입하면 $b=2\times 6-6=6$

$\therefore ab=6\times 6=36$

다른 풀이

$f_1(x)=-x^2+ax+2 \ (x \geq 2)$, $f_2(x)=2x+b \ (x<2)$라 하면

$f_1'(x)=-2x+a \ (x>2)$, $f_2'(x)=2 \ (x<2)$

함수 $f(x)$는 $x=2$에서 연속이므로 $f_1(2)=f_2(2)$

$-4+2a+2=4+b \quad \therefore 2a-b=6$ ...... ㉠

또한 $f'(2)$가 존재하므로 $f_1'(2)=f_2'(2)$

$-4+a=2 \quad \therefore a=6$

$a=6$을 ㉠에 대입하면

$12-b=6 \quad \therefore b=6$

$\therefore ab=6\times 6=36$

답 ③

160

$$f(x)=[x-1](x^2+ax+b)=\begin{cases} 0 & (1 \leq x < 2) \\ x^2+ax+b & (2 \leq x < 3) \end{cases}$$

함수 $f(x)$가 $x=2$에서 미분가능하면 $x=2$에서 연속이므로

$\lim\limits_{x \to 2-}f(x)=f(2)$

즉, $0=4+2a+b \quad \therefore b=-2a-4$ ...... ㉠

또한 $f'(2)$가 존재하므로

$$\lim_{x \to 2+}\frac{f(x)-f(2)}{x-2}=\lim_{x \to 2+}\frac{(x^2+ax+b)-(4+2a+b)}{x-2}$$

$$=\lim_{x \to 2+}\frac{(x-2)(x+2+a)}{x-2}$$

$$=\lim_{x \to 2+}(x+2+a)=4+a$$

$$\lim_{x \to 2-}\frac{f(x)-f(2)}{x-2}=\lim_{x \to 2-}\frac{0-(4+2a+b)}{x-2}=0 \ (\because ㉠)$$

에서 $4+a=0$ $\therefore a=-4$

$a=-4$를 ㉠에 대입하면

$b=-2\times(-4)-4=4$

$\therefore a+b=-4+4=0$

다른 풀이

$f(x)=[x-1](x^2+ax+b)=\begin{cases} 0 & (1\le x<2) \\ x^2+ax+b & (2\le x<3) \end{cases}$

$f_1(x)=0\,(1\le x<2)$, $f_2(x)=x^2+ax+b\,(2\le x<3)$라 하면

$f_1'(x)=0\,(1<x<2)$, $f_2'(x)=2x+a\,(2<x<3)$

함수 $f(x)$는 $x=2$에서 연속이므로 $f_1(2)=f_2(2)$

$0=4+2a+b$ $\therefore 2a+b=-4$ $\cdots\cdots$ ㉠

또한 $f'(2)$가 존재하므로 $f_1'(2)=f_2'(2)$

$0=4+a$ $\therefore a=-4$

$a=-4$를 ㉠에 대입하면

$-8+b=-4$ $\therefore b=4$

$\therefore a+b=-4+4=0$ **답** 0

161

함수 $f(x)$가 $x=a$에서 미분가능하면 $x=a$에서 연속이므로

$\lim\limits_{x\to a-}(3x^2+12x+b)=f(a)$

즉, $3a^2+12a+b=2a^3$ $\therefore b=2a^3-3a^2-12a$ $\cdots\cdots$ ㉠

또한 $f'(a)$가 존재하므로

$\lim\limits_{x\to a+}\dfrac{f(x)-f(a)}{x-a}=\lim\limits_{x\to a+}\dfrac{2x^3-2a^3}{x-a}$

$\qquad\qquad\qquad\quad=\lim\limits_{x\to a+}\dfrac{2(x-a)(x^2+ax+a^2)}{x-a}$

$\qquad\qquad\qquad\quad=\lim\limits_{x\to a+}2(x^2+ax+a^2)$

$\qquad\qquad\qquad\quad=6a^2$

$\lim\limits_{x\to a-}\dfrac{f(x)-f(a)}{x-a}=\lim\limits_{x\to a-}\dfrac{3x^2+12x+b-2a^3}{x-a}$

$\qquad\qquad\qquad\quad=\lim\limits_{x\to a-}\dfrac{3x^2+12x-3a^2-12a}{x-a}\,(\because ㉠)$

$\qquad\qquad\qquad\quad=\lim\limits_{x\to a-}\dfrac{3(x^2-a^2)+12(x-a)}{x-a}$

$\qquad\qquad\qquad\quad=\lim\limits_{x\to a-}\dfrac{3(x-a)(x+a)+12(x-a)}{x-a}$

$\qquad\qquad\qquad\quad=\lim\limits_{x\to a-}\{3(x+a)+12\}$

$\qquad\qquad\qquad\quad=6a+12$

에서 $6a^2=6a+12$

$6(a^2-a-2)=0$, $6(a+1)(a-2)=0$

$\therefore a=2\,(\because a>0)$

$a=2$를 ㉠에 대입하면

$b=16-12-24=-20$

$\therefore a^2+b^2=2^2+(-20)^2=404$

다른 풀이

$f_1(x)=2x^3\,(x\ge a)$, $f_2(x)=3x^2+12x+b\,(x<a)$라 하면

$f_1'(x)=6x^2\,(x>a)$, $f_2'(x)=6x+12\,(x<a)$

함수 $f(x)$는 $x=a$에서 연속이므로 $f_1(a)=f_2(a)$

$\therefore 2a^3=3a^2+12a+b$ $\cdots\cdots$ ㉠

또한 $f'(a)$가 존재하므로 $f_1'(a)=f_2'(a)$

$6a^2=6a+12$, $6(a^2-a-2)=0$

$6(a+1)(a-2)=0$ $\therefore a=2\,(\because a>0)$

$a=2$를 ㉠에 대입하면

$16=12+24+b$ $\therefore b=-20$

$\therefore a^2+b^2=2^2+(-20)^2=404$ **답** 404

162

$f(x)$가 이차함수이므로 $f(x)=ax^2+bx+c\,(a\ne0)$라 하면

$f'(x)=2ax+b$

이때, 주어진 등식은

$(3x-1)(2ax+b)-6(ax^2+bx+c)-2=0$

$-(2a+3b)x+(-b-6c-2)=0$

위의 식이 x에 대한 항등식이므로

$2a+3b=0$ $\cdots\cdots$ ㉠

$-b-6c-2=0$ $\cdots\cdots$ ㉡

한편, $f(0)=0$이므로 $c=0$

$c=0$을 ㉡에 대입하면 $-b-2=0$ $\therefore b=-2$

$b=-2$를 ㉠에 대입하면 $2a-6=0$ $\therefore a=3$

따라서 $f'(x)=6x-2$이므로

$f'(3)=6\times3-2=16$ **답** ⑤

163

다항식 x^3+ax^2+bx를 $(x+1)^2$으로 나눌 때의 몫을 $Q(x)$라 하면

$x^3+ax^2+bx=(x+1)^2Q(x)$ $\cdots\cdots$ ㉠

㉠의 양변에 $x=-1$을 대입하면

$-1+a-b=0$

$\therefore a-b=1$ $\cdots\cdots$ ㉡

㉠의 양변을 x에 대하여 미분하면

$3x^2+2ax+b=2(x+1)Q(x)+(x+1)^2Q'(x)$ $\cdots\cdots$ ㉢

㉢의 양변에 $x=-1$을 대입하면

$3-2a+b=0$

$\therefore -2a+b=-3$ $\cdots\cdots$ ㉣

㉡, ㉣을 연립하여 풀면 $a=2$, $b=1$

$\therefore a+b=2+1=3$ **답** ⑤

164

$(x-1)f'(x)=2f(x)$ $\cdots\cdots$ ㉠

함수 $f(x)$가 x에 대한 n차함수이고, 그 최고차항을 $ax^n\,(a\ne0)$이라 하면

$f(x)=ax^n+\cdots\,(a\ne0)$, $f'(x)=nax^{n-1}+\cdots$

㉠의 좌변의 최고차항은 $x\times nax^{n-1}=nax^n$이고, 우변의 최고차항은 $2ax^n$이다.

이때, ㉠이 x에 대한 항등식이므로

$na=2a$이고 $a\ne0$이므로 $n=2$

한편, $f(0)=2$이므로

$f(x)=ax^2+bx+2\,(a\ne0)$라 하면

$f'(x)=2ax+b$

이때, 주어진 등식은

$(x-1)(2ax+b)=2(ax^2+bx+2)$

$2ax^2+(b-2a)x-b=2ax^2+2bx+4$

위의 식이 x에 대한 항등식이므로

$b-2a=2b$, $-b=4$

$\therefore a=2$, $b=-4$

$\therefore f(x)=2x^2-4x+2$ **답** $f(x)=2x^2-4x+2$

165

조건 Ⅰ에서 주어진 식 $f(x+y)=f(x)+f(y)+3xy$의 양변에
$x=0$, $y=0$을 대입하면

$f(0)=f(0)+f(0)+0$ $\therefore f(0)=0$

조건 Ⅱ에서 $f'(0)=5$이므로

$$f'(0)=\lim_{h\to0}\frac{f(0+h)-f(0)}{h}=\lim_{h\to0}\frac{f(h)}{h}=5 \qquad \cdots\cdots ㉠$$

한편, $f'(x)$를 구하면

$$f'(x)=\lim_{h\to0}\frac{f(x+h)-f(x)}{h}$$
$$=\lim_{h\to0}\frac{\{\boxed{f(x)+f(h)+3xh}\}-f(x)}{h}$$
$$=\lim_{h\to0}\frac{f(h)+3xh}{h}$$
$$=\lim_{h\to0}\left\{\frac{f(h)}{h}+3x\right\}$$
$$=\boxed{3x+5}\ (\because ㉠)$$

$\therefore f'(2)=3\times2+5=\boxed{11}$

답 (가) $f(x)+f(h)+3xh$ (나) $3x+5$ (다) 11

166

주어진 식 $f(x+y)=f(x)+f(y)+2$의 양변에 $x=0$, $y=0$을 대입하면

$f(0)=f(0)+f(0)+2$ $\therefore f(0)=-2$

――――――――――――――― 가

또한 $f'(0)=4$이므로

$$f'(0)=\lim_{h\to0}\frac{f(0+h)-f(0)}{h}=\lim_{h\to0}\frac{f(h)-(-2)}{h}$$
$$=\lim_{h\to0}\frac{f(h)+2}{h}=4 \qquad \cdots\cdots ㉠$$

한편, $f'(x)$를 구하면

$$f'(x)=\lim_{h\to0}\frac{f(x+h)-f(x)}{h}$$
$$=\lim_{h\to0}\frac{f(x)+f(h)+2-f(x)}{h}$$
$$=\lim_{h\to0}\frac{f(h)+2}{h}=4\ (\because ㉠)$$

――――――――――――――― 나

$\therefore f(0)+f'(2)=-2+4=2$

――――――――――――――― 다

단계	채점 요소	비율
가	$f(0)$의 값 구하기	30%
나	$f(x)$의 도함수 $f'(x)$ 구하기	60%
다	$f(0)+f'(2)$의 값 구하기	10%

답 2

167

x의 값이 -1에서 1까지 변할 때의 함수 $f(x)$의 평균변화율은

$$\frac{f(1)-f(-1)}{1-(-1)}=\frac{1-a-(-1-a)}{2}=\frac{2}{2}=1$$

한편, 함수 $f(x)$의 $x=c$에서의 미분계수는

$$f'(c)=\lim_{h\to0}\frac{f(c+h)-f(c)}{h}$$
$$=\lim_{h\to0}\frac{(c+h)^2(c+h-a)-c^2(c-a)}{h}$$
$$=\lim_{h\to0}\frac{(c^2+2ch+h^2)(c+h-a)-c^2(c-a)}{h}$$
$$=\lim_{h\to0}\frac{c^2h+2ch(c+h-a)+h^2(c+h-a)}{h}$$
$$=\lim_{h\to0}\{c^2+2c(c+h-a)+h(c+h-a)\}$$
$$=3c^2-2ac$$

이때, x의 값이 -1에서 1까지 변할 때의 평균변화율과 $x=c$에서의 미분계수가 같으므로

$3c^2-2ac=1$

c에 대한 이차방정식 $3c^2-2ac-1=0$을 만족시키는 모든 실수 c의 값의 합이 8이므로

$$\frac{2a}{3}=8, \ 2a=24 \quad \therefore a=12$$

다른 풀이

도함수를 이용하여 함수 $f(x)$의 $x=c$에서의 미분계수를 구할 수 있다.

$f(x)=x^3-ax^2$에서 $f'(x)=3x^2-2ax$이므로

$f'(c)=3c^2-2ac$

답 ④

168

$$\lim_{x\to2}\frac{x^2f(2)-4f(x)}{x-2}=\lim_{x\to2}\frac{x^2f(2)-4f(2)+4f(2)-4f(x)}{x-2}$$
$$=\lim_{x\to2}\frac{(x^2-4)f(2)-4\{f(x)-f(2)\}}{x-2}$$
$$=\lim_{x\to2}\frac{(x-2)(x+2)f(2)-4\{f(x)-f(2)\}}{x-2}$$
$$=\lim_{x\to2}\left\{(x+2)f(2)-4\times\frac{f(x)-f(2)}{x-2}\right\}$$
$$=4f(2)-4f'(2)$$
$$=4\times4-4\times3=4$$

답 ②

169

$$\lim_{x\to a}\frac{f(x)-f(2a-x)}{x-a}=\lim_{x\to a}\frac{f(x)-f(a)+f(a)-f(2a-x)}{x-a}$$
$$=\lim_{x\to a}\frac{f(x)-f(a)}{x-a}+\lim_{x\to a}\frac{f(a)-f(2a-x)}{x-a}$$
$$=f'(a)+\lim_{x\to a}\frac{f(a)-f(2a-x)}{x-a}$$

이때, $2a-x=t$로 치환하면 $x\to a$일 때 $t\to a$이므로

$$\lim_{x\to a}\frac{f(a)-f(2a-x)}{x-a}=\lim_{t\to a}\frac{f(a)-f(t)}{(2a-t)-a}$$
$$=\lim_{t\to a}\frac{f(t)-f(a)}{t-a}$$
$$=f'(a)$$

$$\therefore \lim_{x\to a}\frac{f(x)-f(2a-x)}{x-a}=f'(a)+f'(a)=2f'(a)$$
$$=2\times3=6$$

답 6

170

$\lim\limits_{x\to 1}\dfrac{f(x+2)-9}{x^2-1}=7$에서 극한값이 존재하고, $x\to 1$일 때 (분모)$\to 0$이므로 (분자)$\to 0$이어야 한다.

즉, $\lim\limits_{x\to 1}\{f(x+2)-9\}=0$이므로 $f(3)=9$

$\therefore \lim\limits_{x\to 1}\dfrac{f(x+2)-9}{x^2-1}=\lim\limits_{x\to 1}\dfrac{f(x+2)-f(3)}{x^2-1}$

$\qquad =\lim\limits_{x\to 1}\left\{\dfrac{f(x+2)-f(3)}{x-1}\times\dfrac{1}{x+1}\right\}$

$\qquad =\lim\limits_{x\to 1}\left\{\dfrac{f(x+2)-f(3)}{(x+2)-3}\times\dfrac{1}{x+1}\right\}$

$\qquad =f'(3)\times\dfrac{1}{2}$

$\dfrac{1}{2}f'(3)=7$이므로 $f'(3)=14$

$\therefore f(3)+f'(3)=9+14=23$ **답** ③

171

$h=\dfrac{1}{n}$로 놓으면 $n\to\infty$일 때 $h\to 0$이므로

$\lim\limits_{n\to\infty}n\left\{f\left(x+\dfrac{1}{n}\right)-f\left(x-\dfrac{1}{n}\right)\right\}$

$=\lim\limits_{h\to 0}\dfrac{f(x+h)-f(x-h)}{h}$

$=\lim\limits_{h\to 0}\dfrac{f(x+h)-f(x)+f(x)-f(x-h)}{h}$

$=\lim\limits_{h\to 0}\dfrac{f(x+h)-f(x)-\{f(x-h)-f(x)\}}{h}$

$=\lim\limits_{h\to 0}\dfrac{f(x+h)-f(x)}{h}+\lim\limits_{h\to 0}\dfrac{f(x-h)-f(x)}{-h}$

$=f'(x)+f'(x)=2f'(x)$

이때, $2f'(x)=2x^2-6x+4$이므로

$f'(x)=x^2-3x+2$

$\therefore f'(3)=9-9+2=2$ **답** ④

172

ㄱ. $\lim\limits_{h\to 0+}\dfrac{f(0+h)-f(0)}{h}=\lim\limits_{h\to 0+}\dfrac{h-|h|}{h}=\lim\limits_{h\to 0+}\dfrac{h-h}{h}=0$

$\quad\lim\limits_{h\to 0-}\dfrac{f(0+h)-f(0)}{h}=\lim\limits_{h\to 0-}\dfrac{h-|h|}{h}=\lim\limits_{h\to 0-}\dfrac{h+h}{h}=2$

즉, 우극한과 좌극한이 다르므로

$f'(0)=\lim\limits_{h\to 0}\dfrac{f(0+h)-f(0)}{h}$ 은 존재하지 않는다.

ㄴ. $\lim\limits_{h\to 0+}\dfrac{f(0+h)-f(0)}{h}=\lim\limits_{h\to 0+}\dfrac{h^2|h|-0}{h}=\lim\limits_{h\to 0+}h^2=0$

$\quad\lim\limits_{h\to 0-}\dfrac{f(0+h)-f(0)}{h}=\lim\limits_{h\to 0-}\dfrac{h^2|h|-0}{h}=\lim\limits_{h\to 0-}(-h^2)=0$

즉, 우극한과 좌극한이 같으므로

$f'(0)=\lim\limits_{h\to 0}\dfrac{f(0+h)-f(0)}{h}$이 존재한다.

ㄷ. $\lim\limits_{h\to 0+}\dfrac{f(0+h)-f(0)}{h}=\lim\limits_{h\to 0+}\dfrac{h^2[h]-0}{h}=\lim\limits_{h\to 0+}\dfrac{h^2\times 0}{h}=0$

$\quad\lim\limits_{h\to 0-}\dfrac{f(0+h)-f(0)}{h}=\lim\limits_{h\to 0-}\dfrac{h^2[h]-0}{h}=\lim\limits_{h\to 0-}\dfrac{h^2\times(-1)}{h}$

$\qquad\qquad\qquad\qquad\qquad =\lim\limits_{h\to 0-}(-h)=0$

즉, 우극한과 좌극한이 같으므로

$f'(0)=\lim\limits_{h\to 0}\dfrac{f(0+h)-f(0)}{h}$이 존재한다.

따라서 $f'(0)$이 존재하는 함수는 ㄴ, ㄷ이다. **답** ⑤

173

$f(x)=1+x+\dfrac{1}{2}x^2+\dfrac{1}{3}x^3+\cdots+\dfrac{1}{n}x^n$에서

$f'(x)=1+x+x^2+\cdots+x^{n-1}$이므로

$f'(2)=1+2+2^2+\cdots+2^{n-1}=\dfrac{2^n-1}{2-1}=2^n-1$

이때, $2^n-1=511$이므로

$2^n=512=2^9$ $\therefore n=9$ **답** 9

174

$\lim\limits_{x\to 1}\dfrac{f(x)-3}{x-1}=2$에서 극한값이 존재하고, $x\to 1$일 때 (분모)$\to 0$이므로 (분자)$\to 0$이어야 한다.

즉, $\lim\limits_{x\to 1}\{f(x)-3\}=0$ $\therefore f(1)=3$

$\therefore \lim\limits_{x\to 1}\dfrac{f(x)-3}{x-1}=\lim\limits_{x\to 1}\dfrac{f(x)-f(1)}{x-1}=f'(1)=2$

또한 $\lim\limits_{x\to 1}\dfrac{g(x)+2}{x-1}=3$에서 극한값이 존재하고, $x\to 1$일 때 (분모)$\to 0$이므로 (분자)$\to 0$이어야 한다.

즉, $\lim\limits_{x\to 1}\{g(x)+2\}=0$ $\therefore g(1)=-2$

$\therefore \lim\limits_{x\to 1}\dfrac{g(x)+2}{x-1}=\lim\limits_{x\to 1}\dfrac{g(x)-g(1)}{x-1}=g'(1)=3$

한편, $h(x)=f(x)g(x)$에서

$h'(x)=\{f(x)g(x)\}'=f'(x)g(x)+f(x)g'(x)$

$\therefore h'(1)=f'(1)g(1)+f(1)g'(1)=2\times(-2)+3\times 3=5$ **답** ①

175

조건 ㉮의 $\lim\limits_{x\to 1}\dfrac{f(x)g(x)-6}{x-1}=5$에서 극한값이 존재하고, $x\to 1$일 때 (분모)$\to 0$이므로 (분자)$\to 0$이어야 한다.

즉, $\lim\limits_{x\to 1}\{f(x)g(x)-6\}=0$ $\therefore f(1)g(1)=6$

이때, $h(x)=f(x)g(x)$라 하면

$h(1)=f(1)g(1)=2\times g(1)=6$ ($\because$ 조건 ㉯) $\therefore g(1)=3$

한편, $\lim\limits_{x\to 1}\dfrac{f(x)g(x)-6}{x-1}=\lim\limits_{x\to 1}\dfrac{h(x)-h(1)}{x-1}=h'(1)=5$

$h'(x)=\{f(x)g(x)\}'=f'(x)g(x)+f(x)g'(x)$에서

$h'(1)=f'(1)g(1)+f(1)g'(1)=3\times 3+2g'(1)=5$ ($\because$ 조건 ㉯)

$2g'(1)=-4$ $\therefore g'(1)=-2$

$\therefore g(1)+g'(1)=3+(-2)=1$ **답** ④

176

함수 $f(x)$가 $x=1$에서 미분가능하면 $x=1$에서 연속이므로

$\lim\limits_{x\to 1-}(-bx^2+3x+1)=f(1)$

$-b+3+1=1+a-2$ $\therefore a=5-b$ $\qquad\cdots\cdots$ ㉠

또한 $f'(1)$이 존재하므로

$\lim\limits_{x\to 1+}\dfrac{f(x)-f(1)}{x-1}=\lim\limits_{x\to 1+}\dfrac{x^2+ax-2-(1+a-2)}{x-1}$

$\qquad\qquad\qquad\qquad =\lim\limits_{x\to 1+}\dfrac{x^2+ax-a-1}{x-1}$

$\qquad\qquad\qquad\qquad =\lim\limits_{x\to 1+}\dfrac{(x-1)(x+1+a)}{x-1}$

$\qquad\qquad\qquad\qquad =\lim\limits_{x\to 1+}(x+1+a)$

$\qquad\qquad\qquad\qquad =a+2$

$$\lim_{x\to1-}\frac{f(x)-f(1)}{x-1}=\lim_{x\to1-}\frac{-bx^2+3x+1-(1+a-2)}{x-1}$$
$$=\lim_{x\to1-}\frac{-bx^2+3x+2-a}{x-1}$$
$$=\lim_{x\to1-}\frac{-bx^2+3x+2-(5-b)}{x-1}\ (\because \text{㉠})$$
$$=\lim_{x\to1-}\frac{-bx^2+3x+b-3}{x-1}$$
$$=\lim_{x\to1-}\frac{(x-1)(-bx-b+3)}{x-1}$$
$$=\lim_{x\to1-}(-bx-b+3)$$
$$=-2b+3$$

에서 $a+2=-2b+3$ $\quad\therefore a+2b=1$ $\qquad\cdots\cdots$ ㉡

㉠, ㉡을 연립하여 풀면 $a=9,\ b=-4$

$\therefore ab=9\times(-4)=-36$

다른 풀이

$f_1(x)=x^2+ax-2\ (x\geq1),\ f_2(x)=-bx^2+3x+1\ (x<1)$이라 하면

$f_1'(x)=2x+a\ (x>1),\ f_2'(x)=-2bx+3\ (x<1)$

함수 $f(x)$는 $x=1$에서 연속이므로 $f_1(1)=f_2(1)$

$1+a-2=-b+3+1$ $\quad\therefore a+b=5$ $\qquad\cdots\cdots$ ㉠

또한 $f'(1)$이 존재하므로 $f_1'(1)=f_2'(1)$

$2+a=-2b+3$ $\quad\therefore a+2b=1$ $\qquad\cdots\cdots$ ㉡

㉠, ㉡을 연립하여 풀면 $a=9,\ b=-4$

$\therefore ab=9\times(-4)=-36$ 탭 -36

177

$f(x)=|x-1|(x-2a)$
$$=\begin{cases}(x-1)(x-2a) & (x\geq1)\\ -(x-1)(x-2a) & (x<1)\end{cases}$$

함수 $f(x)$가 $x=1$에서 미분가능하면 $f'(1)$이 존재하므로

$$\lim_{x\to1+}\frac{f(x)-f(1)}{x-1}=\lim_{x\to1+}\frac{(x-1)(x-2a)-0}{x-1}$$
$$=\lim_{x\to1+}(x-2a)$$
$$=1-2a$$
$$\lim_{x\to1-}\frac{f(x)-f(1)}{x-1}=\lim_{x\to1-}\frac{-(x-1)(x-2a)-0}{x-1}$$
$$=\lim_{x\to1-}\{-(x-2a)\}$$
$$=-1+2a$$

에서 $1-2a=-1+2a$

$4a=2$ $\quad\therefore a=\dfrac{1}{2}$ 탭 ②

178

조건 ㈎에서 삼차다항식 $f(x)+2x$를 x^2+2로 나누었을 때의 몫은 일차식이므로 두 상수 $a,\ b$에 대하여 몫을 $ax+b(a\neq0)$라 하면

$$f(x)+2x=(x^2+2)(ax+b)$$
$$=\{(x^2+1)+1\}(ax+b)$$
$$=(x^2+1)(ax+b)+(ax+b)$$
$$f(x)=(x^2+1)(ax+b)+(a-2)x+b$$

이때, 조건 ㈏에서 $f(x)$를 x^2+1로 나누었을 때의 나머지가 $-x+1$이므로

$$(a-2)x+b=-x+1$$

위의 식이 x에 대한 항등식이므로

$a-2=-1,\ b=1$ $\quad\therefore a=1$

즉, $f(x)=(x^2+1)(x+1)-x+1$이므로

$$f'(x)=(x^2+1)'(x+1)+(x^2+1)(x+1)'-1$$
$$=2x(x+1)+x^2+1-1=3x^2+2x$$

$$\therefore \lim_{h\to0}\frac{f(1+2h)-f(1-h)}{h}$$
$$=\lim_{h\to0}\frac{\{f(1+2h)-f(1)\}-\{f(1-h)-f(1)\}}{h}$$
$$=\lim_{h\to0}\frac{f(1+2h)-f(1)}{h}+\lim_{h\to0}\frac{f(1-h)-f(1)}{-h}$$
$$=\lim_{h\to0}\frac{f(1+2h)-f(1)}{2h}\times2+\lim_{h\to0}\frac{f(1-h)-f(1)}{-h}$$
$$=2f'(1)+f'(1)=3f'(1)$$
$$=3\times(3+2)=15$$ 탭 15

179

$f(1)=f(2)=f(3)=k\ (k\text{는 실수})$라 하면

$f(1)-k=f(2)-k=f(3)-k=0$

즉, $x=1$ 또는 $x=2$ 또는 $x=3$은 삼차방정식 $f(x)-k=0$의 서로 다른 세 실근이므로

$f(x)-k=a(x-1)(x-2)(x-3)\ (a\neq0)$이라 하면

$f(x)=a(x-1)(x-2)(x-3)+k$

이때, 삼차항의 계수가 2이므로 $a=2$

따라서 $f(x)=2(x-1)(x-2)(x-3)+k$이므로

$f'(x)=2(x-2)(x-3)+2(x-1)(x-3)+2(x-1)(x-2)$

$\therefore f'(1)-f'(2)+f'(3)=4-(-2)+4=10$ 탭 10

180

삼차방정식 $x^3-3x+a=0$이 중근 $x=k$를 가지므로

$x^3-3x+a=(x-k)^2(x+b)$ (단, b는 상수)

위의 식의 양변을 x에 대하여 미분하면

$3x^2-3=2(x-k)(x+b)+(x-k)^2$ $\qquad\cdots\cdots$ ㉠

㉠의 양변에 $x=k$를 대입하면

$3k^2-3=0,\ 3k^2=3$ $\quad\therefore k=1\ (\because k>0)$

$\therefore 3x^2-3=2(x-1)(x+b)+(x-1)^2$ $\qquad\cdots\cdots$ ㉡

㉡의 양변을 x에 대하여 미분하면

$6x=2(x+b)+2(x-1)+2(x-1)$ $\qquad\cdots\cdots$ ㉢

㉢의 양변에 $x=1$을 대입하면

$6=2(1+b),\ 2b=4$ $\quad\therefore b=2$

따라서 $x^3-3x+a=(x-1)^2(x+2)$이므로 $a=2$

$\therefore a+k=2+1=3$ 탭 3

181

$f(x)=3x^2+2xf'(1)$에서

$f'(x)=6x+2f'(1)$ $\qquad\cdots\cdots$ ㉠

$f'(1)=6+2f'(1)$ $\quad\therefore f'(1)=-6$ $\qquad\cdots\cdots$ ㉡

㉮

㉡을 ㉠에 대입하면

$f'(x)=6x+2\times(-6)=6x-12$

㉯

$$\therefore f'(3)=6\times3-12=6$$

…… 다

단계	채점 요소	비율
가	$f'(1)$의 값 구하기	40%
나	$f(x)$의 도함수 $f'(x)$ 구하기	40%
다	$f'(3)$의 값 구하기	20%

답 6

182

다항식 $x^{10}-2x^3+1$을 $(x+1)^2$으로 나누었을 때의 몫을 $Q(x)$, 나머지를 $R(x)=ax+b$ (a, b는 상수)라 하면

$$x^{10}-2x^3+1=(x+1)^2Q(x)+ax+b$$

…… ㉠

가

㉠의 양변에 $x=-1$을 대입하면

$$1-2\times(-1)+1=-a+b \quad \therefore a-b=-4$$

…… ㉡

㉠의 양변을 x에 대하여 미분하면

$$10x^9-6x^2=2(x+1)Q(x)+(x+1)^2Q'(x)+a$$

…… ㉢

㉢의 양변에 $x=-1$을 대입하면

$$10\times(-1)-6\times1=a \quad \therefore a=-16$$

$a=-16$을 ㉡에 대입하면

$$-16-b=-4 \quad \therefore b=-12$$

나

따라서 $R(x)=-16x-12$이므로

$$R(-2)=-16\times(-2)-12=20$$

다

단계	채점 요소	비율
가	$R(x)=ax+b$라 하고 항등식 세우기	30%
나	상수 a, b의 값 각각 구하기	50%
다	$R(-2)$의 값 구하기	20%

답 20

04

접선의 방정식과 평균값 정리

개념 콕콕

본문 p.41

183

(1) $f(x)=-x^2+2x$라 하면 $f'(x)=-2x+2$이므로

$$f'(2)=-2\times2+2=-2$$

따라서 구하는 접선의 방정식은

$$y-0=-2(x-2)$$

$$\therefore y=-2x+4$$

(2) $f(x)=3x^2-2x+2$라 하면 $f'(x)=6x-2$이므로

$$f'(1)=6-2=4$$

따라서 구하는 접선의 방정식은

$$y-3=4(x-1) \quad \therefore y=4x-1$$

(3) $f(x)=2x^3-x^2-2$라 하면 $f'(x)=6x^2-2x$이므로

$$f'(1)=6-2=4$$

따라서 구하는 접선의 방정식은

$$y-(-1)=4(x-1) \quad \therefore y=4x-5$$

(4) $f(x)=-5x^3-2x^2+3x-8$이라 하면

$$f'(x)=-15x^2-4x+3$이므로$$

$$f'(-1)=-15\times(-1)^2-4\times(-1)+3=-8$$

따라서 구하는 접선의 방정식은

$$y-(-8)=-8\{x-(-1)\}$$

$$\therefore y=-8x-16$$

답 (1) $y=-2x+4$ (2) $y=4x-1$
(3) $y=4x-5$ (4) $y=-8x-16$

184

$f(x)=x^3-3x^2+x-2$라 하면 $f'(x)=3x^2-6x+1$이므로
$f'(1)=3-6+1=-2$

이때, 점 $(1, -3)$에서의 접선에 수직인 직선의 기울기는 $\dfrac{1}{2}$이므로 구하는 직선의 방정식은

$$y-(-3)=\frac{1}{2}(x-1)$$

$$\therefore y=\frac{1}{2}x-\frac{7}{2}$$

답 $y=\dfrac{1}{2}x-\dfrac{7}{2}$

185

$f(x)=-2x^2+3$이라 하면 $f'(x)=-4x$
접점의 좌표를 $(a, -2a^2+3)$이라 하면 이 점에서의 접선의 기울기가 4이므로

$$f'(a)=-4a=4 \quad \therefore a=-1$$

따라서 접점의 좌표가 $(-1, 1)$이므로 구하는 접선의 방정식은

$$y-1=4\{x-(-1)\}$$

$$\therefore y=4x+5$$

답 $y=4x+5$

186

$f(x)=x^2-5x+4$라 하면 $f'(x)=2x-5$
접점의 좌표를 (a, a^2-5a+4)라 하면 이 점에서의 접선의 기울기가 -3이므로

$f'(a)=2a-5=-3$ $\therefore a=1$
따라서 접점의 좌표가 $(1, 0)$이므로 구하는 접선의 방정식은
$y-0=-3(x-1)$
$\therefore y=-3x+3$ 답 $y=-3x+3$

187

두 점 $(-1, -8)$, $(1, 10)$을 지나는 직선의 기울기는
$$\frac{10-(-8)}{1-(-1)}=9$$
$f(x)=3x^3+1$이라 하면 $f'(x)=9x^2$
접점의 좌표를 $(a, 3a^3+1)$이라 하면 이 점에서의 접선의 기울기가 9이므로
$f'(a)=9a^2=9$
$a^2-1=0$, $(a+1)(a-1)=0$ $\therefore a=-1$ 또는 $a=1$
따라서 접점의 좌표는 $(-1, -2)$, $(1, 4)$이므로 구하는 접선의 방정식은
$y-(-2)=9\{x-(-1)\}$, $y-4=9(x-1)$
$\therefore y=9x+7$, $y=9x-5$
답 $y=9x+7$, $y=9x-5$

188

$f(x)=x^2-x$라 하면 $f'(x)=2x-1$
접점의 좌표를 (a, a^2-a)라 하면 이 점에서의 접선의 기울기는
$f'(a)=2a-1$이므로 접선의 방정식은
$y-(a^2-a)=(2a-1)(x-a)$
$\therefore y=(2a-1)x-a^2$ ······ ㉠
㉠이 점 $(1, -1)$을 지나므로
$-1=2a-1-a^2$, $a^2-2a=0$
$a(a-2)=0$ $\therefore a=0$ 또는 $a=2$ ······ ㉡
㉡을 ㉠에 대입하면
$a=0$일 때, $y=-x$
$a=2$일 때, $y=3x-4$
따라서 구하는 접선의 방정식은
$y=-x$, $y=3x-4$
답 $y=-x$, $y=3x-4$

189

$f(x)=x^3+2$라 하면 $f'(x)=3x^2$
접점의 좌표를 (a, a^3+2)라 하면 이 점에서의 접선의 기울기는
$f'(a)=3a^2$이므로 접선의 방정식은
$y-(a^3+2)=3a^2(x-a)$
$\therefore y=3a^2x-2a^3+2$ ······ ㉠
㉠이 점 $(0, 0)$을 지나므로
$0=-2a^3+2$, $a^3-1=0$, $(a-1)(a^2+a+1)=0$
이때, $a^2+a+1=\left(a+\frac{1}{2}\right)^2+\frac{3}{4}>0$이므로 $a=1$
$a=1$을 ㉠에 대입하면 $y=3x$
따라서 구하는 접선의 방정식은 $y=3x$
답 $y=3x$

190

(1) 접점의 x좌표를 a라 하면
$f(x)=2x^3-2x$, $g(x)=-2x^2+2$에서
$f'(x)=6x^2-2$, $g'(x)=-4x$이므로

(i) $f(a)=g(a)$에서 $2a^3-2a=-2a^2+2$
$a^3+a^2-a-1=0$, $a^2(a+1)-(a+1)=0$
$(a^2-1)(a+1)=0$, $(a+1)^2(a-1)=0$
$\therefore a=-1$ 또는 $a=1$

(ii) $f'(a)=g'(a)$에서 $6a^2-2=-4a$
$3a^2+2a-1=0$, $(a+1)(3a-1)=0$
$\therefore a=-1$ 또는 $a=\frac{1}{3}$

(i), (ii)에서 $a=-1$이므로 구하는 접점의 x좌표는 -1이다.
(2) 접점의 좌표는 $(-1, 0)$이고 $f'(-1)=g'(-1)=4$이므로 구하는 공통인 접선의 방정식은
$y-0=4\{x-(-1)\}$ $\therefore y=4x+4$
답 (1) -1 (2) $y=4x+4$

191

(1) 함수 $f(x)=x^2-2x$는 닫힌구간 $[-2, 4]$에서 연속이고 열린구간 $(-2, 4)$에서 미분가능하며 $f(-2)=f(4)=8$이므로 롤의 정리에 의하여 $f'(c)=0$인 c가 열린구간 $(-2, 4)$에 적어도 하나 존재한다.
이때, $f'(x)=2x-2$이므로 $f'(c)=2c-2=0$
$2c=2$ $\therefore c=1$
(2) 함수 $f(x)=x^3+x^2-5x+3$은 닫힌구간 $[-3, 1]$에서 연속이고 열린구간 $(-3, 1)$에서 미분가능하며 $f(-3)=f(1)=0$이므로 롤의 정리에 의하여 $f'(c)=0$인 c가 열린구간 $(-3, 1)$에 적어도 하나 존재한다.
이때, $f'(x)=3x^2+2x-5$이므로 $f'(c)=3c^2+2c-5=0$
$(c-1)(3c+5)=0$ $\therefore c=-\frac{5}{3}$ $(\because -3<c<1)$
답 (1) 1 (2) $-\frac{5}{3}$

192

(1) 함수 $f(x)=-2x^2$은 닫힌구간 $[-1, 2]$에서 연속이고 열린구간 $(-1, 2)$에서 미분가능하므로 평균값 정리에 의하여
$$\frac{f(2)-f(-1)}{2-(-1)}=f'(c)$$
인 c가 열린구간 $(-1, 2)$에 적어도 하나 존재한다.
이때, $f'(x)=-4x$이므로
$$\frac{-8-(-2)}{2-(-1)}=-4c$$
$-4c=-2$ $\therefore c=\frac{1}{2}$
(2) 함수 $f(x)=-x^2+2x+3$은 닫힌구간 $[1, 4]$에서 연속이고 열린구간 $(1, 4)$에서 미분가능하므로 평균값 정리에 의하여
$$\frac{f(4)-f(1)}{4-1}=f'(c)$$
인 c가 열린구간 $(1, 4)$에 적어도 하나 존재한다.
이때, $f'(x)=-2x+2$이므로
$$\frac{-5-4}{4-1}=-2c+2$$
$-2c+2=-3$ $\therefore c=\frac{5}{2}$
답 (1) $\frac{1}{2}$ (2) $\frac{5}{2}$

193 ④	**194** ①	**195** -4	**196** ②	**197** ③	**198** 32
199 ①	**200** ⑤	**201** $3\sqrt{2}$	**202** ②	**203** 5	**204** 2
205 ③	**206** ④	**207** 8	**208** ①	**209** ②	**210** -1
211 1	**212** ④	**213** ③	**214** ③	**215** -1	**216** 1

193

$f(x)=x^2-4x+a$라 하면 $f'(x)=2x-4$

점 $(1,\,1)$이 곡선 $y=f(x)$ 위의 점이므로

$1=1^2-4\times1+a$ $\therefore a=4$

또한 점 $(1,\,1)$에서의 접선의 기울기는

$f'(1)=2\times1-4=-2$

그러므로 구하는 접선의 방정식은

$y-1=-2(x-1)$ $\therefore y=-2x+3$

$\therefore m=-2,\,n=3$

$\therefore a+m-n=4+(-2)-3=-1$ **답** ④

194

$f(x)=x^3+6x^2-11x+7$이라 하면 $f'(x)=3x^2+12x-11$이므로

$f'(1)=3+12-11=4$

그러므로 구하는 접선의 방정식은

$y-3=4(x-1)$ $\therefore y=4x-1$

따라서 $m=4,\,n=-1$이므로

$m-n=4-(-1)=5$ **답** ①

195

$f(x)=x^3-4x^2+2$라 하면 $f'(x)=3x^2-8x$

점 $(1,\,-1)$에서의 접선의 기울기는

$f'(1)=3-8=-5$

그러므로 접선의 방정식은

$y-(-1)=-5(x-1)$

$\therefore y=-5x+4$

.... **㉮**

이 직선이 곡선과 만나는 점의 x좌표는

$x^3-4x^2+2=-5x+4$에서 $x^3-4x^2+5x-2=0$

$(x-1)^2(x-2)=0$ $\therefore x=1$ 또는 $x=2$

따라서 구하는 점의 좌표는 $(2,\,-6)$이므로

$a=2,\,b=-6$

.... **㉯**

$\therefore a+b=2+(-6)=-4$

.... **㉰**

단계	채점 요소	비율
㉮	점 $(1,\,-1)$에서 접선의 방정식 구하기	60%
㉯	$a,\,b$의 값 각각 구하기	30%
㉰	$a+b$의 값 구하기	10%

답 -4

196

$f(x)=x^3-3x^2-5$라 하면 $f'(x)=3x^2-6x$

접점의 좌표를 $(a,\,a^3-3a^2-5)$라 하면 이 점에서의 접선의 기울기가 -3이므로

$f'(a)=3a^2-6a=-3$

$a^2-2a+1=0,\,(a-1)^2=0$ $\therefore a=1$

따라서 접점의 좌표가 $(1,\,-7)$이므로 구하는 접선의 방정식은

$y-(-7)=-3(x-1)$ $\therefore y=-3x-4$

$\therefore k=-4$ **답** ②

197

$f(x)=2x^3+3x^2-10x+9$라 하면 $f'(x)=6x^2+6x-10$

이때, 점 $(a,\,b)$에서의 접선의 기울기가 2이므로

$f'(a)=6a^2+6a-10=2$

$a^2+a-2=0,\,(a+2)(a-1)=0$ $\therefore a=1\,(\because a>0)$

또한 점 $(1,\,b)$가 곡선 $y=f(x)$ 위의 점이므로

$b=f(1)=2+3-10+9=4$

$\therefore a+b=1+4=5$ **답** ③

198

$f(x)=x^3+3x^2+3$이라 하면 $f'(x)=3x^2+6x$

접점의 x좌표를 a라 하면 접선의 기울기가 9이므로

$f'(a)=3a^2+6a=9$

$a^2+2a-3=0,\,(a+3)(a-1)=0$

$\therefore a=-3$ 또는 $a=1$

(i) $a=-3$일 때

접점의 좌표는 $(-3,\,3)$이므로 접선의 방정식은

$y-3=9\{x-(-3)\}$ $\therefore y=9x+30$

(ii) $a=1$일 때

접점의 좌표는 $(1,\,7)$이므로 접선의 방정식은

$y-7=9(x-1)$ $\therefore y=9x-2$

따라서 두 접선 사이의 거리는 점 $(-3,\,3)$과 직선 $y=9x-2$, 즉 $9x-y-2=0$ 사이의 거리와 같으므로

$$\frac{|-27-3-2|}{\sqrt{9^2+(-1)^2}}=\frac{32}{\sqrt{82}}$$

$\therefore n=32$

보충 설명

두 접선 사이의 거리를 구할 때, 점 $(1,\,7)$과 직선 $y=9x+30$, 즉 $9x-y+30=0$ 사이의 거리를 이용하여 구할 수도 있다.

$$\frac{|9-7+30|}{\sqrt{9^2+(-1)^2}}=\frac{32}{\sqrt{82}}$$

$\therefore n=32$ **답** 32

199

$f(x)=x^3-3x^2+2$라 하면 $f'(x)=3x^2-6x$

접점의 좌표를 $(a,\,a^3-3a^2+2)$라 하면 이 점에서의 접선의 기울기는

$f'(a)=3a^2-6a$이므로 접선의 방정식은

$y-(a^3-3a^2+2)=(3a^2-6a)(x-a)$

$\therefore y=(3a^2-6a)x-2a^3+3a^2+2$ ...... ㉠

㉠이 점 $(0,\,3)$을 지나므로

$3=-2a^3+3a^2+2$

$2a^3-3a^2+1=0,\,(2a+1)(a-1)^2=0$ $\therefore a=-\dfrac{1}{2}$ 또는 $a=1$

이때, $f'\left(-\dfrac{1}{2}\right)=\dfrac{15}{4}>0,\,f'(1)=-3<0$이므로

$a=1$

$a=1$을 ㉠에 대입하면 구하는 접선의 방정식은

$y=-3x+3$

이 접선이 x축과 만나는 점의 좌표가 $(k, 0)$이므로

$0=-3k+3$ $\quad \therefore k=1$ **답** ①

200

$f(x)=x^3+3x^2+4x+2$라 하면 $f'(x)=3x^2+6x+4$

접점의 좌표를 (a, a^3+3a^2+4a+2)라 하면 이 점에서의 접선의 기울기는 $f'(a)=3a^2+6a+4$이므로 접선의 방정식은

$y-(a^3+3a^2+4a+2)=(3a^2+6a+4)(x-a)$

$\therefore y=(3a^2+6a+4)x-2a^3-3a^2+2$ $\quad\cdots\cdots$ ㉠

㉠이 점 $(-1, 2)$를 지나므로

$2=-2a^3-6a^2-6a-2$

$a^3+3a^2+3a+2=0, (a+2)(a^2+a+1)=0$

이때, $a^2+a+1=\left(a+\dfrac{1}{2}\right)^2+\dfrac{3}{4}>0$이므로 $a=-2$

$a=-2$를 ㉠에 대입하면 구하는 접선의 방정식은

$y=4x+6$ **답** ⑤

201

$f(x)=x^3-2x$라 하면 $f'(x)=3x^2-2$

점 A의 좌표를 (a, a^3-2a)라 하면 이 점에서의 접선의 기울기는 $f'(a)=3a^2-2$이므로 접선의 방정식은

$y-(a^3-2a)=(3a^2-2)(x-a)$

$\therefore y=(3a^2-2)x-2a^3$ $\quad\cdots\cdots$ ㉠

㉠이 점 $(0, 2)$를 지나므로 $2=-2a^3$

$a^3+1=0, (a+1)(a^2-a+1)=0$

이때, $a^2-a+1=\left(a-\dfrac{1}{2}\right)^2+\dfrac{3}{4}>0$이므로 $a=-1$

즉, 점 A의 좌표는 $(-1, 1)$이고 접선의 방정식은

$y=x+2$

그러므로 이 접선이 곡선과 만나는 접점이 아닌 점의 x좌표는

$x^3-2x=x+2$에서 $x^3-3x-2=0$

$(x+1)^2(x-2)=0$ $\quad \therefore x=2 \ (\because x\neq-1)$

따라서 점 B의 좌표는 $(2, 4)$이므로 선분 AB의 길이는

$\sqrt{\{2-(-1)\}^2+(4-1)^2}=3\sqrt{2}$ **답** $3\sqrt{2}$

202

$f(x)=x^2-1$이라 하면 $f'(x)=2x$이므로 $f'(2)=4$

점 $(2, 3)$에서의 접선의 방정식은

$y-3=4(x-2)$ $\quad \therefore y=4x-5$ $\quad\cdots\cdots$ ㉠

한편, $g(x)=x^3+x^2+kx-2$라 하면 $g'(x)=3x^2+2x+k$

직선 ㉠과 곡선 $y=g(x)$의 접점의 좌표를 (a, a^3+a^2+ka-2)라 하면 이 점에서의 접선의 기울기는 $g'(a)=3a^2+2a+k$이므로 접선의 방정식은

$y-(a^3+a^2+ka-2)=(3a^2+2a+k)(x-a)$

$\therefore y=(3a^2+2a+k)x-2a^3-a^2-2$

이 직선이 ㉠과 일치해야 하므로

$3a^2+2a+k=4$ $\quad\cdots\cdots$ ㉡

$-2a^3-a^2-2=-5$ $\quad\cdots\cdots$ ㉢

㉢에서 $2a^3+a^2-3=0, (a-1)(2a^2+3a+3)=0$

이때, $2a^2+3a+3=2\left(a+\dfrac{3}{4}\right)^2+\dfrac{15}{8}>0$이므로 $a=1$

$a=1$을 ㉡에 대입하면

$3+2+k=4$ $\quad \therefore k=-1$ **답** ②

203

곡선 $y=x^2-4x+k$와 직선 $y=-2x+3$의 접점의 x좌표가 a이므로 $x=a$인 점에서의 접선의 기울기는 -2이다.

$f(x)=x^2-4x+k$라 하면 $f'(x)=2x-4$이므로

$f'(a)=2a-4=-2$ $\quad \therefore a=1$ **㉮**

따라서 접점의 좌표가 $(1, 1)$이므로 $x=1, y=1$을 $y=x^2-4x+k$에 대입하면

$1=1-4+k$ $\quad \therefore k=4$ **㉯**

$\therefore a+k=1+4=5$ **㉰**

단계	채점 요소	비율
㉮	a의 값 구하기	60%
㉯	상수 k의 값 구하기	30%
㉰	$a+k$의 값 구하기	10%

답 5

204

$f(x)=x^3+ax^2+ax+1$이라 하면 $f'(x)=3x^2+2ax+a$

접점의 좌표를 (t, t^3+at^2+at+1)이라 하면 이 점에서의 접선의 기울기는 $f'(t)=3t^2+2at+a$이므로 접선의 방정식은

$y-(t^3+at^2+at+1)=(3t^2+2at+a)(x-t)$

$\therefore y=(3t^2+2at+a)x-2t^3-at^2+1$

이 직선이 직선 $y=x+1$과 일치해야 하므로

$3t^2+2at+a=1$ $\quad\cdots\cdots$ ㉠

$-2t^3-at^2+1=1$ $\quad\cdots\cdots$ ㉡

㉡에서 $t^2(2t+a)=0$ $\quad \therefore t=0$ 또는 $t=-\dfrac{a}{2}$

(i) $t=0$을 ㉠에 대입하면 $a=1$

(ii) $t=-\dfrac{a}{2}$를 ㉠에 대입하면

$\dfrac{3}{4}a^2-a^2+a=1, a^2-4a+4=0$

$(a-2)^2=0$ $\quad \therefore a=2$

(i), (ii)에서 모든 실수 a의 값의 곱은

$1\times2=2$ **답** 2

205

$f(x)=x^2$이라 하면 $f'(x)=2x$

곡선 $y=f(x)$의 접선 중에서 직선 $y=2x-3$과 평행한 접선의 접점의 좌표를 (a, a^2)이라 하면 이 점에서의 접선의 기울기가 2이어야 하므로

$f'(a)=2a=2$ $\quad \therefore a=1$

따라서 접점의 좌표는 $(1, 1)$이고, 점 $(1, 1)$과 직선 $y=2x-3$, 즉 $2x-y-3=0$ 사이의 거리가 구하는 거리의 최솟값이므로

$\dfrac{|2-1-3|}{\sqrt{2^2+(-1)^2}}=\dfrac{2}{\sqrt{5}}=\dfrac{2\sqrt{5}}{5}$ **답** ③

206

$f(x)=x^2+5x+10$이라 하면 $f'(x)=2x+5$

곡선 $y=f(x)$의 접선 중에서 직선 $y=x$와 평행한 접선의 접점의 좌표를 $(t,\ t^2+5t+10)$이라 하면 이 점에서의 접선의 기울기가 1이어야 하므로

$f'(t)=2t+5=1$ $\quad\therefore t=-2$

따라서 접점의 좌표는 $(-2,\ 4)$이므로 점 $P(-2,\ 4)$일 때, 삼각형 OAP의 넓이가 최소이다.

점 $P(-2,\ 4)$와 직선 $y=x$, 즉 $x-y=0$ 사이의 거리는

$$\frac{|-2-4|}{\sqrt{1^2+(-1)^2}}=\frac{6}{\sqrt{2}}=3\sqrt{2}$$

$\overline{OA}=\sqrt{2^2+2^2}=2\sqrt{2}$이므로 삼각형 OAP의 넓이의 최솟값은

$$\frac{1}{2}\times2\sqrt{2}\times3\sqrt{2}=6$$

답 ④

207

$f(x)=x^2+3x$라 하면 $f'(x)=2x+3$

곡선 $y=f(x)$의 접선 중에서 직선 AB와 평행한 접선의 접점의 좌표를 $(t,\ t^2+3t)$라 하면 직선 AB의 기울기는 $\dfrac{0-4}{-3-1}=1$이므로

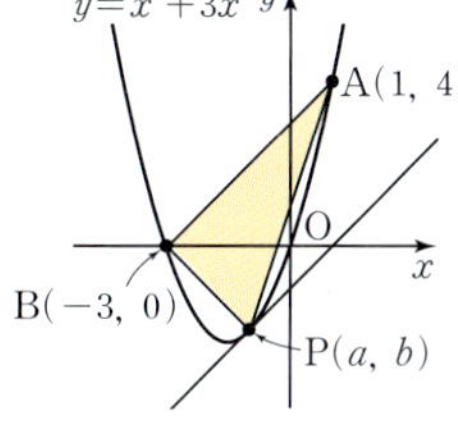

$f'(t)=2t+3=1$ $\quad\therefore t=-1$

즉, 접점의 좌표는 $(-1,\ -2)$이므로 점 $P(-1,\ -2)$일 때, 삼각형 ABP의 넓이가 최대이다.

이때, 직선 AB의 방정식은

$y-0=x-(-3)$ $\quad\therefore y=x+3$

점 $P(-1,\ -2)$와 직선 $y=x+3$, 즉 $x-y+3=0$ 사이의 거리는

$$\frac{|-1-(-2)+3|}{\sqrt{1^2+(-1)^2}}=\frac{4}{\sqrt{2}}=2\sqrt{2}$$

$\overline{AB}=\sqrt{(-3-1)^2+(0-4)^2}=4\sqrt{2}$이므로 삼각형 ABP의 넓이의 최댓값은

$$\frac{1}{2}\times4\sqrt{2}\times2\sqrt{2}=8$$

보충 설명

삼각형 ABP에서 변 AB가 밑변이고 높이가 최대일 때, 삼각형의 넓이가 최대이다.

이때, 점 P가 제 3사분면 위에 있으므로 높이가 최대가 되는 순간은 점 P가 직선 AB와 평행한 접선에서의 접점일 때이다.

답 8

208

$f(x)=x^3-5x$, $g(x)=ax^2+bx$라 하면

$f'(x)=3x^2-5$, $g'(x)=2ax+b$

두 곡선이 $x=2$인 점에서 공통인 접선을 가지므로

$f(2)=g(2)$에서 $-2=4a+2b$ $\qquad\cdots\cdots$ ㉠

$f'(2)=g'(2)$에서 $7=4a+b$ $\qquad\cdots\cdots$ ㉡

㉠, ㉡을 연립하여 풀면 $a=4$, $b=-9$

$\therefore a+b=4+(-9)=-5$

답 ①

209

$f(x)=x^3+kx+4$, $g(x)=x^2+3$이라 하면

$f'(x)=3x^2+k$, $g'(x)=2x$

두 곡선이 $x=a$인 점에서 접한다고 하면

$f(a)=g(a)$에서 $a^3+ka+4=a^2+3$ $\qquad\cdots\cdots$ ㉠

$f'(a)=g'(a)$에서 $3a^2+k=2a$ $\quad\therefore k=2a-3a^2$ $\qquad\cdots\cdots$ ㉡

㉡을 ㉠에 대입하면

$a^3+(2a-3a^2)a+4=a^2+3$, $-2a^3+2a^2+4=a^2+3$

$2a^3-a^2-1=0$, $(a-1)(2a^2+a+1)=0$

이때, $2a^2+a+1=2\left(a+\dfrac{1}{4}\right)^2+\dfrac{7}{8}>0$이므로 $a=1$

따라서 $a=1$을 ㉡에 대입하면

$k=-1$

답 ②

210

$f(x)=x^3-x^2+ax$, $g(x)=-x^3+bx^2-2$에서

$f'(x)=3x^2-2x+a$, $g'(x)=-3x^2+2bx$

두 곡선이 $x=1$인 점에서 공통인 접선을 가지므로

$f(1)=g(1)$에서 $1-1+a=-1+b-2$

$\therefore a-b=-3$ $\qquad\cdots\cdots$ ㉠

$f'(1)=g'(1)$에서 $3-2+a=-3+2b$

$\therefore a-2b=-4$ $\qquad\cdots\cdots$ ㉡

㉠, ㉡을 연립하여 풀면

$a=-2$, $b=1$ $\qquad$ ㉮

$\therefore a+b=-2+1=-1$ $\qquad$ ㉯

단계	채점 요소	비율
㉮	상수 a, b의 값 각각 구하기	80%
㉯	$a+b$의 값 구하기	20%

답 -1

211

함수 $f(x)=x^3-12x+18$은 닫힌구간 $[-4,\ 2]$에서 연속이고 열린구간 $(-4,\ 2)$에서 미분가능하며 $f(-4)=f(2)=2$이므로 롤의 정리에 의하여 $f'(c)=0$인 c가 열린구간 $(-4,\ 2)$에 적어도 하나 존재한다.

이때, $f'(x)=3x^2-12$이므로 $f'(c)=3c^2-12=0$

$(c+2)(c-2)=0$ $\quad\therefore c=-2\ (\because -4<c<2)$

따라서 롤의 정리를 만족시키는 실수 c는 -2의 1개이다.

답 1

212

함수 $f(x)=kx-x^2$에서 $f'(x)=k-2x$

이때, 닫힌구간 $[1,\ 3]$에서 롤의 정리를 만족시키는 실수 c의 값이 2이므로

$f'(2)=0$, 즉 $k-4=0$ $\quad\therefore k=4$

답 ④

213

ㄱ. 함수 $f(x)=|x-2|$는 $x=2$에서 미분가능하지 않으므로 닫힌구간 $[1,\ 3]$에서 롤의 정리를 만족시키는 c가 열린구간 $(1,\ 3)$에 존재하지는다.

ㄴ. 함수 $f(x)=x^3-3x+2$는 닫힌구간 $[1,\ 3]$에서 연속이고 열린구간 $(1,\ 3)$에서 미분가능하지만 $f(1)=0$, $f(3)=20$ 즉, $f(1)\neq f(3)$이므로 롤의 정리를 만족시키는 c가 열린구간 $(1,\ 3)$에 존재하지 않는다.

ㄷ. 함수 $f(x)=2x^2-8x+6$은 닫힌구간 $[1,\ 3]$에서 연속이고 열린구간 $(1,\ 3)$에서 미분가능하며 $f(1)=f(3)=0$이므로 롤의 정리에 의하여 $f'(c)=0$인 c가 열린구간 $(1,\ 3)$에 적어도 하나 존재한다.

따라서 롤의 정리를 만족시키는 함수는 ㄷ뿐이다.   답 ③

214

$\dfrac{f(b)-f(a)}{b-a}=f'(c)$에서 $\dfrac{f(b)-f(a)}{b-a}$는 함

수 $y=f(x)$의 그래프 위의 두 점 $(a,f(a))$,

$(b,f(b))$를 잇는 직선의 기울기이고, $f'(c)$

는 함수 $y=f(x)$의 그래프 위의 $x=c$인 점에

서의 접선의 기울기이므로 위의 그래프에서 주

어진 조건을 만족시키는 실수 c는 c_1, c_2, c_3의 3개이다.

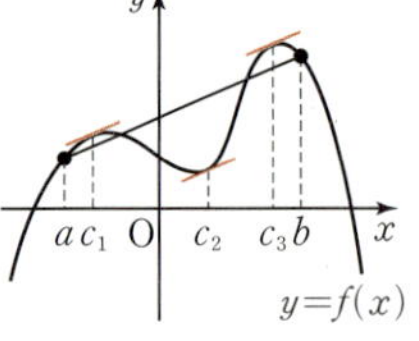

  답 ③

215

함수 $f(x)=-x^2+3x$에서 $f(k)=-k^2+3k$, $f(1)=2$이고

$f'(x)=-2x+3$에서 $f'(0)=3$

이때, 닫힌구간 $[k,1]$에서 평균값 정리를 만족시키는 실수 c의 값이 0이

므로

$$\dfrac{f(1)-f(k)}{1-k}=f'(0)$$

즉, $\dfrac{2-(-k^2+3k)}{1-k}=3$에서

$2+k^2-3k=3(1-k)$, $k^2=1$ ⋯⋯ 가

$\therefore k=-1\ (\because k<0)$ ⋯⋯ 나

단계	채점 요소	비율
가	평균값 정리를 이용하여 k에 대한 식 세우기	80%
나	상수 k의 값 구하기	20%

  답 -1

216

함수 $f(x)=x^3-x^2+1$은 닫힌구간 $[-3,2]$에서 연속이고 열린구간

$(-3,2)$에서 미분가능하므로 평균값 정리에 의하여

$\dfrac{f(2)-f(-3)}{2-(-3)}=f'(c)$인 c가 열린구간 $(-3,2)$에 적어도 하나 존재

한다.

이때, $f'(x)=3x^2-2x$이므로

$\dfrac{5-(-35)}{2-(-3)}=3c^2-2c$, $3c^2-2c=8$

$(3c+4)(c-2)=0$ $\therefore c=-\dfrac{4}{3}\ (\because -3<c<2)$

따라서 평균값 정리를 만족시키는 실수 c는 $-\dfrac{4}{3}$의 1개이다.   답 1

실력 콕콕   본문 p.46~47

217

$f(x)=\dfrac{1}{18}(2x-1)^3=\dfrac{1}{18}(2x-1)(2x-1)(2x-1)$이라 하면

$$f'(x)=\dfrac{1}{18}\{(2x-1)'(2x-1)(2x-1)+(2x-1)(2x-1)'(2x-1)$$
$$+(2x-1)(2x-1)(2x-1)'\}$$
$$=\dfrac{1}{18}\times 3(2x-1)^2\times(2x-1)'=\dfrac{1}{3}(2x-1)^2$$

이므로 $x=2$인 점에서의 접선의 기울기는

$$f'(2)=\dfrac{1}{3}\times(2\times 2-1)^2=3$$

또한 $f(2)=\dfrac{1}{18}\times(2\times 2-1)^3=\dfrac{3}{2}$

따라서 구하는 접선의 방정식은

$$y-\dfrac{3}{2}=3(x-2) \qquad \therefore y=3x-\dfrac{9}{2}$$

이때, 점 $\left(\dfrac{5}{2},a\right)$가 직선 $y=3x-\dfrac{9}{2}$ 위의 점이므로

$a=3\times\dfrac{5}{2}-\dfrac{9}{2}=\dfrac{6}{2}=3$ 답 ④

218

$\displaystyle\lim_{x\to 1}\dfrac{f(x)-2}{x-1}=3$에서 극한값이 존재하고, $x\to 1$일 때 (분모)$\to 0$이므로

(분자)$\to 0$이다.

즉, $\displaystyle\lim_{x\to 1}\{f(x)-2\}=0$이므로 $f(1)=2$

$\therefore \displaystyle\lim_{x\to 1}\dfrac{f(x)-2}{x-1}=\lim_{x\to 1}\dfrac{f(x)-f(1)}{x-1}=f'(1)=3$

곡선 $y=f(x)$ 위의 점 $(1,f(1))$에서의 접선의 기울기는 3이므로

점 $(1,2)$에서의 접선의 방정식은

$y-2=3(x-1)$ $\therefore y=3x-1$

따라서 $a=3$, $b=-1$이므로

$ab=3\times(-1)=-3$ 답 ③

219

$f(x)=x^3-3x^2-20x+8$이라 하면 $f'(x)=3x^2-6x-20$

직선 $x+4y+1=0$에 수직인 직선의 기울기는 4이므로 접점의 x좌표를 t

라 하면 $f'(t)=4$이다.

$3t^2-6t-20=4$, $3t^2-6t-24=0$

$(t+2)(t-4)=0$ $\therefore t=-2$ 또는 $t=4$

(i) $t=-2$일 때

    접점의 좌표는 $(-2,28)$이므로 접선의 방정식은

    $y-28=4\{x-(-2)\}$

    $\therefore y=4x+36$ ⋯⋯ ㉠

    ㉠이 점 $(0,k)$를 지나므로

    $k=4\times 0+36=36$

(ii) $t=4$일 때

    접점의 좌표는 $(4,-56)$이므로 접선의 방정식은

    $y-(-56)=4(x-4)$

    $\therefore y=4x-72$ ⋯⋯ ㉡

    ㉡이 점 $(0,k)$를 지나므로

    $k=4\times 0-72=-72$

따라서 양수 k의 값은 36이다.   답 ⑤

220

$f(x)=x^4-4x^3+6x^2+4$라 하면 $f'(x)=4x^3-12x^2+12x$

이때, 점 (a, b)에서의 접선의 기울기가 4이므로

$f'(a)=4a^3-12a^2+12a=4$

$a^3-3a^2+3a-1=0$, $(a-1)^3=0$ $\therefore a=1$

또한 점 $(1, b)$가 곡선 $y=f(x)$ 위의 점이므로

$b=f(1)=1-4+6+4=7$

$\therefore a^2+b^2=1^2+7^2=50$

답 50

221

$f(x)=x^3-x+3$이라 하면 $f'(x)=3x^2-1$

접점의 좌표를 (a, a^3-a+3)이라 하면 이 점에서의 접선의 기울기는

$f'(a)=3a^2-1$이므로 접선의 방정식은

$y-(a^3-a+3)=(3a^2-1)(x-a)$

$\therefore y=(3a^2-1)x-2a^3+3$ ...... ㉠

㉠이 점 $(0, 1)$을 지나므로 $1=-2a^3+3$

$a^3-1=0$, $(a-1)(a^2+a+1)=0$

이때, $a^2+a+1=\left(a+\dfrac{1}{2}\right)^2+\dfrac{3}{4}>0$이므로 $a=1$

따라서 구하는 접선의 방정식은 $y=2x+1$ ...... ㉡

㉡이 점 $(k, 0)$을 지나므로

$0=2k+1$ $\therefore k=-\dfrac{1}{2}$

답 ②

222

$f(x)=x^3-x$라 하면 $f'(x)=3x^2-1$

곡선 $y=f(x)$ 위의 점 $(1, 0)$에서의 접선의 기울기는

$f'(1)=3-1=2$

또한 $g(x)=-x^2+10x+a$라 하면 $g'(x)=-2x+10$

이때, 접점의 좌표를 $(t, g(t))$라 하면

$g'(t)=-2t+10=2$ $\therefore t=4$

따라서 두 점 $(1, 0)$, $(4, g(4))$를 지나는 직선의 기울기가 접선의 기울기 2와 같으므로

$\dfrac{g(4)-0}{4-1}=\dfrac{24+a}{3}=2$

$24+a=6$ $\therefore a=-18$

다른 풀이

$f(x)=x^3-x$라 하면 $f'(x)=3x^2-1$

곡선 $y=f(x)$ 위의 점 $(1, 0)$에서의 접선의 기울기는 $f'(1)=3-1=2$이므로 접선의 방정식은

$y-0=2(x-1)$ $\therefore y=2x-2$ ...... ㉠

또한 $g(x)=-x^2+10x+a$라 하면 $g'(x)=-2x+10$

이때, 접점의 x좌표를 t라 하면

$g'(t)=-2t+10=2$ $\therefore t=4$

따라서 곡선 $y=-x^2+10x+a$ 위의 점 $(4, 24+a)$는 ㉠ 위의 점이므로

$24+a=2\times4-2$, $24+a=6$

$\therefore a=-18$

답 ①

223

$f(x)=x^3$이라 하면 $f'(x)=3x^2$

접점의 좌표를 (t, t^3)이라 하면 이 점에서의 접선의 기울기는 $f'(t)=3t^2$

이므로 접선의 방정식은

$y-t^3=3t^2(x-t)$ $\therefore y=3t^2x-2t^3$

이 접선이 점 $(0, 16)$을 지나므로 $16=-2t^3$, $t^3=-8$

$(t+2)(t^2-2t+4)=0$

이때, $t^2-2t+4=(t-1)^2+3>0$이므로 $t=-2$

따라서 구하는 접선의 방정식은 $y=12x+16$

$\therefore m=12$

답 12

224

$f(x)=x^3+3x^2-9x+k$라 하면 $f'(x)=3x^2+6x-9$

접점의 좌표를 (t, t^3+3t^2-9t+k)라 하면 이 점에서의 접선의 기울기는 -12이므로 $f'(t)=-12$

$3t^2+6t-9=-12$, $t^2+2t+1=0$

$(t+1)^2=0$ $\therefore t=-1$

따라서 접점의 좌표는 $(-1, 11+k)$이고, 이 점은 직선 $y=-12x-10$ 위의 점이므로

$11+k=-12\times(-1)-10$

$\therefore k=-9$

답 ③

225

$f(x)=x^3-3x^2+2$라 하면 $f'(x)=3x^2-6x$

접점의 좌표를 (t, t^3-3t^2+2)라 하면 이 점에서의 접선의 방정식은

$y-(t^3-3t^2+2)=(3t^2-6t)(x-t)$

$\therefore y=(3t^2-6t)x-2t^3+3t^2+2$

이 접선이 점 $(a, 2)$를 지나므로

$2=(3t^2-6t)a-2t^3+3t^2+2$

$t\{2t^2-3(a+1)t+6a\}=0$ ...... ㉠

$\therefore t=0$ 또는 $2t^2-3(a+1)t+6a=0$

이때, 서로 다른 두 개의 접선이 존재하려면 ㉠이 서로 다른 두 실근을 가져야 한다. 즉, 이차방정식

$2t^2-3(a+1)t+6a=0$ ...... ㉡

의 두 근 중 한 근이 0이거나 0이 아닌 중근을 가져야 한다.

(ⅰ) ㉡이 $t=0$을 근으로 가질 때

$6a=0$ $\therefore a=0$

(ⅱ) ㉡이 0이 아닌 중근을 가질 때

㉡의 판별식을 D라 하면

$D=9(a+1)^2-4\times2\times6a=0$에서

$3a^2-10a+3=0$, $(3a-1)(a-3)=0$

$\therefore a=\dfrac{1}{3}$ 또는 $a=3$

(ⅰ), (ⅱ)에서 모든 실수 a의 값의 합은

$0+\dfrac{1}{3}+3=\dfrac{10}{3}$

답 ①

226

$f(x)=x^3+ax$, $g(x)=bx^2+1$이라 하면

$f'(x)=3x^2+a$, $g'(x)=2bx$

두 곡선이 $x=1$인 점에서 접하므로

$f(1)=g(1)$에서 $1+a=b+1$ $\therefore a-b=0$ ...... ㉠

$f'(1)=g'(1)$에서 $3+a=2b$ $\therefore a-2b=-3$ ...... ㉡

㉠, ㉡을 연립하여 풀면 $a=3$, $b=3$

$\therefore a+b=3+3=6$

답 ④

227

$f(x)=x^3$, $g(x)=-x^2+5x+k$라 하면

$f'(x)=3x^2$, $g'(x)=-2x+5$

점 P의 x좌표를 t $(t>0)$라 하면

$f(t)=g(t)$에서 $t^3=-t^2+5t+k$ ······ ㉠

$f'(t)=g'(t)$에서 $3t^2=-2t+5$ ······ ㉡

㉡에서 $3t^2+2t-5=0$, $(3t+5)(t-1)=0$

$\therefore t=1$ $(\because t>0)$

$t=1$을 ㉠에 대입하면

$1=-1+5+k$ $\therefore k=-3$

따라서 점 P의 좌표는 $(1, 1)$이고 접선의 기울기는 $f'(1)=g'(1)=3$이므로 점 P에서의 접선의 방정식은

$y-1=3(x-1)$ $\therefore y=3x-2$

즉, $a=3$, $b=-2$이므로

$a^2+b^2+k=3^2+(-2)^2+(-3)=10$ **답** 10

228

$f(x)=x^4-2x^2+1$, $g(x)=-\dfrac{1}{2}x^2+k$라 하면

$f'(x)=4x^3-4x$, $g'(x)=-x$

오른쪽 그림에서 두 접점 중 제1사분면 위의 점을 P라 하고, 점 P의 x좌표를 t $(t>0)$라 하면

$f(t)=g(t)$에서

$t^4-2t^2+1=-\dfrac{1}{2}t^2+k$ ······ ㉠

$f'(t)=g'(t)$에서 $4t^3-4t=-t$ ······ ㉡

㉡에서 $4t^3-3t=0$, $t(2t+\sqrt{3})(2t-\sqrt{3})=0$

$\therefore t=\dfrac{\sqrt{3}}{2}$ $(\because t>0)$

$t=\dfrac{\sqrt{3}}{2}$을 ㉠에 대입하면

$\left(\dfrac{\sqrt{3}}{2}\right)^4-2\times\left(\dfrac{\sqrt{3}}{2}\right)^2+1=-\dfrac{1}{2}\times\left(\dfrac{\sqrt{3}}{2}\right)^2+k$

$\dfrac{9}{16}-\dfrac{3}{2}+1=-\dfrac{3}{8}+k$

$\therefore k=\dfrac{7}{16}$ **답** ③

229

함수 $f(x)=x^3-3x^2+2x$는 닫힌구간 $[0, 2]$에서 연속이고 열린구간 $(0, 2)$에서 미분가능하다.

또한 $f(0)=f(2)=0$이므로 롤의 정리에 의하여 $f'(c)=0$인 c가 열린구간 $(0, 2)$에 적어도 하나 존재한다.

이때, $f'(x)=3x^2-6x+2$이므로

$f'(c)=3c^2-6c+2=0$

$\therefore c=\dfrac{3-\sqrt{3}}{3}$ 또는 $c=\dfrac{3+\sqrt{3}}{3}$

$0<c<2$이므로 모든 실수 c의 값의 곱은

$\dfrac{3-\sqrt{3}}{3}\times\dfrac{3+\sqrt{3}}{3}=\dfrac{2}{3}$ **답** ②

230

함수 $f(x)$는 미분가능한 함수이므로 실수 x에 대하여 닫힌구간 $[x, x+2]$에서 연속이고 열린구간 $(x, x+2)$에서 미분가능하다.

따라서 평균값 정리에 의하여 $\dfrac{f(x+2)-f(x)}{(x+2)-x}=f'(c)$인 c가 열린구간 $(x, x+2)$에 적어도 하나 존재한다.

이때, $x<c<x+2$이고, $x\to\infty$이면 $c\to\infty$이므로 $\lim\limits_{x\to\infty}f'(x)=6$에서

$\lim\limits_{c\to\infty}f'(c)=6$

$\therefore \lim\limits_{x\to\infty}\{f(x+2)-f(x)\}=\lim\limits_{x\to\infty}2\left\{\dfrac{f(x+2)-f(x)}{(x+2)-x}\right\}$

$=\lim\limits_{c\to\infty}2f'(c)=2\lim\limits_{c\to\infty}f'(c)$

$=2\times6=12$ **답** 12

231

$f(x)=-x^2+1$, $g(x)=ax^2+2x$라 하면

$f'(x)=-2x$, $g'(x)=2ax+2$

두 곡선의 교점의 x좌표를 t라 하면

$f(t)=g(t)$에서 $-t^2+1=at^2+2t$ ······ ㉠ **㉮**

$x=t$인 점에서 두 곡선 $y=f(x)$, $y=g(x)$에 각각 그은 접선 l_1, l_2의 기울기가 각각 m_1, m_2이므로

$m_1=-2t$, $m_2=2at+2$

이때, $m_1-m_2=4$이므로 $-2t-2at-2=4$

$at+t+3=0$ $\therefore at=-t-3$ ······ ㉡ **㉯**

㉡을 ㉠에 대입하면

$-t^2+1=(-t-3)t+2t$

$-t^2+1=-t^2-3t+2t$, $-t=1$ $\therefore t=-1$

$t=-1$을 ㉡에 대입하면

$a=2$ **㉰**

단계	채점 요소	비율
㉮	두 곡선 $y=f(x)$, $y=g(x)$의 교점의 x좌표를 t라 하고, $f(t)=g(t)$임을 이용하여 식 세우기	30%
㉯	$m_1-m_2=4$임을 이용하여 식 세우기	30%
㉰	상수 a의 값 구하기	40%

답 2

232

함수 $f(x)=x^2-2x$는 닫힌구간 $[1, 4]$에서 연속이고 열린구간 $(1, 4)$에서 미분가능하다.

따라서 평균값 정리에 의하여

$k=\dfrac{f(x_2)-f(x_1)}{x_2-x_1}=f'(c)$ $(1\leq x_1<c<x_2\leq 4)$

인 c가 열린구간 $(1, 4)$에 적어도 하나 존재한다. **㉮**

이때, $f'(x)=2x-2$에서 $f'(c)=2c-2$이고 $1<c<4$이므로

$2<2c<8$, $0<2c-2<6$

$\therefore 0<k<6$ **㉯**

단계	채점 요소	비율
㉮	평균값 정리를 이용하여 $f'(c)=k$임을 보이기	50%
㉯	실수 k의 값의 범위 구하기	50%

답 $0<k<6$

05 함수의 극대, 극소와 그래프

개념 콕콕 본문 p.49

233

(1) $a<b$인 임의의 두 음수 a, b에 대하여

$$f(a)-f(b)=-a^2-(-b^2)=-(a^2-b^2)$$
$$=-(a+b)(a-b)<0$$

$\therefore f(a)<f(b)$

따라서 함수 $f(x)$는 구간 $(-\infty,\ 0)$에서 증가한다.

(2) $a<b$인 임의의 두 실수 a, b에 대하여

$$f(a)-f(b)=2a^3-2b^3=2(a-b)(a^2+ab+b^2)$$

이때, $a-b<0$이고

$$a^2+ab+b^2=\left(a+\frac{b}{2}\right)^2+\frac{3}{4}b^2>0$$이므로

$f(a)-f(b)<0$ $\therefore f(a)<f(b)$

따라서 함수 $f(x)$는 구간 $(-\infty,\ \infty)$에서 증가한다.

(3) $a<b$인 임의의 두 양수 a, b에 대하여

$$f(a)-f(b)=-a^4-(-b^4)=-(a^4-b^4)$$
$$=-(a^2+b^2)(a^2-b^2)$$
$$=-(a^2+b^2)(a+b)(a-b)>0$$

$\therefore f(a)>f(b)$

따라서 함수 $f(x)$는 구간 $(0,\ \infty)$에서 감소한다.

답 (1) 증가 (2) 증가 (3) 감소

234

$f(x)=x^3+2x^2-4x+1$에서

$f'(x)=3x^2+4x-4=(x+2)(3x-2)$

$f'(x)=0$에서 $x=-2$ 또는 $x=\dfrac{2}{3}$

$f'(x)$의 부호를 조사하여 함수 $f(x)$의 증가와 감소를 표로 나타내면 다음과 같다.

x	$\cdots$	-2	$\cdots$	$\dfrac{2}{3}$	$\cdots$
$f'(x)$	$+$	0	$-$	0	$+$
$f(x)$	$\nearrow$		$\searrow$		$\nearrow$

따라서 함수 $f(x)$는 구간 $\left[-2,\ \dfrac{2}{3}\right]$에서 감소한다.

답 구간 $\left[-2,\ \dfrac{2}{3}\right]$

235

(1) $f(x)=x^3+6x^2-15x+6$에서

$f'(x)=3x^2+12x-15=3(x+5)(x-1)$

$f'(x)=0$에서 $x=-5$ 또는 $x=1$

$f'(x)$의 부호를 조사하여 함수 $f(x)$의 증가와 감소를 표로 나타내면 다음과 같다.

x	$\cdots$	-5	$\cdots$	1	$\cdots$
$f'(x)$	$+$	0	$-$	0	$+$
$f(x)$	$\nearrow$		$\searrow$		$\nearrow$

따라서 함수 $f(x)$는 구간 $(-\infty,\ -5]$ 또는 $[1,\ \infty)$에서 증가하고, 구간 $[-5,\ 1]$에서 감소한다.

(2) $f(x)=x^4-2x^2+1$에서

$f'(x)=4x^3-4x=4x(x+1)(x-1)$

$f'(x)=0$에서 $x=-1$ 또는 $x=0$ 또는 $x=1$

$f'(x)$의 부호를 조사하여 함수 $f(x)$의 증가와 감소를 표로 나타내면 다음과 같다.

x	$\cdots$	-1	$\cdots$	0	$\cdots$	1	$\cdots$
$f'(x)$	$-$	0	$+$	0	$-$	0	$+$
$f(x)$	$\searrow$		$\nearrow$		$\searrow$		$\nearrow$

따라서 함수 $f(x)$는 구간 $[-1,\ 0]$ 또는 $[1,\ \infty)$에서 증가하고, 구간 $(-\infty,\ -1]$ 또는 $[0,\ 1]$에서 감소한다.

(3) $f(x)=x^3+x^2+5x-1$에서

$f'(x)=3x^2+2x+5$

이때, 이차방정식 $f'(x)=0$의 판별식을 D라 하면

$\dfrac{D}{4}=1^2-3\times5=-14<0$이므로 모든 실수 x에 대하여 $f'(x)>0$이다.

따라서 함수 $f(x)$는 구간 $(-\infty,\ \infty)$에서 증가한다.

(4) $f(x)=-2x^3+3x^2-2x$에서

$f'(x)=-6x^2+6x-2$

이때, 이차방정식 $f'(x)=0$의 판별식을 D라 하면

$\dfrac{D}{4}=3^2-(-6)\times(-2)=-3<0$이므로 모든 실수 x에 대하여

$f'(x)<0$이다.

따라서 함수 $f(x)$는 구간 $(-\infty,\ \infty)$에서 감소한다.

답 풀이 참조

236

도함수 $y=f'(x)$의 그래프에서 $f'(x)$의 부호를 조사하면 오른쪽 그림과 같다.

이때, $f'(x)\geq0$인 구간 $[0,\ 2]$ 또는 $[4,\ \infty)$에서 함수 $f(x)$는 증가하고, $f'(x)\leq0$인 구간 $(-\infty,\ 0]$ 또는 $[2,\ 4]$에서 함수 $f(x)$는 감소한다.

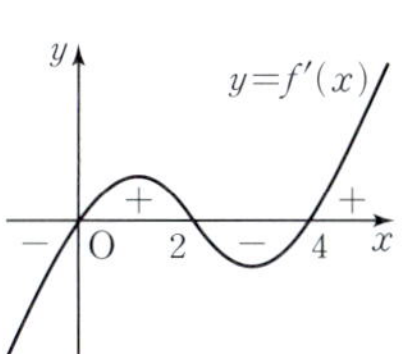

답 풀이 참조

237

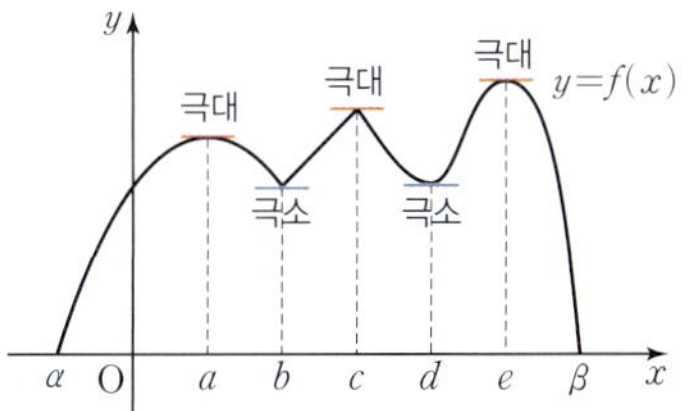

위의 그래프에서 $x=a$, $x=c$, $x=e$에서 함수 $f(x)$가 증가하다가 감소하므로 $f(x)$는 $x=a$, $x=c$, $x=e$에서 극대이다.

한편, $x=b$, $x=d$에서 함수 $f(x)$가 감소하다가 증가하므로 $f(x)$는 $x=b$, $x=d$에서 극소이다.

보충 설명

함수 $f(x)$는 미분계수의 존재 여부와 관계없이 극값을 가질 수 있다.

답 $x=a$, $x=c$, $x=e$에서 극대, $x=b$, $x=d$에서 극소

238

함수 $f(x)$의 도함수 $f'(x)$에 대하여 $f'(0)=0$이고, $x=0$의 좌우에서 $f'(x)$의 부호가 음$(-)$에서 양$(+)$으로 바뀌므로 $f(x)$는 $x=0$에서 극소이다.

또한 $f'(4)=0$이고, $x=4$의 좌우에서 $f'(x)$의 부호가 양$(+)$에서 음$(-)$으로 바뀌므로 $f(x)$는 $x=4$에서 극대이다.

🅐 $x=4$에서 극대, $x=0$에서 극소

239

(1) $f(x)=x^3+3x^2-14$에서

$f'(x)=3x^2+6x=3x(x+2)$

$f'(x)=0$에서 $x=-2$ 또는 $x=0$

$f'(x)$의 부호를 조사하여 함수 $f(x)$의 증가와 감소를 표로 나타내면 다음과 같다.

x	$\cdots$	-2	$\cdots$	0	$\cdots$
$f'(x)$	$+$	0	$-$	0	$+$
$f(x)$	↗	-10	↘	-14	↗

따라서 함수 $f(x)$는 $x=-2$에서 극대이고 극댓값은 $f(-2)=-10$, $x=0$에서 극소이고 극솟값은 $f(0)=-14$이다.

(2) $f(x)=-x^3+3x+2$에서

$f'(x)=-3x^2+3=-3(x+1)(x-1)$

$f'(x)=0$에서 $x=-1$ 또는 $x=1$

$f'(x)$의 부호를 조사하여 함수 $f(x)$의 증가와 감소를 표로 나타내면 다음과 같다.

x	$\cdots$	-1	$\cdots$	1	$\cdots$
$f'(x)$	$-$	0	$+$	0	$-$
$f(x)$	↘	0	↗	4	↘

따라서 함수 $f(x)$는 $x=1$에서 극대이고 극댓값은 $f(1)=4$, $x=-1$에서 극소이고 극솟값은 $f(-1)=0$이다.

(3) $f(x)=x^4-4x^3+4x^2+1$에서

$f'(x)=4x^3-12x^2+8x=4x(x-1)(x-2)$

$f'(x)=0$에서 $x=0$ 또는 $x=1$ 또는 $x=2$

$f'(x)$의 부호를 조사하여 함수 $f(x)$의 증가와 감소를 표로 나타내면 다음과 같다.

x	$\cdots$	0	$\cdots$	1	$\cdots$	2	$\cdots$
$f'(x)$	$-$	0	$+$	0	$-$	0	$+$
$f(x)$	↘	1	↗	2	↘	1	↗

따라서 함수 $f(x)$는 $x=1$에서 극대이고 극댓값은 $f(1)=2$, $x=0$, $x=2$에서 극소이고 극솟값은 $f(0)=f(2)=1$이다.

(4) $f(x)=-3x^4-4x^3+6x^2+12x+2$에서

$f'(x)=-12x^3-12x^2+12x+12=-12(x^3+x^2-x-1)$

$\qquad =-12(x+1)(x^2-1)=-12(x+1)^2(x-1)$

$f'(x)=0$에서 $x=-1$(중근) 또는 $x=1$

$f'(x)$의 부호를 조사하여 함수 $f(x)$의 증가와 감소를 표로 나타내면 다음과 같다.

x	$\cdots$	-1	$\cdots$	1	$\cdots$
$f'(x)$	$+$	0	$+$	0	$-$
$f(x)$	↗	-3	↗	13	↘

따라서 함수 $f(x)$는 $x=1$에서 극대이고 극댓값은 $f(1)=13$이다.

🅐 (1) 극댓값 -10, 극솟값 -14 (2) 극댓값 4, 극솟값 0
(3) 극댓값 2, 극솟값 1 (4) 극댓값 13

240

도함수 $y=f'(x)$의 그래프가 x축과 만나는 점의 x좌표는

$x=1$ 또는 $x=3$

$f'(x)$의 부호를 조사하여 함수 $f(x)$의 증가와 감소를 표로 나타내면 다음과 같다.

x	$\cdots$	1	$\cdots$	3	$\cdots$
$f'(x)$	$+$	0	$-$	0	$+$
$f(x)$	↗	극대	↘	극소	↗

이때, $f(1)=0$이므로 함수 $y=f(x)$의 그래프의 개형은 오른쪽 그림과 같다.

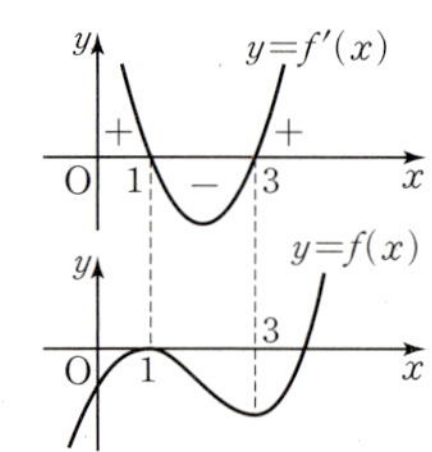

🅐 풀이 참조

241

$f(x)=x^3+ax^2+bx$에서

$f'(x)=3x^2+2ax+b$

이때, 함수 $f(x)$가 $x\leq-2$ 또는 $x\geq1$에서 증가하고, $-2\leq x\leq1$에서 감소하므로 이차방정식 $f'(x)=0$의 두 근은 -2, 1이다.

따라서 이차방정식의 근과 계수의 관계에 의하여

$-2+1=-\dfrac{2a}{3}$ $\quad\therefore a=\dfrac{3}{2}$

$-2\times1=\dfrac{b}{3}$ $\quad\therefore b=-6$

$\therefore ab=\dfrac{3}{2}\times(-6)=-9$

🅐 ①

242

$f(x)=x^3+3x^2-24x-12$에서

$f'(x)=3x^2+6x-24$

함수 $f(x)$가 증가하는 x의 값의 범위가 $x\leq\alpha$ 또는 $x\geq\beta$이므로 $x=\alpha$, $x=\beta$는 이차방정식 $f'(x)=0$의 두 근이다.

따라서 이차방정식의 근과 계수의 관계에 의하여

$\alpha\beta=\dfrac{-24}{3}=-8$

🅐 ①

243

$f(x)=-x^3+6x^2-ax+2$에서

$f'(x)=-3x^2+12x-a$

함수 $f(x)$가 증가하는 x의 값의 범위가 $b\leq x\leq 3$이므로 $x=b$, $x=3$은 이차방정식 $f'(x)=0$의 두 근이다.

따라서 이차방정식의 근과 계수의 관계에 의하여

$b+3=-\dfrac{12}{-3}=4$ $\therefore b=1$

$b\times 3=\dfrac{-a}{-3}=3$ $\therefore a=9$

🌼

$\therefore a+b=9+1=10$

🌿

단계	채점 요소	비율
🌼	a, b의 값 각각 구하기	80%
🌿	$a+b$의 값 구하기	20%

달 10

244

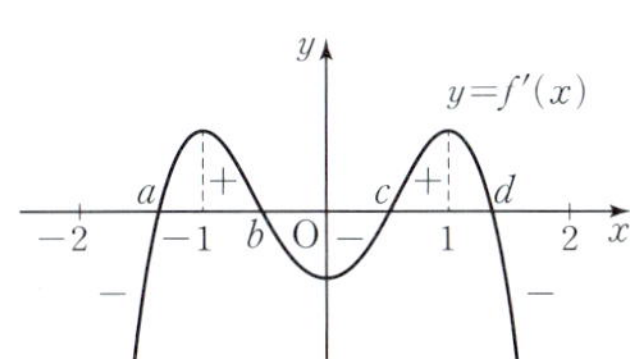

위의 그림과 같이 도함수 $y=f'(x)$의 그래프가 x축과 만나는 점의 x좌표를 왼쪽부터 차례대로 a, b, c, d라 하면

① 구간 $(-\infty,\ a)$에서 $f'(x)<0$이므로 $f(x)$는 감소하고, 구간 $(a,\ -1)$에서 $f'(x)>0$이므로 $f(x)$는 증가한다.

② 구간 $(-1,\ b)$에서 $f'(x)>0$이므로 $f(x)$는 증가하고, 구간 $(b,\ 0)$에서 $f'(x)<0$이므로 $f(x)$는 감소한다.

③ 구간 $(0,\ c)$에서 $f'(x)<0$이므로 $f(x)$는 감소하고, 구간 $(c,\ 1)$에서 $f'(x)>0$이므로 $f(x)$는 증가한다.

④ 구간 $(1,\ d)$에서 $f'(x)>0$이므로 $f(x)$는 증가하고, 구간 $(d,\ 2)$에서 $f'(x)<0$이므로 $f(x)$는 감소한다.

⑤ 구간 $(2,\ \infty)$에서 $f'(x)<0$이므로 $f(x)$는 감소한다.

따라서 옳은 것은 ⑤이다.

달 ⑤

245

도함수 $y=f'(x)$의 그래프에서 $f'(x)\leq 0$인 구간은 $[0,\ 2]$이므로 함수 $f(x)$는 구간 $[1,\ 2]$에서 감소한다.

달 ④

246

함수 $y=f'(x)$의 그래프에서 $f'(x)$의 부호를 조사하면 오른쪽 그림과 같다.

이때, $f'(x)\geq 0$인 구간 $(-\infty,\ -2]$ 또는 $[0,\ 2]$에서 함수 $f(x)$는 증가하고,

$f'(x)\leq 0$인 구간 $[-2,\ 0]$ 또는 $[2,\ \infty)$에서 함수 $f(x)$는 감소한다.

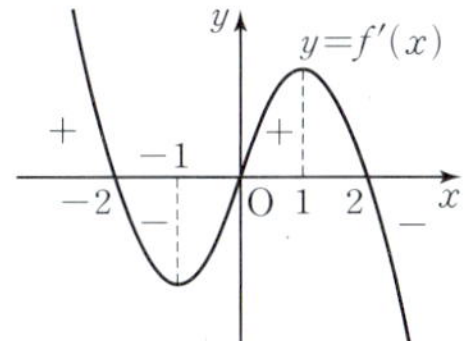

따라서 $a=0$, $b=2$, $c=-2$, $d=0$이므로

$a+b+c+d=0+2+(-2)+0=0$

달 0

247

$f(x)=x^3-3ax^2+(3a+6)x+4$에서

$f'(x)=3x^2-6ax+3a+6$

함수 $f(x)$가 실수 전체의 집합에서 증가하려면 모든 실수 x에 대하여 $f'(x)\geq 0$이어야 하므로 이차방정식 $f'(x)=0$의 판별식을 D라 하면

$\dfrac{D}{4}=(-3a)^2-3(3a+6)\leq 0$

$9a^2-9a-18\leq 0$, $a^2-a-2\leq 0$

$(a+1)(a-2)\leq 0$ $\therefore -1\leq a\leq 2$

따라서 정수 a는 -1, 0, 1, 2의 4개이다.

달 ②

248

함수 $f(x)=x^3+x^2+ax-a+3$의 역함수가 존재하려면 $f(x)$가 일대일 대응이어야 하므로 실수 전체의 집합에서 $f(x)$는 증가하거나 감소해야 한다.

이때, 삼차함수 $f(x)$의 최고차항의 계수가 양수이므로 $f(x)$는 실수 전체의 집합에서 증가한다.

즉, 임의의 실수 x에 대하여 $f'(x)=3x^2+2x+a\geq 0$

이 성립해야 하므로 이차방정식 $f'(x)=0$의 판별식을 D라 하면

$\dfrac{D}{4}=1-3a\leq 0$ $\therefore a\geq \dfrac{1}{3}$

따라서 정수 a의 최솟값은 1이다.

보충 설명

함수 $f(x)$의 역함수는 $f(x)$가 일대일대응일 때 정의된다.

즉, $f(x)$는 실수 전체의 집합에서 증가하는 함수이거나 감소하는 함수이므로 $f(x)$는 극값을 갖지 않는다.

달 ③

249

$x_1\neq x_2$이면 $f(x_1)\neq f(x_2)$를 만족시키는 함수는 일대일함수이고 $f(x)$의 최고차항의 계수가 양수이므로 함수 $f(x)$는 증가하는 함수이다.

$f(x)=x^3-3(a-1)x^2+4ax-6$에서

$f'(x)=3x^2-6(a-1)x+4a$

함수 $f(x)$가 실수 전체의 집합에서 증가하려면 모든 실수 x에 대하여 $f'(x)\geq 0$이어야 하므로 이차방정식 $f'(x)=0$의 판별식을 D라 하면

$\dfrac{D}{4}=\{-3(a-1)\}^2-3\times 4a\leq 0$

$9(a-1)^2-12a\leq 0$, $3a^2-10a+3\leq 0$

$(3a-1)(a-3)\leq 0$ $\therefore \dfrac{1}{3}\leq a\leq 3$

🌼

따라서 정수 a는 1, 2, 3이므로 구하는 합은

$1+2+3=6$

🌿

단계	채점 요소	비율
🌼	a의 값의 범위 구하기	80%
🌿	🌼에서 구한 모든 정수 a의 값의 합 구하기	20%

달 6

250

$f(x)=x^3+3ax^2-9a^2x+6a$에서

$f'(x)=3x^2+6ax-9a^2=3(x+3a)(x-a)$

$f'(x)=0$에서 $x=-3a$ 또는 $x=a$

$f'(x)$의 부호를 조사하여 함수 $f(x)$의 증가와 감소를 표로 나타내면 다음과 같다.

x	$\cdots$	$-3a$	$\cdots$	a	$\cdots$
$f'(x)$	$+$	0	$-$	0	$+$
$f(x)$	↗	극대	↘	극소	↗

$a>0$이므로 함수 $f(x)$는 $x=-3a$에서 극댓값을 갖고, $x=a$에서 극솟값을 갖는다.

이때, 극댓값과 극솟값의 차가 256이므로

$f(-3a)-f(a)=256$에서

$(-27a^3+27a^3+27a^3+6a)-(a^3+3a^3-9a^3+6a)=256$

$32a^3=256$, $a^3=8$

$\therefore a=2$ ($\because a$는 실수)　　　　　답 ②

251

$f(x)=x^3-6x^2+9x+5$에서

$f'(x)=3x^2-12x+9=3(x-1)(x-3)$

$f'(x)=0$에서 $x=1$ 또는 $x=3$

$f'(x)$의 부호를 조사하여 함수 $f(x)$의 증가와 감소를 표로 나타내면 다음과 같다.

x	$\cdots$	1	$\cdots$	3	$\cdots$
$f'(x)$	$+$	0	$-$	0	$+$
$f(x)$	↗	9	↘	5	↗

따라서 함수 $f(x)$는 $x=1$에서 극대이고 극댓값 $M=9$, $x=3$에서 극소이고 극솟값 $m=5$를 갖는다.

$\therefore Mm=9\times5=45$　　　　　답 ⑤

252

$f(x)=2x^3-9x^2+12x+a$에서

$f'(x)=6x^2-18x+12=6(x-1)(x-2)$

$f'(x)=0$에서 $x=1$ 또는 $x=2$

$f'(x)$의 부호를 조사하여 함수 $f(x)$의 증가와 감소를 표로 나타내면 다음과 같다.

x	$\cdots$	1	$\cdots$	2	$\cdots$
$f'(x)$	$+$	0	$-$	0	$+$
$f(x)$	↗	$5+a$	↘	$4+a$	↗

따라서 함수 $f(x)$는 $x=1$에서 극댓값 $5+a$, $x=2$에서 극솟값 $4+a$를 갖는다.

이때, 극댓값과 극솟값의 절댓값이 같고 그 부호가 서로 다르므로

$5+a=-(4+a)$

$2a=-9$　　$\therefore a=-\dfrac{9}{2}$

$\therefore |10a|=\left|10\times\left(-\dfrac{9}{2}\right)\right|=45$　　　　　답 45

253

$f(x)=-x^3+ax^2+bx+8$에서

$f'(x)=-3x^2+2ax+b$

함수 $f(x)$가 $x=1$에서 극댓값 10을 가지므로

$f'(1)=-3+2a+b=0$에서 $2a+b=3$　　$\cdots\cdots$ ㉠

$f(1)=-1+a+b+8=10$에서 $a+b=3$　　$\cdots\cdots$ ㉡

㉠, ㉡을 연립하여 풀면 $a=0$, $b=3$

즉, $f(x)=-x^3+3x+8$이므로

$f'(x)=-3x^2+3=-3(x+1)(x-1)$

$f'(x)=0$에서 $x=-1$ 또는 $x=1$

따라서 함수 $f(x)$는 $x=-1$에서 극소이고 극솟값은

$f(-1)=1-3+8=6$　　　　　답 ⑤

254

$f(x)=x^3+ax^2+bx+5$에서

$f'(x)=3x^2+2ax+b$

함수 $f(x)$가 $x=0$에서 극댓값 M, $x=2$에서 극솟값 m을 가지므로

$f'(0)=b=0$

$f'(2)=12+4a+b=0$　　$\cdots\cdots$ ㉠

$b=0$을 ㉠에 대입하면

$12+4a=0$　　$\therefore a=-3$

따라서 $f(x)=x^3-3x^2+5$이므로

$M=f(0)=5$, $m=f(2)=8-12+5=1$

$\therefore M+m=5+1=6$

다른 풀이

$f(x)=x^3+ax^2+bx+5$에서

$f'(x)=3x^2+2ax+b$

함수 $f(x)$가 $x=0$에서 극댓값, $x=2$에서 극솟값을 가지므로

$f'(0)=0$, $f'(2)=0$

즉, 이차방정식 $f'(x)=0$의 두 실근이 0, 2이므로 이차방정식의 근과 계수의 관계에 의하여

$-\dfrac{2a}{3}=0+2=2$, $\dfrac{b}{3}=0\times2=0$

$\therefore a=-3$, $b=0$

따라서 $f(x)=x^3-3x^2+5$이므로

$M=f(0)=5$, $m=f(2)=8-12+5=1$

$\therefore M+m=5+1=6$　　　　　답 ②

255

$f(x)=2x^3+3x^2+ax+3$에서

$f'(x)=6x^2+6x+a$

이때, 함수 $f(x)$가 $x=1$에서 극솟값 b를 가지므로

$f'(1)=6+6+a=0$에서 $a=-12$

$f(1)=2+3+a+3=b$에서 $a-b=-8$　　$\cdots\cdots$ ㉠

$a=-12$를 ㉠에 대입하면

$-12-b=-8$　　$\therefore b=-4$

$\therefore ab=-12\times(-4)=48$　　　　　답 48

256

$f(x)=ax^3-6x^2+ax-1$에서

$f'(x)=3ax^2-12x+a$

삼차함수 $f(x)$가 극값을 가지려면 이차방정식 $f'(x)=0$이 서로 다른 두 실근을 가져야 하므로 판별식을 D라 하면

$\dfrac{D}{4}=(-6)^2-3a\times a>0$

$36-3a^2>0$, $(a+2\sqrt{3})(a-2\sqrt{3})<0$ $\qquad \therefore -2\sqrt{3}<a<2\sqrt{3}$

이때, 함수 $f(x)$가 삼차함수이므로 $a\neq0$이다.

$\therefore -2\sqrt{3}<a<0$ 또는 $0<a<2\sqrt{3}$

따라서 정수 a는 -3, -2, -1, 1, 2, 3의 6개이다. （답） ④

257

$f(x)=2x^3+x^2-2kx$에서

$f'(x)=6x^2+2x-2k$

함수 $f(x)$가 $-1<x<0$에서 극댓값을 갖고, $x>0$에서 극솟값을 가지려면 도함수 $y=f'(x)$의 그래프가 오른쪽 그림과 같아야 한다.

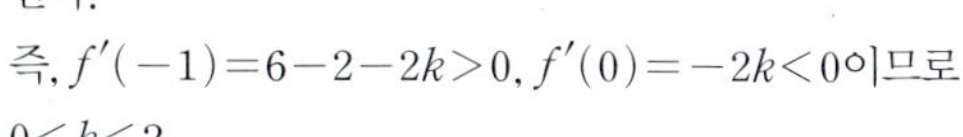

즉, $f'(-1)=6-2-2k>0$, $f'(0)=-2k<0$이므로

$0<k<2$ $\qquad\qquad\qquad\qquad\qquad$ （가）

따라서 정수 k는 1의 1개이다. $\qquad\qquad$ （나）

단계	채점 요소	비율
가	k의 값의 범위 구하기	80%
나	가에서 구한 정수 k의 개수 구하기	20%

（답） 1

258

$f(x)=-x^3+(a-3)x^2-(2a+3)x+10$에서

$f'(x)=-3x^2+2(a-3)x-(2a+3)$

함수 $f(x)$가 극값을 갖지 않으려면 이차방정식 $f'(x)=0$이 중근 또는 허근을 가져야 하므로 판별식을 D라 하면

$\dfrac{D}{4}=(a-3)^2-3(2a+3)\leq0$

$a^2-12a\leq0$, $a(a-12)\leq0$ $\qquad \therefore 0\leq a\leq12$

따라서 정수 a는 0, 1, 2, 3, $\cdots$, 12의 13개이다. （답） 13

259

$f(x)=-x^3+\dfrac{3}{2}x^2+6x+4$에서

$f'(x)=-3x^2+3x+6=-3(x+1)(x-2)$

$f'(x)=0$에서 $x=-1$ 또는 $x=2$

$f'(x)$의 부호를 조사하여 함수 $f(x)$의 증가와 감소를 표로 나타내면 다음과 같다.

x	$\cdots$	-1	$\cdots$	2	$\cdots$
$f'(x)$		$-$	0	$+$	0	$-$
$f(x)$	$\searrow$	$\dfrac{1}{2}$	$\nearrow$	14	$\searrow$

따라서 함수 $y=f(x)$의 그래프는 오른쪽 그림과 같으므로 지나지 않는 사분면은 제3사분면이다.

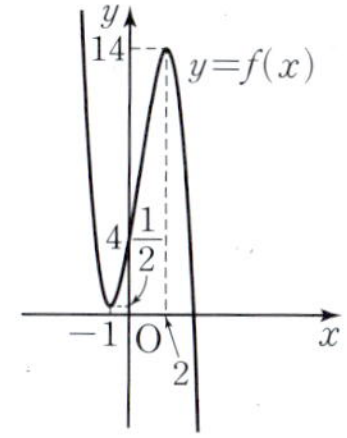

（답） 제3사분면

260

$f(x)=x^4-2x^2+3$에서

$f'(x)=4x^3-4x=4x(x+1)(x-1)$

$f'(x)=0$에서 $x=-1$ 또는 $x=0$ 또는 $x=1$

$f'(x)$의 부호를 조사하여 함수 $f(x)$의 증가와 감소를 표로 나타내면 다음과 같다.

x	$\cdots$	-1	$\cdots$	0	$\cdots$	1	$\cdots$
$f'(x)$	$-$	0	$+$	0	$-$	0	$+$
$f(x)$	$\searrow$	2	$\nearrow$	3	$\searrow$	2	$\nearrow$

따라서 함수 $y=f(x)$의 그래프는 오른쪽 그림과 같으므로 지나는 사분면은 제1, 2사분면이다. 즉, 자연수 n의 값은 1, 2이므로 $1+2=3$

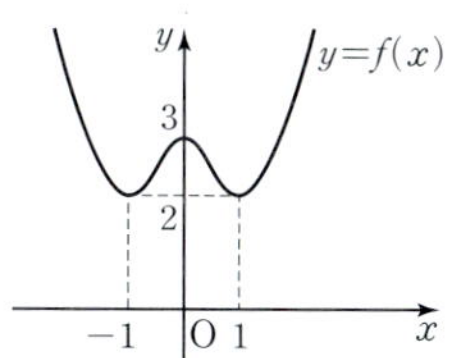

（답） 3

261

함수 $f(x)=ax^3+bx^2+cx+d$의 그래프에서

$x\to\infty$일 때, $f(x)\to\infty$이므로 $a>0$

$x=0$일 때, y축의 음의 부분과 만나므로 $d<0$

한편, $f'(x)=3ax^2+2bx+c$에 대하여 이차방정식 $f'(x)=0$은 음의 실근 α와 양의 실근 β를 갖는다.

이때, $\alpha<0<\beta$, $|\beta|<|\alpha|$이므로 이차방정식의 근과 계수의 관계에 의하여

$\alpha+\beta=-\dfrac{2b}{3a}<0$ $\qquad\qquad$ $\cdots\cdots$ ㉠

$\alpha\beta=\dfrac{c}{3a}<0$ $\qquad\qquad\qquad$ $\cdots\cdots$ ㉡

㉠에서 $\dfrac{b}{a}>0$이고 $a>0$이므로 $b>0$

㉡에서 $\dfrac{c}{a}<0$이고 $a>0$이므로 $c<0$

$\therefore a>0$, $b>0$, $c<0$, $d<0$ $\qquad$ （답） $a>0$, $b>0$, $c<0$, $d<0$

262

함수 $f(x)=ax^3+bx^2+cx+d$의 그래프에서

$x\to\infty$일 때, $f(x)\to\infty$이므로 $a>0$

$x=0$일 때, y축의 양의 부분과 만나므로 $d>0$

한편, $f'(x)=3ax^2+2bx+c$에 대하여 이차방정식 $f'(x)=0$의 두 근은 -1, 2이다.

이때, 이차방정식의 근과 계수의 관계에 의하여

$-\dfrac{2b}{3a}=-1+2=1>0$ $\qquad\qquad$ $\cdots\cdots$ ㉠

$\dfrac{c}{3a}=(-1)\times2=-2<0$ $\qquad$ $\cdots\cdots$ ㉡

㉠에서 $\dfrac{b}{a}<0$이고 $a>0$이므로 $b<0$

㉡에서 $\dfrac{c}{a}<0$이고 $a>0$이므로 $c<0$

$\therefore a>0$, $b<0$, $c<0$, $d>0$ $\qquad$ （답） $a>0$, $b<0$, $c<0$, $d>0$

263

도함수 $y=f'(x)$의 그래프가 x축과 만나는 점의 x좌표가 0, b, d이므로
$f'(x)=0$에서 $x=0$ 또는 $x=b$ 또는 $x=d$
$f'(x)$의 부호를 조사하여 함수 $f(x)$의 증가와 감소를 표로 나타내면 다음과 같다.

x	$\cdots$	0	$\cdots$	b	$\cdots$	d	$\cdots$
$f'(x)$	$+$	0	$-$	0	$+$	0	$-$
$f(x)$	↗	극대	↘	극소	↗	극대	↘

① 구간 $(0,\,b)$, $(d,\,\infty)$에서 $f'(x)<0$이므로 함수 $f(x)$는 $0<x<b$, $x>d$에서 감소한다.
② 구간 $(b,\,d)$에서 $f'(x)>0$이므로 함수 $f(x)$는 $c<x<d$에서 증가한다.
③ 함수 $f(x)$는 $x=b$에서 극소이다.
④ 함수 $f(x)$는 $x=0$, $x=d$에서 극대이다.
⑤ 함수 $f(x)$는 $x=0$, $x=d$에서 극대이고, $x=b$에서 극소이므로 함수 $f(x)$의 극값은 3개이다.
따라서 옳은 것은 ②이다.　　　　　　　　　**답** ②

264

도함수 $y=f'(x)$의 그래프가 x축과 만나는 점의 x좌표가 0, 1이므로
$f'(x)=0$에서 $x=0$ 또는 $x=1$
$f'(x)$의 부호를 조사하여 함수 $f(x)$의 증가와 감소를 표로 나타내면 다음과 같다.

x	$\cdots$	0	$\cdots$	1	$\cdots$
$f'(x)$	$-$	0	$-$	0	$+$
$f(x)$	↘	0	↘	극소	↗

즉, $x=1$의 좌우에서 $f'(x)$의 부호가 음$(-)$에서 양$(+)$으로 바뀌므로 함수 $f(x)$는 $x=1$에서 극소이다.
또한 $x=0$의 좌우에서 $f'(x)$의 부호가 바뀌지 않으므로 함수 $f(x)$는 $x=0$에서 극값을 갖지 않는다.
따라서 함수 $y=f(x)$의 그래프의 개형이 될 수 있는 것은 ①이다.　　　　　**답** ①

265

도함수 $y=f'(x)$의 그래프가 x축과 만나는 점의 x좌표가 0, 1이므로
$f'(x)=0$에서 $x=0$ 또는 $x=1$
$f'(x)$의 부호를 조사하여 함수 $f(x)$의 증가와 감소를 표로 나타내면 다음과 같다.

x	$\cdots$	0	$\cdots$	1	$\cdots$
$f'(x)$	$+$	0	$+$	0	$-$
$f(x)$	↗		↗	극대	↘

ㄱ. $x<0$에서 $f'(x)>0$이므로 함수 $f(x)$는 $x<0$에서 증가한다. (참)
ㄴ. $x=0$의 좌우에서 $f'(x)$의 부호가 바뀌지 않으므로 함수 $f(x)$는 $x=0$에서 극값을 갖지 않는다. (거짓)
ㄷ. $x=1$의 좌우에서 $f'(x)$의 부호가 양$(+)$에서 음$(-)$으로 바뀌므로 함수 $f(x)$는 $x=1$에서 극댓값을 갖는다. (참)
따라서 옳은 것은 ㄱ, ㄷ이다.

만약 $f(0)=1$이면 함수 $y=f(x)$의 그래프의 개형은 오른쪽 그림과 같다.

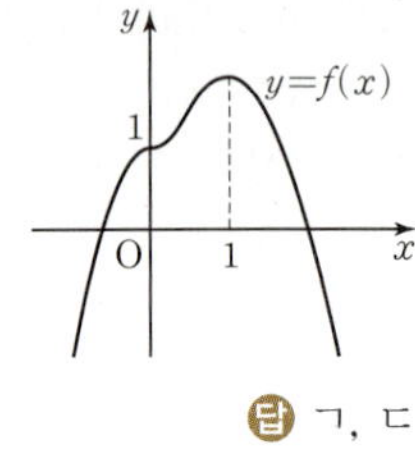

답 ㄱ, ㄷ

실력 콕콕　　　　　　　본문 p.54~55

266 ⑤	**267** 8	**268** ④	**269** ⑤	**270** 32	**271** $\dfrac{1}{3}$
272 1	**273** ③	**274** ④	**275** ②	**276** 4	**277** ①
278 4	**279** ⑤	**280** 27	**281** 81		

266

$f(x)=\dfrac{2}{3}x^3+\dfrac{1}{2}(a-2b)x^2+6ax$에서
$f'(x)=2x^2+(a-2b)x+6a$
함수 $f(x)$가 감소하는 x의 값의 범위가 $2\leq x\leq 3$이므로
$x=2$, $x=3$은 이차방정식 $f'(x)=0$의 두 근이다.
따라서 이차방정식의 근과 계수의 관계에 의하여
$$-\dfrac{a-2b}{2}=2+3=5 \qquad \therefore a-2b=-10 \qquad\cdots\cdots\ \text{㉠}$$
$$\dfrac{6a}{2}=2\times3=6 \qquad \therefore a=2$$
$a=2$를 ㉠에 대입하면
$2-2b=-10 \qquad \therefore b=6$
$\therefore a+b=2+6=8$　　　　　　　**답** ⑤

267

$f(x)=x^3-3x^2-45x+10$에서
$f'(x)=3x^2-6x-45=3(x+3)(x-5)$
이때, 함수 $f(x)$가 구간 $[a,\,b]$에서 감소하므로 $a\leq x\leq b$에서 $f'(x)\leq0$이다.
$f'(x)=3(x+3)(x-5)\leq0$에서 $-3\leq x\leq5$
즉, 구간 $[a,\,b]$에서 감소하므로 $-3\leq a<b\leq5$
따라서 $b-a$의 최댓값은
$5-(-3)=8$　　　　　　　**답** 8

268

$x_1<x_2$인 임의의 두 실수 x_1, x_2에 대하여 $f(x_1)<f(x_2)$가 성립하려면 함수 $f(x)$가 실수 전체의 집합에서 증가해야 한다.
$f(x)=\dfrac{1}{3}x^3+ax^2+(a+2)x+7$에서
$f'(x)=x^2+2ax+a+2$
함수 $f(x)$가 실수 전체의 집합에서 증가하려면 모든 실수 x에 대하여 $f'(x)\geq0$이어야 하므로 이차방정식 $f'(x)=0$의 판별식을 D라 하면
$$\dfrac{D}{4}=a^2-(a+2)\leq0$$
$a^2-a-2=0$, $(a+1)(a-2)\leq0 \qquad \therefore -1\leq a\leq2$
따라서 정수 a는 -1, 0, 1, 2의 4개이다.　　　　　**답** ④

269

삼차함수 $f(x)$의 역함수가 존재하려면 $f(x)$가 일대일대응이어야 하므로 실수 전체의 집합에서 $f(x)$는 증가하거나 감소해야 한다.

이때, 삼차함수 $f(x)$의 최고차항의 계수가 양수이므로 $f(x)$는 실수 전체의 집합에서 증가한다.

$f(x)=3x^3+ax^2+4x+5$에서

$f'(x)=9x^2+2ax+4$

삼차함수 $f(x)$가 실수 전체의 집합에서 증가하려면 모든 실수 x에 대하여 $f'(x)\geq0$이어야 하므로 이차방정식 $f'(x)=0$의 판별식을 D라 하면

$\dfrac{D}{4}=a^2-9\times4\leq0$

$a^2-36\leq0$, $(a+6)(a-6)\leq0$ $\therefore -6\leq a\leq6$

따라서 정수 a의 최댓값은 6이다. **답** ⑤

270

$f(x)=x^3+(k+1)x^2-12x$에서

$f'(x)=3x^2+2(k+1)x-12$

함수 $y=f(x)$의 그래프에서 극대가 되는 점과 극소가 되는 점의 x좌표를 각각 α, β라 하면 α, β는 이차방정식 $f'(x)=0$의 두 근이다.

이때, α, β가 원점에 대하여 대칭이므로 $\alpha+\beta=0$이다.

따라서 이차방정식의 근과 계수의 관계에 의하여

$\alpha+\beta=-\dfrac{2(k+1)}{3}=0$

$2k+2=0$ $\therefore k=-1$

즉, $f(x)=x^3-12x$이므로

$f'(x)=3x^2-12=3(x+2)(x-2)$

$f'(x)=0$에서 $x=-2$ 또는 $x=2$

$f'(x)$의 부호를 조사하여 함수 $f(x)$의 증가와 감소를 표로 나타내면 다음과 같다.

x	$\cdots$	-2	$\cdots$	2	$\cdots$
$f'(x)$	$+$	0	$-$	0	$+$
$f(x)$	↗	16	↘	-16	↗

따라서 함수 $f(x)$는 $x=-2$에서 극댓값 16, $x=2$에서 극솟값 -16을 가지므로 $M=16$, $m=-16$이다.

$\therefore M-m=16-(-16)=32$ **답** 32

271

$f(x)=-\dfrac{2}{3}x^3+ax^2+4a^2x$에서

$f'(x)=-2x^2+2ax+4a^2=-2(x+a)(x-2a)$

$f'(x)=0$에서 $x=-a$ 또는 $x=2a$

$f'(x)$의 부호를 조사하여 함수 $f(x)$의 증가와 감소를 표로 나타내면 다음과 같다.

x	$\cdots$	$-a$	$\cdots$	$2a$	$\cdots$
$f'(x)$	$-$	0	$+$	0	$-$
$f(x)$	↘	$-\dfrac{7}{3}a^3$	↗	$\dfrac{20}{3}a^3$	↘

$a>0$이므로 함수 $f(x)$는 $x=2a$에서 극댓값 $\dfrac{20}{3}a^3$, $x=-a$에서 극솟값 $-\dfrac{7}{3}a^3$을 갖는다.

이때, 극댓값과 극솟값의 차가 $\dfrac{1}{3}$이므로

$\dfrac{20}{3}a^3-\left(-\dfrac{7}{3}a^3\right)=9a^3=\dfrac{1}{3}$

$a^3=\dfrac{1}{27}$ $\therefore a=\dfrac{1}{3}$ ($\because a$는 실수) **답** $\dfrac{1}{3}$

272

$f(x)=2x^3+9kx^2+12k^2x+6k$에서

$f'(x)=6x^2+18kx+12k^2$
$\qquad=6(x^2+3kx+2k^2)$
$\qquad=6(x+k)(x+2k)$

$f'(x)=0$에서 $x=-k$ 또는 $x=-2k$

(i) $k=0$일 때

$\quad f'(x)=6x^2\geq0$이므로 함수 $f(x)$의 극값은 존재하지 않는다.

(ii) $k>0$일 때

$\quad -2k<-k$이므로

$\quad$ 함수 $f(x)$는 $x=-2k$에서 극댓값, $x=-k$에서 극솟값을 갖는다.

(iii) $k<0$일 때

$\quad -2k>-k$이므로

$\quad$ 함수 $f(x)$는 $x=-k$에서 극댓값, $x=-2k$에서 극솟값을 갖는다.

(i)$\sim$(iii)에서 $a+b=-2k+(-k)$ 또는 $a+b=-k+(-2k)$

이때, $a+b=3$이므로

$-3k=3$ $\therefore k=-1$

즉, $f(x)=2x^3-9x^2+12x-6$이므로 함수 $f(x)$는

$x=1$에서 극댓값 $f(1)=2-9+12-6=-1$,

$x=2$에서 극솟값 $f(2)=16-36+24-6=-2$를 갖는다.

따라서 극댓값과 극솟값의 차는

$-1-(-2)=1$ **답** 1

273

$f(x)=ax^3+bx^2+cx+d$ $(a<0)$라 하면 삼차방정식 $f(x)=0$의 세 근이 x_1, x_2, x_3이므로 삼차방정식의 근과 계수의 관계에 의하여

$x_1+x_2+x_3=-\dfrac{b}{a}$ $\cdots\cdots$ ㉠

$f'(x)=3ax^2+2bx+c$에서 이차방정식 $f'(x)=0$의 두 근이 α, β이므로 이차방정식의 근과 계수의 관계에 의하여

$\alpha+\beta=-\dfrac{2b}{3a}$ $\cdots\cdots$ ㉡

이때, $\alpha+\beta=4$이므로 ㉡에서

$-\dfrac{2b}{3a}=4$ $\therefore -\dfrac{b}{a}=6$ $\cdots\cdots$ ㉢

㉠, ㉢에서 $x_1+x_2+x_3=6$ **답** ③

274

$f(x)=x^3+ax^2+bx+c$에서

$f'(x)=3x^2+2ax+b$

함수 $f(x)$가 $x=1$에서 극댓값을 갖고, $x=3$에서 극솟값을 가지므로

$f'(1)=3+2a+b=0$에서 $2a+b=-3$ $\cdots\cdots$ ㉠

$f'(3)=27+6a+b=0$에서 $6a+b=-27$ $\cdots\cdots$ ㉡

㉠, ㉡을 연립하여 풀면 $a=-6$, $b=9$

또한 함수 $f(x)$가 $x=3$에서 극솟값 -2를 가지므로

$f(3)=27+9a+3b+c=-2$ $\cdots\cdots$ ㉢

$a=-6$, $b=9$를 ㉢에 대입하면

$27+9\times(-6)+3\times9+c=-2$ $\therefore c=-2$

$\therefore a+b+c=-6+9+(-2)=1$ **답** ④

275

$f(x)=2x^3+ax^2+bx-10$에서

$f'(x)=6x^2+2ax+b$

함수 $f(x)$가 $x=-2$에서 극댓값 10을 가지므로

$f'(-2)=24-4a+b=0$에서

$4a-b=24$ …… ㉠

$f(-2)=-16+4a-2b-10=10$에서

$4a-2b=36$ …… ㉡

㉠, ㉡을 연립하여 풀면 $a=3$, $b=-12$

즉, $f(x)=2x^3+3x^2-12x-10$이므로

$f'(x)=6x^2+6x-12=6(x+2)(x-1)$

$f'(x)=0$에서 $x=-2$ 또는 $x=1$

$f'(x)$의 부호를 조사하여 함수 $f(x)$의 증가와 감소를 표로 나타내면 다음과 같다.

x	$\cdots$	-2	$\cdots$	1	$\cdots$
$f'(x)$	$+$	0	$-$	0	$+$
$f(x)$	$\nearrow$	10	$\searrow$	-17	$\nearrow$

따라서 함수 $f(x)$는 $x=1$에서 극솟값 -17을 가지므로

$m=-17$

$\therefore a-b+m=3-(-12)+(-17)=-2$ **답** ②

276

$f(x)=x^3+(a-1)x^2+(2a-5)x$에서

$f'(x)=3x^2+2(a-1)x+2a-5$

함수 $f(x)$가 극값을 갖지 않으려면 이차방정식 $f'(x)=0$이 중근 또는 허근을 가져야 하므로 판별식을 D라 하면

$\dfrac{D}{4}=(a-1)^2-3(2a-5)\leq0$, $a^2-8a+16\leq0$

$(a-4)^2\leq0$ $\therefore a=4$ **답** 4

277

도함수 $y=f'(x)$의 그래프에서 $f'(x)$의 부호를 조사하면 다음 그림과 같다.

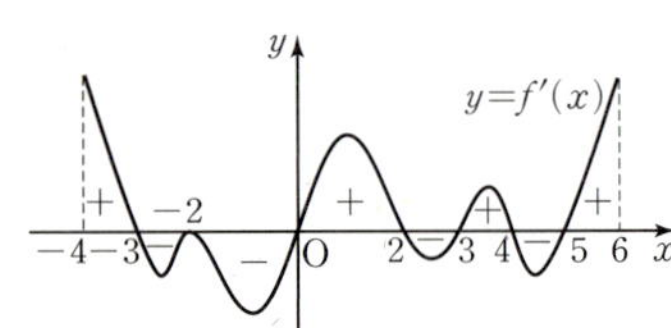

$x=-3$, $x=2$, $x=4$의 좌우에서 $f'(x)$의 부호가 양$(+)$에서 음$(-)$으로 바뀌므로 함수 $f(x)$는 $x=-3$, $x=2$, $x=4$에서 극댓값을 갖는다.

따라서 함수 $f(x)$가 극댓값을 갖는 모든 x의 값의 합은

$-3+2+4=3$ **답** ①

278

도함수 $y=f'(x)$의 그래프가 x축과 만나는 점의 x좌표를 왼쪽부터 차례대로 x_1, x_2, x_3, x_4라 하면 다음 그림과 같다.

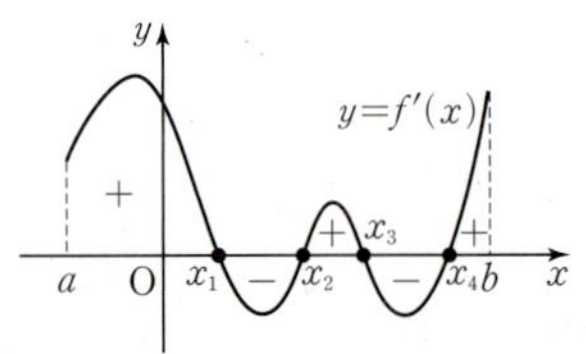

(i) $x=x_1$, $x=x_3$의 좌우에서 $f'(x)$의 부호가 양$(+)$에서 음$(-)$으로 바뀌므로 함수 $f(x)$는 $x=x_1$, $x=x_3$에서 극댓값을 갖는다.

(ii) $x=x_2$, $x=x_4$의 좌우에서 $f'(x)$의 부호가 음$(-)$에서 양$(+)$으로 바뀌므로 함수 $f(x)$는 $x=x_2$, $x=x_4$에서 극솟값을 갖는다.

따라서 $m=2$, $n=2$이므로

$m+n=2+2=4$ **답** 4

279

오른쪽 그림과 같은 도함수 $y=f'(x)$의 그래프에서 $f'(x)=0$인 x의 값은 -1, 1, 3, 5이므로 $f'(x)$의 부호를 조사하여 함수 $f(x)$의 증가와 감소를 표로 나타내면 다음과 같다.

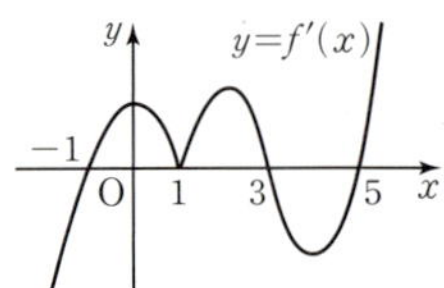

x	$\cdots$	-1	$\cdots$	1	$\cdots$	3	$\cdots$	5	$\cdots$
$f'(x)$	$-$	0	$+$	0	$+$	0	$-$	0	$+$
$f(x)$	$\searrow$	극소	$\nearrow$		$\nearrow$	극대	$\searrow$	극소	$\nearrow$

ㄱ. $x=1$의 좌우에서 $f'(x)$의 부호가 바뀌지 않으므로 함수 $f(x)$는 $x=1$에서 극값을 갖지 않는다. (거짓)

ㄴ. $x=3$의 좌우에서 $f'(x)$의 부호가 양$(+)$에서 음$(-)$으로 바뀌므로 함수 $f(x)$는 $x=3$에서 극대이다. (참)

ㄷ. $x=-1$, $x=5$의 좌우에서 $f'(x)$의 부호가 음$(-)$에서 양$(+)$으로 바뀌므로 함수 $f(x)$는 $x=-1$, $x=5$에서 극소이고, 극소가 되는 x의 값의 합은 $-1+5=4$ (참)

따라서 옳은 것은 ㄴ, ㄷ이다.   **답** ⑤

280

조건 ㈎ $\displaystyle\lim_{x\to1}\dfrac{f(x)+12}{x-1}=-12$에서 극한값이 존재하고, $x\to1$일 때 (분모)$\to0$이므로 (분자)$\to0$이다.

즉, $\displaystyle\lim_{x\to1}\{f(x)+12\}=0$에서 $f(1)=-12$

$\therefore \displaystyle\lim_{x\to1}\dfrac{f(x)+12}{x-1}=\lim_{x\to1}\dfrac{f(x)-f(1)}{x-1}=f'(1)=-12$ ㈎

또한 조건 ㈏ $\displaystyle\lim_{x\to2}\dfrac{f(x)+19}{x-2}=0$에서 극한값이 존재하고, $x\to2$일 때 (분모)$\to0$이므로 (분자)$\to0$이다.

즉, $\displaystyle\lim_{x\to2}\{f(x)+19\}=0$에서 $f(2)=-19$

$\therefore \displaystyle\lim_{x\to2}\dfrac{f(x)+19}{x-2}=\lim_{x\to2}\dfrac{f(x)-f(2)}{x-2}=f'(2)=0$ ㈏

이때, $f(x)=ax^3+bx^2+cx+d\ (a\neq0)$라 하면

$f'(x)=3ax^2+2bx+c$

$f(1)=a+b+c+d=-12$

$f'(1)=3a+2b+c=-12$

$f(2)=8a+4b+2c+d=-19$

$f'(2)=12a+4b+c=0$

위의 네 개의 방정식을 연립하여 풀면

$a=2$, $b=-3$, $c=-12$, $d=1$

즉, $f(x)=2x^3-3x^2-12x+1$이므로   ㈐

$f'(x)=6x^2-6x-12=6(x+1)(x-2)$

$f'(x)=0$에서 $x=-1$ 또는 $x=2$

$f'(x)$의 부호를 조사하여 함수 $f(x)$의 증가와 감소를 표로 나타내면 다음과 같다.

x	$\cdots$	-1	$\cdots$	2	$\cdots$
$f'(x)$	$+$	0	$-$	0	$+$
$f(x)$	$\nearrow$	8	$\searrow$	-19	$\nearrow$

따라서 함수 $f(x)$는 $x=-1$에서 극댓값 8, $x=2$에서 극솟값 -19를 가지므로 $M=8$, $m=-19$

$\therefore M-m=8-(-19)=27$

⋯⋯ 라

단계	채점 요소	비율
가	조건 (개)에서 $f(1)=-12$, $f'(1)=-12$임을 알기	25%
나	조건 (내)에서 $f(2)=-19$, $f'(2)=0$임을 알기	25%
다	삼차함수 $f(x)$의 식 구하기	30%
라	$M-m$의 값 구하기	20%

답 27

281

조건 (개)에서 모든 실수 x에 대하여 $f(-x)=f(x)$이므로

$x^4-ax^3+2bx^2-cx+d=x^4+ax^3+2bx^2+cx+d$

$-ax^3-cx=ax^3+cx$ $\quad\therefore a=c=0$

⋯⋯ 가

즉, $f(x)=x^4+2bx^2+d$이므로

$f'(x)=4x^3+4bx=4x(x^2+b)$

$f'(x)=0$에서 $x=-\sqrt{-b}$ 또는 $x=0$ 또는 $x=\sqrt{-b}$

조건 (내), (대)에서 함수 $f(x)$가 극댓값과 극솟값을 모두 가지므로

$-\sqrt{-b}<0<\sqrt{-b}$

$f'(x)$의 부호를 조사하여 함수 $f(x)$의 증가와 감소를 표로 나타내면 다음과 같다.

x	$\cdots$	$-\sqrt{-b}$	$\cdots$	0	$\cdots$	$\sqrt{-b}$	$\cdots$
$f'(x)$	$-$	0	$+$	0	$-$	0	$+$
$f(x)$	$\searrow$	극소	$\nearrow$	극대	$\searrow$	극소	$\nearrow$

조건 (내)에서 함수 $f(x)$가 극댓값 12를 가지므로

$f(0)=d=12$

조건 (대)에서 $b<0$일 때, 함수 $f(x)$가 극솟값 -4를 가지므로

$f(-\sqrt{-b})=f(\sqrt{-b})=-4$

$f(\sqrt{-b})=(\sqrt{-b})^4+2b(\sqrt{-b})^2+12=-4$

$(-b)^2+2b\times(-b)+12=-4$

$b^2=16$ $\quad\therefore b=-4$ $(\because b<0)$

⋯⋯ 나

따라서 $f(x)=x^4-8x^2+12$이므로

$f'(x)=4x^3-16x$

$\therefore f(3)+f'(3)=21+60=81$

⋯⋯ 다

단계	채점 요소	비율
가	상수 a, c의 값 구하기	20%
나	상수 b, d의 값 구하기	50%
다	$f(3)+f'(3)$의 값 구하기	30%

답 81

06 도함수의 활용

개념 콕콕 · · · · · 본문 p.57

282

(1) $f(x)=2x^2-4x+1$에서 $f'(x)=4x-4=4(x-1)$

$f'(x)=0$에서 $x=1$

닫힌구간 $[0,\ 3]$에서 $f'(x)$의 부호를 조사하여 함수 $f(x)$의 증가와 감소를 표로 나타내면 다음과 같다.

x	0	$\cdots$	1	$\cdots$	3
$f'(x)$		$-$	0	$+$	
$f(x)$	1	$\searrow$	-1	$\nearrow$	7

따라서 함수 $f(x)$는 $x=3$에서 최댓값 7, $x=1$에서 최솟값 -1을 갖는다.

(2) $f(x)=-2x^3+6x^2$에서

$f'(x)=-6x^2+12x=-6x(x-2)$

$f'(x)=0$에서 $x=0$ $(\because -1\leq x\leq1)$

닫힌구간 $[-1,\ 1]$에서 $f'(x)$의 부호를 조사하여 함수 $f(x)$의 증가와 감소를 표로 나타내면 다음과 같다.

x	-1	$\cdots$	0	$\cdots$	1
$f'(x)$		$-$	0	$+$	
$f(x)$	8	$\searrow$	0	$\nearrow$	4

따라서 함수 $f(x)$는 $x=-1$에서 최댓값 8, $x=0$에서 최솟값 0을 갖는다.

(3) $f(x)=x^3-\dfrac{3}{2}x^2-6x-18$에서

$f'(x)=3x^2-3x-6=3(x+1)(x-2)$

$f'(x)=0$에서 $x=2$ $(\because 1\leq x\leq3)$

닫힌구간 $[1,\ 3]$에서 $f'(x)$의 부호를 조사하여 함수 $f(x)$의 증가와 감소를 표로 나타내면 다음과 같다.

x	1	$\cdots$	2	$\cdots$	3
$f'(x)$		$-$	0	$+$	
$f(x)$	$-\dfrac{49}{2}$	$\searrow$	-28	$\nearrow$	$-\dfrac{45}{2}$

따라서 함수 $f(x)$는 $x=3$에서 최댓값 $-\dfrac{45}{2}$, $x=2$에서 최솟값 -28을 갖는다.

답 (1) 최댓값 7, 최솟값 -1 (2) 최댓값 8, 최솟값 0

(3) 최댓값 $-\dfrac{45}{2}$, 최솟값 -28

283

(1) $f(x)=3x^4-4x^3-12x^2+2$에서

$f'(x)=12x^3-12x^2-24x=12x(x+1)(x-2)$

$f'(x)=0$에서 $x=-1$ 또는 $x=0$ 또는 $x=2$

닫힌구간 $[-2,\ 2]$에서 $f'(x)$의 부호를 조사하여 함수 $f(x)$의 증가와 감소를 표로 나타내면 다음과 같다.

x	-2	$\cdots$	-1	$\cdots$	0	$\cdots$	2
$f'(x)$		$-$	0	$+$	0	$-$	0
$f(x)$	34	$\searrow$	-3	$\nearrow$	2	$\searrow$	-30

따라서 함수 $f(x)$는 $x=-2$에서 최댓값 34, $x=2$에서 최솟값 -30
을 갖는다.

(2) $f(x)=-x^4+4x^3-5$에서

$f'(x)=-4x^3+12x^2=-4x^2(x-3)$

$f'(x)=0$에서 $x=0$ (중근) 또는 $x=3$

닫힌구간 $[-1,\ 4]$에서 $f'(x)$의 부호를 조사하여 함수 $f(x)$의 증가
와 감소를 표로 나타내면 다음과 같다.

x	-1	$\cdots$	0	$\cdots$	3	$\cdots$	4
$f'(x)$		$+$	0	$+$	0	$-$	
$f(x)$	-10	$\nearrow$	-5	$\nearrow$	22	$\searrow$	-5

따라서 함수 $f(x)$는 $x=3$에서 최댓값 22, $x=-1$에서 최솟값 -10
을 갖는다.

(3) $f(x)=3x^4+4x^3-6x^2-12x-2$에서

$f'(x)=12x^3+12x^2-12x-12=12(x+1)^2(x-1)$

$f'(x)=0$에서 $x=-1$ (중근) 또는 $x=1$

닫힌구간 $[-2,\ 2]$에서 $f'(x)$의 부호를 조사하여 함수 $f(x)$의 증가
와 감소를 표로 나타내면 다음과 같다.

x	-2	$\cdots$	-1	$\cdots$	1	$\cdots$	2
$f'(x)$		$-$	0	$-$	0	$+$	
$f(x)$	14	$\searrow$	3	$\searrow$	-13	$\nearrow$	30

따라서 함수 $f(x)$는 $x=2$에서 최댓값 30, $x=1$에서 최솟값 -13을
갖는다.

답 (1) 최댓값 34, 최솟값 -30 (2) 최댓값 22, 최솟값 -10
(3) 최댓값 30, 최솟값 -13

284

(1) $f(x)=x^3-6x^2+3$이라 하면

$f'(x)=3x^2-12x=3x(x-4)$

$f'(x)=0$에서 $x=0$ 또는 $x=4$

$f'(x)$의 부호를 조사하여 함수 $f(x)$의 증가와 감소를 표로 나타내면
다음과 같다.

x	$\cdots$	0	$\cdots$	4	$\cdots$
$f'(x)$	$+$	0	$-$	0	$+$
$f(x)$	$\nearrow$	3	$\searrow$	-29	$\nearrow$

따라서 함수 $y=f(x)$의 그래프는 오른쪽 그
림과 같으므로 주어진 방정식은 서로 다른 세
실근을 갖는다.

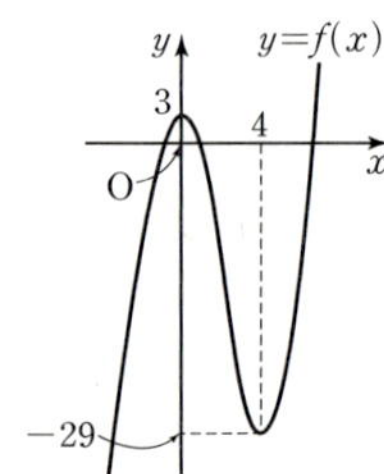

(2) $f(x)=2x^3-6x-4$라 하면

$f'(x)=6x^2-6=6(x+1)(x-1)$

$f'(x)=0$에서 $x=-1$ 또는 $x=1$

$f'(x)$의 부호를 조사하여 함수 $f(x)$의 증가와 감소를 표로 나타내면
다음과 같다.

x	$\cdots$	-1	$\cdots$	1	$\cdots$
$f'(x)$	$+$	0	$-$	0	$+$
$f(x)$	$\nearrow$	0	$\searrow$	-8	$\nearrow$

따라서 함수 $y=f(x)$의 그래프는 오른쪽 그
림과 같으므로 주어진 방정식은 서로 다른 두
실근을 갖는다.

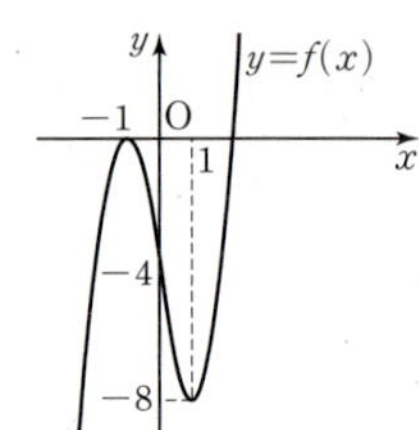

(3) $f(x)=x^4-2x^2-3$이라 하면

$f'(x)=4x^3-4x=4x(x+1)(x-1)$

$f'(x)=0$에서 $x=-1$ 또는 $x=0$ 또는 $x=1$

$f'(x)$의 부호를 조사하여 함수 $f(x)$의 증가와 감소를 표로 나타내면
다음과 같다.

x	$\cdots$	-1	$\cdots$	0	$\cdots$	1	$\cdots$
$f'(x)$	$-$	0	$+$	0	$-$	0	$+$
$f(x)$	$\searrow$	-4	$\nearrow$	-3	$\searrow$	-4	$\nearrow$

따라서 함수 $y=f(x)$의 그래프는 오른쪽 그
림과 같으므로 주어진 방정식은 서로 다른
두 실근을 갖는다.

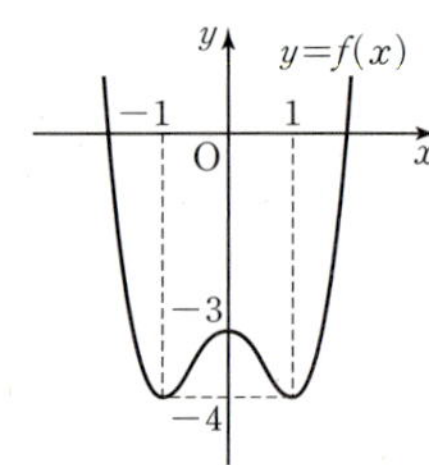

답 (1) 3 (2) 2 (3) 2

285

$f(x)=x^3-x^2-x+1$이라 하면

$f'(x)=3x^2-2x-1=(x-1)(3x+1)$

$f'(x)=0$에서 $x=1$ ($\because x\geq0$)

$x\geq0$일 때, $f'(x)$의 부호를 조사하여 함수 $f(x)$의 증가와 감소를 표로
나타내면 다음과 같다.

x	0	$\cdots$	1	$\cdots$
$f'(x)$		$-$	0	$+$
$f(x)$	1	$\searrow$	0	$\nearrow$

함수 $f(x)$는 $x=1$에서 최솟값 0을 가지므로 $x\geq0$인 실수 x에 대하여
$x^3-x^2-x+1\geq0$

따라서 $x\geq0$일 때, $x^3-x^2-x+1\geq0$이 성립한다.

답 풀이 참조

286

$f(x)=6x^4-8x^3+a$라 하면

$f'(x)=24x^3-24x^2=24x^2(x-1)$

$f'(x)=0$에서 $x=0$ (중근) 또는 $x=1$

$f'(x)$의 부호를 조사하여 함수 $f(x)$의 증가와 감소를 표로 나타내면 다
음과 같다.

x	$\cdots$	0	$\cdots$	1	$\cdots$
$f'(x)$	$-$	0	$-$	0	$+$
$f(x)$	$\searrow$	a	$\searrow$	$a-2$	$\nearrow$

따라서 함수 $f(x)$는 $x=1$에서 극소이면서 최소이므로 모든 실수 x에 대하여 $f(x)\geq0$이 성립하려면

$f(1)=a-2\geq0$ $\therefore a\geq2$

🅐 $a\geq2$

287

(1) $v=\dfrac{dx}{dt}=2t-3$, $a=\dfrac{dv}{dt}=2$이므로 시각 $t=1$에서의 점 P의 속도와 가속도는 각각

$v=2\times1-3=-1$, $a=2$

(2) $v=\dfrac{dx}{dt}=-6t^2+8t$, $a=\dfrac{dv}{dt}=-12t+8$이므로 시각 $t=1$에서의 점 P의 속도와 가속도는 각각

$v=-6\times1^2+8\times1=2$, $a=-12\times1+8=-4$

(3) $v=\dfrac{dx}{dt}=4t^3-4t+3$, $a=\dfrac{dv}{dt}=12t^2-4$이므로 시각 $t=2$에서의 점 P의 속도와 가속도는 각각

$v=4\times2^3-4\times2+3=27$, $a=12\times2^2-4=44$

🅐 (1) $v=-1$, $a=2$ (2) $v=2$, $a=-4$
(3) $v=27$, $a=44$

288

(1) 점 P가 원점을 지날 때 위치는 $x=0$이므로

$t^3-8t^2+16t=0$에서 $t(t-4)^2=0$

$\therefore t=0$ 또는 $t=4$

따라서 점 P가 원점을 다시 지날 때의 시각은 $t=4$이다.

(2) 점 P의 운동 방향이 바뀌는 순간의 속도는 0이므로

$\dfrac{dx}{dt}=3t^2-16t+16=0$에서 $(t-4)(3t-4)=0$

$\therefore t=\dfrac{4}{3}$ 또는 $t=4$

따라서 점 P의 운동 방향이 처음으로 바뀌는 시각은 $t=\dfrac{4}{3}$이다.

🅐 (1) 4 (2) $\dfrac{4}{3}$

289

(1) $\dfrac{dl}{dt}=-6t+5$이므로 시각 $t=2$에서의 물체의 길이의 변화율은

$-6\times2+5=-7$

(2) $\dfrac{dl}{dt}=6t^2-6t+4$이므로 시각 $t=2$에서의 물체의 길이의 변화율은

$6\times2^2-6\times2+4=16$

🅐 (1) -7 (2) 16

<table>
<tr><td colspan="6">유형 콕콕   본문 p.58~61</td></tr>
<tr><td>290 ④</td><td>291 ④</td><td>292 49</td><td>293 ③</td><td>294 ③</td><td>295 $\sqrt5$</td></tr>
<tr><td>296 ②</td><td>297 ③</td><td>298 8π</td><td>299 ④</td><td>300 13</td><td></td></tr>
<tr><td>301 $0<a<5$</td><td></td><td>302 ④</td><td>303 ①</td><td>304 $-4<a<0$</td><td></td></tr>
<tr><td>305 ①</td><td>306 ⑤</td><td>307 8</td><td>308 ②</td><td>309 ③</td><td></td></tr>
<tr><td>310 $\dfrac{1}{2}<t<4$</td><td></td><td>311 ③</td><td>312 ⑤</td><td>313 12</td><td></td></tr>
</table>

290

$f(x)=ax^3-3ax^2+b$에서

$f'(x)=3ax^2-6ax=3ax(x-2)$

$f'(x)=0$에서 $x=0$ 또는 $x=2$

이때, $a>0$이므로 닫힌구간 $[-1,\ 2]$에서 $f'(x)$의 부호를 조사하여 함수 $f(x)$의 증가와 감소를 표로 나타내면 다음과 같다.

x	-1	$\cdots$	0	$\cdots$	2
$f'(x)$		$+$	0	$-$	0
$f(x)$	$-4a+b$	↗	b	↘	$-4a+b$

따라서 함수 $f(x)$는 $x=0$에서 최댓값 b, $x=-1$, $x=2$에서 최솟값 $-4a+b$를 갖는다.

즉, $b=3$, $-4a+b=-1$이므로 $a=1$

$\therefore a+b=1+3=4$

🅐 ④

291

$f(x)=x^3+3x^2+10$에서

$f'(x)=3x^2+6x=3x(x+2)$

$f'(x)=0$에서 $x=0$ $(\because -1\leq x\leq1)$

닫힌구간 $[-1,\ 1]$에서 $f'(x)$의 부호를 조사하여 함수 $f(x)$의 증가와 감소를 표로 나타내면 다음과 같다.

x	-1	$\cdots$	0	$\cdots$	1
$f'(x)$		$-$	0	$+$	
$f(x)$	12	↘	10	↗	14

따라서 함수 $f(x)$는 $x=1$에서 최댓값 14, $x=0$에서 최솟값 10을 가지므로 최댓값과 최솟값의 합은

$14+10=24$

🅐 ④

292

$f(x)=(x^2-4x)^3-12(x^2-4x)$

$x^2-4x=t$로 놓으면

$t=x^2-4x=(x-2)^2-4$

$0\leq x\leq5$에서 t의 값의 범위는

$-4\leq t\leq5$

㉮

이때, $g(t)=t^3-12t$라 하면

$g'(t)=3t^2-12=3(t+2)(t-2)$

$g'(t)=0$에서 $t=-2$ 또는 $t=2$

닫힌구간 $[-4,\ 5]$에서 $g'(t)$의 부호를 조사하여 함수 $g(t)$의 증가와 감소를 표로 나타내면 다음과 같다.

t	-4	$\cdots$	-2	$\cdots$	2	$\cdots$	5
$g'(t)$		$+$	0	$-$	0	$+$	
$g(t)$	-16	↗	16	↘	-16	↗	65

따라서 함수 $g(t)$는 $t=5$에서 최댓값 65, $t=-4$, $t=2$에서 최솟값 -16을 가지므로

$M=65$, $m=-16$

㉯

$\therefore M+m=65+(-16)=49$

㉰

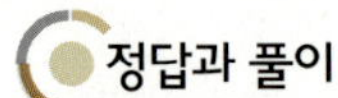

단계	채점 요소	비율
가	$x^2-4x=t$로 놓고 t의 값의 범위 구하기	40%
나	M, m의 값 각각 구하기	50%
다	$M+m$의 값 구하기	10%

답 49

293

$9-x^2=0$에서 $(x+3)(x-3)=0$

$\therefore x=-3$ 또는 $x=3$

오른쪽 그림과 같이 직사각형 ABCD의 한 꼭

짓점 D의 좌표를 $D(a, 9-a^2)$ $(0<a<3)$이

라 하면

$A(-a, 9-a^2)$, $B(-a, 0)$, $C(a, 0)$

직사각형 ABCD의 넓이를 $S(a)$라 하면

$S(a)=2a(9-a^2)=-2a^3+18a$

$S'(a)=-6a^2+18=-6(a+\sqrt{3})(a-\sqrt{3})$

$S'(a)=0$에서 $a=\sqrt{3}$ $(\because 0<a<3)$

$S'(a)$의 부호를 조사하여 함수 $S(a)$의 증가와 감소를 표로 나타내면 다음과 같다.

a	(0)	$\cdots$	$\sqrt{3}$	$\cdots$	(3)
$S'(a)$		$+$	0	$-$	
$S(a)$		$\nearrow$	극대	$\searrow$	

따라서 $a=\sqrt{3}$일 때 $S(a)$는 극대이면서 최대이므로 직사각형 ABCD의 넓이의 최댓값은

$S(\sqrt{3})=-6\sqrt{3}+18\sqrt{3}=12\sqrt{3}$

답 ③

294

$4-x^2=0$에서 $(x+2)(x-2)=0$

$\therefore x=-2$ 또는 $x=2$

$\therefore B(-2, 0)$, $C(2, 0)$

오른쪽 그림과 같이 사다리꼴 ABCD의 한 꼭

짓점 D의 좌표를 $D(a, 4-a^2)$ $(0<a<2)$이

라 하면 $A(-a, 4-a^2)$이다.

사다리꼴 ABCD의 넓이를 $S(a)$라 하면

$S(a)=\dfrac{1}{2}(4+2a)(4-a^2)$

$\qquad =-a^3-2a^2+4a+8$

$S'(a)=-3a^2-4a+4=-(3a-2)(a+2)$

$S'(a)=0$에서 $a=\dfrac{2}{3}$ $(\because 0<a<2)$

$S'(a)$의 부호를 조사하여 함수 $S(a)$의 증가와 감소를 표로 나타내면 다음과 같다.

a	(0)	$\cdots$	$\dfrac{2}{3}$	$\cdots$	(2)
$S'(a)$		$+$	0	$-$	
$S(a)$		$\nearrow$	극대	$\searrow$	

따라서 $a=\dfrac{2}{3}$일 때 $S(a)$는 극대이면서 최대이므로 사다리꼴 ABCD의 넓이의 최댓값은

$S\left(\dfrac{2}{3}\right)=-\dfrac{8}{27}-\dfrac{8}{9}+\dfrac{8}{3}+8=\dfrac{256}{27}$

답 ③

295

점 P의 좌표를 (t, t^2-1)이라 하면 점 P와 점 $(-3, -1)$ 사이의 거리 l은

$l=\sqrt{\{t-(-3)\}^2+\{(t^2-1)-(-1)\}^2}=\sqrt{t^4+t^2+6t+9}$

이때, $f(t)=t^4+t^2+6t+9$라 하면

$f'(t)=4t^3+2t+6=2(t+1)(2t^2-2t+3)$

$f'(t)=0$에서 $t=-1$ $(\because 2t^2-2t+3>0)$

$f'(t)$의 부호를 조사하여 함수 $f(t)$의 증가와 감소를 표로 나타내면 다음과 같다.

t	$\cdots$	-1	$\cdots$
$f'(t)$	$-$	0	$+$
$f(t)$	$\searrow$	극소	$\nearrow$

즉, $t=-1$일 때 $f(t)$는 극소이면서 최소이므로 최솟값은

$f(-1)=1+1-6+9=5$

따라서 거리 l의 최솟값은 $\sqrt{5}$이다.

답 $\sqrt{5}$

296

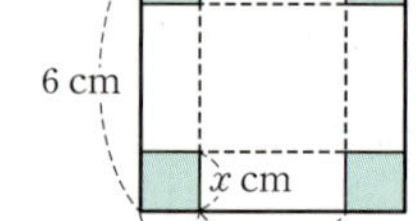

오른쪽 그림과 같이 잘라낼 정사각형의 한 변의 길이를 x cm라 하면 잘라내고 남은 부분을 접어서 만든 상자의 밑면의 한 변의 길이가 $(6-2x)$ cm이므로 x의 값의 범위는

$0<6-2x<6$ $\quad \therefore 0<x<3$

직육면체 모양의 상자의 부피를 $V(x)$ cm^{3}라 하면

$V(x)=x(6-2x)^2$

$V'(x)=(6-2x)^2+2x(6-2x)\times(-2)$

$\qquad =(6-2x)(6-2x-4x)$

$\qquad =12(x-1)(x-3)$

$V'(x)=0$에서 $x=1$ $(\because 0<x<3)$

$V'(x)$의 부호를 조사하여 함수 $V(x)$의 증가와 감소를 표로 나타내면 다음과 같다.

x	(0)	$\cdots$	1	$\cdots$	(3)
$V'(x)$		$+$	0	$-$	
$V(x)$		$\nearrow$	극대	$\searrow$	

따라서 $x=1$일 때 $V(x)$는 극대이면서 최대이므로 직육면체 모양의 상자의 부피의 최댓값은

$V(1)=1\times16=16$ (cm^3)

답 ②

297

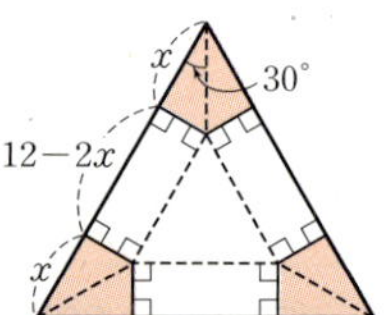

오른쪽 그림과 같이 정삼각형의 꼭짓점으로부터의 거리가 x인 부분까지 자른다고 하면 뚜껑이 없는 삼각기둥의 밑면의 한 변의 길이가 $12-2x$이므로 x의 값의 범위는

$0<12-2x<12$ $\quad \therefore 0<x<6$

이때, 뚜껑이 없는 삼각기둥의 밑넓이는 $\dfrac{\sqrt{3}}{4}(12-2x)^2$, 높이는

$x\tan30°=\dfrac{x}{\sqrt{3}}$이므로 이 상자의 부피를 $V(x)$라 하면

$V(x)=\dfrac{\sqrt{3}}{4}(12-2x)^2\times\dfrac{x}{\sqrt{3}}=x^3-12x^2+36x$

$V'(x)=3x^2-24x+36=3(x-2)(x-6)$

$V'(x)=0$에서 $x=2\ (\because 0<x<6)$

$V'(x)$의 부호를 조사하여 함수 $V(x)$의 증가와 감소를 표로 나타내면 다음과 같다.

x	(0)	$\cdots$	2	$\cdots$	(6)
$V'(x)$		$+$	0	$-$	
$V(x)$		$\nearrow$	극대	$\searrow$	

따라서 $x=2$일 때 $V(x)$는 극대이면서 최대이므로 뚜껑이 없는 삼각기둥 모양의 상자의 부피의 최댓값은

$V(2)=8-48+72=32$  ③

298

오른쪽 그림과 같이 직원기둥의 밑면의 반지름의 길이를 x, 높이를 y라 하면

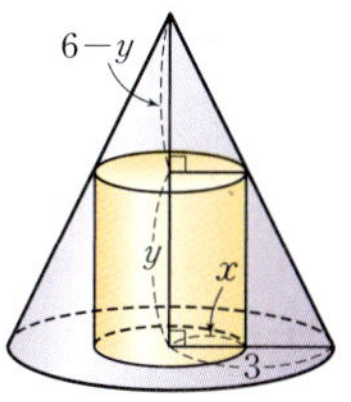

$3:6=x:(6-y)$

$\therefore y=6-2x$ (단, $0<x<3$)

직원기둥의 부피를 $V(x)$라 하면

$V(x)=\pi x^2 y=\pi x^2(6-2x)=2\pi(3x^2-x^3)$

$V'(x)=2\pi(6x-3x^2)=-6\pi x(x-2)$

$V'(x)=0$에서 $x=2\ (\because 0<x<3)$

$V'(x)$의 부호를 조사하여 함수 $V(x)$의 증가와 감소를 표로 나타내면 다음과 같다.

x	(0)	$\cdots$	2	$\cdots$	(3)
$V'(x)$		$+$	0	$-$	
$V(x)$		$\nearrow$	극대	$\searrow$	

따라서 $x=2$일 때 $V(x)$는 극대이면서 최대이므로 직원기둥의 부피의 최댓값은

$V(2)=2\pi(12-8)=8\pi$  8π

299

$f(x)-k=0$에서 $f(x)=k$ $\cdots\cdots$ ㉠

방정식 ㉠이 서로 다른 세 실근을 가지려면 곡선 $y=f(x)$와 직선 $y=k$가 서로 다른 세 점에서 만나야 한다.

주어진 $y=f'(x)$의 그래프로부터

$f'(-3)=f'(1)=0$

$f'(x)$의 부호를 조사하여 함수 $f(x)$의 증가와 감소를 표로 나타내면 다음과 같다.

x	$\cdots$	-3	$\cdots$	1	$\cdots$
$f'(x)$	$+$	0	$-$	0	$+$
$f(x)$	$\nearrow$	4	$\searrow$	$-\dfrac{20}{3}$	$\nearrow$

이때, 함수 $y=f(x)$의 그래프는 오른쪽 그림과 같으므로 곡선 $y=f(x)$와 직선 $y=k$가 서로 다른 세 점에서 만나려면

$-\dfrac{20}{3}<k<4$

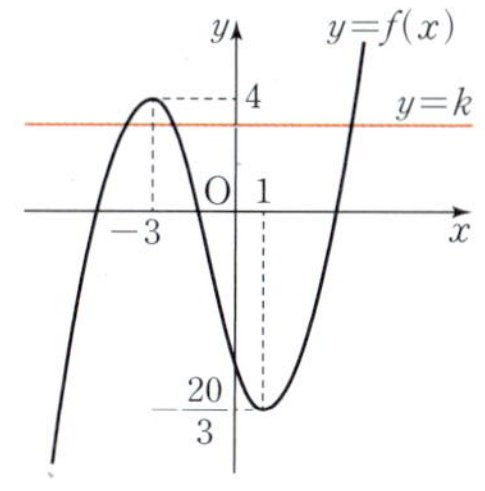

④

300

$2x^3-3x^2-12x+k=0$에서 $2x^3-3x^2-12x=-k$ $\cdots\cdots$ ㉠

방정식 ㉠이 서로 다른 두 실근을 가지려면 곡선 $y=2x^3-3x^2-12x$와 직선 $y=-k$가 서로 다른 두 점에서 만나야 한다.

$f(x)=2x^3-3x^2-12x$라 하면

$f'(x)=6x^2-6x-12=6(x+1)(x-2)$

$f'(x)=0$에서 $x=-1$ 또는 $x=2$

$f'(x)$의 부호를 조사하여 함수 $f(x)$의 증가와 감소를 표로 나타내면 다음과 같다.

x	$\cdots$	-1	$\cdots$	2	$\cdots$
$f'(x)$	$+$	0	$-$	0	$+$
$f(x)$	$\nearrow$	7	$\searrow$	-20	$\nearrow$

이때, 함수 $y=f(x)$의 그래프는 오른쪽 그림과 같으므로 곡선 $y=f(x)$와 직선 $y=-k$가 서로 다른 두 점에서 만나려면

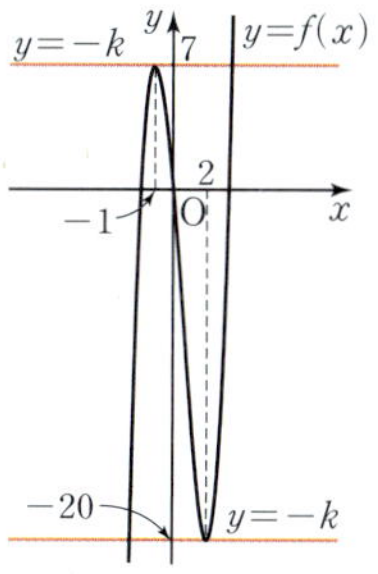

$-k=7$ 또는 $-k=-20$

$\therefore k=-7$ 또는 $k=20$

따라서 모든 실수 k의 값의 합은

$-7+20=13$

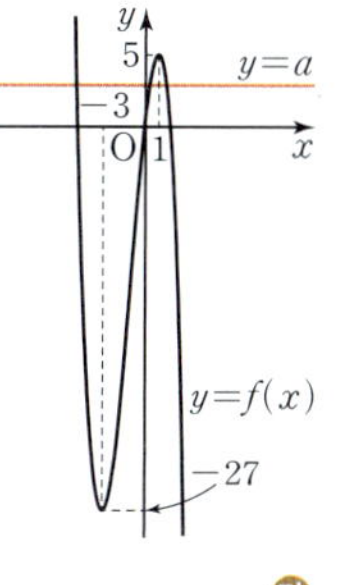

다른 풀이

$f(x)=2x^3-3x^2-12x+k$라 하면

$f'(x)=6x^2-6x-12=6(x+1)(x-2)$

$f'(x)=0$에서 $x=-1$ 또는 $x=2$

삼차방정식 $f(x)=0$이 서로 다른 두 실근을 가지려면

$f(-1)f(2)=0$이어야 하므로

$(k+7)(k-20)=0$ $\therefore k=-7$ 또는 $k=20$

따라서 모든 실수 k의 값의 합은

$-7+20=13$  13

301

$x^3+3x^2-9x+a=0$에서 $-x^3-3x^2+9x=a$ 〈가〉

$f(x)=-x^3-3x^2+9x$라 하면

$f'(x)=-3x^2-6x+9=-3(x+3)(x-1)$

$f'(x)=0$에서 $x=-3$ 또는 $x=1$ 〈나〉

$f'(x)$의 부호를 조사하여 함수 $f(x)$의 증가와 감소를 표로 나타내면 다음과 같다.

x	$\cdots$	-3	$\cdots$	1	$\cdots$
$f'(x)$	$-$	0	$+$	0	$-$
$f(x)$	$\searrow$	-27	$\nearrow$	5	$\searrow$

따라서 함수 $y=f(x)$의 그래프는 오른쪽 그림과 같으므로 곡선 $y=f(x)$와 직선 $y=a$의 교점의 x좌표가 한 개는 음수이고, 다른 두 개는 양수가 되도록 하는 실수 a의 값의 범위는

$0<a<5$

〈다〉

단계	채점 요소	비율
가	주어진 방정식을 $f(x)=a$ 꼴로 정리하기	10%
나	$f'(x)=0$인 x의 값 구하기	40%
다	실수 a의 값의 범위 구하기	50%

답 $0<a<5$

302

주어진 두 곡선이 서로 다른 세 점에서 만나려면 방정식

$2x^3-18x=6x^2-a$, 즉 $2x^3-6x^2-18x=-a$가 서로 다른 세 실근을 가져야 하므로 곡선 $y=2x^3-6x^2-18x$와 직선 $y=-a$가 서로 다른 세 점에서 만나야 한다.

$f(x)=2x^3-6x^2-18x$라 하면

$f'(x)=6x^2-12x-18=6(x+1)(x-3)$

$f'(x)=0$에서 $x=-1$ 또는 $x=3$

$f'(x)$의 부호를 조사하여 함수 $f(x)$의 증가와 감소를 표로 나타내면 다음과 같다.

x	$\cdots$	-1	$\cdots$	3	$\cdots$
$f'(x)$	$+$	0	$-$	0	$+$
$f(x)$	↗	10	↘	-54	↗

이때, 함수 $y=f(x)$의 그래프는 오른쪽 그림과 같으므로 곡선 $y=f(x)$와 직선 $y=-a$가 서로 다른 세 점에서 만나려면

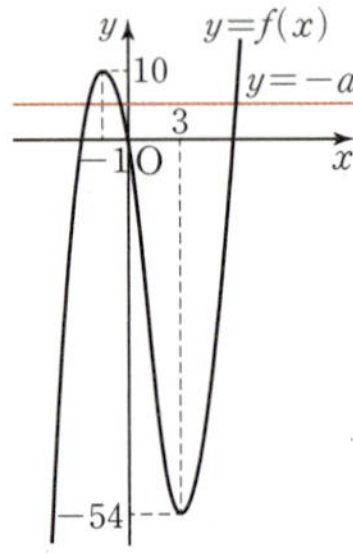

$-54<-a<10$

$\therefore\ -10<a<54$

주어진 두 곡선이 서로 다른 세 점에서 만나려면 방정식

$2x^3-18x=6x^2-a$, 즉 $2x^3-6x^2-18x+a=0$이 서로 다른 세 실근을 가져야 한다.

$f(x)=2x^3-6x^2-18x+a$라 하면

$f'(x)=6x^2-12x-18=6(x+1)(x-3)$

$f'(x)=0$에서 $x=-1$ 또는 $x=3$

삼차방정식 $f(x)=0$이 서로 다른 세 실근을 가지려면

$f(-1)f(3)<0$이어야 하므로

$(a+10)(a-54)<0$ $\therefore\ -10<a<54$

답 ④

303

주어진 두 곡선이 서로 다른 두 점에서 만나려면 방정식

$x^3+x^2+2x=x^2+5x+k$, 즉 $x^3-3x=k$가 서로 다른 두 실근을 가져야 하므로 곡선 $y=x^3-3x$와 직선 $y=k$가 서로 다른 두 점에서 만나야 한다.

$f(x)=x^3-3x$라 하면

$f'(x)=3x^2-3=3(x+1)(x-1)$

$f'(x)=0$에서 $x=-1$ 또는 $x=1$

$f'(x)$의 부호를 조사하여 함수 $f(x)$의 증가와 감소를 표로 나타내면 다음과 같다.

x	$\cdots$	-1	$\cdots$	1	$\cdots$
$f'(x)$	$+$	0	$-$	0	$+$
$f(x)$	↗	2	↘	-2	↗

이때, 함수 $y=f(x)$의 그래프는 오른쪽 그림과 같으므로 곡선 $y=f(x)$와 직선 $y=k$가 서로 다른 두 점에서 만나려면

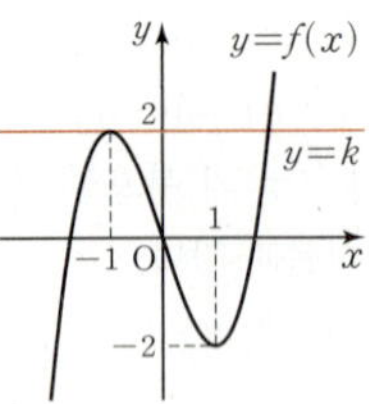

$k=-2$ 또는 $k=2$

따라서 양수 k의 값은 2이다.

주어진 두 곡선이 서로 다른 두 점에서 만나려면 방정식

$x^3+x^2+2x=x^2+5x+k$, 즉 $x^3-3x-k=0$이 서로 다른 두 실근을 가져야 한다.

$f(x)=x^3-3x-k$라 하면

$f'(x)=3x^2-3=3(x+1)(x-1)$

$f'(x)=0$에서 $x=-1$ 또는 $x=1$

삼차방정식 $f(x)=0$이 서로 다른 두 실근을 가지려면

$f(-1)f(1)=0$이어야 하므로

$(-k+2)(-k-2)=0$ $\therefore\ k=-2$ 또는 $k=2$

따라서 양수 k의 값은 2이다.

답 ①

304

$x^3-3x^2+3x+a=3x^2-6x$에서 $x^3-6x^2+9x=-a$ $\cdots\cdots$ ㉠

방정식 ㉠이 서로 다른 세 개의 양의 실근을 가지려면 곡선 $y=x^3-6x^2+9x$와 직선 $y=-a$가 서로 다른 세 점에서 만나고, 교점의 x좌표가 모두 양수이어야 한다.

$f(x)=x^3-6x^2+9x$라 하면

$f'(x)=3x^2-12x+9=3(x-1)(x-3)$

$f'(x)=0$에서 $x=1$ 또는 $x=3$

$f'(x)$의 부호를 조사하여 함수 $f(x)$의 증가와 감소를 표로 나타내면 다음과 같다.

x	$\cdots$	1	$\cdots$	3	$\cdots$
$f'(x)$	$+$	0	$-$	0	$+$
$f(x)$	↗	4	↘	0	↗

이때, 함수 $y=f(x)$의 그래프는 오른쪽 그림과 같으므로 곡선 $y=f(x)$와 직선 $y=-a$가 서로 다른 세 점에서 만나고, 교점의 x좌표가 모두 양수가 되도록 하는 실수 a의 값의 범위는

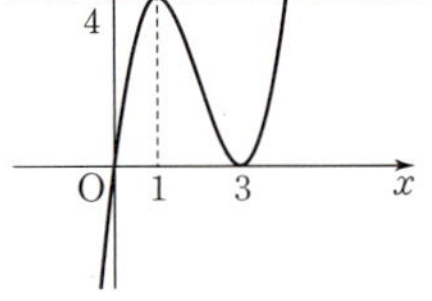

$0<-a<4$

$\therefore\ -4<a<0$

답 $-4<a<0$

305

$2x^3+1>-3x^2$에서 $2x^3+3x^2+1>0$

$f(x)=2x^3+3x^2+1$이라 하면

$f'(x)=6x^2+6x=6x(x+1)$

$x>0$일 때, $f'(x)\boxed{>}0$이므로 $f(x)$는 구간 $(0,\ \infty)$에서 $\boxed{증가하는}$ 함수이다.

$f(0)=1$이므로 $x>0$일 때 $f(x)>0$

따라서 $x>0$일 때 $2x^3+3x^2+1>0$이므로

$2x^3+1>-3x^2$

답 ①

306

$x^4\geq2x^2+a$에서 $x^4-2x^2-a\geq0$

$f(x)=x^4-2x^2-a$라 하면

$f'(x)=4x^3-4x=4x(x+1)(x-1)$

$f'(x)=0$에서 $x=-1$ 또는 $x=0$ 또는 $x=1$

$f'(x)$의 부호를 조사하여 함수 $f(x)$의 증가와 감소를 표로 나타내면 다음과 같다.

x	$\cdots$	-1	$\cdots$	0	$\cdots$	1	$\cdots$
$f'(x)$		$-$	0	$+$	0	$-$	0	$+$
$f(x)$		$\searrow$	$-a-1$	$\nearrow$	$-a$	$\searrow$	$-a-1$	$\nearrow$

함수 $f(x)$는 $x=-1$, $x=1$에서 극소이면서 최소이므로 모든 실수 x에 대하여 $f(x)\geq0$이려면

$f(-1)=f(1)=-a-1\geq0$ $\qquad \therefore a\leq-1$

따라서 실수 a의 최댓값은 -1이다. **답** ⑤

307

$f(x)=x^3-2x^2+x$, $g(x)=x^2-2x-a$에서

$x\geq-1$일 때, 함수 $y=f(x)$의 그래프가 함수 $y=g(x)$의 그래프보다 항상 위쪽에 있으려면

$f(x)>g(x)$, 즉 $f(x)-g(x)>0$이어야 한다. **가**

이때, $h(x)=f(x)-g(x)$라 하면

$h(x)=x^3-3x^2+3x+a$

$h'(x)=3x^2-6x+3=3(x-1)^2$

$h'(x)=0$에서 $x=1$ **나**

$x\geq-1$일 때, $h'(x)$의 부호를 조사하여 함수 $h(x)$의 증가와 감소를 표로 나타내면 다음과 같다.

x	-1	$\cdots$	1	$\cdots$
$h'(x)$		$+$	0	$+$
$h(x)$	$a-7$	$\nearrow$	$a+1$	$\nearrow$

함수 $h(x)$는 $x=-1$에서 최소이므로 $x\geq-1$일 때 $h(x)>0$이려면

$h(-1)=a-7>0$ $\qquad \therefore a>7$

따라서 정수 a의 최솟값은 8이다. **다**

단계	채점 요소	비율
가	함수 $y=f(x)$의 그래프가 함수 $y=g(x)$의 그래프보다 항상 위쪽에 있을 조건 구하기	20%
나	$h(x)=f(x)-g(x)$라 하고 $h'(x)=0$인 x의 값 구하기	40%
다	정수 a의 최솟값 구하기	40%

답 8

308

점 P의 속도를 v라 하면

$$v=\frac{dx}{dt}=3t^2-18t+34$$

$3t^2-18t+34=10$에서 $3t^2-18t+24=0$

$3(t-2)(t-4)=0$ $\qquad \therefore t=2$ 또는 $t=4$

따라서 $t=2$일 때 점 P의 위치는

$2^3-9\times2^2+34\times2=40$ **답** ②

309

자동차가 브레이크를 밟은 후 t초 후의 속도를 v라 하면

$$v=\frac{dx}{dt}=26-1.3t$$

자동차가 정지할 때의 속도는 0이므로

$26-1.3t=0$ $\qquad \therefore t=20$

따라서 자동차가 정지할 때까지 움직인 거리는

$26\times20-0.65\times20^2=260\,(\text{m})$ **답** ③

310

두 점 P, Q의 속도를 각각 v_P, v_Q라 하면

$v_P=4t-2$, $v_Q=2t-8$ **가**

두 점 P, Q가 서로 반대 방향으로 움직이면 $v_Pv_Q<0$이므로

$(4t-2)(2t-8)<0$, $4(2t-1)(t-4)<0$

$$\therefore \frac{1}{2}<t<4$$ **나**

단계	채점 요소	비율
가	두 점 P, Q의 속도 각각 구하기	40%
나	시각 t의 값의 범위 구하기	60%

답 $\dfrac{1}{2}<t<4$

311

오른쪽 그림에서 t초 동안 사람이 움직인 거리를 x m, 사람의 그림자의 앞 끝이 움직인 거리를 y m라 하면 $\triangle ABC \backsim \triangle DBE$이므로

$3.6:1.8=y:(y-x)$

$3.6(y-x)=1.8y$, $2(y-x)=y$

$2y-2x=y$ $\qquad \therefore y=2x$

그런데 $x=2t$이므로 $y=4t$ $\qquad \therefore \dfrac{dy}{dt}=4$

따라서 이 사람의 그림자의 앞 끝이 움직이는 속도는 4 m/s이다. **답** ③

312

t초 후의 정삼각형의 한 변의 길이는 $(1+t)$ cm이므로 정삼각형의 넓이를 $S\,\text{cm}^2$라 하면

$$S=\frac{\sqrt{3}}{4}(1+t)^2=\frac{\sqrt{3}}{4}(t^2+2t+1)$$

$$\therefore \frac{dS}{dt}=\frac{\sqrt{3}}{2}(t+1)$$

따라서 $t=3$일 때 정삼각형의 넓이의 변화율은

$$\frac{\sqrt{3}}{2}(3+1)=2\sqrt{3}\,(\text{cm}^2/\text{s})$$ **답** ⑤

313

t초 후의 직사각형의 가로, 세로의 길이는 각각

$(5+0.5t)$ cm, $(2+t)$ cm이다.

이 직사각형이 정사각형이 되려면 가로와 세로의 길이가 같아야 하므로

$5+0.5t=2+t$에서

$0.5t=3$ $\qquad \therefore t=6$

즉, 직사각형이 정사각형이 되는 순간의 시각은 $t=6$일 때이다.

한편, t초 후의 직사각형의 넓이를 $S\,\mathrm{cm}^2$라 하면
$$S=(5+0.5t)(2+t)=0.5t^2+6t+10$$
$$\therefore \frac{dS}{dt}=t+6$$
따라서 $t=6$일 때 직사각형의 넓이의 변화율은
$$6+6=12\,(\mathrm{cm}^2/\mathrm{s})$$
$$\therefore a=12$$
답 12

함수 $y=f(x)$의 그래프는 오른쪽 그림과 같으므로 구간 $[a,\infty)$에서 함수 $f(x)$의 최솟값이 3이 되도록 하는 실수 a의 값의 범위는
$$-2\leq a\leq 1$$
따라서 실수 a의 최솟값은 -2이다.

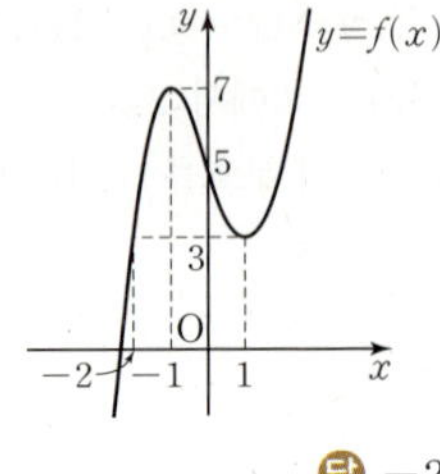

답 -2

실력 콕콕   본문 p.62~63

314 ②	**315** -2	**316** ⑤	**317** ③	**318** ④	**319** 10
320 ⑤	**321** ③	**322** ①	**323** ②	**324** 29	**325** ④
326 ③	**327** ⑤	**328** $\dfrac{32}{3}$	**329** $\dfrac{17}{2}\,\mathrm{cm}^2/\mathrm{s}$		

314

$f(x)=x^3+ax^2+b$에서 $f'(x)=3x^2+2ax$
$f'(1)=9$에서 $3+2a=9$
$2a=6$ $\therefore a=3$
즉, $f'(x)=3x^2+6x=3x(x+2)$이므로
$f'(x)=0$에서 $x=0\ (\because 0\leq x\leq 2)$
닫힌구간 $[0,\,2]$에서 $f'(x)$의 부호를 조사하여 함수 $f(x)$의 증가와 감소를 표로 나타내면 다음과 같다.

x	0	$\cdots$	2
$f'(x)$	0	$+$	
$f(x)$	b	↗	$20+b$

함수 $f(x)$는 $x=2$에서 최댓값 $20+b$, $x=0$에서 최솟값 b를 갖는다.
이때, 함수 $f(x)$의 최댓값이 24이므로
$20+b=24$ $\therefore b=4$
따라서 함수 $f(x)$의 최솟값은 4이다.
답 ②

315

$f(x)=x^3-3x+5$에서
$f'(x)=3x^2-3=3(x+1)(x-1)$
$f'(x)=0$에서 $x=-1$ 또는 $x=1$
$f'(x)$의 부호를 조사하여 함수 $f(x)$의 증가와 감소를 표로 나타내면 다음과 같다.

x	$\cdots$	-1	$\cdots$	1	$\cdots$
$f'(x)$	$+$	0	$-$	0	$+$
$f(x)$	↗	7	↘	3	↗

한편, 함수 $f(x)$의 최솟값이 3이므로 $f(x)=x^3-3x+5=3$에서
$x^3-3x+2=0,\ (x+2)(x-1)^2=0$
$\therefore x=-2$ 또는 $x=1$ (중근)
즉, $f(-2)=3,\ f(1)=3$

316

오른쪽 그림에서 선분 PQ가 y축과 만나는 점을 H라 하면 삼각형 OPQ의 넓이 $S(x)$는
$$S(x)=\frac{1}{2}\times\overline{\mathrm{PQ}}\times\overline{\mathrm{OH}}=\frac{1}{2}\times 2x\times y=xy$$
$$=x(-x^2+16)=-x^3+16x$$
$$S'(x)=-3x^2+16$$
$S'(x)=0$에서 $x=\dfrac{4\sqrt{3}}{3}\ (\because 0<x<4)$

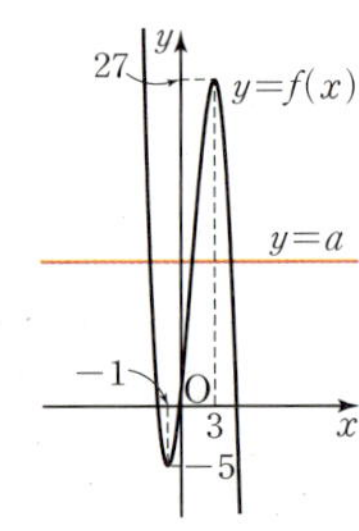

$S'(x)$의 부호를 조사하여 함수 $S(x)$의 증가와 감소를 표로 나타내면 다음과 같다.

x	(0)	$\cdots$	$\dfrac{4\sqrt{3}}{3}$	$\cdots$	(4)
$S'(x)$		$+$	0	$-$	
$S(x)$		↗	극대	↘	

따라서 $x=\dfrac{4\sqrt{3}}{3}$일 때 $S(x)$는 극대이면서 최대이므로 $S(x)$의 최댓값은
$$S\!\left(\frac{4\sqrt{3}}{3}\right)=-\left(\frac{4\sqrt{3}}{3}\right)^3+16\times\frac{4\sqrt{3}}{3}=\frac{128\sqrt{3}}{9}$$
답 ⑤

317

$x^3-3x^2-9x+a=0$에서 $-x^3+3x^2+9x=a$ $\cdots\cdots$ ㉠
방정식 ㉠이 서로 다른 세 실근을 가지려면 곡선 $y=-x^3+3x^2+9x$와 직선 $y=a$가 서로 다른 세 점에서 만나야 한다.
$f(x)=-x^3+3x^2+9x$라 하면
$f'(x)=-3x^2+6x+9=-3(x+1)(x-3)$
$f'(x)=0$에서 $x=-1$ 또는 $x=3$
$f'(x)$의 부호를 조사하여 함수 $f(x)$의 증가와 감소를 표로 나타내면 다음과 같다.

x	$\cdots$	-1	$\cdots$	3	$\cdots$
$f'(x)$	$-$	0	$+$	0	$-$
$f(x)$	↘	-5	↗	27	↘

이때, 함수 $y=f(x)$의 그래프는 오른쪽 그림과 같으므로 곡선 $y=f(x)$와 직선 $y=a$가 서로 다른 세 점에서 만나려면
$$-5<a<27$$
따라서 정수 a의 최댓값은 26이다.

다른 풀이

$f(x)=x^3-3x^2-9x+a$라 하면
$f'(x)=3x^2-6x-9=3(x+1)(x-3)$
$f'(x)=0$에서 $x=-1$ 또는 $x=3$

삼차방정식 $f(x)=0$이 서로 다른 세 실근을 가지려면
$f(-1)f(3)<0$이어야 하므로
$(a+5)(a-27)<0$ $\therefore -5<a<27$
따라서 정수 a의 최댓값은 26이다.　　　　　　　　　　　답 ③

318

$x^3-6x^2-15x+k=0$에서 $x^3-6x^2-15x=-k$
$f(x)=x^3-6x^2-15x$라 하면
$f'(x)=3x^2-12x-15=3(x+1)(x-5)$
$f'(x)=0$에서 $x=-1$ 또는 $x=5$
$f'(x)$의 부호를 조사하여 함수 $f(x)$의 증가와 감소를 표로 나타내면 다음과 같다.

x	$\cdots$	-1	$\cdots$	5	$\cdots$
$f'(x)$	$+$	0	$-$	0	$+$
$f(x)$	↗	8	↘	-100	↗

이때, 함수 $y=f(x)$의 그래프는 오른쪽 그림과 같으므로 곡선 $y=f(x)$와 직선 $y=-k$의 교점의 x좌표가 한 개는 양수이고, 다른 두 개는 음수가 되는 실수 k의 값의 범위는
$0<-k<8$
$\therefore -8<k<0$
따라서 정수 k의 최솟값은 -7이다.

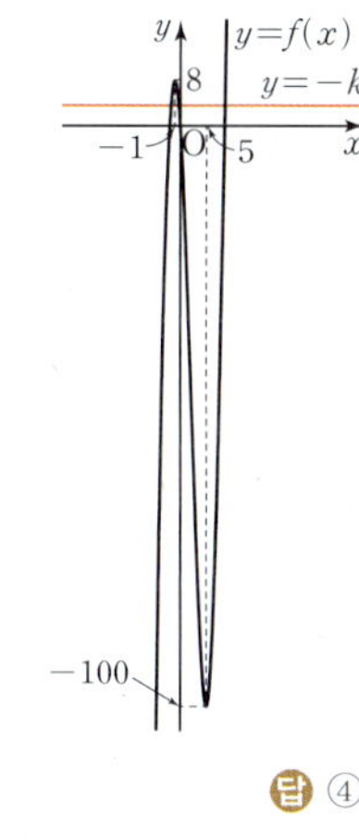

답 ④

319

주어진 곡선과 직선이 서로 다른 세 점에서 만나려면 방정식
$\frac{1}{3}x^3-x^2+2x=5x-a$, 즉 $-\frac{1}{3}x^3+x^2+3x=a$가 서로 다른 세 실근을
가져야 하므로 곡선 $y=-\frac{1}{3}x^3+x^2+3x$와 직선 $y=a$가 서로 다른 세 점에서 만나야 한다.
$f(x)=-\frac{1}{3}x^3+x^2+3x$라 하면
$f'(x)=-x^2+2x+3=-(x+1)(x-3)$
$f'(x)=0$에서 $x=-1$ 또는 $x=3$
$f'(x)$의 부호를 조사하여 함수 $f(x)$의 증가와 감소를 표로 나타내면 다음과 같다.

x	$\cdots$	-1	$\cdots$	3	$\cdots$
$f'(x)$	$-$	0	$+$	0	$-$
$f(x)$	↘	$-\frac{5}{3}$	↗	9	↘

이때, 함수 $y=f(x)$의 그래프는 오른쪽 그림과 같으므로 곡선 $y=f(x)$와 직선 $y=a$가 서로 다른 세 점에서 만나려면
$-\frac{5}{3}<a<9$
따라서 정수 a는 $-1,\ 0,\ 1,\ \cdots,\ 8$의 10개이다.

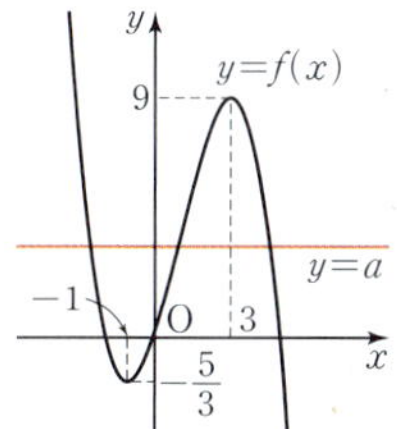

주어진 곡선과 직선이 서로 다른 세 점에서 만나려면 방정식
$\frac{1}{3}x^3-x^2+2x=5x-a$, 즉 $\frac{1}{3}x^3-x^2-3x+a=0$이 서로 다른 세 실근을 가져야 한다.
$f(x)=\frac{1}{3}x^3-x^2-3x+a$라 하면
$f'(x)=x^2-2x-3=(x+1)(x-3)$
$f'(x)=0$에서 $x=-1$ 또는 $x=3$
즉, 삼차방정식 $f(x)=0$이 서로 다른 세 실근을 가지려면
$f(-1)f(3)<0$이어야 하므로
$\left(\frac{5}{3}+a\right)(-9+a)<0$ $\therefore -\frac{5}{3}<a<9$
따라서 정수 a는 $-1,\ 0,\ 1,\ \cdots,\ 8$의 10개이다.　　　답 10

320

주어진 두 곡선이 오직 한 점에서 만나려면 방정식
$x^4-2x+a=-x^2+4x-a$, 즉 $x^4+x^2-6x=-2a$가 한 실근만을 가져야 하므로 곡선 $y=x^4+x^2-6x$와 직선 $y=-2a$가 오직 한 점에서 만나야 한다.
$f(x)=x^4+x^2-6x$라 하면
$f'(x)=4x^3+2x-6=2(x-1)(2x^2+2x+3)$
이때, $2x^2+2x+3=2\left(x+\frac{1}{2}\right)^2+\frac{5}{2}\geq\frac{5}{2}$이므로
$f'(x)=0$에서 $x=1$
$f'(x)$의 부호를 조사하여 함수 $f(x)$의 증가와 감소를 표로 나타내면 다음과 같다.

x	$\cdots$	1	$\cdots$
$f'(x)$	$-$	0	$+$
$f(x)$	↘	-4	↗

이때, 함수 $y=f(x)$의 그래프는 오른쪽 그림과 같으므로 곡선 $y=f(x)$와 직선 $y=-2a$가 오직 한 점에서 만나려면
$-2a=-4$ $\therefore a=2$

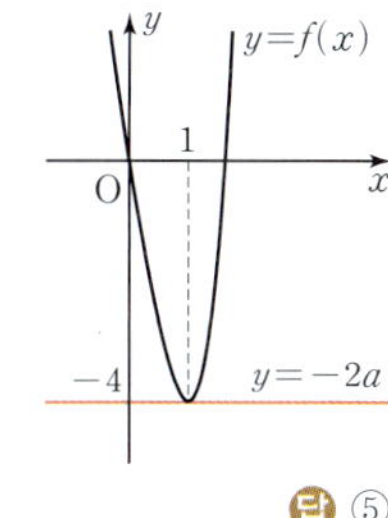

답 ⑤

321

최고차항의 계수가 양수인 삼차함수 $f(x)$에 대하여 도함수 $f'(x)$일 때, 이차방정식 $f'(x)=0$이 서로 다른 두 근 $\alpha,\ \beta\ (\alpha<\beta)$를 가지므로 $f'(x)$의 부호를 조사하여 함수 $f(x)$의 증가와 감소를 표로 나타내면 다음과 같다.

x	$\cdots$	α	$\cdots$	β	$\cdots$
$f'(x)$	$+$	0	$-$	0	$+$
$f(x)$	↗	극대	↘	극소	↗

ㄱ. $f(\alpha)f(\beta)=0$인 경우
(i) $f(\alpha)=0$, $f(\beta)<0$일 때, 함수 $y=f(x)$의 그래프는 오른쪽 그림과 같으므로 삼차방정식 $f(x)=0$은 서로 다른 두 실근 $\alpha,\ \gamma$를 갖는다.

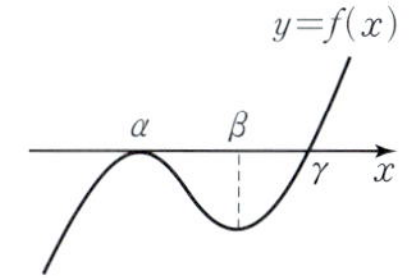

(ii) $f(\alpha)>0$, $f(\beta)=0$일 때, 함수 $y=f(x)$의 그래프는 오른쪽 그림과 같으므로 삼차방정식 $f(x)=0$은 서로 다른 두 실근 γ, β를 갖는다.

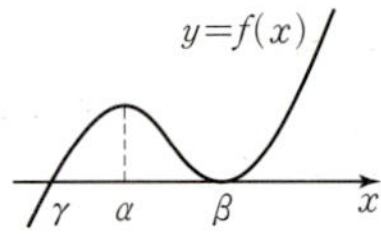

즉, 삼차방정식 $f(x)=0$은 서로 다른 두 실근을 갖는다. (참)

ㄴ. $f(\alpha)f(\beta)>0$인 경우

(i) $f(\alpha)>0$, $f(\beta)>0$일 때, 함수 $y=f(x)$의 그래프는 오른쪽 그림과 같으므로 $\alpha>\gamma$

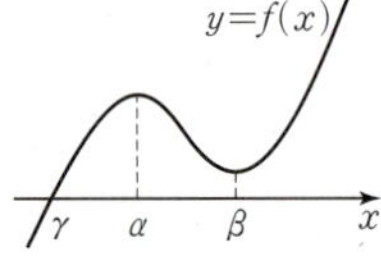

(ii) $f(\alpha)<0$, $f(\beta)<0$일 때, 함수 $y=f(x)$의 그래프는 오른쪽 그림과 같으므로 $\alpha<\gamma$

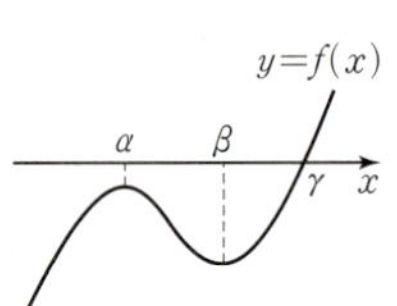

즉, $f(\alpha)f(\beta)>0$일 때, 삼차방정식 $f(x)=0$의 실근을 γ라 하면 $\alpha>\gamma$ 또는 $\alpha<\gamma$이다. (거짓)

ㄷ. $f(\alpha)f(\beta)<0$인 경우

(i) $f(\beta)<0<f(\alpha)$일 때, 함수 $y=f(x)$의 그래프는 다음과 같다.

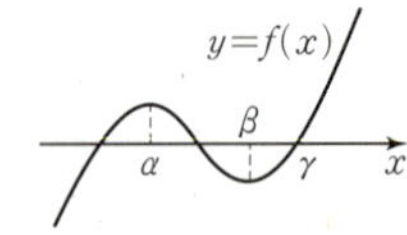

(ii) $f(\alpha)<0<f(\beta)$를 만족시키는 함수 $f(x)$는 존재하지 않는다.

즉, (i)에서 삼차방정식 $f(x)=0$은 β보다 큰 실근 γ를 갖는다. (참)

따라서 옳은 것은 ㄱ, ㄷ이다. **답** ③

322

두 점 $A(-1,\ -7)$, $B(2,\ 2)$를 지나는 직선 AB의 방정식은

$$y-(-7)=\frac{2-(-7)}{2-(-1)}\{x-(-1)\} \qquad \therefore y=3x-4$$

즉, 곡선 $y=x^3+3x^2-6x+k$가 선분 AB와 서로 다른 두 점에서 만나려면 방정식 $x^3+3x^2-6x+k=3x-4$, 즉 $x^3+3x^2-9x+4=-k$가 $-1\leq x\leq 2$에서 서로 다른 두 실근을 가져야 하므로 곡선 $y=x^3+3x^2-9x+4$와 직선 $y=-k$가 $-1\leq x\leq 2$에서 서로 다른 두 점에서 만나야 한다.

$f(x)=x^3+3x^2-9x+4\ (-1\leq x\leq 2)$라 하면

$f'(x)=3x^2+6x-9=3(x+3)(x-1)$

$f'(x)=0$에서 $x=1\ (\because -1\leq x\leq 2)$

$f'(x)$의 부호를 조사하여 함수 $f(x)$의 증가와 감소를 표로 나타내면 다음과 같다.

x	-1	$\cdots$	1	$\cdots$	2
$f'(x)$		$-$	0	$+$	
$f(x)$	15	$\searrow$	-1	$\nearrow$	6

이때, 함수 $y=f(x)$의 그래프는 오른쪽 그림과 같으므로 곡선 $y=f(x)$와 직선 $y=-k$가 서로 다른 두 점에서 만나려면

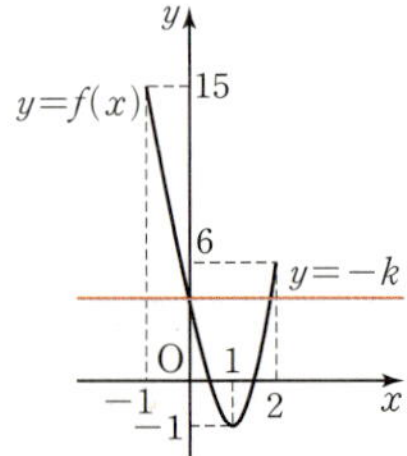

$-1<-k\leq 6$

$\therefore -6\leq k<1$

따라서 정수 k는 -6, -5, -4, $\cdots$, 0의 7개이다.

답 ①

323

$x^3+3x^2-8x+a\geq -x^3+4x$에서

$2x^3+3x^2-12x+a\geq 0$

$f(x)=2x^3+3x^2-12x+a$라 하면

$f'(x)=6x^2+6x-12=6(x+2)(x-1)$

$f'(x)=0$에서 $x=1\ (\because x\geq 0)$

$x\geq 0$일 때, $f'(x)$의 부호를 조사하여 함수 $f(x)$의 증가와 감소를 표로 나타내면 다음과 같다.

x	0	$\cdots$	1	$\cdots$
$f'(x)$		$-$	0	$+$
$f(x)$	a	$\searrow$	$a-7$	$\nearrow$

함수 $f(x)$는 $x=1$에서 극소이면서 최소이므로 $x\geq 0$일 때 $f(x)\geq 0$이려면

$f(1)=a-7\geq 0 \qquad \therefore a\geq 7$

따라서 실수 a의 최솟값은 7이다. **답** ②

324

$x^4-2\geq 4x^3-a$에서 $x^4-4x^3-2+a\geq 0$

$f(x)=x^4-4x^3-2+a$라 하면

$f'(x)=4x^3-12x^2=4x^2(x-3)$

$f'(x)=0$에서 $x=0$ (중근) 또는 $x=3$

$0\leq x\leq 3$일 때, $f'(x)$의 부호를 조사하여 함수 $f(x)$의 증가와 감소를 표로 나타내면 다음과 같다.

x	0	$\cdots$	3
$f'(x)$	0	$-$	0
$f(x)$	$a-2$	$\searrow$	$a-29$

함수 $f(x)$는 $x=3$에서 최소이므로 $0\leq x\leq 3$일 때 $f(x)\geq 0$이려면

$f(3)=a-29\geq 0 \qquad \therefore a\geq 29$

따라서 실수 a의 최솟값은 29이다. **답** 29

325

$f(x)=x^4+2ax^2-4(a+1)x+a^2$이라 하면

$f'(x)=4x^3+4ax-4(a+1)=4(x-1)(x^2+x+a+1)$

이때, $x^2+x+a+1=\left(x+\dfrac{1}{2}\right)^2+a+\dfrac{3}{4}>\dfrac{3}{4}\ (\because a>0)$이므로

$f'(x)=0$에서 $x=1$

$f'(x)$의 부호를 조사하여 함수 $f(x)$의 증가와 감소를 표로 나타내면 다음과 같다.

x	$\cdots$	1	$\cdots$
$f'(x)$	$-$	0	$+$
$f(x)$	$\searrow$	a^2-2a-3	$\nearrow$

함수 $f(x)$는 $x=1$에서 극소이면서 최소이므로 모든 실수 x에 대하여 $f(x)>0$이려면

$f(1)=a^2-2a-3>0$

$(a+1)(a-3)>0 \qquad \therefore a>3\ (\because a>0)$

따라서 양의 정수 a의 최솟값은 4이다. **답** ④

326

열차가 제동을 건 후 t초 후의 속도를 v라 하면

$$v=\frac{dx}{dt}=18-0.9t$$

열차가 정지할 때의 속도는 0이므로

$$18-0.9t=0 \qquad \therefore t=20$$

따라서 열차가 정지할 때까지 움직인 거리는

$$18\times20-0.45\times20^2=180\,(\text{m})$$

답 ③

327

공의 t초 후의 속도를 v라 하면

$$v=\frac{dh}{dt}=10-10t$$

공이 지면에 떨어질 때 높이는 0이므로

$$15+10t-5t^2=0,\ t^2-2t-3=0$$
$$(t+1)(t-3)=0 \qquad \therefore t=3\ (\because t>0)$$

$t=3$일 때 공의 속도는

$$10-10\times3=-20\,(\text{m/s})$$

따라서 공이 지면에 떨어지는 순간의 속력은 20 m/s이다.

답 ⑤

328

구의 중심에서 직원뿔의 밑면까지의 거리를 h, 밑면의 반지름의 길이를 r라 하면

$$r^2=8^2-h^2 \ (\text{단},\ 0<h<8)$$

직원뿔의 부피를 $V(h)$라 하면

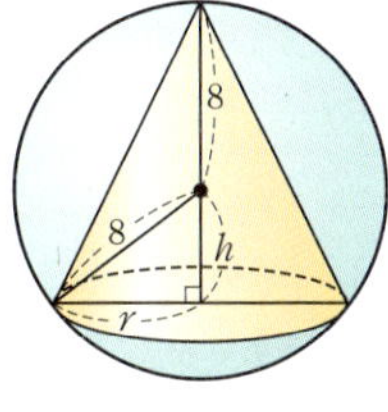

$$V(h)=\frac{1}{3}\pi r^2(8+h)$$
$$=\frac{1}{3}\pi(64-h^2)(8+h)$$

가

$$V'(h)=\frac{1}{3}\pi\{-2h(8+h)+(64-h^2)\}$$
$$=\frac{1}{3}\pi(8+h)(-2h+8-h)$$
$$=\frac{1}{3}\pi(8+h)(8-3h)$$

$V'(h)=0$에서 $h=\dfrac{8}{3}\ (\because 0<h<8)$

나

$V'(h)$의 부호를 조사하여 함수 $V(h)$의 증가와 감소를 표로 나타내면 다음과 같다.

h	(0)	$\cdots$	$\dfrac{8}{3}$	$\cdots$	(8)
$V'(h)$		$+$	0	$-$	
$V(h)$		↗	극대	↘	

즉, $h=\dfrac{8}{3}$일 때 $V(h)$는 극대이면서 최대이므로 직원뿔의 부피는 최대이다.

따라서 직원뿔의 부피가 최대일 때의 직원뿔의 높이는

$$8+\frac{8}{3}=\frac{32}{3}$$

다

단계	채점 요소	비율
가	구의 중심에서 직원뿔의 밑면까지의 거리를 h라 하고, 직원뿔의 부피 $V(h)$ 식 구하기	40%
나	$V'(h)=0$인 h의 값 구하기	30%
다	직원뿔의 부피가 최대일 때의 직원뿔의 높이 구하기	30%

다른 풀이

구에 내접하는 직원뿔의 높이를 x, 밑면의 반지름의 길이를 r라 하면

$$x=8+\sqrt{8^2-r^2},\ (x-8)^2=64-r^2$$
$$\therefore r^2=16x-x^2 \ (\text{단},\ 0<x<16)$$

직원뿔의 부피를 $V(x)$라 하면

$$V(x)=\frac{1}{3}\pi r^2x=\frac{1}{3}\pi(16x-x^2)x=\frac{1}{3}\pi(16x^2-x^3)$$

$$V'(x)=\frac{1}{3}\pi(32x-3x^2)=\frac{1}{3}\pi x(32-3x)$$

$V'(x)=0$에서 $x=\dfrac{32}{3}\ (\because 0<x<16)$

$V'(x)$의 부호를 조사하여 함수 $V(x)$의 증가와 감소를 표로 나타내면 다음과 같다.

x	(0)	$\cdots$	$\dfrac{32}{3}$	$\cdots$	(16)
$V'(x)$		$+$	0	$-$	
$V(x)$		↗	극대	↘	

즉, $x=\dfrac{32}{3}$일 때 $V(x)$는 극대이면서 최대이므로 직원뿔의 부피는 최대이다.

따라서 직원뿔의 부피가 최대일 때의 직원뿔의 높이는 $\dfrac{32}{3}$이다.

답 $\dfrac{32}{3}$

329

t초 후의 변 AB의 길이는 $(1+2t)\text{ cm}$, 변 BC의 길이는 $(2+t)\text{ cm}$이므로 t초 후의 삼각형 ABC의 넓이를 $S(t)\text{ cm}^2$라 하면

$$S(t)=\frac{1}{2}(1+2t)(2+t)=\frac{1}{2}(2t^2+5t+2)=t^2+\frac{5}{2}t+1$$

가

삼각형 ABC의 넓이가 $\dfrac{35}{2}\text{ cm}^2$가 되는 시각은

$$t^2+\frac{5}{2}t+1=\frac{35}{2}$$에서 $2t^2+5t+2=35,\ 2t^2+5t-33=0$

$$(t-3)(2t+11)=0 \qquad \therefore t=3\ (\because t>0)$$

나

t초 후의 삼각형 ABC의 넓이의 변화율은

$$\frac{dS}{dt}=2t+\frac{5}{2}$$

따라서 $t=3$일 때 삼각형 ABC의 넓이의 변화율은

$$2\times3+\frac{5}{2}=\frac{17}{2}\,(\text{cm}^2/\text{s})$$

다

단계	채점 요소	비율
가	t초 후의 삼각형 ABC의 넓이 $S(t)$ 식 구하기	40%
나	삼각형 ABC의 넓이가 $\dfrac{35}{2}\text{ cm}^2$가 되는 시각 t의 값 구하기	30%
다	삼각형 ABC의 넓이의 변화율 구하기	30%

답 $\dfrac{17}{2}\text{ cm}^2/\text{s}$

III. 적분

07 부정적분

● 개념 **콕콕** ●　　　　　　　　　　　본문 p.67

330

(1) $f(x)=(-x+C)'=-1$

(2) $f(x)=\left(\dfrac{1}{3}x^2-x+C\right)'=\dfrac{2}{3}x-1$

(3) $f(x)=(3x^3+2x^2-x+C)'=9x^2+4x-1$

답 (1) $f(x)=-1$　(2) $f(x)=\dfrac{2}{3}x-1$　(3) $f(x)=9x^2+4x-1$

331

(1) $\displaystyle\int xf(x)dx=x^4+x^2+C$에서

　$xf(x)=(x^4+x^2+C)'=4x^3+2x$

　$\therefore f(x)=4x^2+2$

(2) $\displaystyle\int (x+1)f(x)dx=\dfrac{1}{3}x^3-x+C$에서

　$(x+1)f(x)=\left(\dfrac{1}{3}x^3-x+C\right)'$

　　　　　　$=x^2-1=(x+1)(x-1)$

　$\therefore f(x)=x-1$

(3) $\displaystyle\int (x-1)f(x)dx=\dfrac{1}{3}x^3+\dfrac{1}{2}x^2-2x+C$에서

　$(x-1)f(x)=\left(\dfrac{1}{3}x^3+\dfrac{1}{2}x^2-2x+C\right)'$

　　　　　　$=x^2+x-2=(x+2)(x-1)$

　$\therefore f(x)=x+2$

답 (1) $f(x)=4x^2+2$　(2) $f(x)=x-1$　(3) $f(x)=x+2$

332

(1) $\dfrac{d}{dx}\left\{\displaystyle\int f(x)dx\right\}=f(x)$이므로

　$\dfrac{d}{dx}\left(\displaystyle\int x^2 dx\right)=x^2$

(2) $\displaystyle\int\left\{\dfrac{d}{dx}f(x)\right\}dx=f(x)+C$ (C는 적분상수)이므로

　$\displaystyle\int\left(\dfrac{d}{dx}x^2\right)dx=x^2+C$ (단, C는 적분상수이다.)

답 (1) x^2　(2) x^2+C (단, C는 적분상수이다.)

333

답 (1) $2x+C$ (단, C는 적분상수이다.)

(2) $-2x^2+C$ (단, C는 적분상수이다.)

(3) $\dfrac{1}{3}x^4+C$ (단, C는 적분상수이다.)

(4) $x^{10}+C$ (단, C는 적분상수이다.)

334

(1) $\displaystyle\int (2x+1)dx=\int 2x\,dx+\int 1\,dx=2\int x\,dx+\int 1\,dx$

　　　　　　　　$=x^2+x+C$ (단, C는 적분상수이다.)

(2) $\displaystyle\int (-3x+4)dx=\int (-3x)dx+\int 4\,dx$

　　　　　　　　$=-3\int x\,dx+\int 4\,dx$

　　　　　　　　$=-\dfrac{3}{2}x^2+4x+C$ (단, C는 적분상수이다.)

(3) $\displaystyle\int (4x^2-2x)dx=\int 4x^2 dx-\int 2x\,dx$

　　　　　　　　$=4\int x^2 dx-2\int x\,dx$

　　　　　　　　$=\dfrac{4}{3}x^3-x^2+C$ (단, C는 적분상수이다.)

(4) $\displaystyle\int (x+1)(x-2)dx=\int (x^2-x-2)dx$

　　　　　　　　$=\int x^2 dx-\int x\,dx-\int 2\,dx$

　　　　　　　　$=\dfrac{1}{3}x^3-\dfrac{1}{2}x^2-2x+C$ (단, C는 적분상수이다.)

(5) $\displaystyle\int (x-1)^2 dx=\int (x^2-2x+1)dx$

　　　　　　　　$=\int x^2 dx-\int 2x\,dx+\int 1\,dx$

　　　　　　　　$=\int x^2 dx-2\int x\,dx+\int 1\,dx$

　　　　　　　　$=\dfrac{1}{3}x^3-x^2+x+C$ (단, C는 적분상수이다.)

(6) $\displaystyle\int (3-2x)^2 dx=\int (4x^2-12x+9)dx$

　　　　　　　　$=\int 4x^2 dx-\int 12x\,dx+\int 9\,dx$

　　　　　　　　$=4\int x^2 dx-12\int x\,dx+\int 9\,dx$

　　　　　　　　$=\dfrac{4}{3}x^3-6x^2+9x+C$ (단, C는 적분상수이다.)

답 (1) x^2+x+C (단, C는 적분상수이다.)

(2) $-\dfrac{3}{2}x^2+4x+C$ (단, C는 적분상수이다.)

(3) $\dfrac{4}{3}x^3-x^2+C$ (단, C는 적분상수이다.)

(4) $\dfrac{1}{3}x^3-\dfrac{1}{2}x^2-2x+C$ (단, C는 적분상수이다.)

(5) $\dfrac{1}{3}x^3-x^2+x+C$ (단, C는 적분상수이다.)

(6) $\dfrac{4}{3}x^3-6x^2+9x+C$ (단, C는 적분상수이다.)

335

(1) $\displaystyle\int \dfrac{x^2-1}{x-1}dx=\int \dfrac{(x+1)(x-1)}{x-1}dx$

　　　　　　$=\int (x+1)dx$

　　　　　　$=\int x\,dx+\int 1\,dx$

　　　　　　$=\dfrac{1}{2}x^2+x+C$ (단, C는 적분상수이다.)

(2) $\int(2x+1)dx-\int(2x-1)dx$

$=\int\{(2x+1)-(2x-1)\}dx$

$=\int 2\,dx$

$=2x+C$ (단, C는 적분상수이다.)

(3) $\int(x+1)^2dx-\int(x-1)^2dx$

$=\int(x^2+2x+1)dx-\int(x^2-2x+1)dx$

$=\int\{(x^2+2x+1)-(x^2-2x+1)\}dx$

$=\int 4x\,dx$

$=2x^2+C$ (단, C는 적분상수이다.)

답 (1) $\dfrac{1}{2}x^2+x+C$ (단, C는 적분상수이다.)

(2) $2x+C$ (단, C는 적분상수이다.)

(3) $2x^2+C$ (단, C는 적분상수이다.)

◇ 유형 콕콕 ◇　　　　본문 p.68~73

336 ⑤	**337** ③	**338** -8	**339** ③	**340** ④	**341** ③
342 ④	**343** ②	**344** -6	**345** ⑤	**346** ②	**347** 19
348 ②	**349** ④	**350** 6	**351** ⑤	**352** ①	**353** ②
354 $F(0)\le-\dfrac{1}{8}$		**355** $C>9$	**356** 10	**357** $\dfrac{7}{6}$	**358** ②
359 ②	**360** 6	**361** ①	**362** ②	**363** ③	**364** ⑤
365 ①	**366** 5	**367** ②	**368** ③	**369** ①	**370** ⑤
371 ④	**372** $f(x)=2x^3-6x^2+1$				

336

$\int(x-4)f(x)dx=x^3-3x^2-24x+C$에서

$(x-4)f(x)=(x^3-3x^2-24x+C)'$

$\qquad\qquad=3x^2-6x-24$

$\qquad\qquad=3(x+2)(x-4)$

따라서 $f(x)=3(x+2)$이므로

$f(1)=3\times3=9$

답 ⑤

337

$F(x)=\dfrac{1}{3}x^3-x^2+2$라 하면

$f(x)=F'(x)=\left(\dfrac{1}{3}x^3-x^2+2\right)'=x^2-2x$

답 ③

338

$\int F(x)dx=f(x)g(x)$의 양변을 x에 대하여 미분하면

$F(x)=\{f(x)g(x)\}'=f'(x)g(x)+f(x)g'(x)$

$\qquad=4x(2x+3)+(2x^2-4)\times2=12x^2+12x-8$　　가

$\therefore F(0)=-8$　　나

단계	채점 요소	비율
가	$F(x)$ 구하기	70%
나	$F(0)$의 값 구하기	30%

답 -8

339

$f(x)=\int(x^3+4x-2)dx$의 양변을 x에 대하여 미분하면

$f'(x)=\dfrac{d}{dx}\left\{\int(x^3+4x-2)dx\right\}=x^3+4x-2$

$\therefore f'(1)=1+4-2=3$

답 ③

340

$\dfrac{d}{dx}\left\{\int(2x^2+ax-1)dx\right\}=bx^2+3x-1$에서

$2x^2+ax-1=bx^2+3x-1$

위의 식이 모든 실수 x에 대하여 성립하므로

$b=2,\ a=3$

$\therefore ab=3\times2=6$

답 ④

341

$f(x)=\int(3x^2+2x-1)dx$의 양변을 x에 대하여 미분하면

$f'(x)=\dfrac{d}{dx}\left\{\int(3x^2+2x-1)dx\right\}=3x^2+2x-1$

$\therefore \lim_{x\to0}\dfrac{f(x)-f(0)}{x}=f'(0)=-1$

답 ③

342

$f(x)=\int\left\{\dfrac{d}{dx}(2x^3-x)\right\}dx$

$\qquad=2x^3-x+C$ (단, C는 적분상수이다.)

이때, $f(0)=3$이므로 $C=3$

따라서 $f(x)=2x^3-x+3$이므로

$f(2)=16-2+3=17$

답 ④

343

$f(x)=\int\left\{\dfrac{d}{dx}(3x+2)\right\}dx$

$\qquad=3x+C$ (단, C는 적분상수이다.)

이때, $f(0)=0$이므로 $C=0$

따라서 $f(x)=3x$이므로

$f(1)=3$

답 ②

344

$$f(x)=\int\left\{\frac{d}{dx}(x^2-3x+1)\right\}dx$$
$$=x^2-3x+C \ (단, C는 적분상수이다.)$$

방정식 $f(x)=0$, 즉 $x^2-3x+C=0$의 모든 근의 곱이 -4이므로 이차
방정식의 근과 계수의 관계에 의하여 $C=-4$

즉, $f(x)=x^2-3x-4$

⑦

$$\therefore f(2)=4-6-4=-6$$

④

단계	채점 요소	비율
⑦	$f(x)$ 구하기	70%
④	$f(2)$의 값 구하기	30%

답 -6

345

$$f(x)=\int\frac{x^4+x^2+1}{x^2+x+1}dx$$
$$=\int\frac{(x^2+x+1)(x^2-x+1)}{x^2+x+1}dx$$
$$=\int(x^2-x+1)dx$$
$$=\frac{1}{3}x^3-\frac{1}{2}x^2+x+C \ (단, C는 적분상수이다.)$$

이때, $f(0)=\frac{1}{2}$이므로 $C=\frac{1}{2}$

따라서 $f(x)=\frac{1}{3}x^3-\frac{1}{2}x^2+x+\frac{1}{2}$이므로

$$f(3)=9-\frac{9}{2}+3+\frac{1}{2}=8$$

답 ⑤

346

$$f(x)=\int 3x(x+2)dx$$
$$=\int(3x^2+6x)dx$$
$$=x^3+3x^2+C \ (단, C는 적분상수이다.)$$

이때, $f(0)=2$이므로 $C=2$
따라서 $f(x)=x^3+3x^2+2$이므로
$$f(1)=1+3+2=6$$

답 ②

347

$$f(x)=\int f'(x)dx=\int(3x^2-4x+a)dx$$
$$=x^3-2x^2+ax+C \ (단, C는 적분상수이다.)$$

이때, $f(0)=1$이므로 $C=1$
$f(x)=x^3-2x^2+ax+1$이고 $f(-1)=-5$이므로
$-1-2-a+1=-5 \quad \therefore a=3$
따라서 $f(x)=x^3-2x^2+3x+1$이므로
$$f(3)=27-18+9+1=19$$

답 19

348

$F(x)=xf(x)-2x^3+x^2+5$의 양변을 x에 대하여 미분하면

$$f(x)=f(x)+xf'(x)-6x^2+2x$$

이 식을 정리하면 $xf'(x)=x(6x-2)$
$$\therefore f'(x)=6x-2$$
$$\therefore f(x)=\int f'(x)dx=\int(6x-2)dx$$
$$=3x^2-2x+C \ (단, C는 적분상수이다.)$$

이때, $f(0)=4$이므로 $C=4$
따라서 $f(x)=3x^2-2x+4$이므로
$$f(1)=3-2+4=5$$

답 ②

349

$F(x)=xf(x)-2x^2$의 양변을 x에 대하여 미분하면
$$f(x)=f(x)+xf'(x)-4x$$

이 식을 정리하면 $xf'(x)=4x$
$$\therefore f'(x)=4$$
$$\therefore f(x)=\int f'(x)dx=\int 4 dx$$
$$=4x+C \ (단, C는 적분상수이다.)$$

이때, $f(0)=3$이므로 $C=3$
$$\therefore f(x)=4x+3$$

답 ④

350

$F(x)=xf(x)-\frac{2}{3}x^3+a$의 양변을 x에 대하여 미분하면

$$f(x)=f(x)+xf'(x)-2x^2$$

이 식을 정리하면 $xf'(x)=2x^2$
$$\therefore f'(x)=2x$$

⑦

$$\therefore f(x)=\int f'(x)dx=\int 2x dx$$
$$=x^2+C \ (단, C는 적분상수이다.)$$

이때, $f(0)=2$이므로 $C=2$
따라서 $f(x)=x^2+2$이므로

④

$$f(2)=4+2=6$$

⑤

단계	채점 요소	비율
⑦	$f'(x)$ 구하기	60%
④	$f(x)$ 구하기	30%
⑤	$f(2)$의 값 구하기	10%

답 6

351

$$f(x)=\int\frac{x^2}{x-1}dx+\int\frac{1}{1-x}dx$$
$$=\int\frac{x^2}{x-1}dx-\int\frac{1}{x-1}dx$$
$$=\int\frac{x^2-1}{x-1}dx$$
$$=\int\frac{(x+1)(x-1)}{x-1}dx$$
$$=\int(x+1)dx$$
$$=\frac{1}{2}x^2+x+C \ (단, C는 적분상수이다.)$$

이때, $f(0)=2$이므로 $C=2$

따라서 $f(x)=\dfrac{1}{2}x^2+x+2$이므로

$f(2)=2+2+2=6$ 답 ⑤

352

$f(x)=\displaystyle\int \dfrac{x^3}{x-3}dx+\int \dfrac{27}{3-x}dx$

$\qquad =\displaystyle\int \dfrac{x^3}{x-3}dx-\int \dfrac{27}{x-3}dx=\int \dfrac{x^3-27}{x-3}dx$

$\qquad =\displaystyle\int \dfrac{(x-3)(x^2+3x+9)}{x-3}dx=\int (x^2+3x+9)dx$

$\qquad =\dfrac{1}{3}x^3+\dfrac{3}{2}x^2+9x+C$ (단, C는 적분상수이다.)

이때, $f(0)=1$이므로 $C=1$

따라서 $f(x)=\dfrac{1}{3}x^3+\dfrac{3}{2}x^2+9x+1$이므로

$f(-1)=-\dfrac{1}{3}+\dfrac{3}{2}-9+1=-\dfrac{41}{6}$ 답 ①

353

$\displaystyle\int \{2f(x)+g(x)\}\,dx=5x+C_1$ $\qquad \cdots\cdots \ \bigcirc$

$\displaystyle\int \{f(x)-3g(x)\}\,dx=7x^2-8x+C_2$ $\qquad \cdots\cdots \ \bigcirc\!\!\!\bigcirc$

$\bigcirc-\bigcirc\!\!\!\bigcirc\times 2$를 하면

$\displaystyle\int [\{2f(x)+g(x)\}-2\{f(x)-3g(x)\}]\,dx$

$=5x+C_1-2(7x^2-8x+C_2)$

$\displaystyle\int 7g(x)dx=-14x^2+21x+C_1-2C_2$

$\therefore \displaystyle\int g(x)dx=-2x^2+3x+C$ (단, C는 적분상수이다.)

$\therefore g(x)=-4x+3$ 답 ②

354

$F(x)=\displaystyle\int f(x)dx=\int (-4x+3)dx$

$\qquad =-2x^2+3x+C$ (단, C는 적분상수이다.)

모든 실수 x에 대하여 $F(x)\le 1$, 즉 $-2x^2+3x+C-1\le 0$이 성립한다.

이차방정식 $-2x^2+3x+C-1=0$의 판별식을 D라 할 때, $D\le 0$이어야

하므로

$D=9+8(C-1)\le 0,\ 8C\le -1 \qquad \therefore C\le -\dfrac{1}{8}$

따라서 $F(0)=C$이므로 $F(0)\le -\dfrac{1}{8}$ 답 $F(0)\le -\dfrac{1}{8}$

355

$\displaystyle\int (2x-6)dx=x^2-6x+C$ (단, C는 적분상수이다.)

모든 실수 x에 대하여 $\displaystyle\int (2x-6)dx>0$, 즉 $x^2-6x+C>0$이 성립하려

면 이차방정식 $x^2-6x+C=0$의 판별식을 D라 할 때, $D<0$이어야 하

므로

$\dfrac{D}{4}=(-3)^2-C<0 \qquad \therefore C>9$ 답 $C>9$

356

$f'(x)=12x^2-4$이므로

$f(x)=\displaystyle\int f'(x)dx=\int (12x^2-4)dx$

$\qquad =4x^3-4x+C_1$ (단, C_1은 적분상수이다.)

이때, $f(0)=1$이므로 $C_1=1$

따라서 $f(x)=4x^3-4x+1$이므로

$F(x)=\displaystyle\int f(x)dx=\int (4x^3-4x+1)dx$

$\qquad =x^4-2x^2+x+C_2$ (단, C_2는 적분상수이다.)

$\therefore F(2)-F(1)=(16-8+2+C_2)-(1-2+1+C_2)=10$ 답 10

357

$f'(x)=-2x+1$이므로

$f(x)=\displaystyle\int f'(x)dx=\int (-2x+1)dx$

$\qquad =-x^2+x+C_1$ (단, C_1은 적분상수이다.)

이때, $f(1)=1$이므로

$-1+1+C_1=1 \qquad \therefore C_1=1$

따라서 $f(x)=-x^2+x+1$이므로

$F(x)=\displaystyle\int f(x)dx=\int (-x^2+x+1)dx$

$\qquad =-\dfrac{1}{3}x^3+\dfrac{1}{2}x^2+x+C_2$ (단, C_2는 적분상수이다.)

$\therefore F(1)-F(0)=\left(-\dfrac{1}{3}+\dfrac{1}{2}+1+C_2\right)-C_2=\dfrac{7}{6}$ 답 $\dfrac{7}{6}$

358

$f'(x)=\begin{cases} 2x+1 & (x>1) \\ k & (x<1) \end{cases}$이므로

$f(x)=\begin{cases} x^2+x+C_1 & (x>1) \\ kx+C_2 & (x<1) \end{cases}$ (단, C_1, C_2는 적분상수이다.)

이때, $f(0)=2$이므로 $C_2=2$

또한 $f(2)=3$이므로

$4+2+C_1=3 \qquad \therefore C_1=-3$

$\therefore f(x)=\begin{cases} x^2+x-3 & (x>1) \\ kx+2 & (x<1) \end{cases}$

한편, 함수 $f(x)$가 $x=1$에서 연속이려면

$\displaystyle\lim_{x\to 1+}(x^2+x-3)=\lim_{x\to 1-}(kx+2)=f(1)$

$-1=k+2 \qquad \therefore k=-3$ 답 ②

359

$f'(x)=\begin{cases} -1 & (x>0) \\ 3x^2 & (x<0) \end{cases}$이므로

$f(x)=\begin{cases} -x+C_1 & (x>0) \\ x^3+C_2 & (x<0) \end{cases}$ (단, C_1, C_2는 적분상수이다.)

이때, 함수 $f(x)$는 모든 실수 x에서 연속이므로 $x=0$에서도 연속이고

$f(0)=0$이므로

$\displaystyle\lim_{x\to 0+}(-x+C_1)=\lim_{x\to 0-}(x^3+C_2)=f(0)=0$

$\therefore C_1=C_2=0$

따라서 $f(x)=\begin{cases} -x & (x\ge 0) \\ x^3 & (x<0) \end{cases}$이므로

$f(-1)=-1$ 답 ②

360

주어진 $y=f'(x)$의 그래프에서 $f'(x)=\begin{cases} 1 & (x>1) \\ x & (x<1) \end{cases}$이므로

$$f(x)=\begin{cases} x+C_1 & (x>1) \\ \dfrac{1}{2}x^2+C_2 & (x<1) \end{cases} \text{ (단, } C_1,\ C_2\text{는 적분상수이다.)}$$

이때, $f(-1)=3$이므로

$$\dfrac{1}{2}+C_2=3 \qquad \therefore C_2=\dfrac{5}{2}$$

$$\therefore f(x)=\begin{cases} x+C_1 & (x>1) \\ \dfrac{1}{2}x^2+\dfrac{5}{2} & (x<1) \end{cases}$$

한편, 함수 $f(x)$는 모든 실수 x에서 연속이므로 $x=1$에서도 연속이다.

즉, $\displaystyle\lim_{x\to 1+}(x+C_1)=\lim_{x\to 1-}\left(\dfrac{1}{2}x^2+\dfrac{5}{2}\right)=f(1)$

$$1+C_1=\dfrac{1}{2}+\dfrac{5}{2} \qquad \therefore C_1=2$$

따라서 $f(x)=\begin{cases} x+2 & (x\geq 1) \\ \dfrac{1}{2}x^2+\dfrac{5}{2} & (x<1) \end{cases}$이므로

$$f(4)=4+2=6$$

답 6

361

곡선 $y=f(x)$ 위의 임의의 점 $(x,\ f(x))$에서의 접선의 기울기가 $2x-3$이므로

$$f'(x)=2x-3$$

$$\therefore f(x)=\int f'(x)dx=\int (2x-3)dx$$

$$=x^2-3x+C \text{ (단, } C\text{는 적분상수이다.)}$$

이때, 곡선 $y=f(x)$가 점 $(0,\ 1)$을 지나므로

$$f(0)=C=1$$

따라서 $f(x)=x^2-3x+1$이므로

$$f(3)=9-9+1=1$$

답 ①

362

곡선 $y=f(x)$ 위의 임의의 점 $(x,\ f(x))$에서의 접선의 기울기가 $-2x$이므로

$$f'(x)=-2x$$

$$\therefore f(x)=\int f'(x)dx=\int (-2x)dx$$

$$=-x^2+C \text{ (단, } C\text{는 적분상수이다.)}$$

이때, 곡선 $y=f(x)$가 원점을 지나므로 $f(0)=C=0$

따라서 $f(x)=-x^2$이므로

$$f(-1)=-1$$

답 ②

363

곡선 $y=f(x)$ 위의 임의의 점 $(x,\ f(x))$에서의 접선의 기울기가 ax^2이므로

$$f'(x)=ax^2$$

$$\therefore f(x)=\int f'(x)dx=\int ax^2 dx$$

$$=\dfrac{a}{3}x^3+C \text{ (단, } C\text{는 적분상수이다.)}$$

이때, 곡선 $y=f(x)$가 두 점 $(-1,\ -6)$, $(2,\ 3)$을 지나므로

$$f(-1)=-\dfrac{a}{3}+C=-6 \qquad \cdots\cdots \ \text{㉠}$$

$$f(2)=\dfrac{8}{3}a+C=3 \qquad \cdots\cdots \ \text{㉡}$$

㉠, ㉡을 연립하여 풀면 $a=3$, $C=-5$

따라서 $f(x)=x^3-5$이므로

$$f(3)=27-5=22$$

답 ③

364

$\displaystyle\lim_{x\to 1}\dfrac{f(x)-2}{x-1}=1$에서 $x\to 1$일 때 (분모)$\to 0$이고 극한값이 존재하므로 (분자)$\to 0$이다.

즉, $\displaystyle\lim_{x\to 1}\{f(x)-2\}=0$이므로 $f(1)=2$이고 $f'(1)=1$이다.

이때, $f'(x)=x^2-2x+a$이므로 $f'(1)=1$에서

$$1-2+a=1 \qquad \therefore a=2$$

$$\therefore f'(x)=x^2-2x+2$$

$$\therefore f(x)=\int f'(x)dx=\int (x^2-2x+2)dx$$

$$=\dfrac{1}{3}x^3-x^2+2x+C \text{ (단, } C\text{는 적분상수이다.)}$$

이때, $f(1)=2$이므로

$$\dfrac{1}{3}-1+2+C=2 \qquad \therefore C=\dfrac{2}{3}$$

따라서 $f(x)=\dfrac{1}{3}x^3-x^2+2x+\dfrac{2}{3}$이므로

$$f(3)=9-9+6+\dfrac{2}{3}=\dfrac{20}{3}$$

답 ⑤

365

$f(x)=\displaystyle\int (2x^2-x)dx$의 양변을 x에 대하여 미분하면

$$f'(x)=2x^2-x$$

이때, $\displaystyle\lim_{h\to 0}\dfrac{f(2+h)-f(2)}{h}=f'(2)$이므로

$$\lim_{h\to 0}\dfrac{f(2+h)-f(2)}{h}=8-2=6$$

답 ①

366

$\displaystyle\int f(x)dx=xf(x)-4x^3+x^2+C$의 양변을 x에 대하여 미분하면

$$f(x)=f(x)+xf'(x)-12x^2+2x$$

이 식을 정리하면 $xf'(x)=x(12x-2)$

$$\therefore f'(x)=12x-2 \qquad\qquad\qquad\qquad\qquad \text{㉮}$$

$$\begin{aligned}\therefore \lim_{x\to 1}\dfrac{f(x)-f(1)}{x^2-1}&=\lim_{x\to 1}\dfrac{f(x)-f(1)}{(x+1)(x-1)}\\ &=\lim_{x\to 1}\dfrac{f(x)-f(1)}{x-1}\times\lim_{x\to 1}\dfrac{1}{x+1}\\ &=\dfrac{1}{2}f'(1)=\dfrac{1}{2}\times 10=5\end{aligned}$$

$\qquad\qquad\qquad\qquad\qquad\qquad\qquad\qquad\qquad\qquad$ ㉯

단계	채점 요소	비율
㉮	$f'(x)$ 구하기	50%
㉯	$\displaystyle\lim_{x\to 1}\dfrac{f(x)-f(1)}{x^2-1}$의 값 구하기	50%

답 5

$F'(x)=f(x)$이고

$f(x)=3(x^2-3x+2)=3(x-1)(x-2)$이므로

$f(x)=0$에서 $x=1$ 또는 $x=2$

$f(x)$의 부호를 조사하여 함수 $F(x)$의 증가와 감소를 표로 나타내면 다음과 같다.

x	$\cdots$	1	$\cdots$	2	$\cdots$
$f(x)$	$+$	0	$-$	0	$+$
$F(x)$	$\nearrow$	극대	$\searrow$	극소	$\nearrow$

그러므로 함수 $F(x)$는 $x=1$에서 극대, $x=2$에서 극소이다.

$$F(x)=\int f(x)dx=\int(3x^2-9x+6)dx$$

$$=x^3-\frac{9}{2}x^2+6x+C \ (단, C는 적분상수이다.)$$

이때, 함수 $F(x)$의 극댓값과 극솟값은 각각

$$F(1)=\frac{5}{2}+C, \ F(2)=2+C$$

이고 극댓값과 극솟값의 합이 $\frac{17}{2}$이므로

$$2C+\frac{9}{2}=\frac{17}{2}, \ 2C=4 \quad \therefore C=2$$

따라서 $F(x)=x^3-\frac{9}{2}x^2+6x+2$이므로

$$F(0)=2 \hspace{3cm} \text{답 ②}$$

368

$f(x)=\int(x^2-1)dx$의 양변을 x에 대하여 미분하면

$f'(x)=x^2-1=(x+1)(x-1)$

$f'(x)=0$에서 $x=-1$ 또는 $x=1$

$f'(x)$의 부호를 조사하여 함수 $f(x)$의 증가와 감소를 표로 나타내면 다음과 같다.

x	$\cdots$	-1	$\cdots$	1	$\cdots$
$f'(x)$	$+$	0	$-$	0	$+$
$f(x)$	$\nearrow$	극대	$\searrow$	극소	$\nearrow$

그러므로 함수 $f(x)$는 $x=-1$에서 극대, $x=1$에서 극소이다. 이때,

$$f(x)=\int(x^2-1)dx=\frac{1}{3}x^3-x+C \ (C는 적분상수)$$

이고 극댓값이 $\frac{5}{3}$이므로

$$f(-1)=-\frac{1}{3}+1+C=\frac{5}{3} \quad \therefore C=1$$

따라서 $f(x)=\frac{1}{3}x^3-x+1$이므로

$$f(0)=1 \hspace{3cm} \text{답 ③}$$

369

삼차함수 $f(x)$의 최고차항의 계수가 1, 즉 최고차항이 x^3이므로 $f'(x)$의 최고차항은 $3x^2$이다.

이때, $f'(-1)=f'(0)=0$이므로

$f'(x)=3x(x+1)$

$f'(x)$의 부호를 조사하여 함수 $f(x)$의 증가와 감소를 표로 나타내면 다음과 같다.

x	$\cdots$	-1	$\cdots$	0	$\cdots$
$f'(x)$	$+$	0	$-$	0	$+$
$f(x)$	$\nearrow$	극대	$\searrow$	극소	$\nearrow$

그러므로 함수 $f(x)$는 $x=-1$에서 극대, $x=0$에서 극소이다. 이때,

$$f(x)=\int f'(x)dx=\int(3x^2+3x)dx$$

$$=x^3+\frac{3}{2}x^2+C \ (C는 적분상수)$$

이고 극솟값이 $\frac{1}{2}$이므로 $f(0)=C=\frac{1}{2}$

따라서 $f(x)=x^3+\frac{3}{2}x^2+\frac{1}{2}$이므로 함수 $f(x)$의 극댓값은

$$f(-1)=-1+\frac{3}{2}+\frac{1}{2}=1 \hspace{2cm} \text{답 ①}$$

370

주어진 포물선의 꼭짓점이 $(2, 12)$이므로

$f'(x)=a(x-2)^2+12 \ (a<0)$라 하면

$f'(0)=0$이므로 $4a+12=0 \quad \therefore a=-3$

$\therefore f'(x)=-3(x-2)^2+12=-3x^2+12x=-3x(x-4)$

$f'(x)=0$에서 $x=0$ 또는 $x=4$

$f'(x)$의 부호를 조사하여 함수 $f(x)$의 증가와 감소를 표로 나타내면 다음과 같다.

x	$\cdots$	0	$\cdots$	4	$\cdots$
$f'(x)$	$-$	0	$+$	0	$-$
$f(x)$	$\searrow$	극소	$\nearrow$	극대	$\searrow$

그러므로 함수 $f(x)$는 $x=0$에서 극소, $x=4$에서 극대이다. 이때,

$$f(x)=\int f'(x)dx=\int(-3x^2+12x)dx$$

$$=-x^3+6x^2+C \ (C는 적분상수)$$

이고 극솟값이 1이므로 $f(0)=C=1$

따라서 $f(x)=-x^3+6x^2+1$이므로 함수 $f(x)$의 극댓값은

$$f(4)=-64+96+1=33 \hspace{2cm} \text{답 ⑤}$$

371

주어진 그래프에서 $f'(x)=\frac{1}{2}x+1$이므로 $f'(x)=0$에서 $x=-2$

$f'(x)$의 부호를 조사하여 함수 $f(x)$의 증가와 감소를 표로 나타내면 다음과 같다.

x	$\cdots$	-2	$\cdots$
$f'(x)$	$-$	0	$+$
$f(x)$	$\searrow$	극소	$\nearrow$

그러므로 함수 $f(x)$는 $x=-2$에서 극소이다.

$$f(x)=\int f'(x)dx=\int\left(\frac{1}{2}x+1\right)dx$$

$$=\frac{1}{4}x^2+x+C \ (단, C는 적분상수이다.)$$

이때, $f(0)=4$이므로 $C=4$

따라서 $f(x)=\frac{1}{4}x^2+x+4$이므로 함수 $f(x)$의 극솟값은

$$f(-2)=1-2+4=3 \hspace{2cm} \text{답 ④}$$

372

주어진 그래프에서 $f'(x)=ax(x-2)=ax^2-2ax\ (a>0)$라 하면
$f'(x)=0$에서 $x=0$ 또는 $x=2$
$f'(x)$의 부호를 조사하여 함수 $f(x)$의 증가와 감소를 표로 나타내면 다음과 같다.

x	$\cdots$	0	$\cdots$	2	$\cdots$
$f'(x)$	$+$	0	$-$	0	$+$
$f(x)$	$\nearrow$	극대	$\searrow$	극소	$\nearrow$

그러므로 함수 $f(x)$는 $x=0$에서 극대, $x=2$에서 극소이다. 이때

$$f(x)=\int f'(x)dx=\int (ax^2-2ax)dx$$
$$=\frac{a}{3}x^3-ax^2+C\ (C는\ 적분상수)$$

이고 극댓값이 1, 극솟값이 -7이므로
$$f(0)=C=1$$
$$f(2)=\frac{8}{3}a-4a+1=-7,\ -\frac{4}{3}a=-8\quad \therefore\ a=6$$
$$\therefore\ f(x)=2x^3-6x^2+1$$

답 $f(x)=2x^3-6x^2+1$

실력 콕콕   본문 p.74~75

373 ⑤	**374** ②	**375** ④	**376** ②	**377** ③	**378** ④
379 $\frac{49}{50}$	**380** ③	**381** ③	**382** 32	**383** ⑤	**384** ②
385 ②	**386** ②	**387** 5	**388** $f(x)=-x^2+3x+1$		

373

$\int F(x)dx=f(x)g(x)+C$의 양변을 x에 대하여 미분하면
$$F(x)=\{f(x)g(x)+C\}'$$
$$=f'(x)g(x)+f(x)g'(x)$$
$$=2x(3x+2)+(x^2-1)\times 3$$
$$=9x^2+4x-3$$
$$\therefore\ F(1)=9+4-3=10$$

답 ⑤

374

$F(x)=\dfrac{d}{dx}\left\{\int xf(x)dx\right\}=xf(x)=\dfrac{3}{2}x^3-4x^2$이므로
$$F(2)=12-16=-4$$

답 ②

375

조건 (내)에서 $\dfrac{d}{dx}\{f(x)+g(x)\}=4$의 양변을 x에 대하여 적분하면
$$f(x)+g(x)=4x+C_1\ (단,\ C_1은\ 적분상수이다.)$$
이때, 조건 (개)에서 $f(0)=0,\ g(0)=2$이므로 $C_1=2$
$$\therefore\ f(x)+g(x)=4x+2 \qquad \cdots\cdots\ \bigcirc$$

또한 조건 (대)에서 $\dfrac{d}{dx}\{f(x)g(x)\}=6x+2$의 양변을 x에 대하여 적분하면
$$f(x)g(x)=3x^2+2x+C_2\ (단,\ C_2는\ 적분상수이다.)$$
이때, 조건 (개)에서 $f(0)=0,\ g(0)=2$이므로 $C_2=0$
$$\therefore\ f(x)g(x)=3x^2+2x=x(3x+2) \qquad \cdots\cdots\ \bigcirc$$
조건 (개)와 $\bigcirc$, $\bigcirc$에서 $f(x)=x,\ g(x)=3x+2$
$$\therefore\ f(3)+g(1)=3+5=8$$

답 ④

376

조건 (내)에서
$$f(x)=\int (x-1)(x^2+x+1)dx$$
$$=\int (x^3-1)dx$$
$$=\frac{1}{4}x^4-x+C\ (단,\ C는\ 적분상수이다.)$$

이때, 조건 (개)에서 $f(0)=2$이므로 $C=2$
따라서 $f(x)=\dfrac{1}{4}x^4-x+2$이므로
$$f(2)=4-2+2=4$$

답 ②

377

$$f(x)=\int (2+\sqrt{x}\,)^2dx+\int (2-\sqrt{x}\,)^2dx$$
$$=\int \{(2+\sqrt{x}\,)^2+(2-\sqrt{x}\,)^2\}\,dx$$
$$=\int (8+2x)dx$$
$$=x^2+8x+C\ (단,\ C는\ 적분상수이다.)$$

이때, $f(0)=16$이므로 $C=16$
따라서 $f(x)=x^2+8x+16=(x+4)^2$이므로
$$f(2)=36$$

답 ③

378

$$f(x)=\int (kx-4)dx$$
$$=\frac{k}{2}x^2-4x+C\ (단,\ C는\ 적분상수이다.)$$

따라서 방정식 $f(x)=0$, 즉 $\dfrac{k}{2}x^2-4x+C=0$의 두 근의 합이 2이므로 이차방정식의 근과 계수의 관계에 의하여
$$-\frac{-4}{\frac{k}{2}}=\frac{8}{k}=2$$
$$\therefore\ k=4$$

답 ④

379

$$f(x)=\sum_{k=1}^{49}\frac{1}{k}x^k=x+\frac{1}{2}x^2+\frac{1}{3}x^3+\cdots+\frac{1}{49}x^{49}$$
$$F(x)=\int f(x)dx$$
$$=\frac{1}{1\times 2}x^2+\frac{1}{2\times 3}x^3+\frac{1}{3\times 4}x^4+\cdots+\frac{1}{49\times 50}x^{50}+C$$
$$(단,\ C는\ 적분상수이다.)$$

이때, $F(0)=0$이므로 $C=0$

$$\therefore F(1)=\frac{1}{1\times2}+\frac{1}{2\times3}+\frac{1}{3\times4}+\cdots+\frac{1}{49\times50}$$
$$=\left(\frac{1}{1}-\frac{1}{2}\right)+\left(\frac{1}{2}-\frac{1}{3}\right)+\left(\frac{1}{3}-\frac{1}{4}\right)+\cdots+\left(\frac{1}{49}-\frac{1}{50}\right)$$
$$=1-\frac{1}{50}=\frac{49}{50}$$

답 $\dfrac{49}{50}$

380

조건 ㈏에서

$$f(x)=\begin{cases} kx+C_1 & (x>1) \\ x^2-3x+C_2 & (x<1) \end{cases}$$ (단, C_1, C_2는 적분상수이다.)

이때, 함수 $f(x)$는 모든 실수 x에서 미분가능하므로 $x=1$에서도 미분가능하고, 함수 $f(x)$는 $x=1$에서 연속이다.

즉, $\lim\limits_{x\to1+}f(x)=\lim\limits_{x\to1-}f(x)=f(1)$이고 조건 ㈎에서 $f(1)=0$이므로

$$k+C_1=1-3+C_2=0$$
$$\therefore C_1=-k,\ C_2=2$$
$$\therefore f(x)=\begin{cases} kx-k & (x>1) \\ x^2-3x+2 & (x<1) \end{cases}$$

또한 $f'(1)$이 존재하므로 $\lim\limits_{x\to1+}f'(x)=\lim\limits_{x\to1-}f'(x)$에서

$$k=2-3 \quad \therefore k=-1$$

따라서 $f(x)=\begin{cases} -x+1 & (x\geq1) \\ x^2-3x+2 & (x<1) \end{cases}$이므로

$$f(4)=-4+1=-3$$

답 ③

381

$\lim\limits_{x\to2}\dfrac{F(x)-3}{x-2}=5$에서 $x\to2$일 때 (분모)$\to0$이고 극한값이 존재하므로 (분자)$\to0$이다.

즉, $\lim\limits_{x\to2}\{F(x)-3\}=0$이므로 $F(2)=3$이고 $F'(2)=f(2)=5$이다.

이때,

$$F(x)=\int(3x^2-4x+a)dx$$
$$=x^3-2x^2+ax+C\ (C는\ 적분상수)$$

이므로 $F(2)=8-8+2a+C=3$, $f(2)=12-8+a=5$

$$\therefore a=1,\ C=1$$

따라서 $F(x)=x^3-2x^2+x+1$이므로

$$F(1)=1-2+1+1=1$$

답 ③

382

$\lim\limits_{x\to1}\dfrac{f(x)-2}{x-1}=3$에서 $x\to1$일 때 (분모)$\to0$이고 극한값이 존재하므로 (분자)$\to0$이다.

즉, $\lim\limits_{x\to1}\{f(x)-2\}=0$이므로 $f(1)=2$이고 $f'(1)=3$이다.

이때, $f'(x)=3x^2+2x+a$이므로 $f'(1)=3$에서

$$3+2+a=3 \quad \therefore a=-2$$
$$\therefore f'(x)=3x^2+2x-2$$
$$f(x)=\int(3x^2+2x-2)dx$$
$$=x^3+x^2-2x+C\ (C는\ 적분상수)$$

이므로 $f(1)=2$에서

$$1+1-2+C=2 \quad \therefore C=2$$

따라서 $f(x)=x^3+x^2-2x+2$이므로

$$f(3)=27+9-6+2=32$$

답 32

383

조건 ㈎에서 $f'(x)=2x+a$ (a는 상수)라 하자.

조건 ㈏에서 $x\to1$일 때 (분모)$\to0$이고 극한값이 존재하므로 (분자)$\to0$이다.

즉, $\lim\limits_{x\to1}f(x)=f(1)=0$이고 $f'(1)=3$이다.

이때, $f'(1)=2+a=3$에서 $a=1$

$$\therefore f'(x)=2x+1$$
$$f(x)=\int(2x+1)dx$$
$$=x^2+x+C\ (C는\ 적분상수)$$

이므로 $f(1)=0$에서

$$1+1+C=0 \quad \therefore C=-2$$

따라서 $f(x)=x^2+x-2$이므로

$$f(4)=16+4-2=18$$

답 ⑤

384

곡선 $y=f(x)$ 위의 임의의 점 $(x, f(x))$에서의 접선의 기울기가 $3x^2-12$이므로

$$f'(x)=3x^2-12=3(x+2)(x-2)$$

$f'(x)=0$에서 $x=-2$ 또는 $x=2$

$f'(x)$의 부호를 조사하여 함수 $f(x)$의 증가와 감소를 표로 나타내면 다음과 같다.

x	$\cdots$	-2	$\cdots$	2	$\cdots$
$f'(x)$	$+$	0	$-$	0	$+$
$f(x)$	↗	극대	↘	극소	↗

그러므로 함수 $f(x)$는 $x=-2$에서 극대, $x=2$에서 극소이다. 이때,

$$f(x)=\int(3x^2-12)dx$$
$$=x^3-12x+C\ (C는\ 적분상수)$$

이고 극솟값이 -10이므로

$$f(2)=8-24+C=-10 \quad \therefore C=6$$

따라서 $f(x)=x^3-12x+6$이므로 함수 $f(x)$의 극댓값은

$$f(-2)=-8+24+6=22$$

답 ②

385

$f'(x)=0$에서 $x=0$ 또는 $x=2$

$f'(x)$의 부호를 조사하여 함수 $f(x)$의 증가와 감소를 표로 나타내면 다음과 같다.

x	$\cdots$	0	$\cdots$	2	$\cdots$
$f'(x)$	$+$	0	$-$	0	$+$
$f(x)$	↗	극대	↘	극소	↗

그러므로 함수 $f(x)$는 $x=0$에서 극대, $x=2$에서 극소이다. 이때,

$$f(x)=\int3x(x-2)dx$$
$$=\int(3x^2-6x)dx$$
$$=x^3-3x^2+C\ (C는\ 적분상수)$$

이고 곡선 $y=f(x)$가 x축에 접하므로 극댓값 또는 극솟값이 0이다.

(i) 극댓값이 0일 때

$f(0)=0$이므로 $C=0$

$f(x)=x^3-3x^2$이므로

$f(1)=1-3=-2$

(ii) 극솟값이 0일 때

$f(2)=0$이므로 $8-12+C=0$

$\therefore C=4$

$f(x)=x^3-3x^2+4$이므로

$f(1)=1-3+4=2$

(i), (ii)에서 $f(1)=2$ ($\because f(1)>0$)　　　　**답** ②

386

삼차함수 $f(x)$는 $x=1$에서 극값을 갖고, $y=f(x)$의 그래프가 원점에 대하여 대칭이므로 $x=-1$에서도 극값을 갖는다.

$\therefore f'(x)=a(x+1)(x-1)=a(x^2-1)$ (단, $a\neq0$인 상수이다.)

$\therefore f(x)=\int a(x^2-1)dx$

$\qquad\quad=a\left(\dfrac{1}{3}x^3-x\right)+C$ (단, C는 적분상수이다.)

또한 $y=f(x)$의 그래프가 원점에 대하여 대칭이므로

$f(0)=0$에서 $C=0$

$f(x)=a\left(\dfrac{1}{3}x^3-x\right)$이므로

$a\left(\dfrac{1}{3}x^3-x\right)=0$에서 $\dfrac{1}{3}ax(x^2-3)=0$

$\dfrac{1}{3}ax(x+\sqrt{3})(x-\sqrt{3})=0$

$\therefore x=-\sqrt{3}$ 또는 $x=0$ 또는 $x=\sqrt{3}$

따라서 $y=f(x)$의 그래프와 x축의 교점의 x좌표 중에서 양수인 것은 $\sqrt{3}$이다.　　　　**답** ②

387

곡선 $y=f(x)$ 위의 임의의 점 $(x, f(x))$에서의 접선의 기울기가 $2x+1$이므로

$f'(x)=2x+1$

——————————————————— **가**

$\therefore f(x)=\int(2x+1)dx$

$\qquad\quad=x^2+x+C$ (단, C는 적분상수이다.)

이때, 곡선 $y=f(x)$가 점 $(3, 6)$을 지나므로

$f(3)=9+3+C=6$

$\therefore C=-6$

$\therefore f(x)=x^2+x-6$

——————————————————— **나**

$x^2+x-6=0$에서 $(x+3)(x-2)=0$

$\therefore x=-3$ 또는 $x=2$

——————————————————— **다**

따라서 곡선 $y=f(x)$와 x축의 두 교점의 좌표는 $(-3, 0)$, $(2, 0)$이므로 선분 PQ의 길이는

$\overline{PQ}=2-(-3)=5$

——————————————————— **라**

단계	채점 요소	비율
가	접선의 기울기가 $f'(x)$임을 이용하기	30%
나	함수 $f(x)$ 구하기	30%
다	곡선 $y=f(x)$와 x축의 교점의 x좌표 구하기	20%
라	선분 PQ의 길이 구하기	20%

답 5

388

$$\dfrac{d}{dx}\left[\int\{f(x)-x^2+4\}dx\right]=f(x)-x^2+4$$

——————————————————— **가**

$$\int\left[\dfrac{d}{dx}\{2f(x)-3x+1\}\right]dx=2f(x)-3x+C$$ (단, C는 적분상수이다.)

——————————————————— **나**

$f(x)-x^2+4=2f(x)-3x+C$에서

$f(x)=-x^2+3x+4-C$

이때, $f(1)=-1+3+4-C=3$이므로 $C=3$

$\therefore f(x)=-x^2+3x+1$

——————————————————— **다**

단계	채점 요소	비율
가	주어진 식의 좌변 정리하기	30%
나	주어진 식의 우변 정리하기	30%
다	$f(x)$ 구하기	40%

답 $f(x)=-x^2+3x+1$

08 정적분

본문 p.77

개념 콕콕

389

(1) $\displaystyle\int_0^1 3x^2\,dx=\Big[\,x^3\,\Big]_0^1=1$

(2) $\displaystyle\int_1^2 (x^3-x)\,dx=\Big[\dfrac{1}{4}x^4-\dfrac{1}{2}x^2\Big]_1^2$

$\qquad\qquad =(4-2)-\Big(\dfrac{1}{4}-\dfrac{1}{2}\Big)=\dfrac{9}{4}$

(3) $\displaystyle\int_{-1}^2 (6x^2+x-1)\,dx=\Big[2x^3+\dfrac{1}{2}x^2-x\Big]_{-1}^2$

$\qquad\qquad =(16+2-2)-\Big(-2+\dfrac{1}{2}+1\Big)=\dfrac{33}{2}$

(4) $\displaystyle\int_0^1 (x+1)(x-1)\,dx=\int_0^1 (x^2-1)\,dx$

$\qquad\qquad =\Big[\dfrac{1}{3}x^3-x\Big]_0^1$

$\qquad\qquad =\dfrac{1}{3}-1=-\dfrac{2}{3}$

(5) $\displaystyle\int_0^2 (x-1)(x^2+x+1)\,dx=\int_0^2 (x^3-1)\,dx$

$\qquad\qquad =\Big[\dfrac{1}{4}x^4-x\Big]_0^2$

$\qquad\qquad =4-2=2$

(6) $\displaystyle\int_0^{-1} (2x+3)\,dx=-\int_{-1}^0 (2x+3)\,dx$

$\qquad\qquad =-\Big[x^2+3x\Big]_{-1}^0$

$\qquad\qquad =-\{0-(1-3)\}=-2$

(7) $\displaystyle\int_1^{-2} (x^2-4x)\,dx=-\int_{-2}^1 (x^2-4x)\,dx$

$\qquad\qquad =-\Big[\dfrac{1}{3}x^3-2x^2\Big]_{-2}^1$

$\qquad\qquad =-\Big\{\Big(\dfrac{1}{3}-2\Big)-\Big(-\dfrac{8}{3}-8\Big)\Big\}=-9$

(8) $\displaystyle\int_2^1 (4x^3-3x^2)\,dx=-\int_1^2 (4x^3-3x^2)\,dx$

$\qquad\qquad =-\Big[x^4-x^3\Big]_1^2$

$\qquad\qquad =-\{(16-8)-(1-1)\}=-8$

답 (1) 1　(2) $\dfrac{9}{4}$　(3) $\dfrac{33}{2}$　(4) $-\dfrac{2}{3}$　(5) 2　(6) -2　(7) -9　(8) -8

390

(1) $\dfrac{d}{dx}\displaystyle\int_1^x t^2\,dt=x^2$

(2) $\dfrac{d}{dx}\displaystyle\int_0^x (t^2+3t-1)\,dt=x^2+3x-1$

(3) $\dfrac{d}{dx}\displaystyle\int_2^x (t+1)^2\,dt=\dfrac{d}{dx}\int_2^x (t^2+2t+1)\,dt=x^2+2x+1$

답 (1) x^2　(2) x^2+3x-1　(3) x^2+2x+1

391

(1) $\displaystyle\int_0^1 (x-x^2)\,dx+\int_0^1 (x+x^2)\,dx$

$\quad =\displaystyle\int_0^1 (x-x^2+x+x^2)\,dx$

$\quad =\displaystyle\int_0^1 2x\,dx$

$\quad =\Big[x^2\Big]_0^1=1$

(2) $\displaystyle\int_1^4 (2x^3+6x+1)\,dx-\int_1^4 (2x^3+1)\,dx$

$\quad =\displaystyle\int_1^4 (2x^3+6x+1-2x^3-1)\,dx$

$\quad =\displaystyle\int_1^4 6x\,dx=\Big[3x^2\Big]_1^4$

$\quad =48-3=45$

(3) $\displaystyle\int_{-1}^2 (5x^4-3x^2+2)\,dx+\int_{-1}^2 3x^2\,dx$

$\quad =\displaystyle\int_{-1}^2 (5x^4-3x^2+2+3x^2)\,dx$

$\quad =\displaystyle\int_{-1}^2 (5x^4+2)\,dx=\Big[x^5+2x\Big]_{-1}^2$

$\quad =(32+4)-(-1-2)=39$

(4) $\displaystyle\int_0^1 (x+1)^2\,dx+\int_1^0 (x-1)^2\,dx$

$\quad =\displaystyle\int_0^1 (x^2+2x+1)\,dx-\int_0^1 (x^2-2x+1)\,dx$

$\quad =\displaystyle\int_0^1 (x^2+2x+1-x^2+2x-1)\,dx$

$\quad =\displaystyle\int_0^1 4x\,dx$

$\quad =\Big[2x^2\Big]_0^1=2$

(5) $\displaystyle\int_{-2}^{-1} (x^2+5)\,dx+\int_{-1}^0 (x^2+5)\,dx$

$\quad =\displaystyle\int_{-2}^0 (x^2+5)\,dx$

$\quad =\Big[\dfrac{1}{3}x^3+5x\Big]_{-2}^0$

$\quad =0-\Big(-\dfrac{8}{3}-10\Big)$

$\quad =\dfrac{38}{3}$

(6) $\displaystyle\int_{-1}^0 (x^4-5x^2+x-4)\,dx+\int_0^{-1} (x^4-5x^2+x-4)\,dx$

$\quad =\displaystyle\int_{-1}^{-1} (x^4-5x^2+x-4)\,dx=0$

(7) $\displaystyle\int_{-2}^1 (4x^3-2x+1)\,dx-\int_3^1 (4x^3-2x+1)\,dx$

$\quad =\displaystyle\int_{-2}^1 (4x^3-2x+1)\,dx+\int_1^3 (4x^3-2x+1)\,dx$

$\quad =\displaystyle\int_{-2}^3 (4x^3-2x+1)\,dx$

$\quad =\Big[x^4-x^2+x\Big]_{-2}^3$

$\quad =(81-9+3)-(16-4-2)=65$

답 (1) 1　(2) 45　(3) 39　(4) 2　(5) $\dfrac{38}{3}$　(6) 0　(7) 65

392

(1) $|x|=\begin{cases} x & (x\geq 0) \\ -x & (x<0) \end{cases}$ 이므로

$$\int_{-2}^{2}|x|dx=\int_{-2}^{0}(-x)dx+\int_{0}^{2}x\,dx$$
$$=\left[-\frac{1}{2}x^2\right]_{-2}^{0}+\left[\frac{1}{2}x^2\right]_{0}^{2}$$
$$=\{0-(-2)\}+2=4$$

(2) $|x-1|=\begin{cases} x-1 & (x\geq 1) \\ -x+1 & (x<1) \end{cases}$ 이므로

$$\int_{0}^{2}|x-1|dx=\int_{0}^{1}(-x+1)dx+\int_{1}^{2}(x-1)dx$$
$$=\left[-\frac{1}{2}x^2+x\right]_{0}^{1}+\left[\frac{1}{2}x^2-x\right]_{1}^{2}$$
$$=\left(-\frac{1}{2}+1\right)+\left\{(2-2)-\left(\frac{1}{2}-1\right)\right\}$$
$$=1$$

(3) $|2x-1|=\begin{cases} 2x-1 & \left(x\geq \frac{1}{2}\right) \\ -2x+1 & \left(x<\frac{1}{2}\right) \end{cases}$ 이므로

$$\int_{-1}^{1}|2x-1|dx=\int_{-1}^{\frac{1}{2}}(-2x+1)dx+\int_{\frac{1}{2}}^{1}(2x-1)dx$$
$$=\left[-x^2+x\right]_{-1}^{\frac{1}{2}}+\left[x^2-x\right]_{\frac{1}{2}}^{1}$$
$$=\left\{\left(-\frac{1}{4}+\frac{1}{2}\right)-(-1-1)\right\}+\left\{(1-1)-\left(\frac{1}{4}-\frac{1}{2}\right)\right\}$$
$$=\frac{5}{2}$$

(4) $|x|=\begin{cases} x & (x\geq 0) \\ -x & (x<0) \end{cases}$ 이므로

$$\int_{-2}^{1}(|x|+3)dx=\int_{-2}^{0}(-x+3)dx+\int_{0}^{1}(x+3)dx$$
$$=\left[-\frac{1}{2}x^2+3x\right]_{-2}^{0}+\left[\frac{1}{2}x^2+3x\right]_{0}^{1}$$
$$=\{0-(-2-6)\}+\left(\frac{1}{2}+3\right)$$
$$=\frac{23}{2}$$

답 (1) 4 (2) 1 (3) $\frac{5}{2}$ (4) $\frac{23}{2}$

393

(1) $\int_{-1}^{1}(x^3+5x)dx=0$

(2) $\int_{-2}^{2}(7x^3+3x^2-4x-1)dx=2\int_{0}^{2}(3x^2-1)dx$
$$=2\left[x^3-x\right]_{0}^{2}=2(8-2)=12$$

(3) $\int_{-3}^{3}(x-2)(3x+1)dx=\int_{-3}^{3}(3x^2-5x-2)dx$
$$=2\int_{0}^{3}(3x^2-2)dx$$
$$=2\left[x^3-2x\right]_{0}^{3}=2(27-6)=42$$

답 (1) 0 (2) 12 (3) 42

본문 p.78~81

유형 콕콕

394 ②	**395** ①	**396** $\frac{5}{2}$	**397** ④	**398** ⑤	**399** ③
400 ⑤	**401** 30	**402** 20	**403** ③	**404** ②	**405** $\frac{46}{3}$
406 ①	**407** ③	**408** 6	**409** ③	**410** ⑤	**411** $2A$
412 -2	**413** -3	**414** 5	**415** ④	**416** ⑤	**417** 6

394

$\int_{0}^{1}(4x^3+a)dx+\int_{1}^{1}(4x^3+a)dx=\int_{0}^{1}(4x^3+a)dx$ 이므로

$$\int_{0}^{1}(4x^3+a)dx=\left[x^4+ax\right]_{0}^{1}=1+a=8$$
$$\therefore a=7$$

답 ②

395

$$\int_{-1}^{0}(3x^2+7)dx=\left[x^3+7x\right]_{-1}^{0}=-(-1-7)=8$$

답 ①

396

$f(x)=3x^2-2ax$ 에서

$$\int_{0}^{2}f(x)dx=\int_{0}^{2}(3x^2-2ax)dx$$
$$=\left[x^3-ax^2\right]_{0}^{2}=8-4a$$

가

이고 $f(1)=3-2a$ 이므로

$8-4a=3-2a$, $2a=5$ $\therefore a=\frac{5}{2}$

나

단계	채점 요소	비율
가	$\int_{0}^{2}f(x)dx$ 구하기	70%
나	상수 a의 값 구하기	30%

답 $\frac{5}{2}$

397

$\int_{0}^{3}(x+k)^2dx-\int_{0}^{3}(x-k)^2dx$

$$=\int_{0}^{3}(x^2+2kx+k^2)dx-\int_{0}^{3}(x^2-2kx+k^2)dx$$
$$=\int_{0}^{3}(x^2+2kx+k^2-x^2+2kx-k^2)dx=\int_{0}^{3}4kx\,dx$$
$$=\left[2kx^2\right]_{0}^{3}=18k=72$$
$$\therefore k=4$$

답 ④

398

$\int_{0}^{2}(x^2+1)dx-\int_{0}^{2}x^2dx=\int_{0}^{2}(x^2+1-x^2)dx$

$$=\int_{0}^{2}dx$$
$$=\left[x\right]_{0}^{2}=2$$

답 ⑤

399

$$\int_0^3 \frac{x^3}{x+2}\,dx+\int_0^3 \frac{8}{x+2}\,dx=\int_0^3 \frac{x^3+8}{x+2}\,dx$$
$$=\int_0^3 \frac{(x+2)(x^2-2x+4)}{x+2}\,dx$$
$$=\int_0^3 (x^2-2x+4)\,dx$$
$$=\left[\frac{1}{3}x^3-x^2+4x\right]_0^3$$
$$=9-9+12=12$$

답 ③

400

$$\int_{-1}^3 f(x)\,dx=\int_{-1}^2 f(x)\,dx+\int_2^3 f(x)\,dx$$
$$=\int_{-1}^2 f(x)\,dx+\left\{\int_1^3 f(x)\,dx-\int_1^2 f(x)\,dx\right\}$$
$$=3+(6-2)=7$$

답 ⑤

401

$$\int_{-2}^{-1} f(x)\,dx-\int_1^{-1} f(x)\,dx+\int_1^3 f(x)\,dx$$
$$=\int_{-2}^{-1} f(x)\,dx+\int_{-1}^1 f(x)\,dx+\int_1^3 f(x)\,dx$$
$$=\int_{-2}^3 f(x)\,dx$$

이때, $f(x)=2x+5$이므로

$$\int_{-2}^3 (2x+5)\,dx=\left[x^2+5x\right]_{-2}^3$$
$$=(9+15)-(4-10)=30$$

답 30

402

$$\int_1^{-1} \frac{3x^4}{x^2+x+1}\,dx-\int_3^{-1} \frac{3x^4}{x^2+x+1}\,dx-\int_3^1 \frac{3x^2+3}{x^2+x+1}\,dx$$
$$=\int_1^{-1} \frac{3x^4}{x^2+x+1}\,dx+\int_{-1}^3 \frac{3x^4}{x^2+x+1}\,dx+\int_1^3 \frac{3x^2+3}{x^2+x+1}\,dx$$
$$=\int_1^3 \frac{3x^4}{x^2+x+1}\,dx+\int_1^3 \frac{3x^2+3}{x^2+x+1}\,dx$$
$$=3\int_1^3 \frac{x^4+x^2+1}{x^2+x+1}\,dx=3\int_1^3 \frac{(x^2+x+1)(x^2-x+1)}{x^2+x+1}\,dx$$
$$=3\int_1^3 (x^2-x+1)\,dx=3\left[\frac{1}{3}x^3-\frac{1}{2}x^2+x\right]_1^3$$
$$=3\left\{\left(9-\frac{9}{2}+3\right)-\left(\frac{1}{3}-\frac{1}{2}+1\right)\right\}=20$$

답 20

403

$$|x^2-x|=\begin{cases} x^2-x & (x\le 0 \text{ 또는 } x\ge 1) \\ -x^2+x & (0<x<1) \end{cases}$$ 이므로

$$\int_0^2 |x^2-x|\,dx$$
$$=\int_0^1 (-x^2+x)\,dx+\int_1^2 (x^2-x)\,dx$$
$$=\left[-\frac{1}{3}x^3+\frac{1}{2}x^2\right]_0^1+\left[\frac{1}{3}x^3-\frac{1}{2}x^2\right]_1^2$$
$$=\left(-\frac{1}{3}+\frac{1}{2}\right)+\left\{\left(\frac{8}{3}-2\right)-\left(\frac{1}{3}-\frac{1}{2}\right)\right\}$$
$$=1$$

답 ③

404

$$|x|=\begin{cases} x & (x\ge 0) \\ -x & (x<0) \end{cases}$$ 이므로

$$\int_{-1}^2 (2|x|-1)\,dx=\int_{-1}^0 (-2x-1)\,dx+\int_0^2 (2x-1)\,dx$$
$$=\left[-x^2-x\right]_{-1}^0+\left[x^2-x\right]_0^2$$
$$=-(-1+1)+(4-2)$$
$$=2$$

답 ②

405

$$|x^2-2x-3|=\begin{cases} x^2-2x-3 & (x\le -1 \text{ 또는 } x\ge 3) \\ -x^2+2x+3 & (-1<x<3) \end{cases}$$ 이므로

가

$$\int_{-2}^4 |x^2-2x-3|\,dx$$
$$=\int_{-2}^{-1} (x^2-2x-3)\,dx$$
$$\quad+\int_{-1}^3 (-x^2+2x+3)\,dx$$
$$\quad+\int_3^4 (x^2-2x-3)\,dx$$
$$=\left[\frac{1}{3}x^3-x^2-3x\right]_{-2}^{-1}+\left[-\frac{1}{3}x^3+x^2+3x\right]_{-1}^3+\left[\frac{1}{3}x^3-x^2-3x\right]_3^4$$
$$=\left\{\left(-\frac{1}{3}-1+3\right)-\left(-\frac{8}{3}-4+6\right)\right\}+\left\{(-9+9+9)-\left(\frac{1}{3}+1-3\right)\right\}$$
$$\quad+\left\{\left(\frac{64}{3}-16-12\right)-(9-9-9)\right\}$$
$$=\frac{46}{3}$$

나

단계	채점 요소	비율
가	x의 값의 범위를 나누어 $|x^2-2x-3|$의 식 정리하기	50%
나	$\int_{-2}^4 |x^2-2x-3|\,dx$의 값 구하기	50%

답 $\dfrac{46}{3}$

406

$$\int_0^2 f(x)\,dx=\int_0^1 f(x)\,dx+\int_1^2 f(x)\,dx$$
$$=\int_0^1 \left(\frac{9}{2}x-\frac{1}{2}\right)\,dx+\int_1^2 (x+1)^2\,dx$$
$$=\int_0^1 \left(\frac{9}{2}x-\frac{1}{2}\right)\,dx+\int_1^2 (x^2+2x+1)\,dx$$
$$=\left[\frac{9}{4}x^2-\frac{1}{2}x\right]_0^1+\left[\frac{1}{3}x^3+x^2+x\right]_1^2$$
$$=\left(\frac{9}{4}-\frac{1}{2}\right)+\left\{\left(\frac{8}{3}+4+2\right)-\left(\frac{1}{3}+1+1\right)\right\}$$
$$=\frac{97}{12}$$

답 ①

407

$$\int_{-2}^{2} f(x)dx = \int_{-2}^{-1} f(x)dx + \int_{-1}^{2} f(x)dx$$

$$= \int_{-2}^{-1} 3x^2 dx + \int_{-1}^{2} (1-2x)dx$$

$$= \Big[x^3 \Big]_{-2}^{-1} + \Big[x-x^2 \Big]_{-1}^{2}$$

$$= \{-1-(-8)\} + \{(2-4)-(-1-1)\}$$

$$= 7$$

답 ③

408

$$f'(x) = \begin{cases} -x+2 & (x \geq 0) \\ 2 & (x < 0) \end{cases} \text{이므로}$$

$$\int_{-2}^{2} f'(x)dx = \int_{-2}^{0} 2\,dx + \int_{0}^{2} (-x+2)dx$$

$$= \Big[2x \Big]_{-2}^{0} + \Big[-\frac{1}{2}x^2 + 2x \Big]_{0}^{2}$$

$$= -(-4) + (-2+4) = 6$$

이때, $\int_{-2}^{2} f'(x)dx = \Big[f(x) \Big]_{-2}^{2} = f(2) - f(-2)$이므로

$$f(2) - f(-2) = 6$$

답 6

409

$$\int_{-a}^{a} (3x^2+2x)dx = 2\int_{0}^{a} 3x^2 dx = 2\Big[x^3 \Big]_{0}^{a} = 2a^3 = \frac{1}{4}$$

$$a^3 = \frac{1}{8} \qquad \therefore a = \frac{1}{2} \ (\because a\text{는 실수})$$

$$\therefore 50a = 50 \times \frac{1}{2} = 25$$

답 ③

410

$$\int_{-1}^{1} f(x)dx = \int_{-1}^{1} (4x^3+6x^2-2x)dx$$

$$= 2\int_{0}^{1} 6x^2 dx$$

$$= 2\Big[2x^3 \Big]_{0}^{1} = 2 \times 2 = 4$$

답 ⑤

411

모든 실수 x에 대하여 $f(x) = f(-x)$이므로 함수 $f(x)$는 우함수이다.

$$\therefore \int_{-2}^{2} f(x)dx = 2\int_{0}^{2} f(x)dx = 2A \qquad \cdots\cdots \ \text{㉠}$$

가

또한 모든 실수 x에 대하여 $g(x) = -g(-x)$이므로 함수 $g(x)$는 기함수이다.

$$\therefore \int_{-2}^{2} g(x)dx = 0 \qquad \cdots\cdots \ \text{㉡}$$

나

㉠, ㉡에서

$$\int_{-2}^{2} \{ f(x)-g(x) \}dx = \int_{-2}^{2} f(x)dx - \int_{-2}^{2} g(x)dx$$

$$= 2A - 0 = 2A$$

다

단계	채점 요소	비율
가	$\int_{-2}^{2} f(x)dx$를 A를 이용하여 나타내기	50%
나	$\int_{-2}^{2} g(x)dx$의 값 구하기	30%
다	주어진 정적분의 값 구하기	20%

답 $2A$

412

$f(x) = ax+b$ (a, b는 상수, $a \neq 0$)라 하면

$$\int_{-1}^{1} f(x)dx = \int_{-1}^{1} (ax+b)dx$$

$$= 2\int_{0}^{1} b\,dx$$

$$= 2\Big[bx \Big]_{0}^{1} = 2b$$

이때, $\int_{-1}^{1} f(x)dx = -6$이므로 $2b = -6$

$$\therefore b = -3$$

$$\int_{-1}^{1} xf(x)dx = \int_{-1}^{1} (ax^2+bx)dx$$

$$= 2\int_{0}^{1} ax^2 dx$$

$$= 2\Big[\frac{a}{3}x^3 \Big]_{0}^{1} = \frac{2}{3}a$$

이때, $\int_{-1}^{1} xf(x)dx = 4$이므로 $\frac{2}{3}a = 4$

$$\therefore a = 6$$

따라서 $f(x) = 6x-3$이므로

$$\int_{-1}^{1} x^2 f(x)dx = \int_{-1}^{1} (6x^3-3x^2)dx = 2\int_{0}^{1} (-3x^2)dx$$

$$= 2\Big[-x^3 \Big]_{0}^{1} = 2 \times (-1) = -2$$

답 -2

413

$f(x) = ax+b$ ($a \neq 0$)에 대하여

$$\int_{-1}^{1} xf(x)dx = \int_{-1}^{1} (ax^2+bx)dx$$

$$= 2\int_{0}^{1} ax^2 dx$$

$$= 2\Big[\frac{a}{3}x^3 \Big]_{0}^{1} = \frac{2}{3}a$$

이때, $\int_{-1}^{1} xf(x)dx = 2$이므로 $\frac{2}{3}a = 2$ $\quad \therefore a = 3$

가

$$\int_{-1}^{1} x^2 f(x)dx = \int_{-1}^{1} (ax^3+bx^2)dx$$

$$= 2\int_{0}^{1} bx^2 dx$$

$$= 2\Big[\frac{b}{3}x^3 \Big]_{0}^{1} = \frac{2}{3}b$$

이때, $\int_{-1}^{1} x^2 f(x)dx = -4$이므로 $\frac{2}{3}b = -4$ $\quad \therefore b = -6$

나

따라서 $f(x) = 3x-6$이므로

$$f(1) = 3-6 = -3$$

다

단계	채점 요소	비율
가	a의 값 구하기	40%
나	b의 값 구하기	40%
다	$f(1)$의 값 구하기	20%

답 -3

414

모든 실수 x에 대하여 $f(-x)=f(x)$이므로 함수 $f(x)$는 우함수이다.
따라서 $x^3 f(x)$, $xf(x)$는 기함수이다.

$$\therefore \int_{-1}^{1}(x^3-x+1)f(x)dx$$
$$=\int_{-1}^{1}x^3 f(x)dx-\int_{-1}^{1}xf(x)dx+\int_{-1}^{1}f(x)dx$$
$$=0-0+\int_{-1}^{1}f(x)dx$$
$$=5$$

답 5

415

$$\int_{0}^{2}f(x)dx=\int_{0}^{2}(-x^2+2x)dx=\left[-\frac{1}{3}x^3+x^2\right]_{0}^{2}=\frac{4}{3}$$

이때, 조건 (나)에서 함수 $f(x)$는 모든 실수 x에 대하여
$f(x+2)=f(x)$이므로

$$\int_{-4}^{-2}f(x)dx=\int_{-2}^{0}f(x)dx=\int_{0}^{2}f(x)dx=\int_{2}^{4}f(x)dx=\frac{4}{3}$$

$$\therefore \int_{-4}^{4}f(x)dx$$
$$=\int_{-4}^{-2}f(x)dx+\int_{-2}^{0}f(x)dx+\int_{0}^{2}f(x)dx+\int_{2}^{4}f(x)dx$$
$$=4\times\frac{4}{3}=\frac{16}{3}$$

답 ④

416

함수 $f(x)$가 모든 실수 x에 대하여 $f(x+2)=f(x)$이므로

$$\int_{-1}^{1}f(x)dx=\int_{1}^{3}f(x)dx=\int_{3}^{5}f(x)dx=\cdots$$

답 ⑤

417

조건 (가)에서 $-1\le x\le 0$일 때, $|x|=-x$이므로
$f(x)=1+x$
$0\le x\le 1$일 때, $|x|=x$이므로
$f(x)=1-x$
조건 (나)에서 함수 $f(x)$는 모든 실수 x에 대하여 $f(x-1)=f(x+1)$, 즉
$f(x)=f(x+2)$이므로 함수 $y=f(x)$의 그래프는 다음 그림과 같다.

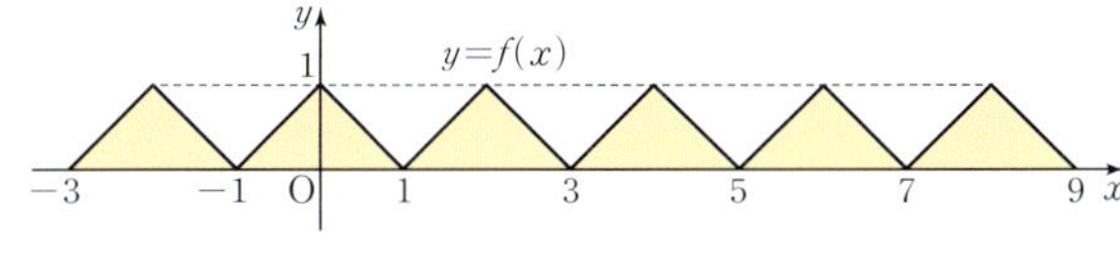

$$\therefore \int_{-3}^{9}f(x)dx=12\int_{0}^{1}(1-x)dx=12\left[x-\frac{1}{2}x^2\right]_{0}^{1}=6$$

보충 설명

조건 (가)의 $-1\le x\le 1$에서 정의된 함수 $f(x)$에 대하여
$f(-x)=1-|-x|=1-|x|=f(x)$
이므로 $f(x)$는 우함수이다.

답 6

418 (1) $\dfrac{4}{3}$ (2) 2 (3) $\dfrac{28}{3}$ **419** (1) -6 (2) $\dfrac{3}{2}$ (3) 28

420 -2 **421** ③   **422** ③   **423** 2   **424** ④   **425** 8

426 ③   **427** ③   **428** ⑤   **429** ③   **430** ⑤   **431** 16

432 11   **433** 11

418

(1) $\displaystyle\int_{1}^{2}\frac{x^4+x^3}{x^2+1}dx+\int_{2}^{1}\frac{t^3+1}{t^2+1}dt$

$$=\int_{1}^{2}\frac{x^4+x^3}{x^2+1}dx-\int_{1}^{2}\frac{x^3+1}{x^2+1}dx$$
$$=\int_{1}^{2}\frac{x^4-1}{x^2+1}dx$$
$$=\int_{1}^{2}\frac{(x^2+1)(x^2-1)}{x^2+1}dx$$
$$=\int_{1}^{2}(x^2-1)dx$$
$$=\left[\frac{1}{3}x^3-x\right]_{1}^{2}$$
$$=\left(\frac{8}{3}-2\right)-\left(\frac{1}{3}-1\right)=\frac{4}{3}$$

(2) $\displaystyle\int_{0}^{2}(x-1)x^2 dx+\int_{0}^{2}(x-1)x\,dx+\int_{0}^{2}(x-1)dx$

$$=\int_{0}^{2}(x-1)(x^2+x+1)dx$$
$$=\int_{0}^{2}(x^3-1)dx=\left[\frac{1}{4}x^4-x\right]_{0}^{2}$$
$$=4-2=2$$

(3) $\displaystyle\int_{-1}^{0}(x^3+2x^2-3x+4)dx-\int_{1}^{0}(t^3+2t^2-3t+4)dt$

$$=\int_{-1}^{0}(x^3+2x^2-3x+4)dx+\int_{0}^{1}(x^3+2x^2-3x+4)dx$$
$$=\int_{-1}^{1}(x^3+2x^2-3x+4)dx$$
$$=2\int_{0}^{1}(2x^2+4)dx$$
$$=2\left[\frac{2}{3}x^3+4x\right]_{0}^{1}$$
$$=2\left(\frac{2}{3}+4\right)=\frac{28}{3}$$

다른 풀이

(2) $\displaystyle\int_{0}^{2}(x-1)x^2 dx+\int_{0}^{2}(x-1)x\,dx+\int_{0}^{2}(x-1)dx$

$$=\int_{0}^{2}\{(x^3-x^2)+(x^2-x)+(x-1)\}dx$$
$$=\int_{0}^{2}(x^3-1)dx=\left[\frac{1}{4}x^4-x\right]_{0}^{2}$$
$$=4-2=2$$

답 (1) $\dfrac{4}{3}$ (2) 2 (3) $\dfrac{28}{3}$

419

(1) $|x-1|=\begin{cases} x-1 & (x\ge 1) \\ -x+1 & (x<1) \end{cases}$ 이므로

$$\int_{-2}^{2}|x-1|(3x+1)dx$$

$$=\int_{-2}^{1}(-x+1)(3x+1)dx+\int_{1}^{2}(x-1)(3x+1)dx$$

$$=\int_{-2}^{1}(-3x^2+2x+1)dx+\int_{1}^{2}(3x^2-2x-1)dx$$

$$=\Big[-x^3+x^2+x\Big]_{-2}^{1}+\Big[x^3-x^2-x\Big]_{1}^{2}$$

$$=\{(-1+1+1)-(-8+4-2)\}+\{(8-4-2)-(1-1-1)\}$$

$$=-6$$

(2) $|x^2(x-1)|=\begin{cases} x^3-x^2 & (x\geq1) \\ -x^3+x^2 & (x<1) \end{cases}$ 이므로

$$\int_{0}^{2}|x^2(x-1)|dx=\int_{0}^{1}(-x^3+x^2)dx+\int_{1}^{2}(x^3-x^2)dx$$

$$=\Big[-\frac{1}{4}x^4+\frac{1}{3}x^3\Big]_{0}^{1}+\Big[\frac{1}{4}x^4-\frac{1}{3}x^3\Big]_{1}^{2}$$

$$=\Big(-\frac{1}{4}+\frac{1}{3}\Big)+\Big\{\Big(4-\frac{8}{3}\Big)-\Big(\frac{1}{4}-\frac{1}{3}\Big)\Big\}$$

$$=\frac{3}{2}$$

(3) $\displaystyle\int_{-2}^{2}(x^3+3x^2-2|x|+5)dx=\int_{-2}^{2}x^3dx+\int_{-2}^{2}(3x^2-2|x|+5)dx$

$$=0+2\int_{0}^{2}(3x^2-2x+5)dx$$

$$=2\Big[x^3-x^2+5x\Big]_{0}^{2}$$

$$=2(8-4+10)=28$$

🅐 (1) -6　(2) $\dfrac{3}{2}$　(3) 28

420

주어진 그림에서 $f(2)=0$, $f(0)=2$이므로

$$\int_{0}^{2}f'(x)dx=\Big[f(x)\Big]_{0}^{2}=f(2)-f(0)=0-2=-2 \qquad 🅐 -2$$

421

$\displaystyle\int_{0}^{2}f'(x)dx=\Big[f(x)\Big]_{0}^{2}=f(2)-f(0)$이므로

$$\int_{0}^{2}2|x-1|dx=f(2)-f(0)$$

$$=f(2)-1\ (\because f(0)=1)$$

$$\therefore f(2)=1+\int_{0}^{2}2|x-1|dx$$

$$=1+\int_{0}^{1}2(-x+1)dx+\int_{1}^{2}2(x-1)dx$$

$$=1+\int_{0}^{1}(-2x+2)dx+\int_{1}^{2}(2x-2)dx$$

$$=1+\Big[-x^2+2x\Big]_{0}^{1}+\Big[x^2-2x\Big]_{1}^{2}$$

$$=1+(-1+2)+\{(4-4)-(1-2)\}=3 \qquad 🅐 ③$$

422

$f(x)=\begin{cases} (x-1)^2 & (x\geq0) \\ x+1 & (x<0) \end{cases}$ 에서

$f(x+1)=\begin{cases} x^2 & (x\geq-1) \\ x+2 & (x<-1) \end{cases}$

$$\therefore \int_{-2}^{2}f(x+1)dx=\int_{-2}^{-1}(x+2)dx+\int_{-1}^{2}x^2dx$$

$$=\Big[\frac{1}{2}x^2+2x\Big]_{-2}^{-1}+\Big[\frac{1}{3}x^3\Big]_{-1}^{2}$$

$$=\Big\{\Big(\frac{1}{2}-2\Big)-(2-4)\Big\}+\Big\{\frac{8}{3}-\Big(-\frac{1}{3}\Big)\Big\}$$

$$=\frac{7}{2} \qquad 🅐 ③$$

423

$f(x)=\begin{cases} -x+2 & (x\geq1) \\ x & (x<1) \end{cases}$ 에서

$f(x-1)=\begin{cases} -x+3 & (x\geq2) \\ x-1 & (x<2) \end{cases}$ 이므로

$xf(x-1)=\begin{cases} -x^2+3x & (x\geq2) \\ x^2-x & (x<2) \end{cases}$

$$\therefore \int_{1}^{3}xf(x-1)dx$$

$$=\int_{1}^{2}(x^2-x)dx+\int_{2}^{3}(-x^2+3x)dx$$

$$=\Big[\frac{1}{3}x^3-\frac{1}{2}x^2\Big]_{1}^{2}+\Big[-\frac{1}{3}x^3+\frac{3}{2}x^2\Big]_{2}^{3}$$

$$=\Big\{\Big(\frac{8}{3}-2\Big)-\Big(\frac{1}{3}-\frac{1}{2}\Big)\Big\}+\Big\{\Big(-9+\frac{27}{2}\Big)-\Big(-\frac{8}{3}+6\Big)\Big\}$$

$$=2 \qquad 🅐 2$$

424

$\displaystyle\int_{a}^{0}(2x-3)dx+18=0$에서 $-\displaystyle\int_{a}^{0}(2x-3)dx=18$

$$\int_{0}^{a}(2x-3)dx=18$$

$$\Big[x^2-3x\Big]_{0}^{a}=18$$

$$a^2-3a=18,\ (a+3)(a-6)=0$$

$$\therefore a=-3 \text{ 또는 } a=6$$

따라서 모든 실수 a의 값의 합은

$$-3+6=3 \qquad 🅐 ③$$

425

$f(x)=ax+b\ (a,\ b$는 상수, $a\neq0)$라 하면

$$\int_{-1}^{1}f(x)dx=\int_{-1}^{1}(ax+b)dx$$

$$=2\int_{0}^{1}b\,dx$$

$$=2\Big[bx\Big]_{0}^{1}=2b$$

이때, $\displaystyle\int_{-1}^{1}f(x)dx=6$이므로 $2b=6$ $\quad\therefore b=3$

$$\int_{-1}^{1}xf(x)dx=\int_{-1}^{1}(ax^2+bx)dx$$

$$=2\int_{0}^{1}ax^2dx$$

$$=2\Big[\frac{a}{3}x^3\Big]_{0}^{1}=\frac{2}{3}a$$

이때, $\displaystyle\int_{-1}^{1}xf(x)dx=2$이므로 $\dfrac{2}{3}a=2$ $\quad\therefore a=3$

따라서 $f(x)=3x+3$이므로

$$\int_{-1}^{1}(x^2+1)f(x)dx=\int_{-1}^{1}(3x^3+3x^2+3x+3)dx$$

$$=2\int_{0}^{1}(3x^2+3)dx$$

$$=2\Big[x^3+3x\Big]_{0}^{1}=2(1+3)=8$$

답 8

426

모든 실수 x에 대하여 $f(-x)=-f(x)$이므로 다항함수 $f(x)$는 기함수이다.

조건 (개)에서 $\int_{0}^{2}f(x)dx=-3$이므로

$$\int_{-2}^{0}f(x)dx=3$$

조건 (내)에서 $\int_{-1}^{5}f(y)dy=\int_{-1}^{5}f(x)dx=8$

조건 (대)에서 $\int_{-1}^{0}f(z)dz=\int_{-1}^{0}f(x)dx=2$이므로

$$\int_{0}^{-1}f(x)dx=-2$$

$$\therefore \int_{-2}^{5}f(t)dt=\int_{-2}^{5}f(x)dx$$

$$=\int_{-2}^{0}f(x)dx+\int_{0}^{-1}f(x)dx+\int_{-1}^{5}f(x)dx$$

$$=3+(-2)+8=9$$

답 ③

427

조건 (개)에서 함수 $f(x)$는 기함수이다.

조건 (내)에서 $\int_{-2}^{1}f(x)dx=-2$이므로

$$\int_{-2}^{1}f(x)dx=\int_{-2}^{-1}f(x)dx+\int_{-1}^{1}f(x)dx$$

$$=\int_{-2}^{-1}f(x)dx=-2\left(\because \int_{-1}^{1}f(x)dx=0\right)$$

$$\therefore \int_{-2}^{4}f(x)dx=\int_{-2}^{-1}f(x)dx+\int_{-1}^{4}f(x)dx$$

$$=-2+8=6$$

답 ③

428

삼차함수 $y=f(x)$의 그래프는 오른쪽 그림과 같으므로 원점에 대하여 대칭이다.

이때, 함수 $f(x)$가 $x=b$에서 극솟값을 가지므로 $x=-b$에서 극댓값을 갖는다.

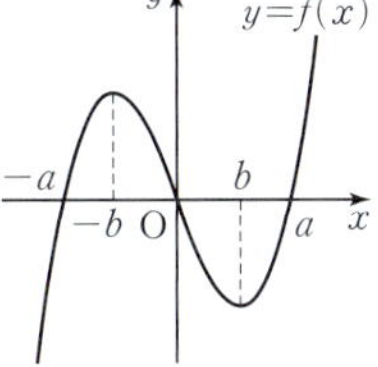

또한 $\int_{-a}^{0}f(x)dx=A$, $\int_{-b}^{a}f(x)dx=B$에서

$$\int_{0}^{a}f(x)dx=-\int_{-a}^{0}f(x)dx=-A$$이고

$$B=\int_{-b}^{a}f(x)dx$$

$$=\int_{-b}^{0}f(x)dx+\int_{0}^{a}f(x)dx$$

$$=\int_{-b}^{0}f(x)dx-A$$

이므로

$$\int_{-b}^{0}f(x)dx=A+B$$

$$\therefore \int_{0}^{b}f(x)dx=-\int_{-b}^{0}f(x)dx=-A-B$$

$$\therefore \int_{-a}^{b}|f(x)|dx=\int_{-a}^{0}f(x)dx+\int_{0}^{b}\{-f(x)\}dx$$

$$=\int_{-a}^{0}f(x)dx-\int_{0}^{b}f(x)dx$$

$$=A-(-A-B)=2A+B$$

답 ⑤

429

조건 (개)에 의하여 $f(2-x)=f(x-2)$이고

조건 (내)에서 $f(2-x)=f(2+x)$이므로

$$f(x-2)=f(x+2)$$

즉, $f(x)=f(x+4)$이다.

$$\therefore \int_{-2}^{6}f(x)dx=\int_{-2}^{2}f(x)dx+\int_{2}^{6}f(x)dx$$

$$=2\int_{0}^{4}f(x)dx$$

$$=2\times 6=12$$

다른 풀이

조건 (개)에서 함수 $y=f(x)$의 그래프는 y축에 대하여 대칭이고 조건 (내)에서 함수 $y=f(x)$의 그래프는 직선 $x=2$에 대하여 대칭이므로

$$6=\int_{0}^{4}f(x)dx=2\int_{0}^{2}f(x)dx$$

$$\therefore \int_{0}^{2}f(x)dx=3$$

$$\therefore \int_{-2}^{6}f(x)dx=4\int_{0}^{2}f(x)dx=4\times 3=12$$

답 ③

430

함수 $f(x)$를 $n\,(n\geq 1)$차 다항함수라 하면

조건 (개)에서 $(n+1)$차와 $2n$차가 같아야 하므로

$$n+1=2n \qquad \therefore n=1$$

즉, $f(x)$는 일차함수이므로 $f(x)=ax+b\,(a,\,b$는 상수, $a\neq 0)$라 하면

조건 (개)에서 $\int(ax+b)dx=(ax+b)^2$

$$\frac{a}{2}x^2+bx+C=a^2x^2+2abx+b^2\,(단,\,C는\,적분상수이다.)$$

위의 식이 모든 실수 x에 대하여 성립하므로

$$\frac{a}{2}=a^2에서\,a\left(a-\frac{1}{2}\right)=0 \qquad \therefore a=\frac{1}{2}\,(\because a\neq 0)$$

조건 (내)에서

$$\int_{-1}^{1}\left(\frac{1}{2}x+b\right)dx=2\int_{0}^{1}b\,dx=2\Big[bx\Big]_{0}^{1}=2b$$

$2b=50$이므로 $b=25$

따라서 $f(x)=\frac{1}{2}x+25$이므로

$$f(0)=25$$

답 ⑤

431

$g(x)=(x-a)^3+b$이고 $g(0)=0$이므로

$g(0)=-a^3+b=0$

$\therefore b=a^3$ ...... ㉠

한편, 그래프의 평행이동에 의하여

$$\int_a^{3a}g(x)dx=\int_0^{2a}g(x+a)dx$$

이므로

$$\int_a^{3a}g(x)dx-\int_0^{2a}f(x)dx=\int_0^{2a}g(x+a)dx-\int_0^{2a}f(x)dx$$

$$=\int_0^{2a}(x^3+b)dx-\int_0^{2a}x^3dx$$

$$=\int_0^{2a}b\,dx$$

$$=\Big[bx\Big]_0^{2a}=2ab$$

$\therefore 2ab=32$ ...... ㉡

㉠을 ㉡에 대입하면 $2a^4=32$

$\therefore a^4=16$ 　　　　답 16

432

$f(x)=x+\displaystyle\int_0^1\{f(t)+g(t)\}dt$ ...... ㉠

$g(x)=3x+\displaystyle\int_1^3\{f(t)+g(t)\}dt$ ...... ㉡

㉠+㉡을 하면

$$f(x)+g(x)=4x+\int_0^3\{f(t)+g(t)\}dt$$

　　　　가

$\displaystyle\int_0^3\{f(t)+g(t)\}dt=k\,(k는 상수)$ ...... ㉢

라 하면

$f(x)+g(x)=4x+k$

이것을 ㉢에 대입하면

$$\int_0^3\{f(t)+g(t)\}dt=\int_0^3(4t+k)dt$$

$$=\Big[2t^2+kt\Big]_0^3$$

$$=18+3k=k$$

$2k=-18$ 　　$\therefore k=-9$

　　　　나

따라서 $f(x)+g(x)=4x-9$이므로

$f(5)+g(5)=20-9=11$

　　　　다

단계	채점 요소	비율
가	주어진 두 식 더하기	40%
나	$\displaystyle\int_0^3\{f(t)+g(t)\}dt=k\,(k는 상수)$라 하고 k의 값 구하기	50%
다	$f(5)+g(5)$의 값 구하기	10%

답 11

433

함수 $f(x)$가 이차함수이고 $f(0)=-1$이므로

$f(x)=ax^2+bx-1\,(a,\ b는 상수,\ a\neq0)$이라 하면

$\displaystyle\int_{-1}^1f(x)dx=\int_0^1f(x)dx$에서

$$\int_{-1}^0f(x)dx+\int_0^1f(x)dx=\int_0^1f(x)dx$$

$\therefore \displaystyle\int_{-1}^0f(x)dx=0$

$$\int_{-1}^0f(x)dx=\int_{-1}^0(ax^2+bx-1)dx$$

$$=\Big[\frac{a}{3}x^3+\frac{b}{2}x^2-x\Big]_{-1}^0$$

$$=-\Big(-\frac{a}{3}+\frac{b}{2}+1\Big)=0$$

$\therefore 2a-3b=6$ ...... ㉠

　　　　가

또한 $\displaystyle\int_{-1}^1f(x)dx=\int_{-1}^0f(x)dx$에서

$$\int_{-1}^0f(x)dx+\int_0^1f(x)dx=\int_{-1}^0f(x)dx$$

$\therefore \displaystyle\int_0^1f(x)dx=0$

$$\int_0^1f(x)dx=\int_0^1(ax^2+bx-1)dx$$

$$=\Big[\frac{a}{3}x^3+\frac{b}{2}x^2-x\Big]_0^1$$

$$=\frac{a}{3}+\frac{b}{2}-1=0$$

$\therefore 2a+3b=6$ ...... ㉡

　　　　나

㉠, ㉡을 연립하여 풀면 $a=3,\ b=0$

따라서 $f(x)=3x^2-1$이므로

$f(2)=12-1=11$

　　　　다

단계	채점 요소	비율
가	$\displaystyle\int_{-1}^0f(x)dx$의 값을 이용하여 관계식 구하기	40%
나	$\displaystyle\int_0^1f(x)dx$의 값을 이용하여 관계식 구하기	40%
다	$f(2)$의 값 구하기	20%

답 11

09 정적분과 함수

434

$$\int_0^2 f(t)dt=k \ (k\text{는 상수}) \qquad \cdots\cdots \ \bigcirc$$

라 하면 $f(x)=3x^2+4x+\boxed{k}$

이것을 ㉠에 대입하면

$$\int_0^2 (3t^2+4t+k)dt=\boxed{k}$$

$$\Big[t^3+2t^2+kt\Big]_0^2=\boxed{k}$$

$16+2k=k \quad \therefore \ k=-16$

따라서 $f(x)=3x^2+4x-16$이므로

$f(2)=4$ 　　　　　　　답 $k,\ k,\ k$

435

(1) 주어진 등식의 양변을 x에 대하여 미분하면

　　$f(x)=2x+2$

(2) 주어진 등식의 양변을 x에 대하여 미분하면

　　$f(x)=-2x+3$

(3) 주어진 등식의 양변을 x에 대하여 미분하면

　　$f(x)=6x^2+2x-4$

(4) 주어진 등식의 양변을 x에 대하여 미분하면

　　$f(x)=4x^3-3x^2-2$

답 (1) $f(x)=2x+2$　(2) $f(x)=-2x+3$
　　(3) $f(x)=6x^2+2x-4$　(4) $f(x)=4x^3-3x^2-2$

436

(1) $f(x)=2x^2-x+1$이라 하고, $f(x)$의 한 부정적분을 $F(x)$라 하면

$$\int_0^h f(x)dx=\Big[F(x)\Big]_0^h=F(h)-F(0)$$

$$\therefore \ \lim_{h\to 0}\frac{1}{h}\int_0^h (2x^2-x+1)dx=\lim_{h\to 0}\frac{F(h)-F(0)}{h}$$

$$=F'(0)=f(0)=1$$

(2) $f(x)=(x+1)(x-1)$이라 하고, $f(x)$의 한 부정적분을 $F(x)$라 하면

$$\int_1^{1+h} f(x)dx=\Big[F(x)\Big]_1^{1+h}=F(1+h)-F(1)$$

$$\therefore \ \lim_{h\to 0}\frac{1}{h}\int_1^{1+h} (x+1)(x-1)dx=\lim_{h\to 0}\frac{F(1+h)-F(1)}{h}$$

$$=F'(1)=f(1)$$

$$=2\times 0=0$$

답 (1) 1　(2) 0

437

(1) $f(t)=t^2+2$라 하고, $f(t)$의 한 부정적분을 $F(t)$라 하면

$$\int_0^x f(t)dt=\Big[F(t)\Big]_0^x=F(x)-F(0)$$

$$\therefore \ \lim_{x\to 0}\frac{1}{x}\int_0^x (t^2+2)dt=\lim_{x\to 0}\frac{F(x)-F(0)}{x}$$

$$=F'(0)=f(0)=2$$

(2) $f(t)=(t+2)(t-3)$이라 하고, $f(t)$의 한 부정적분을 $F(t)$라 하면

$$\int_1^x f(t)dt=\Big[F(t)\Big]_1^x=F(x)-F(1)$$

$$\therefore \ \lim_{x\to 1}\frac{1}{x-1}\int_1^x (t+2)(t-3)dt=\lim_{x\to 1}\frac{F(x)-F(1)}{x-1}$$

$$=F'(1)=f(1)$$

$$=3\times(-2)=-6$$

답 (1) 2　(2) -6

438

(1) $f(x)$의 한 부정적분을 $F(x)$라 하면

$$\int_2^{2+h} f(x)dx=\Big[F(x)\Big]_2^{2+h}=F(2+h)-F(2)$$

$$\therefore \ \lim_{h\to 0}\frac{1}{h}\int_2^{2+h} f(x)dx=\lim_{h\to 0}\frac{F(2+h)-F(2)}{h}$$

$$=F'(2)=f(2)$$

$$=(2+1)^2=9$$

(2) $f(x)$의 한 부정적분을 $F(x)$라 하면

$$\int_{-1}^{-1+h} f(x)dx=\Big[F(x)\Big]_{-1}^{-1+h}=F(-1+h)-F(-1)$$

$$\therefore \ \lim_{h\to 0}\frac{1}{h}\int_{-1}^{-1+h} f(x)dx=\lim_{h\to 0}\frac{F(-1+h)-F(-1)}{h}$$

$$=F'(-1)=f(-1)$$

$$=-4-3-2+1=-8$$

답 (1) 9　(2) -8

439

(1) $f(x)$의 한 부정적분을 $F(x)$라 하면

$$\int_{-1}^x f(t)dt=\Big[F(t)\Big]_{-1}^x=F(x)-F(-1)$$

$$\therefore \ \lim_{x\to -1}\frac{1}{x+1}\int_{-1}^x f(t)dt=\lim_{x\to -1}\frac{F(x)-F(-1)}{x-(-1)}$$

$$=F'(-1)=f(-1)$$

$$=1-1+2=2$$

(2) $f(x)$의 한 부정적분을 $F(x)$라 하면

$$\int_2^x f(t)dt=\Big[F(t)\Big]_2^x=F(x)-F(2)$$

$$\therefore \ \lim_{x\to 2}\frac{1}{x-2}\int_2^x f(t)dt=\lim_{x\to 2}\frac{F(x)-F(2)}{x-2}$$

$$=F'(2)=f(2)$$

$$=(2+1)^3=27$$

답 (1) 2　(2) 27

440

(1) $\displaystyle\int_2^x f(t)dt=x^4-4x^2+8x-16$의 양변을 x에 대하여 미분하면

　　$f(x)=4x^3-8x+8$

(2) 주어진 등식의 좌변을 정리하면

$$\int_0^x (x-t)f(t)dt=x\int_0^x f(t)dt-\int_0^x tf(t)dt$$이므로

$$x\int_0^x f(t)dt-\int_0^x tf(t)dt=x^2-x$$

위의 등식의 양변을 x에 대하여 미분하면

$$\int_0^x f(t)dt + xf(x) - xf(x) = 2x - 1$$

$$\therefore \int_0^x f(t)dt = 2x - 1$$

위의 등식의 양변을 다시 x에 대하여 미분하면
$$f(x) = 2$$

답 (1) $f(x) = 4x^3 - 8x + 8$ (2) $f(x) = 2$

441

$$\int_0^1 t f(t)dt = k \ (k\text{는 상수}) \qquad \cdots\cdots\ \ominus$$

라 하면 $f(x) = x^2 - 2x + k$
이것을 ㉠에 대입하면

$$\int_0^1 t f(t)dt = \int_0^1 (t^3 - 2t^2 + kt)dt$$

$$= \left[\frac{1}{4}t^4 - \frac{2}{3}t^3 + \frac{k}{2}t^2 \right]_0^1$$

$$= \frac{1}{4} - \frac{2}{3} + \frac{k}{2} = k$$

$$3 - 8 + 6k = 12k, \ 6k = -5$$

$$\therefore k = -\frac{5}{6}$$

따라서 $f(x) = x^2 - 2x - \dfrac{5}{6}$ 이므로

$$f(3) = 9 - 6 - \frac{5}{6} = \frac{13}{6}$$

답 ①

442

$$\int_0^2 f(t)dt = k \ (k\text{는 상수}) \qquad \cdots\cdots\ \ominus$$

라 하면 $f(x) = 2x + k$
이것을 ㉠에 대입하면

$$\int_0^2 f(t)dt = \int_0^2 (2t + k)dt = \left[t^2 + kt \right]_0^2 = 4 + 2k = k$$

$$\therefore k = -4$$

따라서 $f(x) = 2x - 4$ 이므로
$$f(2) = 4 - 4 = 0$$

답 ①

443

$$\int_0^1 (2x+1)f(t)dt = (2x+1)\int_0^1 f(t)dt \text{이므로}$$

$$\int_0^1 f(t)dt = k \ (k\text{는 상수}) \qquad \cdots\cdots\ \ominus$$

라 하면 $f(x) = 3x^2 + k(2x+1) = 3x^2 + 2kx + k$
이것을 ㉠에 대입하면

$$\int_0^1 f(t)dt = \int_0^1 (3t^2 + 2kt + k)dt$$

$$= \left[t^3 + kt^2 + kt \right]_0^1$$

$$= 1 + 2k = k$$

$$\therefore k = -1 \qquad \text{가}$$

따라서 $f(x) = 3x^2 - 2x - 1$ 이므로
$$f(-2) = 12 + 4 - 1 = 15 \qquad \text{나}$$

단계	채점 요소	비율
가	$\int_0^1 f(t)dt = k \ (k\text{는 상수})$라 하고 상수 k의 값 구하기	60%
나	$f(-2)$의 값 구하기	40%

답 15

444

$f(x) = x^3 - 2x^2 + 3$ 이라 하고, $f(x)$의 한 부정적분을 $F(x)$라 하면

$$\lim_{h \to 0} \frac{1}{h} \int_1^{1+2h} (x^3 - 2x^2 + 3)dx = \lim_{h \to 0} \frac{1}{h} \int_1^{1+2h} f(x)dx$$

$$= \lim_{h \to 0} \frac{F(1+2h) - F(1)}{h}$$

$$= \lim_{h \to 0} \frac{F(1+2h) - F(1)}{2h} \times 2$$

$$= 2F'(1) = 2f(1)$$

$$= 2(1 - 2 + 3) = 4$$

답 ③

445

$f(x) = -x^2 + 3x$ 라 하고, $f(x)$의 한 부정적분을 $F(x)$라 하면

$$\lim_{h \to 0} \frac{1}{h} \int_1^{1+h} (-x^2 + 3x)dx = \lim_{h \to 0} \frac{1}{h} \int_1^{1+h} f(x)dx$$

$$= \lim_{h \to 0} \frac{F(1+h) - F(1)}{h}$$

$$= F'(1) = f(1)$$

$$= -1 + 3 = 2$$

답 ②

446

$f(x) = x^2 - x + 2$ 라 하고, $f(x)$의 한 부정적분을 $F(x)$라 하면

$$\lim_{h \to 0} \frac{1}{h} \int_{1-h}^{1+h} (x^2 - x + 2)dx$$

$$= \lim_{h \to 0} \frac{1}{h} \int_{1-h}^{1+h} f(x)dx$$

$$= \lim_{h \to 0} \frac{F(1+h) - F(1-h)}{h}$$

$$= \lim_{h \to 0} \frac{\{F(1+h) - F(1)\} - \{F(1-h) - F(1)\}}{h}$$

$$= \lim_{h \to 0} \frac{F(1+h) - F(1)}{h} + \lim_{h \to 0} \frac{F(1-h) - F(1)}{-h}$$

$$= F'(1) + F'(1)$$

$$= 2F'(1) = 2f(1)$$

$$= 2(1 - 1 + 2) = 4$$

답 ⑤

447

$f(x)$의 한 부정적분을 $F(x)$라 하면

$$\lim_{x\to 2}\frac{1}{x-2}\int_2^x f(t)dt=\lim_{x\to 2}\frac{F(x)-F(2)}{x-2}$$
$$=F'(2)=f(2)$$
$$=8+12-4-1=15$$

답 ⑤

448

$f(t)=2t^2-t$라 하고, $f(t)$의 한 부정적분을 $F(t)$라 하면

$$\lim_{x\to 1}\frac{1}{x-1}\int_1^x (2t^2-t)dt=\lim_{x\to 1}\frac{1}{x-1}\int_1^x f(t)dt$$
$$=\lim_{x\to 1}\frac{F(x)-F(1)}{x-1}$$
$$=F'(1)=f(1)$$
$$=2-1=1$$

답 ①

449

$f'(x)=3x^2-6x$에서

$$f(x)=\int(3x^2-6x)dx=x^3-3x^2+C \text{ (단, } C\text{는 적분상수이다.)}$$

이때, $f(x)$의 한 부정적분을 $F(x)$라 하면

$$\lim_{x\to 1}\frac{1}{x-1}\int_1^x f(t)dt=\lim_{x\to 1}\frac{F(x)-F(1)}{x-1}$$
$$=F'(1)=f(1)$$

이므로 $f(1)=1-3+C=1$ $\quad\therefore C=3$

따라서 $f(x)=x^3-3x^2+3$이므로

$$\lim_{x\to 3}\frac{1}{x-3}\int_3^x f(t)dt=\lim_{x\to 3}\frac{F(x)-F(3)}{x-3}$$
$$=F'(3)=f(3)$$
$$=27-27+3=3$$

답 3

450

$\int_a^x f(t)dt=x^2-4x-5$의 양변에 $x=a$를 대입하면

$a^2-4a-5=0$, $(a+1)(a-5)=0$ $\quad\therefore a=5\ (\because a>0)$

주어진 등식의 양변을 x에 대하여 미분하면

$$f(x)=2x-4$$
$$\therefore f(a)=f(5)=10-4=6$$

답 ⑤

451

$f(x)=\int_1^x (t^2-2t)dt$의 양변에 $x=1$을 대입하면

$$f(1)=0$$

주어진 등식의 양변을 x에 대하여 미분하면

$$f'(x)=x^2-2x$$
$$\therefore f'(1)=1-2=-1$$
$$\therefore f(1)-f'(1)=0-(-1)=1$$

답 ④

452

$xf(x)=2x^3+\int_{-1}^x f(t)dt$의 양변에 $x=-1$을 대입하면

$-f(-1)=-2$ $\quad\therefore f(-1)=2$

주어진 등식의 양변을 x에 대하여 미분하면

$$f(x)+xf'(x)=6x^2+f(x)$$
$$xf'(x)=6x^2 \quad\therefore f'(x)=6x$$

$$f(x)=\int 6x\,dx=3x^2+C \text{ (단, } C\text{는 적분상수이다.)}$$

$f(-1)=3+C=2$이므로 $C=-1$

$\therefore f(x)=3x^2-1$

이때, $f(k)=26$이므로 $3k^2-1=26$

$3k^2-27=0$, $(k+3)(k-3)=0$

$\therefore k=3\ (\because k>0)$

답 ②

453

$\int_a^x (x-t)f(t)dt=\dfrac{1}{3}x^3-\dfrac{3}{2}x^2-4x+\dfrac{56}{3}$에서

$$x\int_a^x f(t)dt-\int_a^x tf(t)dt=\frac{1}{3}x^3-\frac{3}{2}x^2-4x+\frac{56}{3}$$

위의 등식의 양변을 x에 대하여 미분하면

$$\int_a^x f(t)dt+xf(x)-xf(x)=x^2-3x-4$$
$$\therefore \int_a^x f(t)dt=x^2-3x-4 \qquad\cdots\cdots\ \bigcirc$$

$\bigcirc$의 양변에 $x=a$를 대입하면

$a^2-3a-4=0$, $(a+1)(a-4)=0$

이때, $a>0$이므로 $a=4$

$\bigcirc$의 양변을 다시 x에 대하여 미분하면

$$f(x)=2x-3$$
$$\therefore f(a)=f(4)=8-3=5$$

답 ⑤

454

$\int_1^x (x-t)f(t)dt=2x^3-6x+4$에서

$$x\int_1^x f(t)dt-\int_1^x tf(t)dt=2x^3-6x+4$$

위의 등식의 양변을 x에 대하여 미분하면

$$\int_1^x f(t)dt+xf(x)-xf(x)=6x^2-6$$
$$\therefore \int_1^x f(t)dt=6x^2-6$$

위의 등식의 양변을 다시 x에 대하여 미분하면

$$f(x)=12x$$
$$\therefore f(2)=12\times 2=24$$

답 ④

455

$\int_0^x (x-t)f'(t)dt=2x^3$에서

$$x\int_0^x f'(t)dt-\int_0^x tf'(t)dt=2x^3$$

위의 등식의 양변을 x에 대하여 미분하면

$$\int_0^x f'(t)dt+xf'(x)-xf'(x)=6x^2$$
$$\int_0^x f'(t)dt=6x^2$$
$$\Big[f(t)\Big]_0^x=6x^2$$
$$\therefore f(x)-f(0)=6x^2$$

이때, $f(0)=1$이므로

$$f(x)=6x^2+1$$

답 $f(x)=6x^2+1$

456

$f(x)=\int_0^x (t^2+t-2)dt$의 양변을 x에 대하여 미분하면

$f'(x)=x^2+x-2=(x+2)(x-1)$

$f'(x)=0$에서 $x=-2$ 또는 $x=1$

$f'(x)$의 부호를 조사하여 함수 $f(x)$의 증가와 감소를 표로 나타내면 다음과 같다.

x	$\cdots$	-2	$\cdots$	1	$\cdots$
$f'(x)$	$+$	0	$-$	0	$+$
$f(x)$	↗	극대	↘	극소	↗

함수 $f(x)$는 $x=-2$에서 극대이므로 극댓값 a는

$a=f(-2)=\int_0^{-2} (t^2+t-2)dt$

$=\left[\dfrac{1}{3}t^3+\dfrac{1}{2}t^2-2t\right]_0^{-2}$

$=-\dfrac{8}{3}+2+4=\dfrac{10}{3}$

또한 함수 $f(x)$는 $x=1$에서 극소이므로 극솟값 b는

$b=f(1)=\int_0^1 (t^2+t-2)dt$

$=\left[\dfrac{1}{3}t^3+\dfrac{1}{2}t^2-2t\right]_0^1$

$=\dfrac{1}{3}+\dfrac{1}{2}-2=-\dfrac{7}{6}$

$\therefore 3a+6b=3\times\dfrac{10}{3}+6\times\left(-\dfrac{7}{6}\right)=3$　　**답** ③

457

$f(x)=\int_{-1}^x (t-1)(t-2)dt$의 양변을 x에 대하여 미분하면

$f'(x)=(x-1)(x-2)$

$f'(x)=0$에서 $x=1$ 또는 $x=2$

$f'(x)$의 부호를 조사하여 함수 $f(x)$의 증가와 감소를 표로 나타내면 다음과 같다.

x	$\cdots$	1	$\cdots$	2	$\cdots$
$f'(x)$	$+$	0	$-$	0	$+$
$f(x)$	↗	극대	↘	극소	↗

따라서 함수 $f(x)$는 $x=1$에서 극대이므로

$a=1$　　**답** ①

458

$f(x)=\int_x^{x+a} t(t+1)dt$의 양변을 x에 대하여 미분하면

$f'(x)=(x+a)(x+a+1)-x(x+1)$

$\qquad =x^2+(2a+1)x+a(a+1)-(x^2+x)$

$\qquad =2ax+a^2+a$ 　　**㉮**

이때, 함수 $f(x)$가 $x=-1$에서 극솟값을 가지므로

$f'(-1)=0$에서 $-2a+a^2+a=0$

$a^2-a=0,\ a(a-1)=0$

$\therefore a=1\ (\because a>0)$ 　　**㉯**

단계	채점 요소	비율
㉮	$f'(x)$ 구하기	60%
㉯	양수 a의 값 구하기	40%

답 1

459

$f(x)=\int_0^x (-t^2+2t)dt$의 양변을 x에 대하여 미분하면

$f'(x)=-x^2+2x=-x(x-2)$

$f'(x)=0$에서 $x=2\ (\because 1\le x\le 3)$

$f'(x)$의 부호를 조사하여 함수 $f(x)$의 증가와 감소를 표로 나타내면 다음과 같다.

x	1	$\cdots$	2	$\cdots$	3
$f'(x)$	$+$	$+$	0	$-$	$-$
$f(x)$		↗	극대	↘	

$f(1)=\int_0^1 (-t^2+2t)dt$

$\qquad =\left[-\dfrac{1}{3}t^3+t^2\right]_0^1=-\dfrac{1}{3}+1=\dfrac{2}{3}$

$f(2)=\int_0^2 (-t^2+2t)dt$

$\qquad =\left[-\dfrac{1}{3}t^3+t^2\right]_0^2=-\dfrac{8}{3}+4=\dfrac{4}{3}$

$f(3)=\int_0^3 (-t^2+2t)dt$

$\qquad =\left[-\dfrac{1}{3}t^3+t^2\right]_0^3=-9+9=0$

따라서 함수 $f(x)$는 닫힌구간 $[1,\ 3]$에서 $x=2$일 때 최댓값 $\dfrac{4}{3}$, $x=3$일 때 최솟값 0을 가지므로

$M=\dfrac{4}{3},\ m=0$

$\therefore 3M-m=3\times\dfrac{4}{3}-0=4$ 　　**답** ②

460

$f(x)=\int_0^x (t^2-4t+3)dt$의 양변을 x에 대하여 미분하면

$f'(x)=x^2-4x+3=(x-1)(x-3)$

$f'(x)=0$에서 $x=1$ 또는 $x=3$

$f'(x)$의 부호를 조사하여 함수 $f(x)$의 증가와 감소를 표로 나타내면 다음과 같다.

x	1	$\cdots$	3	$\cdots$	5
$f'(x)$	0	$-$	0	$+$	$+$
$f(x)$		↘	극소	↗	

$f(1)=\int_0^1 (t^2-4t+3)dt$

$\qquad =\left[\dfrac{1}{3}t^3-2t^2+3t\right]_0^1=\dfrac{1}{3}-2+3=\dfrac{4}{3}$

$f(3)=\int_0^3 (t^2-4t+3)dt$

$\qquad =\left[\dfrac{1}{3}t^3-2t^2+3t\right]_0^3=9-18+9=0$

$$f(5)=\int_0^5 (t^2-4t+3)dt$$

$$=\left[\frac{1}{3}t^3-2t^2+3t\right]_0^5=\frac{125}{3}-50+15=\frac{20}{3}$$

따라서 함수 $f(x)$는 닫힌구간 $[1,\ 5]$에서 $x=5$일 때 최댓값 $\frac{20}{3}$, $x=3$

일 때 최솟값 0을 가지므로

$$M=\frac{20}{3},\ m=0$$

$$\therefore\ 6M+m=6\times\frac{20}{3}+0=40 \qquad \text{(답)}\ ④$$

461

주어진 등식의 양변에 $x=1$을 대입하면

$$0=f(1)-1+3+\frac{3}{2} \qquad \therefore\ f(1)=-\frac{7}{2}$$

㉮

주어진 등식의 양변을 x에 대하여 미분하면

$$f(x)=f(x)+xf'(x)-3x^2+6x$$

$$xf'(x)=3x^2-6x \qquad \therefore\ f'(x)=3x-6$$

$$f(x)=\int(3x-6)dx$$

$$=\frac{3}{2}x^2-6x+C\ (단,\ C는\ 적분상수이다.)$$

이때, $f(1)=\frac{3}{2}-6+C=-\frac{7}{2}$이므로 $C=1$

$$\therefore\ f(x)=\frac{3}{2}x^2-6x+1=\frac{3}{2}(x-2)^2-5$$

㉯

따라서 함수 $f(x)$는 $x=2$일 때 최솟값 -5를 갖는다.

㉰

단계	채점 요소	비율
㉮	$f(1)$의 값 구하기	30%
㉯	$f(x)$ 구하기	60%
㉰	함수 $f(x)$의 최솟값 구하기	10%

(답) -5

462

$F(x)=\int_1^x f(t)dt$라 하면 $F'(x)=f(x)$

주어진 그래프에서 $f(x)=0$인 x의 값은 $x=1$, $x=2$이므로

$F'(x)$의 부호를 조사하여 함수 $F(x)$의 증가와 감소를 표로 나타내면
다음과 같다.

x	$\cdots$	1	$\cdots$	2	$\cdots$
$f(x)$	$-$	0	$+$	0	$-$
$F(x)$	$\searrow$	극소	$\nearrow$	극대	$\searrow$

그러므로 함수 $F(x)$는 $x=1$에서 극소, $x=2$에서 극대이다.

또한 $F(x)=\int_1^x f(t)dt$의 양변에 $x=1$을 대입하면 $F(1)=0$이므로 함

수 $y=\int_1^x f(t)dt$의 그래프의 개형은 ③이다. (답) ③

463

$f(x)=2x-1$이므로

$$F(x)=\int_{-1}^x f(t)dt=\int_{-1}^x (2t-1)dt$$

$$=\left[t^2-t\right]_{-1}^x=(x^2-x)-(1+1)$$

$$=x^2-x-2=(x+1)(x-2)$$

$F(x)=0$에서 $x=-1$ 또는 $x=2$

따라서 함수 $y=F(x)$의 그래프가 x축과 만나는 모든 점의 x좌표의 곱은

$-1\times2=-2$ (답) ①

464

주어진 그래프에서 $f(x)=ax(x-1)\ (a>0)$이라 하면

함수 $y=f(x)$의 그래프의 축의 방정식은 $x=\frac{1}{2}$이고,

함수 $f(x)$의 최솟값이 -1이므로

$$f\left(\frac{1}{2}\right)=a\times\frac{1}{2}\times\left(\frac{1}{2}-1\right)=-1$$

$$-\frac{a}{4}=-1 \qquad \therefore\ a=4$$

$$\therefore\ f(x)=4x(x-1)=4x^2-4x$$

$F(x)=\int_0^x f(t)dt$의 양변을 x에 대하여 미분하면

$$F'(x)=f(x)=4x(x-1)$$

$F'(x)=0$에서 $x=0$ 또는 $x=1$

$F'(x)$의 부호를 조사하여 함수 $F(x)$의 증가와 감소를 표로 나타내면
다음과 같다.

x	$\cdots$	0	$\cdots$	1	$\cdots$
$f(x)$	$+$	0	$-$	0	$+$
$F(x)$	$\nearrow$	극대	$\searrow$	극소	$\nearrow$

따라서 함수 $F(x)$는 $x=1$에서 극소이므로 극솟값은

$$F(1)=\int_0^1 (4t^2-4t)dt$$

$$=\left[\frac{4}{3}t^3-2t^2\right]_0^1=\frac{4}{3}-2=-\frac{2}{3} \qquad \text{(답)}\ -\frac{2}{3}$$

◆ 실력 **콕콕**   본문 p.90~91

465 ③	**466** 8	**467** 5	**468** ⑤	**469** ①	**470** ④
471 ①	**472** 6	**473** ④	**474** ③	**475** ②	**476** ⑤
477 ③	**478** ③	**479** 40	**480** 9		

465

$f(x)=x^3+4x^2-5x+2$라 하고, $f(x)$의 한 부정적분을 $F(x)$라 하면

$$\lim_{h\to0}\frac{1}{h}\int_{1-2h}^{1+3h}(x^3+4x^2-5x+2)dx$$

$$=\lim_{h\to0}\frac{1}{h}\int_{1-2h}^{1+3h}f(x)dx$$

$$=\lim_{h\to0}\frac{F(1+3h)-F(1-2h)}{h}$$

$$=\lim_{h\to0}\frac{\{F(1+3h)-F(1)\}-\{F(1-2h)-F(1)\}}{h}$$

$=3\lim_{h\to 0}\dfrac{F(1+3h)-F(1)}{3h}+2\lim_{h\to 0}\dfrac{F(1-2h)-F(1)}{-2h}$

$=3F'(1)+2F'(1)$

$=5F'(1)=5f(1)$

$=5(1+4-5+2)=10$ 답 ③

466

$f(t)=2t^2+at-4$라 하고, $f(t)$의 한 부정적분을 $F(t)$라 하면

$\lim_{x\to 2}\dfrac{1}{x^2-4}\int_2^x (2t^2+at-4)dt=\lim_{x\to 2}\dfrac{1}{x^2-4}\int_2^x f(t)dt$

$\qquad =\lim_{x\to 2}\dfrac{F(x)-F(2)}{x^2-4}$

$\qquad =\lim_{x\to 2}\dfrac{F(x)-F(2)}{x-2}\times\dfrac{1}{x+2}$

$\qquad =\dfrac{1}{4}F'(2)=\dfrac{1}{4}f(2)=5$

즉, $f(2)=20$이므로 $8+2a-4=20$

$\therefore a=8$ 답 8

467

$f(x)$의 한 부정적분을 $F(x)$라 하면

$\lim_{x\to 1}\dfrac{1}{x^2-1}\int_1^{x^4} f(t)dt=\lim_{x\to 1}\dfrac{F(x^4)-F(1)}{x^2-1}$

$\qquad =\lim_{x\to 1}\dfrac{F(x^4)-F(1)}{x^4-1}\times(x^2+1)$

$\qquad =2F'(1)=2f(1)=10$

$\therefore f(1)=5$ 답 5

468

$\int_0^x (t^2+1)f(t)dt=\dfrac{1}{5}x^5-x$의 양변을 x에 대하여 미분하면

$(x^2+1)f(x)=x^4-1=(x^2+1)(x^2-1)$

따라서 $f(x)=x^2-1$이므로

$f(3)=9-1=8$ 답 ⑤

469

$\int_a^x f(t)dt=x^3+3x^2+4x-28$의 양변에 $x=a$를 대입하면

$a^3+3a^2+4a-28=0$

$(a-2)(a^2+5a+14)=0$

이때, $a^2+5a+14=\left(a+\dfrac{5}{2}\right)^2+\dfrac{31}{4}>0$이므로 $a=2$

주어진 등식의 양변을 x에 대하여 미분하면

$f(x)=3x^2+6x+4$

$\therefore f(a)=f(2)=12+12+4=28$ 답 ①

470

주어진 등식의 양변에 $x=1$을 대입하면

$0=\int_0^1 f(t)dt+a-1$ …… ㉠

또한 주어진 등식의 양변에 $x=0$을 대입하면

$\int_1^0 f(t)dt=-1$ $\therefore \int_0^1 f(t)dt=1$ …… ㉡

㉡을 ㉠에 대입하면 $a=0$

한편, 주어진 등식의 양변을 x에 대하여 미분하면

$f(x)=2x\int_0^1 f(t)dt+a=2x$

$\therefore f(2)=2\times 2=4$ 답 ④

471

함수 $f(x)$를 $n\,(n\geq 1)$차 다항함수라 하면

$(n+1)$차와 $2n$차가 같아야 하므로

$n+1=2n$ $\therefore n=1$

즉, $f(x)$는 일차함수이므로 $f(x)=ax+b\,(a,\,b$는 상수, $a\neq 0)$이다.

한편, $\int_1^x f(t)dt=\{f(x)\}^2$의 양변에 $x=1$을 대입하면

$\int_1^1 f(t)dt=\{f(1)\}^2=0$ $\therefore f(1)=0$

$f(1)=0$이므로 $f(1)=a+b=0$ $\therefore b=-a$

즉, $f(x)=ax-a$이므로 주어진 등식에서

$\int_1^x (at-a)dt=(ax-a)^2$

$\left[\dfrac{a}{2}t^2-at\right]_1^x=a^2x^2-2a^2x+a^2$

$\dfrac{a}{2}x^2-ax-\left(\dfrac{a}{2}-a\right)=a^2x^2-2a^2x+a^2$

위의 식이 모든 실수 x에 대하여 성립하므로

$\dfrac{a}{2}=a^2$ $\therefore a=\dfrac{1}{2}\,(\because a\neq 0)$

따라서 $f(x)=\dfrac{1}{2}x-\dfrac{1}{2}$이므로

$f(3)=\dfrac{3}{2}-\dfrac{1}{2}=1$ 답 ①

472

$\int_0^x f(t)dt=x^3+x^2\int_1^2 f(t)dt$의 양변을 x에 대하여 미분하면

$f(x)=3x^2+2x\int_1^2 f(t)dt$

이때, $\int_1^2 f(t)dt=k\,(k$는 상수)라 하면

$f(x)=3x^2+2kx$이므로

$\int_1^2 (3t^2+2kt)dt=k$

$\left[t^3+kt^2\right]_1^2=k,\ (8+4k)-(1+k)=k$

$7+3k=k$ $\therefore k=-\dfrac{7}{2}$

따라서 $f(x)=3x^2-7x$이므로

$f(3)=27-21=6$ 답 6

473

$x^5-5x^3-x^2+5=\int_1^x tf(t)dt$의 양변을 x에 대하여 미분하면

$5x^4-15x^2-2x=xf(x)$

$\therefore f(x)=5x^3-15x-2$

$f'(x)=15x^2-15=15(x+1)(x-1)$

$f'(x)=0$에서 $x=-1$ 또는 $x=1$

$f'(x)$의 부호를 조사하여 함수 $f(x)$의 증가와 감소를 표로 나타내면 다음과 같다.

x	$\cdots$	-1	$\cdots$	1	$\cdots$
$f'(x)$	$+$	0	$-$	0	$+$
$f(x)$	$\nearrow$	극대	$\searrow$	극소	$\nearrow$

그러므로 함수 $f(x)$는 $x=-1$에서 극대, $x=1$에서 극소이다.

따라서 함수 $f(x)$의 극댓값은

$f(-1)=-5+15-2=8$

답 ④

474

$f(x)=\int_1^x (t^2+t+k)dt$의 양변을 x에 대하여 미분하면

$f'(x)=x^2+x+k$

이때, 함수 $f(x)$가 $x=-3$에서 극댓값을 가지므로 $f'(-3)=0$

즉, $f'(-3)=9-3+k=0$에서 $k=-6$

$\therefore f'(x)=x^2+x-6=(x+3)(x-2)$

$f'(x)=0$에서 $x=-3$ 또는 $x=2$

$f'(x)$의 부호를 조사하여 함수 $f(x)$의 증가와 감소를 표로 나타내면 다음과 같다.

x	$\cdots$	-3	$\cdots$	2	$\cdots$
$f'(x)$	$+$	0	$-$	0	$+$
$f(x)$	$\nearrow$	극대	$\searrow$	극소	$\nearrow$

따라서 함수 $f(x)$는 $x=2$에서 극소이므로 극솟값은

$$f(2)=\int_1^2 (t^2+t-6)dt$$
$$=\left[\frac{1}{3}t^3+\frac{1}{2}t^2-6t\right]_1^2$$
$$=\left(\frac{8}{3}+2-12\right)-\left(\frac{1}{3}+\frac{1}{2}-6\right)=-\frac{13}{6}$$

답 ③

475

$$\int_0^2 (x-a)^2 f(x)dx$$
$$=\int_0^2 (x^2-2ax+a^2)f(x)dx$$
$$=\int_0^2 x^2 f(x)dx-2a\int_0^2 xf(x)dx+a^2\int_0^2 f(x)dx$$
$$=\int_0^2 x^2 f(x)dx-2a\times 4+2a^2$$
$$=2a^2-8a+\int_0^2 x^2 f(x)dx$$
$$=2(a-2)^2+\int_0^2 x^2 f(x)dx-8$$

이때, 정적분 $\int_0^2 x^2 f(x)dx$는 상수이므로 $a=2$일 때, 주어진 정적분은 최소가 된다.

답 ②

476

ㄱ. $F(x)=\int_{-1}^x f(t)dt$의 양변을 x에 대하여 미분하면

$F'(x)=f(x)$

주어진 함수 $y=f(x)$의 그래프에서 $f(-1)=0$이고, $x=-1$의 좌우에서 $f(x)$의 부호가 음에서 양으로 바뀌므로 함수 $F(x)$는 $x=-1$에서 극소이다. (참)

ㄴ. 주어진 함수 $y=f(x)$의 그래프에서 $f(2)=0$이고, $x=2$의 좌우에서 $f(x)$의 부호가 양에서 음으로 바뀌므로 함수 $F(x)$는 $x=2$에서 극대이다.

이때, $f(x)=\begin{cases} 2x+2 & (x<0) \\ -x+2 & (x\geq 0) \end{cases}$ 이므로 함수 $F(x)$의 극댓값은

$$F(2)=\int_{-1}^2 f(t)dt=\int_{-1}^0 (2t+2)dt+\int_0^2 (-t+2)dt$$
$$=\left[t^2+2t\right]_{-1}^0+\left[-\frac{1}{2}t^2+2t\right]_0^2$$
$$=-(1-2)+(-2+4)$$
$$=3 \text{ (참)}$$

ㄷ. 함수 $F(x)$는 $x=-1$에서 극솟값

$F(-1)=\int_{-1}^{-1} f(t)dt=0$을 갖고,

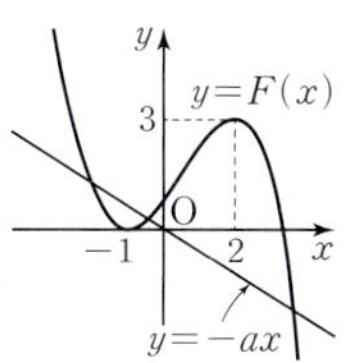

ㄴ에서 함수 $F(x)$는 $x=2$에서 극댓값 3을 가지므로 함수 $y=F(x)$의 그래프는 오른쪽 그림과 같다.

$a>0$일 때, 직선 $y=-ax$는 함수 $y=F(x)$의 그래프와 항상 서로 다른 세 점에서 만나므로 방정식 $F(x)=-ax$, 즉 $F(x)+ax=0$은 임의의 양수 a에 대하여 서로 다른 세 실근을 갖는다. (참)

따라서 옳은 것은 ㄱ, ㄴ, ㄷ이다.

답 ⑤

477

주어진 함수 $y=f(x)$의 그래프에서

$f(x)=a(x-1)(x-4)$ (단, $a<0$)

$g(x)=\int_{x-1}^x f(t)dt$의 양변을 x에 대하여 미분하면

$g'(x)=f(x)-f(x-1)=a(x-1)(x-4)-a(x-2)(x-5)$
$\qquad\quad =a(x^2-5x+4-x^2+7x-10)=2a(x-3)$

$g'(x)=0$에서 $x=3$

이때, $a<0$이므로 $g'(x)$의 부호를 조사하여 함수 $g(x)$의 증가와 감소를 표로 나타내면 다음과 같다.

x	$\cdots$	3	$\cdots$
$g'(x)$	$+$	0	$-$
$g(x)$	$\nearrow$	극대	$\searrow$

따라서 함수 $g(x)$는 $x=3$에서 극대이면서 최대이므로 최댓값은 $g(3)$이다.

다른 풀이

$g(x)=\int_{x-1}^x f(t)dt$는 함수 $f(x)$를 $x-1$부터 x까지 적분한 값이다.

이때, 함수 $y=f(x)$의 그래프가 직선 $x=\frac{5}{2}$에 대하여 대칭이고 닫힌구간 $[1, 4]$에서 함수 $f(x)$의 정적분의 값이 양수이므로 $\int_{\frac{5}{2}-p}^{\frac{5}{2}+p} f(t)dt \ (p>0)$ 일 때 함수 $g(x)$가 최댓값을 가진다.

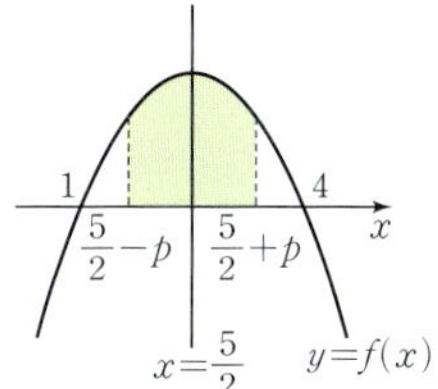

한편, 적분 구간의 길이가 1이므로

$$\frac{5}{2}+p-\left(\frac{5}{2}-p\right)=1,\ 2p=1$$

$$\therefore p=\frac{1}{2}$$

따라서 함수 $g(x)$의 최댓값은

$$g(3)=\int_{2}^{3}f(t)dt$$ **답** ③

478

$g(x)=\displaystyle\int_{0}^{x}(x-t)f(t)dt$에서

$$g(x)=x\int_{0}^{x}f(t)dt-\int_{0}^{x}tf(t)dt$$

위의 등식의 양변을 x에 대하여 미분하면

$$g'(x)=\int_{0}^{x}f(t)dt+xf(x)-xf(x)$$

$$\therefore g'(x)=\int_{0}^{x}f(t)dt$$ $\cdots\cdots$ ㉠

ㄱ. ㉠의 양변에 $x=0$을 대입하면

$$g'(0)=\int_{0}^{0}f(t)dt=0\ (참)$$

ㄴ. $g'(-x)=\displaystyle\int_{0}^{-x}f(t)dt=-\int_{-x}^{0}f(t)dt$

이때, $f(-x)=f(x)$이므로 $\displaystyle\int_{-x}^{0}f(t)dt=\int_{0}^{x}f(t)dt$

즉, $g'(-x)=-g'(x)$이므로 함수 $g'(x)$는 기함수이다. (거짓)

ㄷ. $f(x)>0$이면

(i) $x<0$일 때, $g'(x)=\displaystyle\int_{0}^{x}f(t)dt=-\int_{x}^{0}f(t)dt<0$

(ii) $x>0$일 때, $g'(x)=\displaystyle\int_{0}^{x}f(t)dt>0$

ㄱ에서 $g'(0)=0$이고 $x=0$의 좌우에서 $g'(x)$의 부호가 음에서 양으로 바뀌므로 함수 $g(x)$는 $x=0$에서 극솟값을 갖는다. (참)

따라서 옳은 것은 ㄱ, ㄷ이다. **답** ③

479

주어진 등식의 양변에 $x=1$을 대입하면

$$f(1)=2-1=1$$

⟨가⟩

주어진 등식의 양변을 x에 대하여 미분하면

$$2xf(x)+x^2f'(x)=12x^5-4x^3+2xf(x)$$

$$x^2f'(x)=x^2(12x^3-4x)$$

$$\therefore f'(x)=12x^3-4x$$

⟨나⟩

$$\therefore f(x)=\int(12x^3-4x)dx$$

$$=3x^4-2x^2+C\ (단,\ C는\ 적분상수이다.)$$

이때, $f(1)=1$이므로

$$3-2+C=1\quad\therefore C=0$$

따라서 $f(x)=3x^4-2x^2$이므로

$$f(2)=48-8=40$$

⟨다⟩

단계	채점 요소	비율
가	$f(1)$의 값 구하기	30%
나	$f'(x)$ 구하기	40%
다	$f(2)$의 값 구하기	30%

답 40

480

$\displaystyle\int_{1}^{x}(x-t)f(t)dt=x^3+ax+2$에서

$$x\int_{1}^{x}f(t)dt-\int_{1}^{x}tf(t)dt=x^3+ax+2$$

⟨가⟩

위의 등식의 양변을 x에 대하여 미분하면

$$\int_{1}^{x}f(t)dt+xf(x)-xf(x)=3x^2+a$$

$$\therefore \int_{1}^{x}f(t)dt=3x^2+a$$

⟨나⟩

위의 등식의 양변에 $x=1$을 대입하면

$$0=3+a\quad\therefore a=-3$$

⟨다⟩

$$\therefore \int_{1}^{x}f(t)dt=3x^2-3$$

위의 등식의 양변을 다시 x에 대하여 미분하면

$$f(x)=6x$$

$$\therefore a+f(2)=-3+6\times2=9$$

⟨라⟩

단계	채점 요소	비율
가	주어진 등식의 좌변을 변형하기	10%
나	$\displaystyle\int_{1}^{x}f(t)dt$ 구하기	30%
다	상수 a의 값 구하기	30%
라	$a+f(2)$의 값 구하기	30%

답 9

10 정적분의 활용

481

(1) 곡선 $y=-2(x+1)(x-2)$와 x축의 교점의
x좌표는 $-2(x+1)(x-2)=0$에서
$x=-1$ 또는 $x=2$
따라서 구하는 도형의 넓이는

$$\int_{-1}^{2}\{-2(x+1)(x-2)\}dx$$
$$=\int_{-1}^{2}(-2x^2+2x+4)dx$$
$$=\left[-\frac{2}{3}x^3+x^2+4x\right]_{-1}^{2}$$
$$=\left(-\frac{16}{3}+4+8\right)-\left(\frac{2}{3}+1-4\right)=9$$

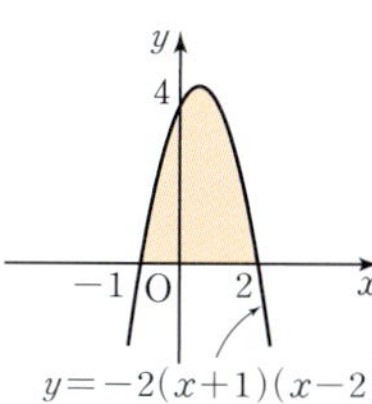

(2) 곡선 $y=x^2-2x$와 x축의 교점의 x좌표는
$x^2-2x=0$에서 $x(x-2)=0$
$\therefore x=0$ 또는 $x=2$
따라서 구하는 도형의 넓이는

$$\int_{0}^{2}(-x^2+2x)dx=\left[-\frac{1}{3}x^3+x^2\right]_{0}^{2}$$
$$=-\frac{8}{3}+4=\frac{4}{3}$$

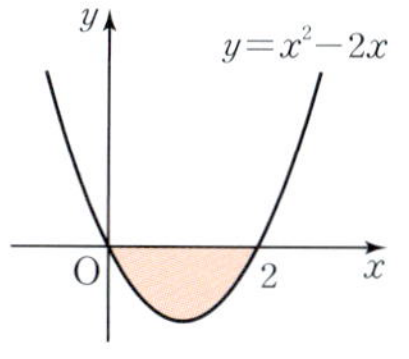

(3) 곡선 $y=x^2(x-1)$과 x축의 교점의 x좌표는
$x^2(x-1)=0$에서
$x=0$ (중근) 또는 $x=1$
따라서 구하는 도형의 넓이는

$$\int_{0}^{1}\{-x^2(x-1)\}dx=\int_{0}^{1}(-x^3+x^2)dx$$
$$=\left[-\frac{1}{4}x^4+\frac{1}{3}x^3\right]_{0}^{1}$$
$$=-\frac{1}{4}+\frac{1}{3}=\frac{1}{12}$$

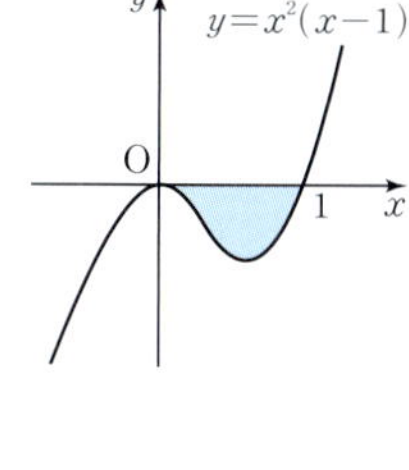

(4) 곡선 $y=x(x+2)(x-2)$와 x축
의 교점의 x좌표는
$x(x+2)(x-2)=0$에서
$x=-2$ 또는 $x=0$ 또는 $x=2$
따라서 구하는 도형의 넓이는

$$\int_{-2}^{2}|x(x+2)(x-2)|dx$$
$$=\int_{-2}^{2}|x^3-4x|dx$$
$$=\int_{-2}^{0}(x^3-4x)dx+\int_{0}^{2}(-x^3+4x)dx$$
$$=\left[\frac{1}{4}x^4-2x^2\right]_{-2}^{0}+\left[-\frac{1}{4}x^4+2x^2\right]_{0}^{2}$$
$$=-(4-8)+(-4+8)=8$$

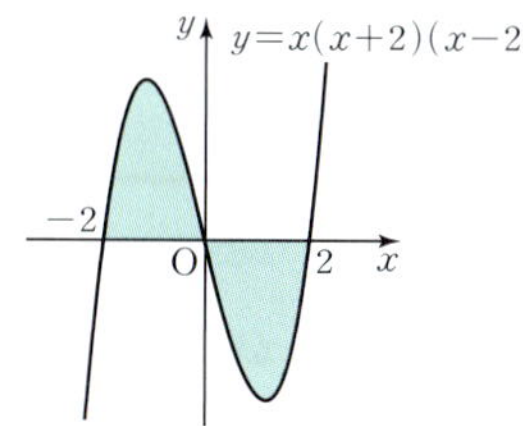

다른 풀이

(1) 넓이 구하는 공식을 이용하면 구하는 도형의 넓이는

$$\frac{|-2|(2+1)^3}{6}=9$$

---

(2) 넓이 구하는 공식을 이용하면 구하는 도형의 넓이는

$$\frac{|1|(2-0)^3}{6}=\frac{4}{3}$$

답 (1) 9 (2) $\dfrac{4}{3}$ (3) $\dfrac{1}{12}$ (4) 8

482

(1) 오른쪽 그림에서 구하는 도형의 넓이는

$$\int_{1}^{2}x^2dx=\left[\frac{1}{3}x^3\right]_{1}^{2}=\frac{8}{3}-\frac{1}{3}=\frac{7}{3}$$

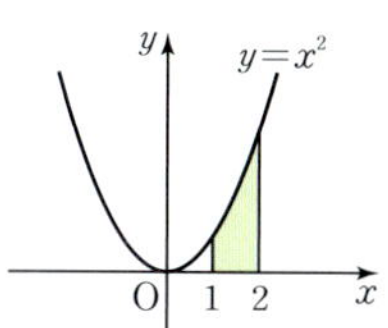

(2) 오른쪽 그림에서 구하는 도형의 넓이는

$$\int_{1}^{2}\{-x(x-2)\}dx$$
$$=\int_{1}^{2}(-x^2+2x)dx$$
$$=\left[-\frac{1}{3}x^3+x^2\right]_{1}^{2}$$
$$=\left(-\frac{8}{3}+4\right)-\left(-\frac{1}{3}+1\right)=\frac{2}{3}$$

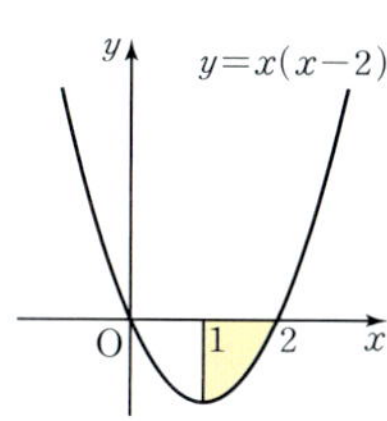

답 (1) $\dfrac{7}{3}$ (2) $\dfrac{2}{3}$

483

(1) 오른쪽 그림에서 구하는 도형의 넓이는

$$\int_{-1}^{1}(x^2+2)dx=2\int_{0}^{1}(x^2+2)dx$$
$$=2\left[\frac{1}{3}x^3+2x\right]_{0}^{1}$$
$$=2\left(\frac{1}{3}+2\right)=\frac{14}{3}$$

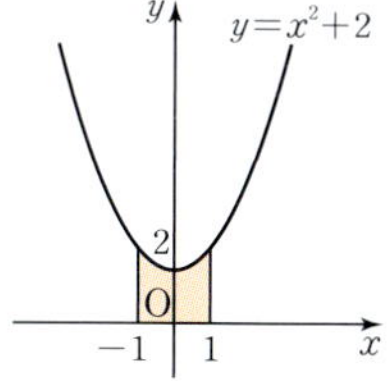

(2) 오른쪽 그림에서 구하는 도형의 넓이는

$$\int_{-1}^{1}(-x^2+4)dx=2\int_{0}^{1}(-x^2+4)dx$$
$$=2\left[-\frac{1}{3}x^3+4x\right]_{0}^{1}$$
$$=2\left(-\frac{1}{3}+4\right)=\frac{22}{3}$$

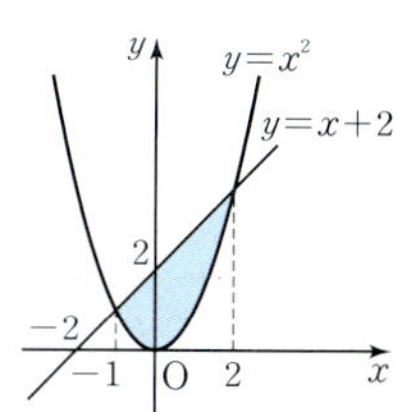

답 (1) $\dfrac{14}{3}$ (2) $\dfrac{22}{3}$

484

(1) 곡선 $y=x^2$과 직선 $y=x+2$의 교점의 x좌표
는 $x^2=x+2$에서
$x^2-x-2=0$, $(x+1)(x-2)=0$
$\therefore x=-1$ 또는 $x=2$
따라서 구하는 도형의 넓이는

$$\int_{-1}^{2}\{(x+2)-x^2\}dx$$
$$=\left[\frac{1}{2}x^2+2x-\frac{1}{3}x^3\right]_{-1}^{2}$$
$$=\left(2+4-\frac{8}{3}\right)-\left(\frac{1}{2}-2+\frac{1}{3}\right)=\frac{9}{2}$$

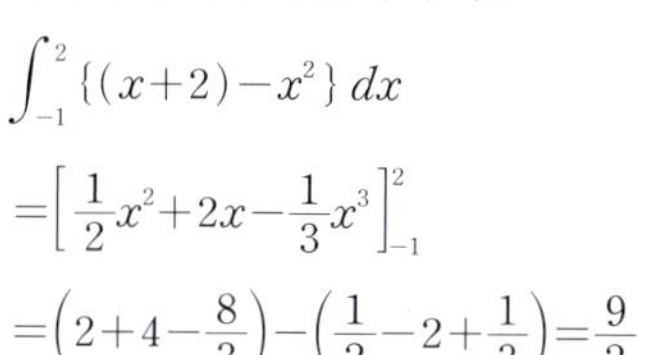

(2) 곡선 $y=-x^2$과 직선 $y=-2x-3$의 교점의
x좌표는
$-x^2=-2x-3$에서
$x^2-2x-3=0$, $(x+1)(x-3)=0$
$\therefore x=-1$ 또는 $x=3$
따라서 구하는 도형의 넓이는

$$\int_{-1}^{3}\{-x^2-(-2x-3)\}\,dx=\int_{-1}^{3}(-x^2+2x+3)dx$$
$$=\left[-\frac{1}{3}x^3+x^2+3x\right]_{-1}^{3}$$
$$=(-9+9+9)-\left(\frac{1}{3}+1-3\right)$$
$$=\frac{32}{3}$$

다른 풀이

(1) 넓이 구하는 공식을 이용하면 구하는 도형의 넓이는
$$\frac{|1|(2+1)^3}{6}=\frac{9}{2}$$

(2) 넓이 구하는 공식을 이용하면 구하는 도형의 넓이는
$$\frac{|-1|(3+1)^3}{6}=\frac{32}{3}$$

답 (1) $\dfrac{9}{2}$ (2) $\dfrac{32}{3}$

485

(1) 두 곡선 $y=x^2-1$, $y=-x^2+1$의 교점의 x좌
표는 $x^2-1=-x^2+1$에서
$2x^2-2=0$, $(x+1)(x-1)=0$
$\therefore x=-1$ 또는 $x=1$
따라서 구하는 도형의 넓이는

$$\int_{-1}^{1}\{(-x^2+1)-(x^2-1)\}\,dx$$
$$=\int_{-1}^{1}(-2x^2+2)dx$$
$$=4\int_{0}^{1}(-x^2+1)dx$$
$$=4\left[-\frac{1}{3}x^3+x\right]_{0}^{1}$$
$$=4\left(-\frac{1}{3}+1\right)=\frac{8}{3}$$

(2) 두 곡선 $y=x^2-2x$, $y=-x^2+4$의 교점의 x좌
표는 $x^2-2x=-x^2+4$에서
$2x^2-2x-4=0$, $(x+1)(x-2)=0$
$\therefore x=-1$ 또는 $x=2$
따라서 구하는 도형의 넓이는

$$\int_{-1}^{2}\{(-x^2+4)-(x^2-2x)\}\,dx$$
$$=\int_{-1}^{2}(-2x^2+2x+4)dx$$
$$=\left[-\frac{2}{3}x^3+x^2+4x\right]_{-1}^{2}$$
$$=\left(-\frac{16}{3}+4+8\right)-\left(\frac{2}{3}+1-4\right)=9$$

다른 풀이

(1) 넓이 구하는 공식을 이용하면 구하는 도형의 넓이는
$$\frac{|1+1|(1+1)^3}{6}=\frac{8}{3}$$

(2) 넓이 구하는 공식을 이용하면 구하는 도형의 넓이는
$$\frac{|1+1|(2+1)^3}{6}=9$$

답 (1) $\dfrac{8}{3}$ (2) 9

486

(1) $\displaystyle\int_{0}^{6}(t^2-t)dt=\left[\frac{1}{3}t^3-\frac{1}{2}t^2\right]_{0}^{6}=72-18=54$

(2) $\displaystyle\int_{1}^{2}(t^2-t)dt=\left[\frac{1}{3}t^3-\frac{1}{2}t^2\right]_{1}^{2}=\left(\frac{8}{3}-2\right)-\left(\frac{1}{3}-\frac{1}{2}\right)=\frac{5}{6}$

(3) $\displaystyle\int_{0}^{2}|t^2-t|\,dt$
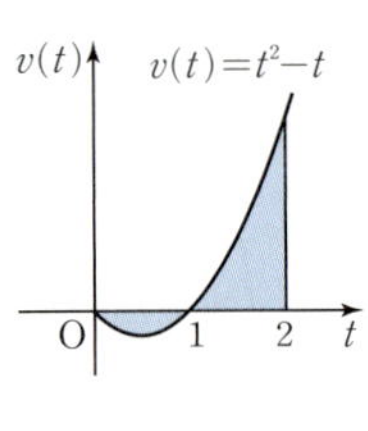
$$=\int_{0}^{1}(-t^2+t)dt+\int_{1}^{2}(t^2-t)dt$$
$$=\left[-\frac{1}{3}t^3+\frac{1}{2}t^2\right]_{0}^{1}+\left[\frac{1}{3}t^3-\frac{1}{2}t^2\right]_{1}^{2}$$
$$=\left(-\frac{1}{3}+\frac{1}{2}\right)+\left\{\left(\frac{8}{3}-2\right)-\left(\frac{1}{3}-\frac{1}{2}\right)\right\}$$
$$=1$$

답 (1) 54 (2) $\dfrac{5}{6}$ (3) 1

487

(1) $-3+\displaystyle\int_{0}^{4}(t-3)dt=-3+\left[\frac{1}{2}t^2-3t\right]_{0}^{4}=-3+8-12=-7$

(2) $\displaystyle\int_{1}^{3}(t-3)dt=\left[\frac{1}{2}t^2-3t\right]_{1}^{3}=\left(\frac{9}{2}-9\right)-\left(\frac{1}{2}-3\right)=-2$

(3) $\displaystyle\int_{0}^{2}|t-3|\,dt=\int_{0}^{2}(-t+3)dt$
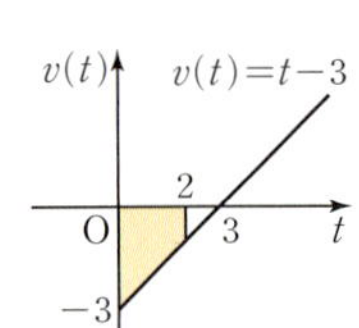
$$=\left[-\frac{1}{2}t^2+3t\right]_{0}^{2}$$
$$=-2+6=4$$

답 (1) -7 (2) -2 (3) 4

유형 콕콕

본문 p.94~97

488 ①	**489** ③	**490** ②	**491** ①	**492** ④	**493** 21
494 ④	**495** ③	**496** ⑤	**497** ④	**498** $\dfrac{37}{12}$	**499** $\dfrac{8}{3}$
500 ①	**501** ④	**502** 2	**503** ②	**504** ①	**505** $\dfrac{16}{3}$
506 ②	**507** ②	**508** ⑤	**509** ⑤	**510** 6	
511 ㄱ, ㄷ, ㄹ					

488

곡선 $y=x(x-1)^2$과 x축의 교점의 x좌표는
$x(x-1)^2=0$에서
$x=0$ 또는 $x=1$ (중근)
따라서 구하는 도형의 넓이는
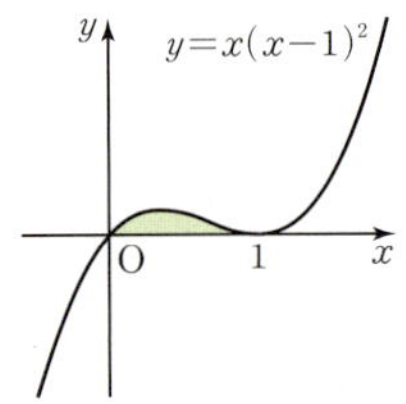

$$\int_0^1 x(x-1)^2\,dx=\int_0^1 (x^3-2x^2+x)\,dx$$

$$=\left[\frac{1}{4}x^4-\frac{2}{3}x^3+\frac{1}{2}x^2\right]_0^1$$

$$=\frac{1}{4}-\frac{2}{3}+\frac{1}{2}=\frac{1}{12}$$

답 ①

489

오른쪽 그림에서 구하는 도형의 넓이는

$$\int_1^3 (-2x^2+6x+8)\,dx$$

$$=\left[-\frac{2}{3}x^3+3x^2+8x\right]_1^3$$

$$=(-18+27+24)-\left(-\frac{2}{3}+3+8\right)$$

$$=\frac{68}{3}$$

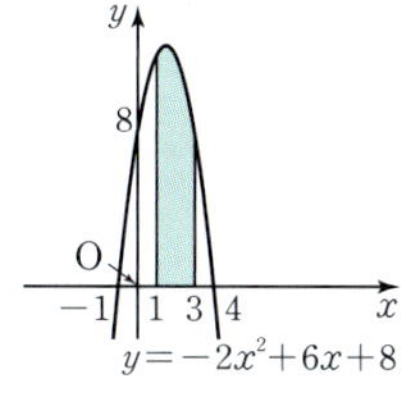

답 ③

490

곡선 $y=x(a-x)\ (a>0)$와 x축의 교점의 x좌표는 $x(a-x)=0$에서

$x=0$ 또는 $x=a$

이때, 구하는 도형의 넓이가 36이므로

$$\int_0^a x(a-x)\,dx=\int_0^a (-x^2+ax)\,dx$$

$$=\left[-\frac{1}{3}x^3+\frac{1}{2}ax^2\right]_0^a$$

$$=-\frac{1}{3}a^3+\frac{1}{2}a^3=\frac{1}{6}a^3$$

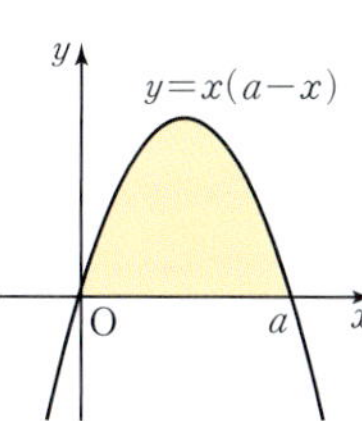

즉, $\frac{1}{6}a^3=36$이므로 $a^3-216=0$

$(a-6)(a^2+6a+36)=0$

이때, $a^2+6a+36=(a+3)^2+27>0$이므로

$a=6$

답 ②

491

곡선 $y=x^3-a^2x\ (a>0)$와 x축의 교점의 x좌표는 $x^3-a^2x=0$에서

$x(x+a)(x-a)=0$

$\therefore\ x=-a$ 또는 $x=0$ 또는 $x=a$

이때, 구하는 도형의 넓이가 $\frac{1}{2}$이므로

$$\int_{-a}^a |x^3-a^2x|\,dx$$

$$=\int_{-a}^0 (x^3-a^2x)\,dx+\int_0^a (-x^3+a^2x)\,dx$$

$$=\left[\frac{1}{4}x^4-\frac{a^2}{2}x^2\right]_{-a}^0+\left[-\frac{1}{4}x^4+\frac{a^2}{2}x^2\right]_0^a$$

$$=-\left(\frac{1}{4}a^4-\frac{1}{2}a^4\right)+\left(-\frac{1}{4}a^4+\frac{1}{2}a^4\right)=\frac{1}{2}a^4$$

즉, $\frac{1}{2}a^4=\frac{1}{2}$이므로 $a^4-1=0$

$(a+1)(a-1)(a^2+1)=0$

$\therefore\ a=1\ (\because\ a>0)$

답 ①

492

곡선 $y=x^3-4x$와 x축의 교점의 x좌표는 $x^3-4x=0$에서

$x(x+2)(x-2)=0$

$\therefore\ x=-2$ 또는 $x=0$ 또는 $x=2$

따라서 구하는 도형의 넓이는

$$\int_{-2}^2 |x^3-4x|\,dx$$

$$=\int_{-2}^0 (x^3-4x)\,dx+\int_0^2 (-x^3+4x)\,dx$$

$$=\left[\frac{1}{4}x^4-2x^2\right]_{-2}^0+\left[-\frac{1}{4}x^4+2x^2\right]_0^2$$

$$=-(4-8)+(-4+8)=8$$

답 ④

493

$$\int_a^c f(x)\,dx=\int_a^b f(x)\,dx+\int_b^c f(x)\,dx$$이고

$$\int_a^c f(x)\,dx=15,\ \int_b^c f(x)\,dx=18$$이므로

$$15=\int_a^b f(x)\,dx+18\quad\therefore\int_a^b f(x)\,dx=-3$$

따라서 구하는 도형의 넓이는

$$\int_a^c |f(x)|\,dx=\int_a^b \{-f(x)\}\,dx+\int_b^c f(x)\,dx$$

$$=-\int_a^b f(x)\,dx+\int_b^c f(x)\,dx$$

$$=-(-3)+18=21$$

답 21

494

곡선 $y=x(x-2)^2$과 직선 $y=x$의 교점의 x좌표는 $x(x-2)^2=x$에서

$x(x^2-4x+3)=0,\ x(x-1)(x-3)=0$

$\therefore\ x=0$ 또는 $x=1$ 또는 $x=3$

따라서 구하는 도형의 넓이는

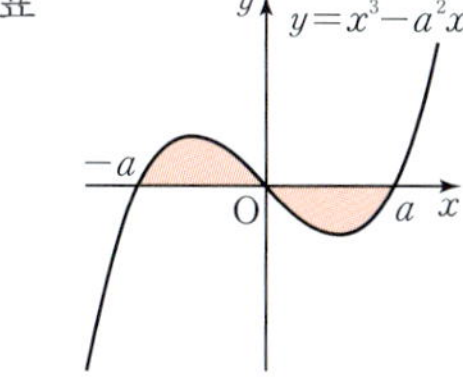

$$\int_0^1 \{x(x-2)^2-x\}\,dx+\int_1^3 \{x-x(x-2)^2\}\,dx$$

$$=\int_0^1 (x^3-4x^2+3x)\,dx+\int_1^3 (-x^3+4x^2-3x)\,dx$$

$$=\left[\frac{1}{4}x^4-\frac{4}{3}x^3+\frac{3}{2}x^2\right]_0^1+\left[-\frac{1}{4}x^4+\frac{4}{3}x^3-\frac{3}{2}x^2\right]_1^3$$

$$=\left(\frac{1}{4}-\frac{4}{3}+\frac{3}{2}\right)+\left\{\left(-\frac{81}{4}+36-\frac{27}{2}\right)-\left(-\frac{1}{4}+\frac{4}{3}-\frac{3}{2}\right)\right\}$$

$$=\frac{37}{12}$$

답 ④

495

곡선 $y=x^2-4x+3$과 직선 $y=3$의 교점의 x좌표는 $x^2-4x+3=3$에서

$x^2-4x=0,\ x(x-4)=0$

$\therefore\ x=0$ 또는 $x=4$

따라서 구하는 도형의 넓이는

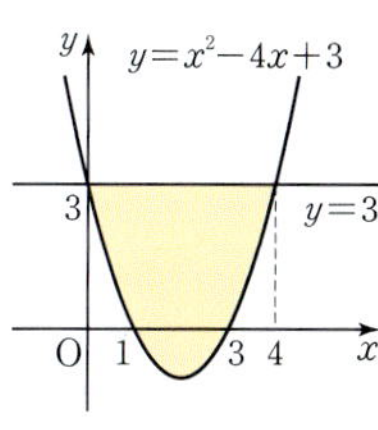

$$\int_0^4 \{3-(x^2-4x+3)\}\,dx$$

$$=\int_0^4 (-x^2+4x)\,dx$$

$$=\left[-\frac{1}{3}x^3+2x^2\right]_0^4$$

$$=-\frac{64}{3}+32=\frac{32}{3}$$

다른 풀이

넓이 구하는 공식을 이용하면 구하는 도형의 넓이는

$$\frac{|1|(4-0)^3}{6}=\frac{32}{3}$$

답 ③

496

$$y=x|x-2|=\begin{cases} x^2-2x & (x\geq 2) \\ -x^2+2x & (x<2) \end{cases}$$

오른쪽 그림과 같이 함수 $y=x|x-2|$의 그래프와 직선 $y=2x$의 교점의 x좌표는

(i) $x\geq 2$일 때

$\quad x^2-2x=2x$에서 $x^2-4x=0$

$\quad x(x-4)=0$

$\quad \therefore x=4\ (\because x\geq 2)$

(ii) $x<2$일 때

$\quad -x^2+2x=2x$에서 $x^2=0$

$\quad \therefore x=0$

(i), (ii)에서 구하는 도형의 넓이는

$$\int_0^2 \{2x-(-x^2+2x)\}\,dx+\int_2^4 \{2x-(x^2-2x)\}\,dx$$

$$=\int_0^2 x^2\,dx+\int_2^4 (-x^2+4x)\,dx$$

$$=\left[\frac{1}{3}x^3\right]_0^2+\left[-\frac{1}{3}x^3+2x^2\right]_2^4$$

$$=\frac{8}{3}+\left\{\left(-\frac{64}{3}+32\right)-\left(-\frac{8}{3}+8\right)\right\}=8$$

답 ⑤

497

두 곡선 $y=-x(x-4)$, $y=2x(x-1)$의 교점의 x좌표는 $-x(x-4)=2x(x-1)$에서

$3x^2-6x=0$, $x(x-2)=0$

$\therefore x=0$ 또는 $x=2$

따라서 구하는 도형의 넓이는

$$\int_0^2 \{-x(x-4)-2x(x-1)\}\,dx$$

$$=\int_0^2 (-3x^2+6x)\,dx$$

$$=\left[-x^3+3x^2\right]_0^2$$

$$=-8+12=4$$

다른 풀이

넓이 구하는 공식을 이용하면 구하는 도형의 넓이는

$$\frac{|2+1|(2-0)^3}{6}=4$$

답 ④

498

두 곡선 $y=x^3-2x$, $y=-x^2$의 교점의 x좌표는

$x^3-2x=-x^2$에서

$x^3+x^2-2x=0$, $x(x+2)(x-1)=0$

$\therefore x=-2$ 또는 $x=0$ 또는 $x=1$

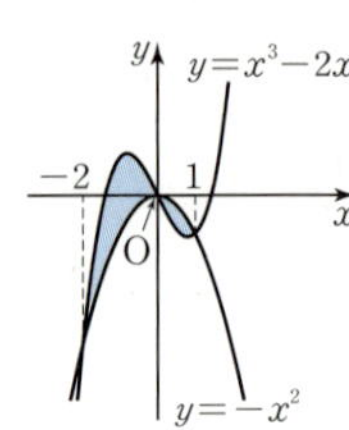

― 가

따라서 구하는 도형의 넓이는

$$\int_{-2}^0 \{(x^3-2x)-(-x^2)\}\,dx+\int_0^1 \{-x^2-(x^3-2x)\}\,dx$$

$$=\int_{-2}^0 (x^3+x^2-2x)\,dx+\int_0^1 (-x^3-x^2+2x)\,dx$$

$$=\left[\frac{1}{4}x^4+\frac{1}{3}x^3-x^2\right]_{-2}^0+\left[-\frac{1}{4}x^4-\frac{1}{3}x^3+x^2\right]_0^1$$

$$=-\left(4-\frac{8}{3}-4\right)+\left(-\frac{1}{4}-\frac{1}{3}+1\right)=\frac{37}{12}$$

― 나

단계	채점 요소	비율
가	두 곡선의 교점의 x좌표 구하기	60%
나	도형의 넓이 구하기	40%

답 $\dfrac{37}{12}$

499

곡선 $y=x^2$을 x축에 대하여 대칭이동하면 $-y=x^2$

즉, $y=-x^2$

곡선 $y=-x^2$을 x축의 방향으로 2만큼, y축의 방향으로 4만큼 평행이동하면 $y-4=-(x-2)^2$이므로 $f(x)=-x^2+4x$

두 곡선 $y=x^2$, $y=f(x)$의 교점의 x좌표는

$x^2=-x^2+4x$에서

$2x^2-4x=0$, $x(x-2)=0$

$\therefore x=0$ 또는 $x=2$

따라서 구하는 도형의 넓이는

$$\int_0^2 \{(-x^2+4x)-x^2\}\,dx$$

$$=\int_0^2 (-2x^2+4x)\,dx$$

$$=\left[-\frac{2}{3}x^3+2x^2\right]_0^2$$

$$=-\frac{16}{3}+8=\frac{8}{3}$$

다른 풀이

넓이 구하는 공식을 이용하면 구하는 도형의 넓이는

$$\frac{|1+1|(2-0)^3}{6}=\frac{8}{3}$$

답 $\dfrac{8}{3}$

500

오른쪽 그림에서 색칠한 두 도형의 넓이가 서로 같으므로

$$\int_0^a x^2(x-1)\,dx=0$$

즉, $\int_0^a (x^3-x^2)\,dx=0$이므로

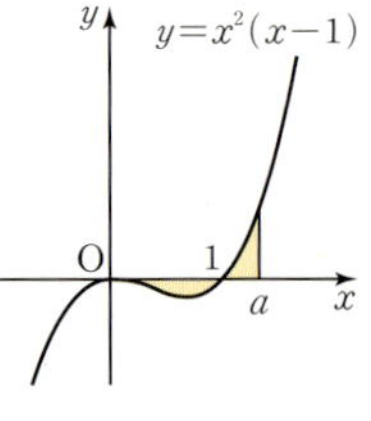

$$\left[\frac{1}{4}x^4-\frac{1}{3}x^3\right]_0^a=0$$

$$\frac{1}{4}a^4-\frac{1}{3}a^3=0$$

$$3a^4-4a^3=0,\ a^3(3a-4)=0$$

$$\therefore a=\frac{4}{3}\ (\because a>1) \qquad \text{답 ①}$$

501

오른쪽 그림에서 색칠한 두 도형의 넓이가
서로 같으므로

$$\int_0^a x(x-2)(x-a)dx=0$$

즉, $\int_0^a \{x^3-(a+2)x^2+2ax\}dx=0$이므로

$$\left[\frac{1}{4}x^4-\frac{a+2}{3}x^3+ax^2\right]_0^a=0$$

$$-\frac{1}{12}a^4+\frac{1}{3}a^3=0,\ a^3(a-4)=0$$

$$\therefore a=4\ (\because a>2) \qquad \text{답 ④}$$

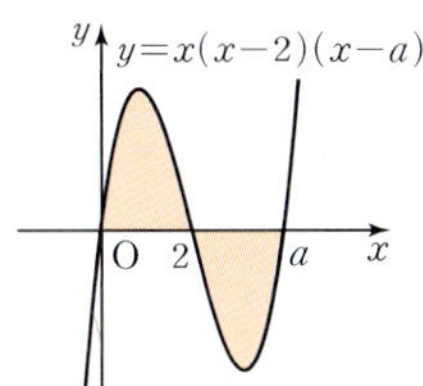

502

$A=B$이므로 $\int_0^2 (a-x^3)dx=0$

$$\left[ax-\frac{1}{4}x^4\right]_0^2=0$$

$$2a-4=0 \qquad \therefore a=2 \qquad \text{답 2}$$

503

$y=\frac{1}{2}x^2$에서 $y'=x$이므로 곡선 위의

점 $(-2,\ 2)$에서의 접선의 방정식은

$$y-2=-2(x+2)$$

$$\therefore y=-2x-2$$

따라서 구하는 도형의 넓이는

$$\int_{-2}^0 \frac{1}{2}x^2\,dx-\frac{1}{2}\times 1\times 2=\left[\frac{1}{6}x^3\right]_{-2}^0-1$$

$$=-\left(-\frac{4}{3}\right)-1=\frac{1}{3} \qquad \text{답 ②}$$

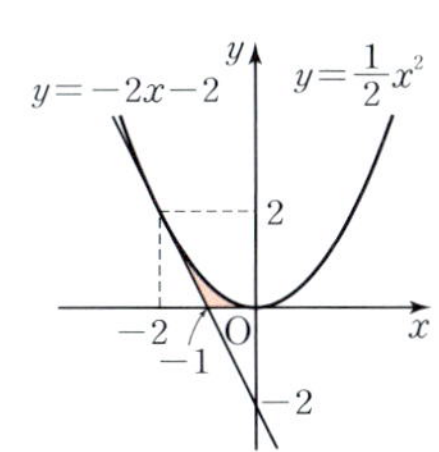

504

$y=x^2+2$에서 $y'=2x$이므로 곡선 위의 점
$(1,\ 3)$에서의 접선의 방정식은

$$y-3=2(x-1)$$

$$\therefore y=2x+1$$

따라서 구하는 도형의 넓이는

$$\int_0^1 \{(x^2+2)-(2x+1)\}dx$$

$$=\int_0^1 (x^2-2x+1)dx$$

$$=\left[\frac{1}{3}x^3-x^2+x\right]_0^1$$

$$=\frac{1}{3}-1+1=\frac{1}{3} \qquad \text{답 ①}$$

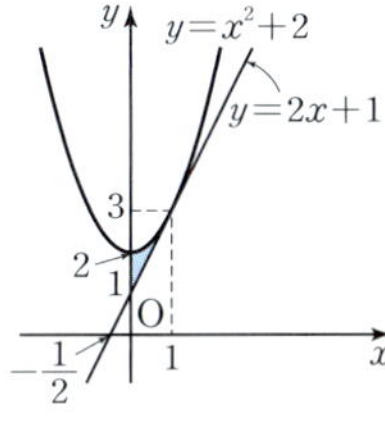

505

$y=x^2$에서 $y'=2x$이므로 곡선 위의 두 점 $(-2,\ 4)$, $(2,\ 4)$에서의 접선
의 방정식은 각각

$$y-4=-4(x+2),\ y-4=4(x-2)$$

$$\therefore y=-4x-4,\ y=4x-4 \qquad \text{㉮}$$

이때, 이 두 직선은 y축 위의 점 $(0,\ -4)$에서 만난다.

오른쪽 그림에서 그래프가 y축에 대하여
대칭이므로 구하는 도형의 넓이는

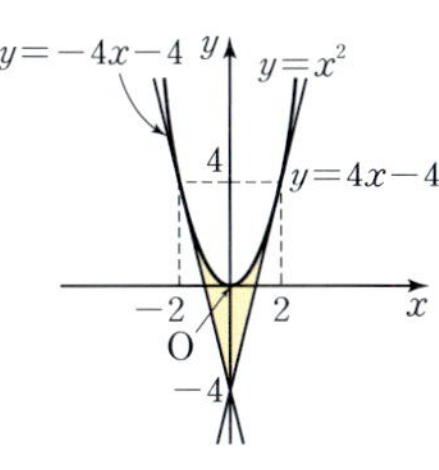

$$2\int_0^2 \{x^2-(4x-4)\}dx$$

$$=2\int_0^2 (x^2-4x+4)dx$$

$$=2\left[\frac{1}{3}x^3-2x^2+4x\right]_0^2$$

$$=2\left(\frac{8}{3}-8+8\right)=\frac{16}{3} \qquad \text{㉯}$$

단계	채점 요소	비율
㉮	곡선 위의 두 점에서의 접선의 방정식 각각 구하기	60%
㉯	도형의 넓이 구하기	40%

$$\text{답}\ \frac{16}{3}$$

506

$t=0$에서의 점 P의 좌표가 1이므로 $t=4$에서의 점 P의 위치는

$$1+\int_0^4 v(t)dt=1+\int_0^4 (3-2t)dt$$

$$=1+\left[3t-t^2\right]_0^4$$

$$=1+(12-16)=-3 \qquad \text{답 ②}$$

507

점 P가 출발 후 2초 동안 움직인 거리는

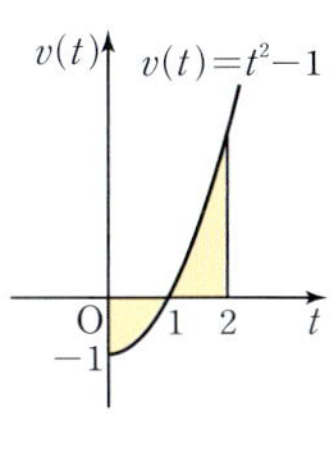

$$\int_0^2 |t^2-1|dt$$

$$=\int_0^1 (-t^2+1)dt+\int_1^2 (t^2-1)dt$$

$$=\left[-\frac{1}{3}t^3+t\right]_0^1+\left[\frac{1}{3}t^3-t\right]_1^2$$

$$=\left(-\frac{1}{3}+1\right)+\left\{\left(\frac{8}{3}-2\right)-\left(\frac{1}{3}-1\right)\right\}=2 \qquad \text{답 ②}$$

508

원점을 출발하여 수직선 위를 움직이는 점 P의 t초 후의 속도를 $v(t)$라
하면 시각 t에서의 점 P의 위치는

$$\int_0^t v(t)dt=f(t)$$

위의 식의 양변을 t에 대하여 미분하면 $v(t)=f'(t)$

이때, $f(t)=t^3-6t^2+9t$이므로

$$v(t)=f'(t)=3t^2-12t+9=3(t-1)(t-3)$$

$v(t)=0$에서 $t=1$ 또는 $t=3$

따라서 점 P가 출발 후 3초 동안 움직인 거리는

$$\int_0^3 |v(t)|\,dt = \int_0^3 |f'(t)|\,dt$$
$$= \int_0^1 f'(t)\,dt + \int_1^3 \{-f'(t)\}\,dt$$
$$= \{f(1)-f(0)\} + \{-f(3)+f(1)\}$$
$$= 2f(1)-f(3) \ (\because f(0)=0)$$

답 ⑤

509

시각 $t=0$에서 $t=4$까지 점 P가 움직인 거리를 s_1이라 하면

$$s_1 = \int_0^4 (-3t^2+12t)\,dt$$
$$= \Big[-t^3+6t^2 \Big]_0^4$$
$$= -64+96 = 32$$

시각 $t=4$에서 $t=5$까지 점 P가 움직인 거리를 s_2라 하면

$$s_2 = \frac{1}{2} \times 1 \times 1 = \frac{1}{2}$$

시각 $t=5$에서 $t=6$까지 점 P가 움직인 거리를 s_3이라 하면

$$s_3 = \frac{1}{2} \times 1 \times 1 = \frac{1}{2}$$

따라서 시각 $t=0$에서 $t=6$까지 점 P가 움직인 거리는

$$s_1+s_2+s_3 = 32+\frac{1}{2}+\frac{1}{2} = 33$$

답 ⑤

510

$t=6$일 때, 점 P의 위치는

$$\int_0^6 v(t)\,dt = \int_0^2 v(t)\,dt + \int_2^4 v(t)\,dt + \int_4^5 v(t)\,dt + \int_5^6 v(t)\,dt$$
$$= \frac{1}{2}\times 2 \times 2 + 2 \times 2 + \frac{1}{2}\times 1 \times 2 - \frac{1}{2}\times 1 \times 2 = 6$$

답 6

511

ㄱ. 주어진 그래프에서 $t=1$일 때의 속력이 2, $t=5$일 때의 속력이 $|-2|=2$이므로 서로 같다. (참)

ㄴ. 시각 $t=3$에서 $t=6$까지 $v(t)$의 부호가 음수이므로 점 P는 음의 방향으로 움직인다. (거짓)

ㄷ. $v(t)=0$일 때 점 P의 운동 방향이 바뀌므로 점 P는 출발 후 $t=3$, $t=6$에서 2번 운동 방향을 바꾼다. (참)

ㄹ. 출발한 지 6초 후의 점 P의 위치는

$$\int_0^6 v(t)\,dt = \int_0^3 v(t)\,dt + \int_3^6 v(t)\,dt$$
$$= \frac{1}{2}\times 3 \times 2 - \frac{1}{2}\times 3 \times 2 = 0$$

즉, 출발한 지 6초 후의 점 P의 위치는 원점이다. (참)

ㅁ. 점 P가 출발 후 9초 동안 움직인 거리는

$$\int_0^9 |v(t)|\,dt = \int_0^3 v(t)\,dt + \int_3^6 \{-v(t)\}\,dt + \int_6^9 v(t)\,dt$$
$$= \frac{1}{2}\times 3 \times 2 + \frac{1}{2}\times 3 \times 2 + \frac{1}{2}\times (1+3)\times 2$$
$$= 10 \ (거짓)$$

따라서 옳은 것은 ㄱ, ㄷ, ㄹ이다.

답 ㄱ, ㄷ, ㄹ

512 ④	**513** ⑤	**514** $\frac{1}{3}$	**515** $\frac{13}{3}$	**516** ③	**517** ④
518 ③	**519** ④	**520** 200	**521** 62.5 m		**522** ③
523 5	**524** $\frac{5}{2}$	**525** ⑤	**526** $\frac{2}{3}$	**527** 2	

512

(i) $x \geq 0$일 때, $y = x^2-2x-3 = (x+1)(x-3)$

(ii) $x < 0$일 때, $y = x^2+2x-3 = (x+3)(x-1)$

(i), (ii)에서 함수 $y = x^2-2|x|-3$의 그래프와 x축으로 둘러싸인 도형은 오른쪽 그림과 같으므로 구하는 도형의 넓이는

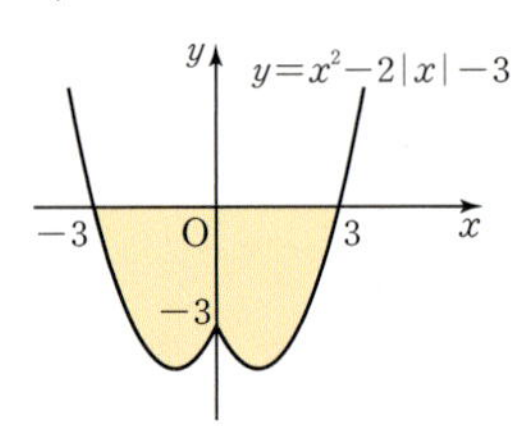

$$2\int_0^3 (-x^2+2x+3)\,dx$$
$$= 2\Big[-\frac{1}{3}x^3+x^2+3x \Big]_0^3$$
$$= 2(-9+9+9) = 18$$

답 ④

513

조건 (개)에서

$$f(x) = \int (3x^2-4x-4)\,dx$$
$$= x^3-2x^2-4x+C \ (단, C는 적분상수이다.)$$

이때, 조건 (내)에서 $f(2)=0$이므로

$$8-8-8+C=0 \quad \therefore C=8$$
$$\therefore f(x) = x^3-2x^2-4x+8$$

함수 $y=f(x)$의 그래프와 x축의 교점의 x좌표는 $x^3-2x^2-4x+8=0$에서

$$(x+2)(x-2)^2=0$$
$$\therefore x=-2 \text{ 또는 } x=2 \text{ (중근)}$$

따라서 구하는 도형의 넓이는

$$\int_{-2}^{2} (x^3-2x^2-4x+8)\,dx = 2\int_0^2 (-2x^2+8)\,dx$$
$$= 2\Big[-\frac{2}{3}x^3+8x \Big]_0^2$$
$$= 2\left(-\frac{16}{3}+16\right) = \frac{64}{3}$$

답 ⑤

514

도형 A의 넓이를 k라 하면 도형 B의 넓이는 $4k$이므로

$$\int_{-1}^{2} f(x)\,dx = \int_{-1}^{0} f(x)\,dx + \int_0^2 f(x)\,dx$$
$$= (1\times 1-k) + (2\times 1+4k)$$
$$= 3k+3$$

이때, $\int_{-1}^{2} f(x)\,dx = 4$이므로 $3k+3=4$

$$\therefore k = \frac{1}{3}$$

따라서 도형 A의 넓이는 $\frac{1}{3}$이다.

답 $\frac{1}{3}$

515

곡선 $y=(x-1)(x-2)$와 직선 $y=0$의 교점의

x좌표는 $(x-1)(x-2)=0$에서

$x=1$ 또는 $x=2$

또한 곡선 $y=(x-1)(x-2)$와 직선 $y=2$의 교

점의 x좌표는 $(x-1)(x-2)=2$에서

$x^2-3x=0,\ x(x-3)=0$

$\therefore x=0$ 또는 $x=3$

따라서 구하는 도형의 넓이는

$$3\times2-\int_0^1(x-1)(x-2)dx-\int_2^3(x-1)(x-2)dx$$

$$=6-2\int_0^1(x-1)(x-2)dx$$

$$\left(\because \int_0^1(x-1)(x-2)dx=\int_2^3(x-1)(x-2)dx\right)$$

$$=6-2\int_0^1(x^2-3x+2)dx$$

$$=6-2\left[\frac{1}{3}x^3-\frac{3}{2}x^2+2x\right]_0^1$$

$$=6-2\left(\frac{1}{3}-\frac{3}{2}+2\right)=\frac{13}{3}$$

답 $\dfrac{13}{3}$

516

곡선 $y=x^2$과 직선 $y=\dfrac{3}{2}x+1$의 교점의 x좌표는 $x^2=\dfrac{3}{2}x+1$에서

$2x^2-3x-2=0,\ (2x+1)(x-2)=0$

$\therefore x=-\dfrac{1}{2}$ 또는 $x=2$

오른쪽 그림과 같이 곡선 $y=x^2$과 직선

$y=\dfrac{3}{2}x+1$로 둘러싸인 도형의 넓이를 S라 하면

$$S=\int_{-\frac{1}{2}}^{2}\left(\frac{3}{2}x+1-x^2\right)dx$$

그런데 S는 곡선

$y=-x^2+\dfrac{3}{2}x+1=-\left(x-\dfrac{3}{4}\right)^2+\dfrac{25}{16}$와 x축으로 둘러싸인 도형의 넓이

와 같으므로 대칭축 $x=\dfrac{3}{4}$에 의하여 이등분된다.

$\therefore a=\dfrac{3}{4}$

답 ③

517

자연수 n에 대하여 함수 $y=x^2$의 그래프를 x축

의 방향으로 $\dfrac{1}{n}$만큼 평행이동한 그래프를 나타

내는 함수의 식이 $y=f_n(x)$이므로

$$f_n(x)=\left(x-\frac{1}{n}\right)^2$$

따라서 곡선 $y=f_n(x)$와 x축 및 y축으로 둘러싸인 도형의 넓이 S_n은

$$S_n=\int_0^{\frac{1}{n}}\left(x-\frac{1}{n}\right)^2dx$$

$$=\int_0^{\frac{1}{n}}\left(x^2-\frac{2}{n}x+\frac{1}{n^2}\right)dx$$

$$=\left[\frac{1}{3}x^3-\frac{1}{n}x^2+\frac{1}{n^2}x\right]_0^{\frac{1}{n}}$$

$$=\frac{1}{3n^3}-\frac{1}{n^3}+\frac{1}{n^3}=\frac{1}{3n^3}$$

$$\therefore \frac{S_3}{S_9}=\frac{\dfrac{1}{3\times3^3}}{\dfrac{1}{3\times9^3}}=\frac{9^3}{3^3}=27$$

답 ④

518

오른쪽 그림에서 색칠한 두 도형의 넓이가 서로

같으므로

$$\int_0^a 3x(x-1)(x-a)dx=0$$

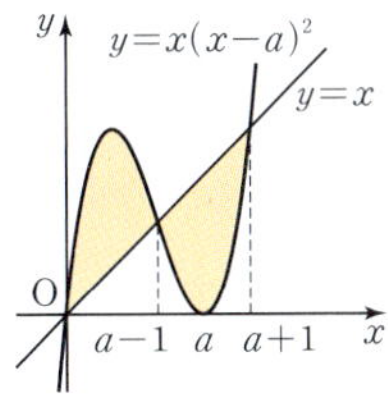

즉, $3\int_0^a\{x^3-(a+1)x^2+ax\}dx=0$이므로

$$3\left[\frac{1}{4}x^4-\frac{a+1}{3}x^3+\frac{a}{2}x^2\right]_0^a=0$$

$$3\left(-\frac{1}{12}a^4+\frac{1}{6}a^3\right)=0,\ a^3(a-2)=0$$

$\therefore a=2\ (\because a>1)$

답 ③

519

곡선 $y=x(x-a)^2$과 직선 $y=x$의 교점의 x좌표는

$x(x-a)^2=x$에서 $x\{(x-a)^2-1^2\}=0$

$x(x-a+1)(x-a-1)=0$

$\therefore x=0$ 또는 $x=a-1$ 또는 $x=a+1$

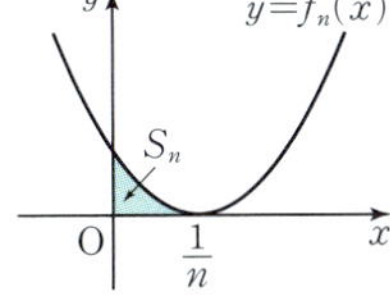

이때, 곡선 $y=x(x-a)^2$과 직선 $y=x$로 둘러싸인 두 도형의 넓이가 서

로 같으므로

$$\int_0^{a+1}\{x(x-a)^2-x\}dx=0$$

즉, $\int_0^{a+1}\{x^3-2ax^2+(a^2-1)x\}dx=0$이므로

$$\left[\frac{1}{4}x^4-\frac{2a}{3}x^3+\frac{a^2-1}{2}x^2\right]_0^{a+1}=0$$

$$\frac{1}{4}(a+1)^4-\frac{2a}{3}(a+1)^3+\frac{a^2-1}{2}(a+1)^2=0$$

$$\frac{1}{12}(a+1)^3\{3(a+1)-8a+6(a-1)\}=0$$

$$(a+1)^3(a-3)=0$$

$\therefore a=3\ (\because a>1)$

답 ④

520

두 도형 $A,\ C$의 넓이가 같으므로

$$A=\int_0^2\{4-(x^3-x^2)\}dx,\ C=\int_0^2(4-ax)dx에서$$

$$\int_0^2(4-x^3+x^2)dx=\int_0^2(4-ax)dx$$

$$\left[4x-\frac{1}{4}x^4+\frac{1}{3}x^3\right]_0^2=\left[4x-\frac{a}{2}x^2\right]_0^2$$

$$8-4+\frac{8}{3}=8-2a$$

$$\therefore a=\frac{2}{3}$$

$$\therefore 300a=300\times\frac{2}{3}=200$$

다른 풀이

오른쪽 그림과 같이 주어진 도형 A의 넓이를
$S+S_1$, 주어진 도형 C의 넓이를 $S+S_2$라 하면
두 도형 A, C의 넓이는 같으므로

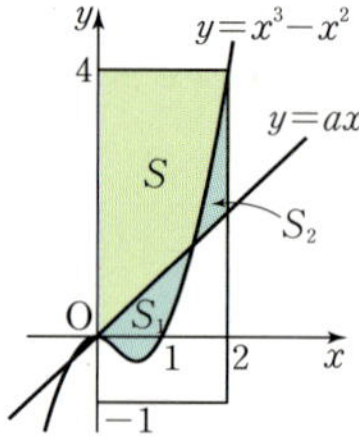

$$S+S_1=S+S_2$$

$$\therefore S_1=S_2$$

즉, $\int_0^2 (x^3-x^2-ax)dx=0$이므로

$$\left[\frac{1}{4}x^4-\frac{1}{3}x^3-\frac{a}{2}x^2\right]_0^2=0$$

$$4-\frac{8}{3}-2a=0, \ 2a=\frac{4}{3}$$

$$\therefore a=\frac{2}{3}$$

$$\therefore 300a=300\times\frac{2}{3}=200$$

답 200

521

열차가 멈추려면 $v(t)=0$이므로 $25-5t=0$에서 $t=5(초)$
따라서 제동을 건 후 5초 후에 열차가 정지하므로 정지할 때까지 움직인
거리는

$$\int_0^5 |25-5t|\,dt=\int_0^5 (25-5t)dt$$

$$=\left[25t-\frac{5}{2}t^2\right]_0^5$$

$$=125-\frac{125}{2}=62.5\,(\text{m})$$

답 62.5 m

522

지면에서 지면과 수직인 방향으로 던진 지 6초 후에 지면에 도착하였으
므로 6초 후 물체의 높이는 0 m이다.

즉, $\int_0^6 (v_0-10t)dt=0$이므로

$$\left[v_0 t-5t^2\right]_0^6=0, \ 6v_0-180=0$$

$$\therefore v_0=30\,(\text{m/s})$$

한편, 물체가 최고 높이에 도달할 때의 속도는 0 m/s이므로
$30-10t=0$에서 $t=3(초)$
따라서 물체는 3초 후에 최고 높이에 도달하므로 물체의 최고 높이는

$$\int_0^3 (30-10t)dt=\left[30t-5t^2\right]_0^3$$

$$=90-45=45\,(\text{m})$$

답 ③

523

점 P가 시각 $t=0$에서 $t=5$까지 움직인 거리는

$$\int_0^5 |v(t)|\,dt=\int_0^2 v(t)dt+\int_2^5 \{-v(t)\}dt$$

$$=\frac{1}{2}\times2\times2+\frac{1}{2}\times3\times2=5$$

답 5

524

점 P는 점 $(2,\ 0)$에서 출발하여 매초 3의 속도로 x축의 양의 방향으로
움직이고, 점 Q는 점 $(0,\ -1)$에서 출발하여 매초 1의 속도로 y축의 양
의 방향으로 움직이므로 출발한 지 t초 후의 두 점 P, Q의 좌표는 각각
$(3t+2,\ 0)$, $(0,\ t-1)$이다.
이때, $0\le t<1$에서 점 Q의 y좌표가 음수이므로 삼각형 $\text{OP}'\text{Q}'$의 넓이
$S(t)$는

$$S(t)=\begin{cases}\dfrac{1}{2}(3t+2)(1-t) & (0\le t<1) \\[2mm] \dfrac{1}{2}(3t+2)(t-1) & (t\ge 1)\end{cases}$$

$$\therefore \int_0^2 S(t)dt$$

$$=\int_0^1 \frac{1}{2}(3t+2)(1-t)dt+\int_1^2 \frac{1}{2}(3t+2)(t-1)dt$$

$$=\frac{1}{2}\int_0^1 (-3t^2+t+2)dt+\frac{1}{2}\int_1^2 (3t^2-t-2)dt$$

$$=\frac{1}{2}\left[-t^3+\frac{1}{2}t^2+2t\right]_0^1+\frac{1}{2}\left[t^3-\frac{1}{2}t^2-2t\right]_1^2$$

$$=\frac{1}{2}\left(-1+\frac{1}{2}+2\right)+\frac{1}{2}\left\{(8-2-4)-\left(1-\frac{1}{2}-2\right)\right\}$$

$$=\frac{5}{2}$$

답 $\dfrac{5}{2}$

525

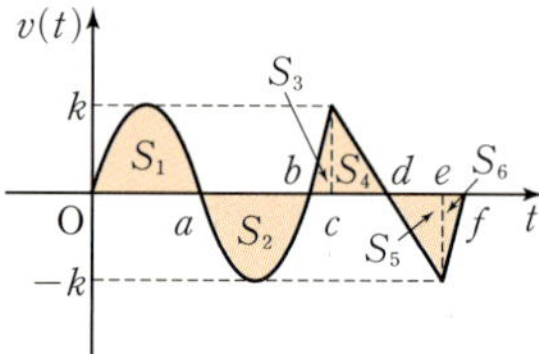

위의 그림과 같이 각 부분의 넓이를 차례대로 S_1, S_2, S_3, S_4, S_5, S_6이라
하면

$$\int_0^c v(t)dt=\int_b^f v(t)dt=0$$이므로

$$S_1-S_2+S_3=0, \ S_3+S_4-S_5-S_6=0$$

ㄱ. $\int_0^f v(t)dt=S_1-S_2+S_3+S_4-S_5-S_6=-S_3$
　즉, $t=f$일 때 점 P는 원점에 있지 않다. (거짓)

ㄴ. $2\left\{\int_0^a v(t)dt+\int_b^d v(t)dt\right\}=2(S_1+S_3+S_4)$

$$\int_0^f |v(t)|\,dt=S_1+S_2+S_3+S_4+S_5+S_6$$

$$=S_1+(S_1+S_3)+S_3+S_4+(S_3+S_4)$$

$$=2(S_1+S_3+S_4)+S_3$$

$$\therefore \int_0^f |v(t)|\,dt>2\left\{\int_0^a v(t)dt+\int_b^d v(t)dt\right\} \ (참)$$

ㄷ. $a<t<b$일 때, $v(t)<0$이고 $S_2=S_1+S_3$에서 $S_2>S_1$이므로 점 P는
　$a<t<b$일 때 원점을 한 번 지난다.
　또한 $S_2=S_1+S_3$이므로 점 P는 $t=c$일 때, 원점을 다시 지난다.
　한편, $d<t<f$일 때 $v(t)<0$이고 $S_3+S_4=S_5+S_6$에서
　$S_4<S_5+S_6$이므로 점 P는 $d<t<f$일 때 원점을 다시 한 번 지난다.
　그러므로 점 P는 출발 후 다시 원점을 적어도 세 번 지난다. (참)
따라서 옳은 것은 ㄴ, ㄷ이다.

답 ⑤

526

점 $P(1, 0)$에서 곡선 $y=x^2$에 그은 접선의 접점을 (t, t^2)이라 하면
$y'=2x$이므로 점 (t, t^2)에서의 접선의 방정식은
$$y-t^2=2t(x-t)$$
$$\therefore y=2tx-t^2$$
이 접선이 점 $(1, 0)$을 지나므로
$$0=2t-t^2,\ t(t-2)=0$$
$$\therefore t=0 \text{ 또는 } t=2$$

⑦

따라서 두 접점의 좌표는 $(0, 0)$, $(2, 4)$이고
두 접선의 방정식은
$$y=0,\ y=4x-4$$
이므로

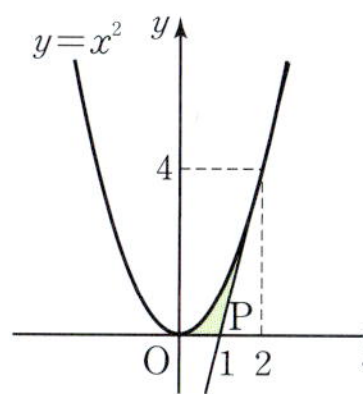

⑭

구하는 도형의 넓이는
$$\int_0^2 x^2 dx - \frac{1}{2}\times 1\times 4 = \left[\frac{1}{3}x^3\right]_0^2 - 2$$
$$=\frac{8}{3}-2=\frac{2}{3}$$

⑮

단계	채점 요소	비율
⑦	두 접점의 x좌표 구하기	30%
⑭	두 접선의 방정식 구하기	30%
⑮	도형의 넓이 구하기	40%

답 $\dfrac{2}{3}$

527

오른쪽 그림과 같이 곡선 $y=4x-x^2$과 x축으로
둘러싸인 도형의 넓이를 S_1+S_2라 하면
$$S_1+S_2=\int_0^4 (4x-x^2)dx$$
$$=\left[2x^2-\frac{1}{3}x^3\right]_0^4$$
$$=32-\frac{64}{3}=\frac{32}{3}$$

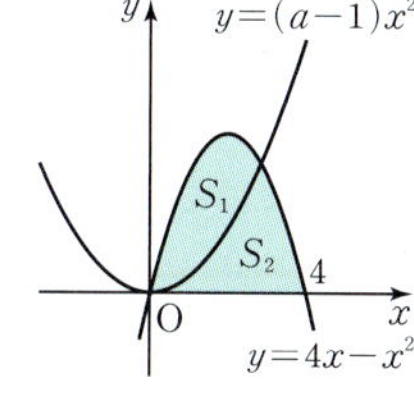

⑦

이때, 곡선 $y=4x-x^2$과 x축으로 둘러싸인 도형의 넓이가 곡선
$y=(a-1)x^2$에 의하여 이등분되므로
$$S_1=S_2=\frac{16}{3}$$

⑭

한편, 두 곡선 $y=4x-x^2$, $y=(a-1)x^2$의 교점의 x좌표는
$4x-x^2=(a-1)x^2$에서
$$ax^2-4x=0,\ x(ax-4)=0$$
$$\therefore x=0 \text{ 또는 } x=\frac{4}{a}$$

⑮

따라서 두 곡선 $y=4x-x^2$, $y=(a-1)x^2$으로 둘러싸인 도형의 넓이 S_1은
$$S_1=\int_0^{\frac{4}{a}} \{(4x-x^2)-(a-1)x^2\}\, dx$$
$$=\int_0^{\frac{4}{a}} (4x-ax^2)dx$$
$$=\left[2x^2-\frac{a}{3}x^3\right]_0^{\frac{4}{a}}$$
$$=\frac{32}{a^2}-\frac{64}{3a^2}$$
$$=\frac{32}{3a^2}=\frac{16}{3}$$
$$\therefore a^2=2$$

㉐

단계	채점 요소	비율
⑦	곡선 $y=4x-x^2$과 x축으로 둘러싸인 도형의 넓이 구하기	30%
⑭	두 곡선 $y=4x-x^2$, $y=(a-1)x^2$으로 둘러싸인 도형의 넓이 구하기	10%
⑮	두 곡선 $y=4x-x^2$, $y=(a-1)x^2$의 교점의 x좌표 구하기	20%
㉐	a^2의 값 구하기	40%

답 2

MEMO

MEMO

MEMO

MEMO

MEMO

MEMO

MEMO

新 수학의 바이블 유형서
B
O
B
밥